suhrkamp taschenbuch
wissenschaft 1942

Die vor allem von Hans Ulrich Gumbrecht in Gang gebrachte »Philosophie der Präsenz« revidiert die Zentralstellung von Praktiken der Sinnzuschreibung (»Interpretation«) und ihrer hermeneutischen Reflexion innerhalb der Geisteswissenschaften. Die in diesem Band versammelten Aufsätze, die zwischen 1984 und 2004 geschrieben wurden, dokumentieren die Entstehung jener Bewegung einerseits aus einer Transformation der Konstruktion von Zeit, in der sich unsere Gegenwart artikuliert und versteht, andererseits aus der Selbstkritik einer auf die Begriffe »Gesellschaft« und »Bewusstsein« konzentrierten Generation von Geisteswissenschaftlern. Sie zeigen zugleich die Transformation der Präsenz-Philosophie in eine neue Ästhetik der Epiphanie und der Gelassenheit, welche etablierte Paradigmen der Geisteswissenschaften hinter sich lässt.

Hans Ulrich Gumbrecht

Präsenz

Herausgegeben
und mit einem Nachwort
von Jürgen Klein

Suhrkamp

4. Auflage 2025

Erste Auflage 2012
suhrkamp taschenbuch wissenschaft 1942
Originalausgabe

Umschlag nach Entwürfen
von Willy Fleckhaus und Rolf Staudt
Druck: Libri Plureos GmbH, Hamburg
Printed in Germany
ISBN 978-3-518-29542-7

Suhrkamp Verlag AG
Torstraße 44, 10119 Berlin
info@suhrkamp.de
www.suhrkamp.de

Inhalt

Teil 1
Zeit

Teil 2
Die Rahmen der Disziplinen

Teil 3
Suche

Teil 4
Präsenzen

Teil 1
Zeit

I

Posthistoire Now

für Marco und Sara[1]

Geschichten, so wie sie die europäische Tradition der Historiographie hervorbrachte, können funktional auf die Identitätsvergegenwärtigung sozialer Systeme bezogen werden; Epochenklitterung als historiographisches Verfahren auf die Konturierung der Gestalten historiographisch konstituierter Identität.[2]

Luhmann hat selbst an anderer Stelle gezeigt, dass gesellschaftliche Selbst-Vergegenwärtigung nicht metahistorisch an das Medium der Historiographie gebunden ist:[3] Vielmehr sind es spezifische Anforderungen funktional ausdifferenzierter sozialer Systeme, welche Identitätsvergegenwärtigung auf Geschichte und damit inhaltlich auf den Prozess der Selbstsubstitution des thematischen Systems verpflichten. Wenn wir nun des Weiteren mit Thomas Luckmann davon ausgehen, dass Zeit als Erfahrungsprämisse eine lebensweltliche Grundstruktur ist, welche in je verschiedenen Alltagswelten (oder Gesellschaften) je spezifische Ausprägungen erfährt,[4] dann können wir das ›historische Bewusstsein‹ als eine (hochkomplexe) Konkretisierung der lebensweltlichen Grundstruktur ›Zeit‹ ansehen und – zunächst einmal hypothetisch – nicht allein den Typus der ›funktional ausdifferenzierten Gesellschaft‹, sondern auch das ›historische Bewusstsein‹ als eine Determinante der kulturell spezifischen Korrelation von Geschichtsschreibung und kollektiver Identitätsvergegenwärtigung verstehen.

1 Und Violeta S., Natalie L.

2 Vgl. Niklas Luhmann, »Das Problem der Epochenbildung und die Evolutionstheorie«, in: Hans Ulrich Gumbrecht/Ursula Link-Heer (Hg.), *Epochenschwellen und Epochenstrukturen im Diskurs der Literatur- und Sprachhistorie*, Frankfurt/M. 1985, S. 11-33.

3 Ders., »Identitätsgebrauch in selbstsubstitutiven Ordnungen, besonders Gesellschaften«, in: ders., *Soziologische Aufklärung*, Bd. 3, Opladen 1981, S. 198-227, hier 220 ff.

4 Thomas Luckmann, »Lebensweltliche Zeitkategorien, Zeitstrukturen des Alltags und der Ort des historischen Bewußtseins«, in: Bernard Cerquiglini/Hans Ulrich Gumbrecht (Hg.), *Der Diskurs der Literatur- und Sprachhistorie – Wissenschaftsgeschichte als Innovationsvorgabe*, Frankfurt/M. 1983, S. 13-28, hier 24 f.

Mit der Historisierung des ›historischen Bewusstseins‹ und der ›Identitäts-Repräsentations-Funktion‹ von Historiographie erweitert sich aber der vom Thema dieses Bandes[5] eröffnete Fragehorizont. Nun kann die Doppelstrategie von vergangenheitsbezogener Rekonstruktion und gegenwartsbezogener Systematisierung nicht mehr allein in dem Bestreben konkretisiert werden, aus den Modi der Epochenkonstitution und Epochenklitterung vergangener Historiographie Orientierungen für die Bewältigung historiographischer Gegenwartsprobleme zu gewinnen: Wir haben auch *nach den Grenzen der Okkurrenz von ›Historiographie‹ (im uns vertrauten Sinn) und – vor allem – nach den Grenzen der Applikation des ›historischen Bewusstseins‹ als kulturellen Habitus sowie einschlägiger theoretischer Reflexionen* zu fragen. Denn es könnte ja sein, dass Historiographie – so wie wir sie kennen – gar nicht in allen Kulturen unserer Gegenwart einen funktionalen Ort hätte; und es wäre sogar denkbar, dass unsere eigene Kultur sich aus jener Phase herausbewegt hätte, in der gesellschaftliche Identitätsvergegenwärtigung überhaupt (oder: nur) mittels Historiographie erfolgreich zu leisten war. Müsste nicht – etwa – die Konjunktur der geschichtstheoretischen und geschichtspragmatischen Kategorie von der ›Gleichzeitigkeit des Ungleichzeitigen‹ als ein Indiz für wachsende Schwierigkeiten mit der Epochenkonstituierung (der Konstituierung von Zeiträumen aus Phänomenen, die allesamt untereinander durch das Verhältnis der ›Gleichzeitigkeit‹ verbunden sind) gedeutet werden? Und ist nicht der Erfolg von Identitätsvergegenwärtigung mittels Geschichten primär an die Möglichkeit gebunden, Vorvergangenheit, Vergangenheit und Gegenwart von Systemen als je homogene Zeiträume zu repräsentieren?

Die Vermutung, Befürchtung, Hoffnung, es möchte mit dem Zeitalter des historischen Bewusstseins, der Historiographie und der historiographischen Periodisierung an ein Ende gekommen sein, war vor allem ein belebendes Moment für die Diskussionen, aus denen dieser Band[6] hervorgeht. Sie war an das Stichwort ›*Posthistoire*‹ gebunden, und wenn in der Diskussionssituation vielleicht gerade die Vagheit seiner Bedeutungsgrenzen stimulierend wirkte, so scheint es uns im Rahmen der gedruckten Fixierung von

5 Gemeint ist Gumbrecht/Link-Heer (Hg.), *Epochenschwellen und Epochenstrukturen*, a. a. O. (Anm. 2) [Anm. d. Hg.].

6 Vgl. Anm. 5.

Diskussionsergebnissen unerlässlich, *einen Versuch zur Präzisierung der Bedeutung und des Applikationsfeldes für das Wort ›Posthistoire‹ zu unternehmen.*

Die Frage nach dem Applikationsfeld des Begriffs ›Posthistoire‹ ist eine Frage nach seiner Referenz, spezifischer: Es geht darum, ob unsere eigene Gegenwart ›Posthistoire‹ sei. Doch neben dieser referenzsemantischen Grenze gibt es eine – offenbar generationsbedingte – pragmatische Grenze im Gebrauch des Wortes ›Posthistoire‹. Sie ist – auch – eine Grenze zwischen Zeitgenossen, welche glauben, ihre eigene Zukunft über die frühen achtziger Jahre hinaus bis in jene Jahrzehnte des 21. Jahrhunderts hinein verlängern zu müssen/dürfen, bezüglich derer man in unserer Gegenwart noch nicht weiß, ›wie es denn weitergehen soll‹, und jenen anderen Zeitgenossen, welche – aus dem einen oder anderen Grund – keinen Anlass sehen, Objekte und Anlässe der Angst in so ferner Zukunft zu identifizieren.[7] Deshalb kann ein Beitrag zum Thema ›Posthistoire‹ – welche Position er auch immer zu beziehen versucht – kein unpolemischer Beitrag sein.

Weil der Gegenstand solchen Streites eine Diagnose unserer Gegenwart ist und weil seiner Dynamik ein Antagonismus von zwei Perspektiven zugrunde liegt, welche die Diagnose fundieren können, wollen wir versuchen, einen Mindestabstand an argumentativer Distanz zu gewinnen, indem wir sowohl den einen (unter dem Blickwinkel des ›historischen Bewusstseins‹ entstandenen) als auch den anderen (von der Posthistoire-These geprägten) Befund ›doppelt temporal modalisieren‹.[8] In den Abschnitten (1) und (2) wird die Gegenwart zweimal als Zukunft der Vergangenheit, in den Abschnitten (3) und (4) als Vergangenheit der Zukunft erscheinen. Am Ende (5) geht es um die Frage, ob sich aus der zweifachen Modalisierung der Gegenwart Orientierungen für eine Form vergangenheitsbewussten und zukunftsgerichteten Handelns ergeben.

7 Das war eine durchaus prägnante Erfahrung auf dem Kolloquium in Dubrovnik. Besonders um das ›Posthistoire‹-Thema verdient gemacht hat sich dort Wolfgang Ernst, Student der Geschichtswissenschaft und der klassischen Philologie an der Ruhr-Universität Bochum.

8 Vgl. Niklas Luhmann, »Weltzeit und Systemgeschichte«, in: ders., *Soziologische Aufklärung*, Bd. 2, Opladen 1975, S. 103-133.

1. (Vor-)Geschichte des Posthistoire

Schon lange bevor phänomenologische Reflexion und mentalitätshistorische Rekonstruktion das ›historische Bewusstsein‹ als eine selbst historische Sinnstruktur zu erfahren begannen, war der Begriffsgehalt zu dem Kompositum ›Posthistoire‹ – zumindest latent – in den meisten Konzepten teleologischer Geschichtsphilosophie vorgegeben. Denn wenn Geschichte die Chance der ›Perfektibilität‹ des Menschen beinhalten und wenn die Wahrnehmung dieser Chance Geschichte ausmachen sollte, dann war zu fragen, wie sich die Qualität von ›Zeit‹ nach der Einlösung der Perfektibilitätsversprechen verändern würde. Gewiss sind die von Hegel und Marx gestifteten Geschichtsmythen die prominentesten einschlägigen Antworten. Doch es ist symptomatisch, dass das Problem von der Qualität der Zeit nach dem Ende der Geschichte erst in der Folge des Zweiten Weltkrieges als Bedrohung erfahren und mit dem Prädikat ›Posthistoire‹ gekoppelt wurde.[9] In Alexandre Kojèves »Introduction à la lecture de Hegel«[10] heißt es:

»Das Verschwinden des Menschen am Ende der Geschichte ist also keine kosmische Katastrophe: die natürliche Welt bleibt, was sie seit aller Ewigkeit ist. Deswegen ist das Verschwinden auch keine biologische Katastrophe: der Mensch bleibt am Leben, insoweit er ein Tier ist, welches in Einklang mit der Natur und dem vorgegebenen Sein existiert. Was verschwindet, ist der Mensch im eigentlichen Sinne, d. h. die das Vorgegebene nichtende Handlung oder Irrtum, oder – allgemein – das Subjekt gegenüber dem Objekt. Das Ende der menschlichen Zeit oder der Geschichte, will sagen: die endgültige Vernichtung des Menschen im eigentlichen Sinne oder des freien, historischen Individuums, bedeutet in der Tat ganz einfach das Beenden aller ›Aktion‹ im emphatischen Sinne dieser Vokabel. Praktisch bedeutet das: das Verschwinden von Kriegen und blutigen Revolutionen. Und auch noch das Verschwinden von Philosophie; denn wenn der Mensch sich selbst wesentlich nicht mehr ändert, gibt es keinen Grund mehr, die (wahren) Prinzipien zu erkennen, die Fundament seines Bewußtseins von Welt und Selbst sind. Alles andere aber kann unendlich

9 Informationen und Interpretationsansätze zur Begriffsgeschichte von ›Posthistoire‹ entnehme ich den Protokollen eines Kolloquiums zur ›Ästhetik des Posthistoire‹, das Jacob Taubes im Sommersemester 1982 an der Freien Universität Berlin gehalten hat.

10 Alexandre Kojève, *Introduction à la lecture de Hegel*, Paris ²1962, S. 434.

aufrechterhalten werden: die Kunst, die Liebe, das Spiel usw.; kurz: alles, was den Menschen glücklich macht.
Erinnern wir uns, daß dieses Thema Hegels, unter vielen anderen, von Marx wieder aufgenommen worden ist. Die eigentliche Geschichte, in der die Menschen (die Klassen) untereinander um die Anerkennung und – durch die Arbeit – gegen die Natur kämpfen, heißt bei Marx ›Reich der Notwendigkeit‹; jenseits (der Geschichte) ist das ›Reich der Freiheit‹ angesiedelt, in dem die Menschen (die sich gegenseitig anerkennen) nicht mehr kämpfen und so wenig als möglich arbeiten (in einer ganz gezähmten, d. h. dem Menschen angepaßten Natur).«

Wenn heute von ›Posthistoire‹ gesprochen wird, so ist diese Rede wohl kaum noch je motiviert vom Gedanken an die *Welt nach Erfüllung der Versprechen von Geschichtsphilosophie*. Vielmehr leiden wir (spätestens seit Adornos und Horkheimers *Dialektik der Aufklärung*) an der Verarbeitung des säkularen Schocks, die *Versprechen der Aufklärung* (und der Geschichtsphilosophie: einer ihrer ›Töchter‹) *als Illusion, als den Menschen nicht erreichbare Zielvorstellung* erfahren zu haben.[11] An die Bedingung radikal anthropozentrischen – ›rationalen‹ – Denkens gebundene Versprechungen waren Vorstellungen kollektiven Glücks wie die Gleichheit aller Menschen, die Einsicht in die ›wirkliche Wirklichkeit‹ des Seins, das Ende aller Bedürftigkeit. Ihre Realisierung war vom teleologischen Geschichtsprozess und seinen ›Gesetzen‹ in Aussicht gestellt und zugleich den Menschen als Motivation vorgegeben, um ›gemäß der Einsicht in den Gang der Geschichte‹ zu leben und zu handeln.

Man könnte die Struktur des ›bürgerlich‹ genannten Gesellschaftstyps als ein gigantisches Dispositiv zur Konstitution und Reproduktion solcher Hoffnungen deuten und umgekehrt zeigen, wie sehr die ›bürgerliche Gesellschaft‹ über der Aufgabe, solche Hoffnungen zu bewahren, das Vertrauen auf die anthropozentrisch fundierte Kosmologie schon gegen Ende des 19. Jahrhunderts verlor (hier liegt wohl der Hauptgrund für Nietzsches neue, die Deutschen befremdende Aktualität). Es scheint ebenjene Krise gewesen zu sein, welche schon bald auch den ontologisch angesetzten Totalitätsbegriff von ›Geschichte‹ zersetzte.[12] Dass schließlich das 20.

11 Vgl. Hans Ulrich Gumbrecht, »Who Is Afraid of Deconstruction?«, in: Jochen Schulte-Sasse (Hg.), *Poststrukturalismus (Hefte für kritische Literaturwissenschaft)*, Frankfurt/M. 1985.

12 Ders., »Rekurs/Distanznahme/Revision: Klio bei den Philologen«, in: Cerquig-

als ›Zukunft‹ des 19. Jahrhunderts dessen Zuversicht auf wachsende ›Humanisierung‹ nicht mehr würde erfüllen können, sollte ›eigentlich‹ nach 1945 keine Frage mehr (gewesen) sein.[13]

2. Geschichte (und Konstitutionsschichten) des ›historischen Bewusstseins‹

Man kann einen epistemologiegeschichtlichen Zusammenhang zwischen der Historisierung des ›historischen Bewusstseins‹ und jenem Perspektivenwandel vermuten, durch den das Phänomen ›Zeit‹ entsubstantialisiert wurde, um nun als von den mentalen Fähigkeiten des Menschen vorgegebene ›Erfahrungsprämisse‹ gesehen zu werden. Mit diesem Perspektivenwandel stellte sich aber auch die Aufgabe, zwischen anthropologischen und historisch spezifischen Konstitutionsschichten von ›Zeit‹ zu unterscheiden. Mit Husserls Vorschlag, ›Zeit als Form der Erlebnisse‹ zu sehen,[14] verfügen wir über einen Vorschlag für die Lösung der einen Seite des Problems, nämlich für die Identifizierung der ›anthropologischen Basis‹ der Erfahrungsprämisse ›Zeit‹. Sie besagt, dass ›Erleben‹ (das heißt: die Selektion zentraler Bewusstseinsinhalte aus dem Überangebot des beständig simultan Wahrgenommenen) unweigerlich eingespannt ist zwischen ›Retention‹ (die Erinnerung an unmittelbar vorausgehende Bewusstseinsinhalte) und ›Protention‹ (die Antizipation unmittelbar folgender Bewusstseinsinhalte). Auf der Grundlage von ›Retention‹ und ›Protention‹ konnten die Menschen ihre Reichweite hinein in die Räume von Vergangenheit und Zukunft verlängern.[15] Gleichsam ›naturwüchsig‹ entsteht schon in Gesellschaften ohne Schriftkultur eine ›kollektive Erinnerung‹,[16] welche sich – chronologisch grob strukturiert – etwa um ein halbes Jahrhundert in die Vergangenheit hinein erstreckt – so weit, wie die

lini/Gumbrecht (Hg.), *Der Diskurs der Literatur- und Sprachhistorie*, S. 582-622, a. a. O. (Anm. 4).

13 Vgl. Wolfgang Iser, *Das Literaturverständnis zwischen Geschichte und Zukunft*, St. Gallen 1981, S. 15 f.

14 Vgl. Alfred Schütz/Thomas Luckmann, *Strukturen der Lebenswelt*, Neuwied 1975, S. 67.

15 Vgl. George Herbert Mead, »Die Philosophie der Sozialität«, in: ders., *Philosophie der Sozialität*, Frankfurt/M. 1969, S. 229-324.

16 Vgl. Maurice Halbwachs, *La mémoire collective*, Paris 1950.

Tradierung von Erlebnissen durch Augenzeugen in direkter Interaktion reicht. Jenseits dieser Grenze werden chronologische Differenzen zwischen Erfahrungsgegenständen in einem achronischen ›Horizont des Vergangenen‹ neutralisiert.

Mit der Struktur des ›historischen Bewusstseins‹ ist eine hochdifferenzierte Entwicklungsform der anthropologischen Disposition ›Zeit‹ auf uns gekommen, in der eine Sequenz von Evolutionsschüben sedimentiert und zum Teil sogar systematisiert worden ist. Man kann vermuten, dass es die durch Expansion der europäischen Christenheit auferlegte Verpflichtung zur ›Synchronisierung‹ verschiedener, je kulturell spezifischer ›Zeiten‹[17] zusammen mit einer Entkoppelung zwischen chronologisch strukturierter Erinnerungsleistung und direkter Interaktion mit Augenzeugen (seit der Generalisierung volkssprachlicher Schriftlichkeit) war, welche vom Ende des 15. Jahrhunderts an zur Institutionalisierung von drei Merkmalen des für uns selbstverständlichen ›Zeitbegriffes‹ als Grundelement des Wissens führte. Denn erst seither wird Zeit *abstrakt* gedacht (als losgelöst von je besonderen Handlungssequenzen), als *kontinuierlich* (das heißt: als unabhängig vom Beginn oder vom Ende spezifischer Handlungssequenzen), erst seither erscheint Zeit als Faktor von Veränderungen, wurde die Erwartung befestigt, dass sich Phänomene ›*in der Zeit entwickeln*‹. Mit der Erwartung einer ›Entwicklung der Phänomene in der Zeit‹ war die menschliche Aufmerksamkeit auf die ›Entdeckung‹ (adäquater: ›Erfindung‹) von ›*Gesetzen*‹ solcher Entwicklung gelenkt, und wir wissen, dass deren Struktur zunächst als ›zyklisch‹ konzipiert wurde.

Erst an der Wende vom 17. zum 18. Jahrhundert treten Vergangenheit als ›Erfahrungsraum‹ und Zukunft als ›Erwartungshorizont‹ in ein *Verhältnis der Asymmetrie,*[18] und man hat versucht, diesen Evolutionsschritt als Resultat verbesserter Naturbeherrschung zu interpretieren: Die Menschen produzierten seit der frühen Aufklärung mehr Handlungsmöglichkeiten als die zur Bewältigung je gegenwärtiger Bedürfnisse notwendigen. Unter der Signatur einer konstitutiven Asymmetrie zwischen Vergangenheit und Gegenwart aber wird Zeit *teleologisch*, und Zeit, welche ›gerichtet‹ ist wie eine

17 Vgl. Norbert Elias, »Über die Zeit«, in: *Merkur* 36 (1982), S. 842-856, 998-1016.

18 Vgl. Reinhart Koselleck, »›Erfahrungsraum‹ und ›Erwartungshorizont‹ – zwei historische Kategorien«, in: ders., *Vergangene Zukunft – zur Semantik geschichtlicher Zeiten*, Frankfurt/M. 1979, S. 349-375.

Handlung, bedarf eines ›*Subjekts*‹. Sobald dann endlich die Stelle des ›Subjekts der Zeit‹ von der ›*Menschheit*‹ besetzt ist, werden auch alle einzelnen Zeitverläufe auf *die eine Geschichte der Menschheit* bezogen (auf ›den Kollektivsingular von Geschichte‹, wie Koselleck sagt). Fast überflüssig ist es noch hinzuzufügen, dass zum Ziel einer gerichteten Geschichte, deren Subjekt die Menschheit ist, die (Fähigkeit zur) *Vervollkommnung* der im Menschen angelegten Möglichkeiten wird.

Nun kann man sich fragen, ob mit der Funktionalisierung dieses Geschichtsbegriffs als *Medium je nationaler Identitätskonstitution und -vermittlung* während des 19. Jahrhunderts nicht schon jene Krise des ›historischen Bewusstseins‹ einsetzt, in der heute manche die Vorgeschichte des Posthistoire sehen wollen. Wenn sich das ›Lebensgefühl der heutigen Intelligenz‹ charakterisieren lässt (und *ich* will das tun) als »ein eigentümliches Gefühl von Zeitlosigkeit, … in lauter Zwischendrin gefangen, der Geschichte entfremdet, der Zukunftsfreude entwöhnt«,[19] dann heißt das: aus Teleologie-Implikationen konstituierte Bilder von der Zukunft sind uns *nicht mehr* Orientierung oder gar Motivation, aber wir können doch *auch nicht* zurück in einen Zustand, wo Vergangenheit und Zukunft in einem Verhältnis der ›Symmetrie‹ standen. Gelungenes Handeln der Vergangenheit kann uns nicht problemlos wieder Richtschnur für zukunftsbezogenes Handeln in der Gegenwart werden.

Das seit der Frühen Neuzeit konstituierte ›historische Bewusstsein‹ ist ein bewundernswertes Erbe. Doch da es uns heute als Bezugshorizont des Handelns im Alltag zu entgleiten droht, dürfen wir mit Fug und Recht die Frage stellen, ob ihm der Status einer ›evolutionären Errungenschaft‹ zukommt. Zwar hat die Geschichtswissenschaft ihre Techniken zur Vergegenwärtigung von Vergangenheit[20] enorm verbessert, aber die so repräsentierten Räume der Vorwelt werden eher zur Evasion *aus* der Gegenwart genutzt denn zur Orientierung *zwischen* der Vergangenheit und

19 Peter Sloterdijk, *Kritik der zynischen Vernunft*, Frankfurt/M. 1983, S. 199.

20 Vgl. Hans Ulrich Gumbrecht, »›Das in vergangenen Zeiten Gewesene so gut erzählen, als ob es in der eigenen Welt wäre‹ – Versuch zur Anthropologie der Geschichtsschreibung«, in: Reinhart Koselleck/Heinrich Lutz/Jörn Rüsen (Hg.), *Theorie der Geschichte. Beiträge zur Historik* (hg. v. Arbeitskreis ›Theorie der Geschichte‹, München 1977-1990), Bd. 4: *Formen der Geschichtsschreibung*, München 1982, S. 480-513.

Zukunft. Nicht mehr nur die Vergangenheit, sondern auch die aus der Vergangenheit ›hochgerechnete‹ Zukunft ist als Bezugsinstanz gegenwärtigen Handelns suspendiert. Für die Pragmatik der Geschichtsschreibung ergibt sich aus dieser Lage der Nebeneffekt, dass es uns immer schwerer fällt, Relevanzprofile (etwa als Vorgaben der Periodisierung) in die Vergangenheit zu projizieren. Weil wir nicht wissen, wie wir angesichts einer ungewissen Zukunft handeln sollen, wird auch das Bedeutungsprofil der re-präsentierbaren Vergangenheit eingeebnet.

3. Gegenwart als Vergangenheit der Zukunft: *Posthistoire Now!*

Als wir in den chronologischen Schlagschatten des (un-)heiligen Jahres 1984 gerieten und die räumliche Präsenz der Pershings in der Bundesrepublik Deutschland schon Gegenwart geworden war, machte sich die wendige Presse ans Abwiegeln: Unisono verkündeten *Zeit* und *Stern*: »Der Weltuntergang steht nicht bevor« und/oder: »Der Weltuntergang findet nicht statt«.[21] Haben die Intellektuellen und von ihnen mit »magischer Bedeutsamkeit«[22] aufgeladene Jahreszahlen die Menschheit neurotisiert? Ich behaupte, dass das ›Ende der Zeiten‹ zu einem kollektiven Zukunftshorizont geworden ist, weil eine Fülle von auferlegten Erfahrungen in der Gegenwart eine Denkbewegung suggerieren, aus der dieselbe – nicht mehr nur für Intellektuelle – als eine Vergangenheit der vertanen letzten Chancen zur Rettung der Menschheit vorstellbar wird.

Vor wenigen Jahren noch bedurfte es außergewöhnlicher mentaler Flexibilität, um die kühle statistische Feststellung, dass die Zuwachsraten nicht mehr wuchsen, in unseren Erwartungshorizont zu integrieren. Heute kostet es uns erheblichen Verdrängungsaufwand, wenn wir vergessen wollen, dass die *Energieressourcen unseres Planeten* bis zum Jahr 2030 aufgebraucht sein werden, sofern wir uns nicht an Formen des Lebens gewöhnen können, welche schon

21 *Die Zeit* vom 16. November 1983, *Stern* vom 21. Dezember 1983.

22 Den Begriff der ›magischen Bedeutsamkeit‹ hat – aus Vorgaben von Blumenbergs Mythos-Buch – Peter-Michael Spangenberg in seiner Siegener Dissertation *Maria ist immer und überall. Die Alltagswelten des mittelalterlichen Mirakels*, Frankfurt/M. 1987 (eingereicht 1984) entwickelt.

das 18. Jahrhundert für immer hinter sich gelassen zu haben glaubte.[23] Wir beginnen zu begreifen, dass die ›Geschichtsgesetze‹ von ›Fortschritt‹ und ›Perfektibilität‹ an die Bedingung der Möglichkeit permanenter Expansion gebunden waren. Mit dem materiellen Raum der Expansion hat sich aber auch der mentale Raum des Fortschrittsglaubens geschlossen.

Der *Mensch als Subjekt der Geschichte* und *Rationalität als Stil seines Handelns* flößen mittlerweile mehr Schrecken ein als die schlimmsten Götzen der Urzeit. Wir *wissen*, dass der Mensch diesen Planeten zerstören kann – und zwar viel sicherer, als das je die Ahnen unserer Gattung von irgendeinem Gott befürchten mussten. Dennoch reichen, wie wir täglich in fast protokollarischer Form nachvollziehen können, weder die Allgegenwart dieses Wissens noch Rationalität als Medium von ›Abrüstungsgesprächen‹ hin, um auch nur den Schein der Linderung solcher Angst herbeizuführen. Und wie sollte auch das Selbstwertgefühl der Menschheit anders denn zynisch sein, da es ihr auf der Schiene des technischen Fortschritts gelungen ist, sich selbst als Faktor der eigenen Erhaltung weitgehend überflüssig zu machen? Der Menschenbedarf von polytheistischen Göttern zum Ausspielen wechselseitiger Intrigen und der monotheistischen Transzendenz zur Inszenierung eines sinnsetzenden Erlösungswerkes[24] war ungleich dringender als der Menschenbedarf der Menschheit zum Zweck der Selbsterhaltung – über die ihr verbleibenden Jahre.

Während Nordamerikaner, Europäer und Japaner ihre eigenen Ressourcen schon weitgehend verzehrt haben und den Weg des ›Fortschritts‹ nur mangels Alternativen weiter beschreiten, nehmen sie Besitz von den Rohstoffen der Afrikaner, Asiaten und Südamerikaner. So vertiefen sie den Hiat zwischen deren und ihren eigenen Geschichten, weil man der Dritten Welt nicht einmal hinreichend Verfügungsgewalt über sich selbst und ihre Rohstoffe einräumt, um den Weg des Fortschritts auch nur zu beginnen. Solange das Bedürfnis nach Selbstbestimmung dort noch artikuliert wird, haben wir die Chance, uns bewusstzumachen, dass die *Illusion von der einen Weltgeschichte* von Kolonialismus und Imperialismus als Dispositiv (bestenfalls) der Verdrängung und (meist) der Zerstörung

23 Nach einem Vortrag des Physikers Reiner Kümmel im ›Forum Siegen‹ (November 1983).

24 Vgl. Hans Blumenberg, *Arbeit am Mythos*, Frankfurt/M. 1979.

genutzt wurde. *Re-Regionalisierung der Geschichte* wäre ein erster Schritt zur Bewahrung.

Das Ende der Ressourcen, der Mensch als Subjekt seiner eigenen kollektiven Zerstörung, die entschlossene Ausbeutung der Dritten Welt als ›Brennmaterial‹ für einige Überlebensjahre der Industriegesellschaften – das sind wahrlich keine bloßen Intellektuellen-Probleme. Aber sie setzen die Verbreitung, ja die Universalisierung einer Bewusstseinslage durch, die bis vor kurzem als ›typisch intellektuell‹ galt. Während nun das Prädikat ›Posthistoire‹ schon längst eine kollektive Bewusstseinslage eher trifft als den subtilsten Gedanken einer subtilen Hegel-Interpretation, sind viele Intellektuelle zum *trostreichen Ufer eines ekstatischen Individualismus* aufgebrochen. Seit dem späten 19. Jahrhundert hatten ja selbst Naturwissenschaftler die Vernunft als ein ›Mikroskop‹ zum Vordringen in die ›Tiefe‹ der ›wirklichen Wirklichkeit‹ verabschiedet und sich mit der Erfahrung begnügt, dass die von Vernunft entworfenen ›Wirklichkeitsmodelle‹ immerhin erfolgreich zum Zweck der Naturbeherrschung seien. In der Entkoppelung von Symptom und Ort der Krankheit etwa, wie sie – *trotz* Freud – im Grundkonzept der Psychoanalyse angelegt ist,[25] hätte eine Chance gelegen, der Verwechslung von Erfolgen der Naturbeherrschung mit ›Einsichten in die Wirklichkeit der Natur‹ ein Ende zu machen. Stattdessen reichte Jacques Derridas genial(isch)e Lektüre jenes eher marginalen Freud-Textes, in dem das Funktionieren des Gedächtnisses mit dem ›Wunderblock‹ korreliert wird, schon aus, um die Illusion zu nähren, man könne durch den Nebel ›logozentrischen Denkens‹ zum Wirklichkeitsgrund der ›architrace‹ vorstoßen.[26] Als Brücke hin zur Welt der individuellen ›architraces‹ ließ sich dann auch ohne Widerstand die Kunst benutzen. ›*Ästhetisierung der Wahrheit*‹ hat Konjunktur. Das ist noch erschreckender als die Angst vor dem Ende der Ressourcen oder der Selbstzerstörung der Menschheit. Und ebenso erschreckend wie der Zeitungsaufmacher: »Der Weltuntergang findet nicht statt!«

25 Vgl. Ursula Link-Heer, »Männliche Hysterie«, in: *kultuRRevolution. zeitschrift für angewandte diskurstheorie* 9 (1985), S. 39-47.

26 Vgl. Jacques Derrida, »Freud et la scène de l'écriture«, in: ders., *L'écriture et la différence*, Paris 1967, S. 293-340.

4. Gegenwart als Vergangenheit der Zukunft: die Wiedergeburt der Aufklärung als Fehlgeburt

Historisches Bewusstsein und historiographische Periodisierung sind für Derridas Anhänger, die ›*Dekonstruktivisten*‹ logozentrischer Sinnstrukturen und ›Kulturgüter‹, sozusagen Parade-Symptome für ein Denken, welches menschliche Erfahrungsmöglichkeiten diszipliniert und reprimiert. Und wenn man von der Korrelation ›Ausbreitung der Schriftkultur/historisches Bewusstsein‹ ausgehend eine Assoziationskette hin zu der Korrelation ›Schriftlichkeit/Logozentrismus‹ bildet, kann man nicht umhin, wenigstens die historische Rekonstruktion anzuerkennen, welche solche Verurteilung des Logozentrismus fundiert. So ist es dann auch geradezu zu einem ›Stilelement‹ des Dekonstruktivismus geworden, die Dimension zeitlicher Distanzen und historischer Vermittlungen zwischen Sinnstrukturen auszublenden. Die Begegnung mit ›Erfahrungsspuren‹ etwa, die sich unter dem logozentrischen Diskurs der griechisch-antiken Philosophie verbergen sollen, kann demnach – dekonstruktivistisch – für einen Leser unserer Gegenwart ganz unmittelbar – vor dem Hintergrund der Tradition philosophischer Hermeneutik gesehen: allzu unproblematisch – gelingen.

Im Gegensatz zu dieser seiner gewollten Absenz spricht geradezu eine *Hypersensibilität des historischen Bewusstseins* aus den Schriften jener westdeutschen Philosophen, Soziologen und Kulturkritiker, die seit einigen Jahren angetreten sind, *die Aufklärung zu retten* – oder gar ›zur Vollendung zu führen‹. In manchmal biederem, manchmal blindem Eifer werden widerständige Gegenwartserfahrungen aus dem Weg geschoben oder geräumt. So macht etwa ein Jürgen Habermas nicht einmal vor den kanonisierten Schriften der Frankfurter Schule halt, wenn er Horkheimers und Adornos *Dialektik der Aufklärung* vorwirft, »ihre Kritik der Aufklärung so *tief* anzusetzen, daß das Projekt der Aufklärung selbst in Gefahr gerät«.[27] Gewiss zu Recht schlägt Habermas die für ihn unbequeme Aufklärungskritik seiner Schulhäupter deren spezifischer Erfahrung des Zweiten Weltkriegs zu, nämlich der Erfahrung emigrierter

27 Jürgen Habermas, »Die Verschlingungen von Mythos und Aufklärung. Bemerkungen zur ›Dialektik der Aufklärung‹ – nach einer erneuten Lektüre«, in: Karl Heinz Bohrer (Hg.), *Mythos und Moderne*, Frankfurt/M. 1983, S. 405-431, hier 413.

Intellektueller. Aber er bestreitet, dass solche Erfahrung noch für uns gegenwärtig sein könnte: »Diese Stimmung, diese Einstellung ist nicht mehr die unsere. Dennoch breiten sich, im Zeichen eines poststrukturalistisch erneuerten Nietzsche, Stimmungen und Einstellungen aus, die jener zum Verwechseln ähnlich sind. Dieser Verwechslung möchte ich vorbeugen.«[28] Nur: Welche Erfahrungen könnte anführen, wer behaupten will, dass wir seit dem Zweiten Weltkrieg auf der teleologischen Linie der Verwirklichung von Aufklärungs-Versprechen fortgeschritten seien? Es reicht wohl nicht mehr hin, pauschal an den »vernünftigen Gehalt der kulturellen Moderne« zu erinnern, »der in dem bürgerlichen Ideal festgehalten [...] worden ist«,[29] seit mit seinen Implikationen und historischen Zukunftsperspektiven der Vernunftbegriff selbst in Frage gestellt ist.

Eine solche Perpetuierung – oder ›Wiedergeburt‹ – der Aufklärung muss so lange eine Fehlgeburt bleiben, wie man nicht den behaupteten Zusammenhang zwischen Aufklärung und Geschichte des 20. Jahrhunderts (bis hin zum Zustand der Welt in den achtziger Jahren) zu entkräften vermag. Bisher leben die Neuaufklärer eher von der weit verbreiteten argumentativen Schlichtheit ihrer Gegner. Gewiss kann man Helmut Kohl entgegenhalten, dass die Krise der achtziger Jahre (wenn es sich denn um eine – vorübergehende – *Krise* handeln sollte) nicht allein »einer subversiv überbordenden Kultur« angelastet werden kann. Mit anderen Worten: Man kann festhalten, dass die ›geistig-moralische Krise‹ auch von »Ökonomie und Staat ausgeht«.[30] Bloß ist damit noch lange nicht bewiesen, dass der »Gehalt der kulturellen Moderne« eine probate Vorgabe für die Lösung von Zukunftsproblemen unserer Gegenwart ist (einmal ganz abgesehen von dem Sachverhalt, dass die Ausblendung der Kultur als Anhaltspunkt zum Verständnis der Krise ebenso naiv ist wie ihre Verabsolutierung in demselben Zusammenhang). Wie wenig die Neu-Aufklärer bisher auf zentrale kollektive Erlebnisse und Erfahrungen der Gegenwart reagiert haben, wird augenfällig an dem offenbar pejorativ gemeinten Namen ›Neokonservative‹, mit dem sie die verschiedensten Gruppen ihrer Gegner

28 Ebd., S. 405.

29 Ebd., S. 412.

30 Ders., »Neokonservative Kulturkritik«, in: *Merkur* 36 (1982), S. 1047-1061, hier 1061, 1050.

belegen. Im Haushalt der politischen Sprache gewinnt das Prädikat ›konservativ‹ seine spezifische Bedeutung durch den Gegensatz zu ›progressiv‹. Aber wer wollte sich denn im Ernst heute noch als fortschrittsvertrauend, fortschrittsoptimistisch präsentieren?[31]

Das 20. Jahrhundert lässt sich nicht unter einer Perspektive des ›Fortschritts‹ periodisieren, und vielleicht fällt uns überhaupt seine Periodisierung nicht deshalb so schwer, weil wir ihm ›zu nahe‹ stehen, sondern weil wir gar nicht über Periodisierungsschemata ohne Fortschrittsimplikationen verfügen. Worauf können Perspektivierungen der Aufklärung und der künstlerischen Moderne als ›unvollendete Projekte‹[32] überhaupt noch bauen? Hans Robert Jauß setzt auf das Nachhol-Pensum einer Ergänzung *politischer* Aufklärung und Revolution durch *ästhetische* Erziehung und Evolution, auf eine Kombination von französischer Aufklärung und deutschem Idealismus.[33] Aber auch dieses Projekt hat seine geschichtliche Chance ja schon gehabt – und vertan. Die Tradition der europäischen Aufklärung hält für unsere Gegenwart – für die Vergangenheit der Zukunft – keine Lösungspotentiale mehr bereit. Und an dieser bitteren Erfahrung führt auch der Sachverhalt kaum vorbei, dass sich probate Lösungen anderswo ebenso wenig abzeichnen.

5. Zukunft?

Ähnlich wie die Gattungsgeschichte der utopischen Romane in Frankreich mit den politischen Programmen der ersten Jahre nach 1789 ihre Fortsetzung fand, kann man in den wissenschaftlichen Zukunftsprognosen unserer Gegenwart eine neue Entwicklungsstufe der negativen Utopie aus der Mitte des 20. Jahrhunderts sehen. Wir *wissen*, wie die Welt *werden kann* (und wahrscheinlich werden wird), und unsere Instinkte lehnen sich gegen diese

31 Vgl. dagegen Helmut Dubiel, »Links und rechts vom Fortschritt«, in: *Merkur* 37 (1983), S. 632-640.

32 In Anlehnung an das Thema des Frankfurter Adorno-Kolloquiums im Herbst 1983.

33 Hans Robert Jauß, »Der literarische Prozeß des Modernismus von Rousseau bis Adorno«, in: Ludwig von Friedeburg/Jürgen Habermas (Hg.), *Adorno-Konferenz*, Frankfurt/M. 1983, S. 95-130, hier 111.

Zukunftsbilder auf. Was wir *nicht* wissen: wie die Erfüllung der furchterregenden Prognosen *zu verhindern* wäre und wie *anders* die Welt *werden könnte* und sollte. Niemand wagt es mehr, ›glückliche Gegenwelten‹ in der Zukunft zu lokalisieren.[34] Unser Zukunftshorizont gerät zur *Bedrohung*, wenn wir ihn – ohne Verdrängung – aus jenen Erwartungen konstituieren, die das historische Bewusstsein liefert; er bleibt *leer*, wenn es gelingt auszusteigen aus der Koppelung von Vergangenheit als Erfahrungsraum und Zukunft als Erwartungshorizont.

Wir haben festgestellt, dass es angesichts der Schwierigkeit, Orientierungen für zukunftsbezogenes Handeln in der Gegenwart zu finden, kaum mehr möglich ist, ein konsensfähiges Relevanzprofil in die von der Geschichtswissenschaft vergegenwärtigten Vergangenheiten zu legen. Doch selbst wenn *keine* Vergangenheit mehr Vorgabe des Handelns sein kann, es gibt *eine* Vergangenheit, die der als ›Posthistoire‹ erfahrenen Gegenwart ähnlich sieht: das *Spätmittelalter*. Das 14. und 15. Jahrhundert umfassen eine von der *Angst vor dem Weltende* beherrschte Epoche, allerdings nicht deshalb, weil man eine Linie der Entwicklung nicht mehr weiterdenken konnte, sondern weil die Hoffnung auf Kompatibilisierung des Alltags mit dem ›Wissen‹ um den Schöpferwillen geschwunden war (noch war *Gott* das gefürchtete Subjekt des ›drohenden Weltendes‹). Das Spätmittelalter war eine Zeit, die (Mystik und Protestantismus zeigen es gleich eindrucksvoll) nach einem *neuen, in Subjektivität fundierten Verhältnis zur Transzendenz drängte* – so wie man heute das intersubjektiv verbindliche (aber von einer ›Glaubenskrise‹ affizierte) wissenschaftliche Wissen ›vom Menschen‹ in unhinterfragbarer Selbsterfahrung zu überschreiten sucht. Das Spätmittelalter war eine Phase der *Involution,*[35] der Rückkehr zu beinahe vergessenen Praxisformen, welche wenigstens die Erinnerung an glücklichere Vergangenheiten beschwören konnten, und wir stehen nicht an, in der Formel von der ›Aufklärung als unvollendetem Projekt‹ ein Involutions-Symptom für unsere Gegenwart zu sehen.

Der Blick hin bis zum Spätmittelalter belebt die Hoffnung auf eine Zukunft, in deren Gegenwart die Probleme ihrer eigenen Vergangenheit (unserer Gegenwart) unbegründet erscheinen

34 Diese Erfahrung belegte eindrucksvoll ein Bildbericht des *Stern*: »Fantasy – Flucht in phantastische Welten« (18. August 1983).

35 Vgl. Luhmann, »Weltzeit und Systemgeschichte«, a. a. O. (Anm. 8).

mögen; aber auch diese Sicht des Spätmittelalters kann unser Bild von einer glücklichen Zukunft nicht konkretisieren. Deshalb ist es die vordringliche Pflicht des Historikers, nicht nur kleinlaut einzugestehen, sondern unüberhörbar zu machen, dass er weder die Reaktivierung von Handlungsmodellen der Vergangenheit noch die Prätention auf zukunftsbewältigende Orientierungen für gegenwärtiges Handeln noch die problemverdrängende Fortsetzung einer im historischen Bewusstsein fundierten historiographischen Praxis billigen kann.

»Wenn es uns nicht gelingt, einen *geschichtlichen Begriff von Geschichte zu konstituieren*, so läßt sich das Projekt der Moderne nicht vor dem Rückzug in eine ewig gleiche Natur bewahren, so steht ein Rückfall in eine mythische Geisteslage auf der Tagesordnung.«[36] Keine prägnantere Diagnose der Gegenwart ist mir bekannt: Denn zwischen der Ablehnung des Regresses und dem Bekenntnis der Ratlosigkeit besteht Taubes auf der Notwendigkeit einer Lösung, deren Kriterien er angibt. Wir müssen ›einen geschichtlichen Begriff von Geschichte konstituieren‹, d.h.: Wir müssen lernen, Geschichte *anders* zu denken, ohne aufzuhören, *überhaupt geschichtlich* zu denken. Was wären Grundelemente eines neuen Begriffs von Geschichte? Vielleicht die Ersetzung des *einen Telos* durch *viele Nahziele*; vielleicht die Substitution des Begriffes von der ›*Perfektibilität*‹ durch einen Begriff von der *Erhaltung des Menschen;* vielleicht die Ablösung des (zur Vervollkommnung aufgerufenen) *geistigen* durch den (um seine Erhaltung besorgten) *physischen Menschen.*

Solchen bescheidenen Zielen entspräche eine retrospektive Periodisierung, in der die Zeit seit der Aufklärung als eine Sequenz von Reflexionsphasen hin zu der Einsicht erschiene, dass die Selbstzerstörung für die Gattung ›Mensch‹ nicht nur möglich, sondern wahrscheinlich geworden ist. Unter diesem Blickwinkel jedenfalls werden die dominierenden Erfahrungen des 20. Jahrhunderts miteinander kompatibel: der naturwissenschaftliche und technologische ›Fortschritt‹ (bis hin zur Aufhebung des Bedarfs der Menschheit an Menschen), die Unfähigkeit zur vernunftbegründeten Konfliktlösung (nur der je Schwächere bezichtigt jenen anderen der ›Unmenschlichkeit‹, der die Leiden seiner Mitmenschen sieht, ohne mit ihnen zu leiden).

36 Jacob Taubes, »Zur Konjunktur des Polytheismus«, in: Bohrer (Hg.), *Mythos und Moderne*, a.a.O. (Anm. 27).

Doch noch hat die Präsenz popularisierter Formen der optimistischen Aufklärungs-Anthropologie ein Übergewicht, so dass man fragen muss, wer nun überhaupt bereit sein würde, sich auf die physische Selbsterhaltung als Nahziel menschlicher Geschichte einzulassen. Und weil diese Frage ja auch eine paradoxe Frage ist, könnte man meinen, dass neben den Fortschritten hin zur technologischen Möglichkeit der *Selbstzerstörung* und neben der Erfahrungsreihe hin zur Einsicht in die *Unmöglichkeit* vernunftfundierter Konfliktlösung sogar die neuerdings vielgepriesene Kunst und Literatur des 20. Jahrhunderts allzu lange bei der Vorführung der Möglichkeit verharrte, tradierte Sinngestalten und den Habitus der Konstitution von Sinngestalten in der Kommunikation überhaupt zu *problematisieren* und zu überschreiten.

Womit allerdings nicht unbedingt ›Blut und Boden‹ oder sozialistischer Realismus als Kunstformen des ›Posthistoire‹ gefeiert werden sollen.

2
Kaskaden der Modernisierung

Niemand, der sich mit Problemen und Begriffen wie Moderne und Modernisierung, Epochen und Epochenübergänge, Fortschritt und Stagnation beschäftigt – zumindest niemand, der dies innerhalb der westlichen Kultur tut und mit dem Interesse, die Identität der eigenen historischen Gegenwart zu diskutieren, kann es vermeiden, sich der Tatsache einer ›unsauberen‹ Überschneidung zwischen verschiedenen Begriffen von Moderne und Modernisierung zu stellen. Wie Kaskaden scheinen diese unterschiedlichen Auffassungen von Moderne in hastigem Ablauf aufeinander zu folgen, aber rückblickend beobachtet man auch, wie sie sich überschneiden, wie ihre Wirkungen sich potenzieren und wie sie sich in einer (schwer zu beschreibenden) Dimension der Gleichzeitigkeit gegenseitig beeinflussen.

Aufgrund der Etymologie dieser Worte, die sich in den verschiedenen europäischen Sprachen vom lateinischen ›hodiernus‹ (d. h. ›heutig‹) ableiten, war es seit der Antike möglich, das Adjektiv ›modern‹ zur Unterscheidung gegenwärtiger von früheren Stadien in der Geschichte von Institutionen zu verwenden.[1] So verweist ein Ausdruck wie ›papa modernus‹ wohl kaum auf einen besonders ›aufgeschlossenen‹ (oder gar ›fortschrittlichen‹) Papst, sondern

1 Für Details hinsichtlich der Etymologie von ›modern‹ und der Geschichte des Begriffs vgl. Hans Robert Jauß, »Literarische Tradition und gegenwärtiges Bewußtsein der Modernität«, in: ders., *Literaturgeschichte als Provokation*, Frankfurt/M. 1970, S. 11-66 (sowie im selben Band die beiden Beiträge: »Schlegels und Schillers Replik auf die ›Querelle des Anciens et des Modernes‹«, S. 67-106; »Das Ende der Kunstperiode – Aspekte der literarischen Revolution bei Heine, Hugo und Stendhal«, S. 107-143). Vgl. auch Hans Ulrich Gumbrecht, »Modern. Moderne. Modernismus«, in: Otto Brunner/Werner Conze/Reinhart Koselleck (Hg.), *Geschichtliche Grundbegriffe. Historisches Lexikon zur politisch-sozialen Sprache in Deutschland*, Bd. 4, Stuttgart 1978, S. 93-131. Für spezifischere (exzentrischere) Aspekte meiner Argumentation vgl. Hans Ulrich Gumbrecht, »›Objektiver Humor‹. On Hegel, Borges, and the Historical Place of the Latin American Novel«, in: Ulrich Schulz-Buschhaus und Karlheinz Stierle (Hg.), *Projekte des Romans nach der Moderne*, München 1997; vgl. auch meinen Beitrag »Das Nicht-Hermeneutische. Skizze einer Genealogie« in diesem Band, S. 190-209.

einfach auf den ›gegenwärtigen Papst‹ in einem bestimmten chronologischen Moment. Während dieser Wortgebrauch noch immer sehr lebendig ist, stammen die interessanten Probleme bezüglich ›modern‹ ausschließlich von einer anderen Ebene der Bedeutungen, nämlich von der gegenseitigen Beeinflussung unterschiedlicher Epochenbegriffe, die alle an diesen einen Signifikanten ›modern‹ gebunden sind. Es gibt einen Begriff der *Frühmoderne*, der, indem er Ereignisse wie die Entdeckung der Neuen Welt oder die Erfindung der Druckerpresse[2] hervorhebt, Bewegungen und Veränderungen zusammenfasst, so dass sie den Eindruck erwecken, das, was seither das ›dunkle Mittelalter‹ genannt wurde, ›hinter sich gelassen zu haben‹. Während diese Moderne der Renaissance für das 19. Jahrhundert ein zentraler Gegenstand der Faszination war, befassen die Historiker unserer eigenen Gegenwart sich eher damit, einen komplexen *Prozess der epistemologischen Modernisierung* zu beschreiben, dessen Zentrum sie zwischen 1780 und 1830 vermuten.[3] Genau auf diesen Übergang als zeitgenössische Situation bezieht sich Hegel, indem er seiner eigenen Philosophie den Status verleiht, die Geschichte zum Ende zu bringen, und in einer komplementären These behauptet, die Kunst habe nunmehr ihre

2 Hinsichtlich ihrer Konvergenz vgl. Horst Wenzel (Hg.), *Gutenberg und die Neue Welt*, München 1994; Hans Ulrich Gumbrecht, »The Body vs. the Printing Press: Media in the Early Modern Period, Mentalities in the Reign of Castile, and another History of Literary Forms«, in: *Poetics* 14 (1985), S. 209-227.

3 Ich folge Reinhart Kosellecks These über die sogenannte ›Sattelzeit‹ zwischen 1780 und 1830. Sie besagt, dass die Verschiedenheit der Texte aus der Zeit vor 1780 von einem hermeneutischen Standpunkt aus die Möglichkeiten unseres Verstehens zu überschreiten droht, während wir unausgesetzt Gefahr laufen, uns mit den Texten aus der Zeit nach 1830 zu sehr vertraut zu fühlen. Vgl. Reinhart Koselleck, *Vergangene Zukunft. Zur Semantik geschichtlicher Zeiten*, Frankfurt/M. 1979. Michel Foucaults Beschreibung einer epistemologischen Diskontinuität um 1800 kann als dramatischere Version derselben Beobachtung gelesen werden. Vgl. Michel Foucault, *Die Ordnung der Dinge. Eine Archäologie der Humanwissenschaften*, Frankfurt/M. 1971, S. 263. Obwohl die ›offizielle‹ Selbstreferenz der Dekonstruktion eine solche Perspektive ausschließen würde, hat Jacques Derrida wiederholt versucht, seine eigene philosophische Position einer Genealogie einzuschreiben, die um 1800 einsetzt. Vgl. vor allem: Jacques Derrida, *Grammatologie*, Frankfurt/M. 1974. Für Jürgen Habemas' Vorhaben der Verlängerung des Projektes der Aufklärung hingegen hängt alles davon ab, keinen epistemologischen ›Abgrund‹ oder ›Schnitt‹ zu akzeptieren, der uns vom Denken des 18. Jahrhunderts trennt.

Funktionen für die Menschheit verloren. In scheinbarem Widerspruch zum hegelschen Begriff ›vom Ende der Kunstperiode‹ hat eine dritte Vorstellung der Moderne, häufig *Hochmoderne* genannt, einen viel engeren Anwendungsbereich. Sie beschwört eine besonders produktive Phase in der Geschichte der westlichen Literatur und Kunst während der ersten Jahrzehnte des 20. Jahrhunderts, eine Zeit, die besonders durch radikale Programme und gewagte Experimente geprägt war.[4] Obwohl es stimmen mag, dass der Begriff der *Postmoderne* zuerst bei der Beschreibung bestimmter stilistischer Eigenschaften entstand, die es zuließen, einen Unterschied zwischen der Literatur und Kunst der Hochmoderne und des späten 20. Jahrhunderts zu begründen,[5] kann es keinen Zweifel darüber geben, dass dieser aktuellste Begriff der Moderne mittlerweile zum Brennpunkt einer neuen epistemologischen Diskussion geworden ist, die versucht, die Identität unseres eigenen Millennium-Endes zu bestimmen, und dabei zugleich seinem Status als Konstruktion von Zeitlichkeit besondere Aufmerksamkeit widmet.

Einen Aufsatz damit zu beginnen, auf vier unterschiedliche Konstellationen und Konzepte hinzuweisen, die leicht zu verwechseln sind, weil alle vom selben Namen ›Moderne‹ repräsentiert werden können, muss die Erwartung wecken, dass die darauf folgende Argumentation allzu leicht vorhersehbar wird. Muss ich nun nicht durchschaubarere Definitionen vorschlagen, die uns in die Lage versetzen, die vier verschiedenen Epochen der Moderne eindeutig voneinander zu unterscheiden? Ich leugne nicht, dass eine größere Klarheit bei der Verwendung dieser Begriffe hilfreich wäre. Aber trotzdem muss man betonen, dass (anders als bei systematischen Begriffen) die Probleme, welche den historiographischen Begriffen innewohnen, nicht durch transparente oder sogar konsensuelle Definitionen gelöst werden können. Es ist weniger die Aufgabe des Historikers, Klarheit durch Definitionen zu gewinnen, als immer komplexere und anspruchsvollere Beschreibungen der vergangenen Momente und Situationen zu entwickeln – Beschreibungen, die in

4 Eine Standardreferenz, deren Ansichten ich nicht immer teile, ist: Peter Bürger, *Theorie der Avantgarde*, Frankfurt/M. 1974.

5 Um eine Überbetonung dieses (sekundären) Aspektes zu vermeiden, ist es hilfreich, den Begriff der ›Postmoderne‹ durch Alexandre Kojèves Begriff der ›Posthistoire‹ zu ersetzen. Vgl. Alexandre Kojève, *Hegel. Eine Vergegenwärtigung seines Denkens. Kommentar zur ›Phänomenologie des Geistes‹*, Frankfurt/M. 1975.

immer komplexeren Begriffen von der Epoche reflektiert werden. Im Grunde sollte es nicht unser Interesse sein, die Vergangenheit zu beseitigen, indem wir sie mit stromlinienförmigen Begriffen kontrollieren, sondern eher, uns selbst und unsere Gegenwart mit möglichst reichhaltigen Bildern der historischen Verschiedenheit zu konfrontieren. Deshalb ist es, indem ich versuche, die Unterschiede zwischen den vier erwähnten ›Modernen‹ hervorzuheben, mein Ziel, die Dynamik ihrer kaskadenartigen Folge als eine Vorgeschichte zu analysieren, die uns dabei helfen wird, den besonderen historischen Status unserer Jetztzeit zu erfassen. Innerhalb dieser ganz konventionellen hermeneutischen Prozedur der Gegenüberstellung von Gegenwart und Vergangenheit steht jedoch etwas weniger Konventionelles auf dem Spiel. Es könnte ja sehr wohl der Fall sein, dass die Möglichkeit eines solchen Gegensatzes vom Chronotopen der ›historischen Zeit‹ abhinge – den wir oft als ein metahistorisches Phänomen missverstehen, obwohl die Dauer seiner Existenz (höchstens) auf die Zeitspanne der verschiedenen Modernen begrenzt ist. Wenn es sich herausstellen würde, dass in den und durch die Kaskaden der Modernisierung der Chronotop der historischen Zeit zu seinem Ende gekommen ist, dann würde die Beschreibung der Vergangenheit nicht mehr – zumindest nicht mehr notwendigerweise – als ein Hintergrund für die Identifizierung der Gegenwart dienen. In diesem Falle hätte die historische Analyse der Kaskaden von Modernisierung den Status einer ›mise-en-abime‹ für diesen Typus von Analyse und für den Chronotop ›historische Zeit‹ als ihre zentrale Voraussetzung.

Frühmodern

Die Reihe von Innovationen, welche, wie ich bereits angedeutet habe, durch die Druckerpresse und die Entdeckung des amerikanischen Kontinents metonymisch repräsentiert werden kann, verweist auf die Entstehung des westlichen Typs der Subjektivität – einer Subjektivität, die sich zur Rolle des Beobachters erster Ordnung[6] und zur Funktion der Produktion von Wissen verdichtet

6 Für Definitionen der hierarchisch geschichteten Begriffe des Beobachters vgl. Niklas Luhmann u. a., *Beobachter. Konvergenz der Erkenntnistheorien?*, München 1990. Ursula Link-Heer diskutiert dieselben Phänomene aus einem foucaultschen

hat. Im Gegensatz hierzu präsentierte während des Mittelalters das vorherrschende Selbstbild des Menschen diesen als Teil einer göttlichen Schöpfung, deren Wahrheit entweder dem menschlichen Verstehen entzogen oder im besten Falle durch Gottes Offenbarung enthüllt war. Statt neues Wissen zu produzieren, war es vielmehr die Aufgabe menschlichen Studiums, alles offenbarte Wissen vor dem Vergessen zu bewahren – und diese offenbarte Wahrheit durch die Predigt und vor allem das Feiern der Sakramente präsent werden zu lassen.[7] Die zentrale Verschiebung hin zur Moderne liegt deshalb in der Möglichkeit, sich selbst in der Rolle des Subjekts zu sehen (was im Zusammenhang mit der protestantischen Theologie den Status der Sakramente zu einem reinen Akt der Erinnerung macht). Anstatt Teil der Welt zu sein, sieht sich das moderne Subjekt als ihr gegenüber exzentrisch, und anstatt sich selbst als Einheit von Körper und Geist zu beschreiben,[8] beansprucht das Subjekt – zumindest das Subjekt als exzentrischer Beobachter und als Produzent von Wissen[9] –, ein rein geistiges und geschlechtsneutrales zu sein. Diese – horizontale – Achse der Konfrontation des geistigen Subjektes mit einer Welt aus Objekten (welche den Körper des Subjekts einschließt) ist die erste strukturelle Vorbedingung der frühen Moderne. Ihre zweite Vorbedingung liegt in der Idee einer – vertikalen – Bewegung, mit der das Subjekt die Welt der Objekte liest oder interpretiert. Indem es die Welt der Objekte wie eine Oberfläche durchdringt, ihre Elemente als Signifikanten entziffert und diese, sobald ihnen eine Bedeutung verliehen wurde, als bloße

Blickwinkel in: »Weltbilder, Epistemai, Epochenschwellen. Mediävistische Überlegungen im Anschluß an Foucault«, in: Hans-Jürgen Bachorski und Werner Röcke (Hg.), *Weltbildwandel. Selbstdeutung und Fremderfahrung im Epochenübergang vom Spätmittelalter zur Frühen Neuzeit*, Trier 1995, S. 19-56.

7 Vgl. Hans Ulrich Gumbrecht, »Einführung. Formen der Theatralität im Spätmittelalter und in der Frühen Neuzeit«, in: Jan-Dirk Müller (Hg.), *Aufführung und Schrift in Mittelalter und Früher Neuzeit. DFG-Symposion 1994*, Stuttgart 1996.

8 Die Bedeutung dieses Aspektes in der mittelalterlichen Kultur ist jüngst in den Arbeiten von Caroline Walker Bynum, *Fragmentation and Redemption. Essays on Gender and the Human Body in Medieval Religion*, New York 1992 sowie in *The Resurrection of the Body in the Western Christianity, 200-1336*, New York 1995 eindrucksvoll hervorgehoben worden.

9 Dieses ›geistige‹ – vorkartesianische – Subjekt kann natürlich den menschlichen Körper im Allgemeinen (wie auch den eigenen Körper) thematisieren. Die Körper werden jedoch als nicht so wesentlich für die Produktion von Wissen angesehen (dies als Reaktion auf einen Einwand meines Freundes Günter Blamberger).

Materialität hinter sich lässt, glaubt das Subjekt, die geistige Tiefe des Signifikats und der Bedeutung, d. h. die endgültige Wahrheit der Welt zu erreichen. Der Schnittpunkt dieser beiden Polaritäten – zwischen Subjekt und Objekt, Oberfläche und Tiefe – hat schon Jahrhunderte vor der Institutionalisierung der Hermeneutik als philosophische Teildisziplin das ›hermeneutische Feld‹ konstituiert.[10] Das hermeneutische Feld impliziert die Annahme, dass die Signifikanten als der materiellen Oberfläche der Welt zugehörig niemals ausreichen, um die ganze Wahrheit auszudrücken, die in ihrer geistigen Tiefe präsent ist, und begründet deshalb die beständige Forderung nach Interpretation als einem Akt, der die Unzulänglichkeiten des Ausdrucks ausgleicht. Obwohl es gute Gründe gibt, anzunehmen, dass das hermeneutische Feld seit dem 18. Jahrhundert den Höhepunkt seiner Komplexität und Akzeptanz überschritten hat, liegt es natürlich unseren konventionellen Begriffen von Literatur, Kunst und sogar von Wissen noch immer gleichsam ›natürlich‹ zugrunde. Dies ist umso erstaunlicher, da das hermeneutische Feld seit dem Ende der Aufklärung einer ununterbrochenen Folge von Herausforderungen und Krisen ausgesetzt war.

Epistemologisch modern

Was uns vielleicht am eindeutigsten von der frühen Moderne unterscheidet, ist deren Vertrauen – ein, wie wir sehen werden, blindes Vertrauen – auf das Wissen, das vom Beobachter erster Ordnung produziert wird. Zwischen der frühen Moderne und unserer epistemologischen Gegenwart liegt ein Prozess der Modernisierung, der sich auf die Jahrzehnte vor und nach 1800 erstreckte und die Rolle eines Beobachters hervorbrachte, der dazu verdammt ist, sich beim Beobachten der Welt selbst zu beobachten. Diese Rolle entspricht genau der Beschreibung der neu entstehenden ›Humanwissenschaften‹, mit deren Auftreten Michel Foucault in seinem Buch *Die Ordnung der Dinge*[11] die diskursive Schwelle von 1800 kennzeichnet. Aber sie ist auch synonym mit Niklas Luhmanns

10 Vgl. Gumbrecht, »Das Nicht-Hermeneutische«, a. a. O. (Anm. 1), das den ersten Entwurf für das Buch *Diesseits der Hermeneutik. Über die Produktion von Präsenz*, Frankfurt/M. 2004 darstellt.

11 Vgl. Foucault, *Ordnung der Dinge*, S. 413-462, a. a. O. (Anm. 3).

Definition des Beobachters zweiter Ordnung (obwohl Luhmann seinen Begriff nicht historisiert). Über einen Zuwachs an Komplexität in der institutionalisierten – und erst von jetzt an: selbstreflexiven – Subjektrolle hinaus hat das Entstehen des Beobachters zweiter Ordnung drei weitere epistemologische Transformationen zur Folge.

Indem ein Beobachter zweiter Ordnung sich beim Akt der Beobachtung selbst beobachtet, wird er sich unvermeidlich seiner körperlichen Konstitution – des menschlichen Körpers im Allgemeinen, seines Geschlechts wie auch seines individuellen Körpers – bewusst, und zwar bewusst als einer komplexen Bedingung seiner eigenen Wahrnehmung von Welt. Zugleich steht nun für jene materiellen Oberflächen der Welt, auf die allein die Wahrnehmung sich beziehen kann (die aber innerhalb des hermeneutischen Feldes auf einen untergeordneten Status reduziert waren), eine Umwertung an. Das Interesse des frühen Materialismus an der Anatomie, an den Funktionen und Objekten der menschlichen Sinne, und seine zunehmende Faszination für die Besonderheit der ästhetischen Erfahrung scheinen historische Symptome zu sein, die eine solche Rückkehr von Körpern und Materialitäten in das Blickfeld des Beobachters vorausahnen lassen. Sobald jedoch die Wahrnehmung als physischer Akt und die materielle Welt als ihr Objekt zum Thema werden, kommt die Frage auf, wie sich Wahrnehmung zu Erfahrung verhält, Erfahrung, welche ausschließlich auf Begriffen beruht – und ob die physische Wahrnehmung und die begriffliche Erfahrung überhaupt miteinander vermittelt oder in Einklang gebracht werden können. Wir sind heute noch immer – und vielleicht intensiver denn je – mit diesen Problemen konfrontiert. Wenn, zweitens, der neue, selbstreflexive Beobachter weiß, dass der Inhalt jeder Beobachtung von seiner besonderen Position abhängt (wobei das Wort ›Position‹ natürlich eine Vielfalt von sich überschneidenden Bedingungen abdeckt), dann wird deutlich, dass – zumindest solange man die Annahme einer existierenden ›realen Welt‹ aufrechterhält – jedes einzelne Phänomen eine Unendlichkeit von möglichen Wahrnehmungen, Erfahrungsformen und Repräsentationen provozieren kann. Keine dieser vielfältigen Repräsentationen kann jemals für sich beanspruchen, angemessener als alle anderen oder ihnen epistemologisch überlegen zu sein. Dies ist das Problem, auf das Foucault als die ›Krise der Repräsentierbarkeit‹

verweist.[12] Drittens ist es möglich, das, was Reinhart Koselleck und andere Historiker wiederholt als ›Temporalisierung‹ oder auch als ›Beschleunigung der Zeit‹ im 19. Jahrhundert beschrieben haben, mit der Krise der Repräsentierbarkeit in Verbindung zu bringen.[13] Denn wir können in dem neuen kulturellen Habitus des 19. Jahrhunderts – der auch der unsere ist –, Phänomene mittels ihrer Entwicklungen oder ihrer Geschichte zu beschreiben, eine Strategie sehen, der von nun an potentiellen Unendlichkeit in den Repräsentationen aller Phänomene gerecht zu werden. Jede neue Repräsentation kann somit in immer komplexere Entwicklungsmodelle oder historische Darstellungen integriert werden. So gesehen sind die Historisierung und Narrativierung Möglichkeiten, mit steigender Komplexität in der Weltwahrnehmung und Erfahrung zurechtzukommen, und gewiss nicht so etwas wie ›epistemologischer Fortschritt‹.

Die These, gemäß der die Temporalisierung von einer Krise der Repräsentierbarkeit motiviert ist, die wiederum auf die Entstehung des Beobachters zweiter Ordnung zurückgeht, führt zu der Konsequenz, dass das, was wir ›historische Zeit‹ nennen, selbst ein historisch spezifischer Chronotop ist. Was genau ist spezifisch an der ›historischen Zeit‹? Wir haben uns so vollkommen an dieses komplexe Erfahrungsmuster gewöhnt, dass es schwierig ist, die nötige Distanz zu gewinnen. Man scheint jedoch behaupten zu können, dass die Zeit erst seit dem 19. Jahrhundert die Funktion zugeschrieben bekommen hat, immer und unvermeidlich Ursache von Veränderung zu sein. Innerhalb der historischen Zeit kann man sich nicht vorstellen, dass irgendein Phänomen von der Veränderung ausgenommen ist – und dies führt zur allgemeinen Anerkennung der Prämisse, dass unterschiedliche historische Epochen nicht mit Hilfe irgendwelcher Standards metahistorischer Art verglichen werden dürfen.[14] Gleichzeitig verleiht Zeit als absolute

12 Vgl. ebd., S. 269-300.

13 Vgl. Reinhart Koselleck, »›Neuzeit‹ – Zur Semantik moderner Bewegungsbegriffe«, in: ders., *Vergangene Zukunft*, S. 300-349, a. a. O. (Anm. 3); vgl. auch Hans Ulrich Gumbrecht, »Zum Wandel des Modernebegriffes in Literatur und Kunst«, in: Reinhart Koselleck (Hg.), *Studien zum Beginn der modernen Welt*, Stuttgart 1978, S. 654-664.

14 Vgl. Hans Robert Jauß' verdientermaßen berühmten Aufsatz: »Ästhetische Normen und geschichtliche Reflexion in der ›Querelle des Anciens et des Modernes‹« (Einleitung zu: Charles Perault, *Parallèle des Anciens et des Modernes en ce qui re-*

Ursache der Veränderung der Innovation die Strenge eines bindenden Gesetzes. Von jetzt an kann es sich kein Individuum, keine Gruppe und kein ›historischer Moment‹ mehr leisten, lediglich als Wiederholung seiner Vorläufer gesehen zu werden. Die Aussage, jemand oder etwas ›bleibe‹ nach einer Anzahl von Jahren ›der-‹ oder ›dasselbe‹, wird zu einem zunehmend zweifelhafteren Kompliment. Wenn also jede Gegenwart als Modifikation ihrer Vergangenheit und als von der Zukunft zu modifizierend erfahren werden muss, verstehen wir, dass die historische Zeit die strukturelle Möglichkeit der ›Modalisierung von Zeit‹ hervorbringt.[15] Jede der drei Dimensionen von Zeit kann nun aus den Perspektiven der anderen beiden Dimensionen vorgestellt werden: die Gegenwart als Zukunft der Vergangenheit und als Vergangenheit der Zukunft; die Zukunft als Vergangenheit einer ferneren Zukunft und als Gegenwart der Zukunft; die Vergangenheit als Zukunft einer ferneren Vergangenheit und als Gegenwart der Vergangenheit. Da die historische Zeit nun von so vielen konvergierenden Impulsen in Bewegung gesetzt scheint, ist es nicht mehr möglich, die Gegenwart als Spanne einer Kontinuität zu denken. Für den Chronotop der historischen Zeit verwandelt sich die Gegenwart in einen ›unmerklich kurzen Augenblick‹,[16] in jenen strukturellen Ort, an dem sich jede Vergangenheit in Zukunft verwandelt. Aber sie ist auch der Ort – und dies könnte die wichtigste Konsequenz aus der Temporalisierung des 19. Jahrhunderts sein –, an dem die Rolle des Subjekts mit der historischen Zeit verknüpft wird. In jedem gegenwärtigen Moment muss sich das Subjekt eine Reihe von zukünftigen Situationen vorstellen, welche sich von der Vergangenheit und der Gegenwart unterscheiden müssen und unter denen es seine bevorzugte Zukunft

garde les Arts et les Sciences, München 1964, S. 8-64). Im Zusammenhang meiner Argumentation ist es wichtig hervorzuheben, dass der Aspekt einer ›Relativität historischer Perioden‹, der von den Diskussionen der Querelle um 1700 hervorgebracht wurde, bis zum 19. Jahrhundert nicht allgemein übernommen wurde.

15 Vgl. Niklas Luhmann, »Weltzeit und Systemgeschichte. Über Beziehungen zwischen Zeithorizonten und sozialen Strukturen gesellschaftlicher Systeme«, in: Peter Christian Ludz (Hg.), *Soziologie und Sozialgeschichte*, Opladen 1972, S. 81-115; vgl. auch Reinhart Koselleck, »Vergangene Zukunft in der frühen Neuzeit«, in: ders., *Vergangene Zukunft*, S. 17-37, a. a. O. (Anm. 3).

16 Ich beziehe mich auf Baudelaires berühmte Charakterisierung der Moderne als »le transitoire, le fugitif, le contingent«, aus: *Le peintre de la vie moderne*, in: ders., *Œuvres complètes*, Paris 1961, S. 1163.

auswählt. Nur durch diese Koppelung mit der historischen Zeit und durch die Funktion, die sie innerhalb dieser Dimension erfüllt, kann das Subjekt – zumindest auf der Ebene seiner Selbstreferenz – zum Handlungssubjekt werden. Und diese Wechselbeziehung zwischen Zeit und Handlung vermittelt den Eindruck, dass die Menschheit in der Lage ist, ihre Geschichte selbst zu ›machen‹.

Offensichtlich setzt die Philosophie der Geschichte als Praxis des Denkens und als Diskurs ebendiese epistemologische Konstellation voraus – man könnte sogar behaupten, dass das intellektuelle Programm der Geschichtsphilosophie unmittelbar hierauf reagiert. Wenn auch ›Geschichtsphilosophie‹ als Begriff bis auf Voltaire zurückgeht, so gibt es doch keinen Zweifel, dass Hegels Werk den weitesten Bereich an möglichen Assoziationen und Verbindungen zwischen ihr und den neuen Strukturen der Wahrnehmung und Erfahrung von Welt bietet. Auf dieser Ebene bietet es sich an, eine Beziehung herzustellen zwischen dem Motiv des ›Weltgeistes‹*, der sich seiner selbst bewusst wird, und dem Beobachter zweiter Ordnung, der durch die Fähigkeit definiert ist, seine eigenen Beobachtungen beobachten zu können. Sogar epistemologische Strukturen werden jetzt unter dem Gesetz der Verzeitlichung repräsentiert – und das bedeutet: als Entwicklung.[17] Die Geschichtsphilosophie ist die wichtigste Quelle für die grundlegenden narrativen Modelle von temporalisierter Repräsentation. Deshalb ereignet sich die Ankunft des selbstreflexiven ›Weltgeistes‹* am Ende jener Erzählung, durch die sich die Philosophie der Geschichte selbst repräsentiert – erzählt –, am Ende einer Weltgeschichte, deren frühere Stadien von weniger komplexen Beobachtungsmustern beherrscht waren. Das

* [Hier wie im Folgenden im Original dt.; A. d. Ü.]

17 Die Parallelen zwischen der allgemeinen epistemologischen Situation nach 1800 und Hegels Philosophie gehen sogar noch weiter. Obwohl wir üblicherweise den Begriff der ›Dialektik‹ mit der elementaren Handlungsstruktur von Hegels historischen Erzählungen assoziieren, bezieht er ihn in der ›Logik‹ der *Enzyklopädie* auf die Erfahrung, dass alle Phänomene vielfältige Repräsentationen haben, d. h. auf die ›Krise der Repräsentierbarkeit‹: »Die Dialektik dagegen ist dies *immanente* Hinausgehen, worin die Einseitigkeit und Beschränktheit der Verstandesbestimmungen sich als das, was sie ist, nämlich als ihre Negation darstellt. Alles Endliche ist dies, sich selbst aufzuheben.« Georg Wilhelm Friedrich Hegel, *Enzyklopädie der philosophischen Wissenschaften I*, in: ders., *Werke in zwanzig Bänden*, hg. v. Eva Moldenhauer und Karl Markus Michel, Bd. 8, Frankfurt/M. 1970, S. 172 f. [§ 81].

enge Verhältnis zwischen Subjektivität und Welt jedoch, auf das Hegel in der *Ästhetik* als Bedingung der wahren Kunst verweist,[18] entspricht einer Form der Erfahrung, die für den Beobachter erster Ordnung charakteristisch ist. Es kann mit einer höheren Stufe der Reflexivität (oder mit dem Beobachter zweiter Ordnung) nicht in Einklang gebracht werden – und dies erklärt, warum Kunst im Sinne von Hegels Begriff unter den Bedingungen einer selbstreflexiven Subjektivität und unter der Herrschaft temporalisierter Formen der Repräsentation zu ihrem Ende kommen muss.[19] Es gibt jedoch eine Ausnahme von den zeitgenössischen epistemologischen Zwängen, eine Ausnahme, die Hegel für die Kunst und die Repräsentation alten Stils offenlässt – und er verweist auf sie mit dem schwer zu interpretierenden Begriff ›objektiver Humor‹.[20] Während die Beschreibung des Verhältnisses zwischen Subjekt und Objekt, das vom objektiven Humor vorausgesetzt wird, vergleichsweise oberflächlich bleibt, unterstreicht Hegel, dass objektiver Humor »nur im Umfang eines Liedes oder nur als Teil eines größeren Ganzen« erreicht werden kann. Man kann den Verdacht hegen, dass diese doppelte Formel zumindest indirekt dazu dienen soll, längere narrative Diskurse von den Formen der Repräsentation, die unter dem ›objektiven Humor‹ zusammengefasst werden, auszuschließen.

18 Vgl. ders., *Vorlesungen über Ästhetik II*, in: ders., *Werke in zwanzig Bänden*, hg. v. Eva Moldenhauer und Karl Markus Michel, Bd. 14, Zweiter Teil, Dritter Abschnitt, Drittes Kapitel (»Das Ende der romantischen Kunstform«), Frankfurt/M. 1970, S. 231-242. Für eine ausgearbeitete Form dieser Anwendung Hegels vgl. meinen Aufsatz »Objektiver Humor«, a. a. O. (Anm. 1).

19 Selbstverständlich habe ich kein persönliches Interesse daran, Hegels – zugegebenermaßen engen – Begriff der Kunst und seine daraus folgende berühmtberüchtigte These des ›Endes der Kunstepoche‹ zu verteidigen. Es geht mir nur darum zu zeigen, dass, sobald man die Kunst mit einem intimen Verhältnis zwischen Subjekt und Objekt assoziiert (wie Hegel es tut), daraus tatsächlich folgt, dass die Kunst mit der Epistemologie des selbstbeobachtenden Beobachters unvereinbar ist.

20 Die Erläuterung dieses Begriffs beschließt jenes Kapitel der *Ästhetik*, auf das ich oben verwiesen habe. – Für eine exzellente Interpretation von Hegels Begriff (in seinem Verhältnis zur deutschen Literatur des 19. Jahrhunderts) vgl. Wolfgang Preisedanz, *Humor als dichterische Einbildungskraft*, München 1963.

Es ist möglich, die Geschichte von Kunst und Literatur in Europa seit 1800 als Verkettung unterschiedlicher Reaktionen auf unterschiedliche Aspekte innerhalb der Krise der Repräsentation zu analysieren.[21] Jeder einzelne Roman, von Balzac etwa, thematisiert in einem frühen Stadium der Handlung das eine oder andere Problem, welches vom Verlust des Glaubens an eine objektive Weltsicht herrührt – um den Lesern am Ende die beruhigende Gewissheit zu geben, dass zumindest für moralisch hervorragende Protagonisten eine solche Objektivität noch immer zugänglich sei. Im Gegensatz hierzu inszeniert Flaubert, dessen literarischer ›Realismus‹ diese Selbstbezeichnung bereits von der zeitgenössischen Malerei übernommen hat, immer wieder die unversöhnlichen Divergenzen innerhalb einer Vielfalt von Diskursen und Perspektiven auf die Welt – und das sind bei ihm Divergenzen, die das auktoriale Niveau seiner Romane niemals auszubalancieren beginnt. Die Erfindung der Photographie wird von der Hoffnung begleitet, dass sie die relativierende Positionalität des Beobachters und seines Körpers durch die Herstellung eines unmittelbaren Kontakts zwischen Welt und Bildplatte tilgen könne – aber sie führt zu der (entmutigenden) Erfahrung, dass jedes Bild eine Inschrift der zufälligen situativen Umstände trägt, unter denen es produziert wurde.

Während der zweiten Hälfte des 19. Jahrhunderts führt die Ansammlung solcher ästhetischer Innovationen, Experimente und Effekte – die alle von der Krise der Repräsentierbarkeit ausgelöst zu sein scheinen – zu einem erodierenden Einfluss auf das hermeneutische Feld. Es gibt vielfältige Symptome eines zunehmenden Ungleichgewichts innerhalb jener vertikalen Achse, die traditionellerweise die ›lediglich materielle Oberfläche der Signifikanten‹ mit der ›geistigen Tiefe des Signifikats‹ verknüpfte. Die neue Aufmerksamkeit, die etwa der Symbolismus der Gestaltung von ge-

21 Für das Folgende vgl. Hans Ulrich Gumbrecht, »Perception vs. Experience. Fast Images and Their Resistance to Interpretation«, in: Timothy Lenoir (Hg.), *Writing Science*, Stanford 1996; ders./Karlheinz Stierle/Rainer Warning (Hg.), *Honoré de Balzac*, München 1980; Franz Koppe, *Literarische Versachlichung. Zum Dilemma der neueren Literatur zwischen Mythos und Szientismus. Paradigmen: Voltaire, Flaubert, Robbe-Grillet*, München 1967; Friedrich Kittler, *Aufschreibesysteme 1800/1900*, München 1985.

druckten (oder handgeschriebenen) Texten oder den Klängen der gesprochenen Sprache (in einem berühmten Fall sogar den ›Farben der Vokale‹) zollt, zeigt, dass die Signifikanten inzwischen eine Anzahl von – hauptsächlich ästhetischen – Funktionen übernommen haben, welche die Funktion der Repräsentation von Bedeutung überschreiten. Umgekehrt ist es der ehrgeizige Anspruch der ›Programmmusik‹* Richard Wagners, bestimmte Sinnstrukturen mit Hilfe musikalischer Töne auszudrücken, welche bis dahin den Status rein akustischer Materialität hatten.[22] Nicht zufällig geht Nietzsches radikale Infragestellung des ›Willens zur Wahrheit‹ mit einem Lob der Oberflächen (Masken, Buchstaben usw.) einher, die nichts außer Oberflächen sind (d.h. nur die Materialität von Masken, Buchstaben usw.).

Was die Kulturhistoriker als ›Hochmoderne‹ bezeichnen, der Zeitpunkt, der von den (für uns) ›historischen Avantgarden‹ der ersten beiden Jahrzehnte des 20. Jahrhunderts beherrscht wurde, ist das radikalste Niveau dieser Deregulierung des Gleichgewichts von Signifikant und Signifikat – ein Zustand, um dessen Eroberung Künstler und Autoren enthusiastisch wetteiferten. Niemals zuvor und niemals danach sind Dichter so überzeugt davon gewesen, ihre historische Mission, ›subversiv‹ und ›revolutionär‹ zu sein, zu erfüllen (was wohl zumindest teilweise das enorme Prestige der Avantgardisten unter den Intellektuellen von heute erklären kann). Anstatt (wie Balzac es tat) die Möglichkeit der Repräsentation zu verteidigen, anstatt auf die wachsenden Probleme mit dem Prinzip der Repräsentierbarkeit hinzuweisen (Flauberts Anliegen), sind Surrealisten und Dadaisten, Futuristen und Kreationisten – zumindest in ihren Manifesten – zunehmend entschlossen, mit der Funktion der Repräsentation aktiv zu brechen. Die Zeitungsfetzen z.B., die Picasso und Braque in einige ihrer Collagen einarbeiten, können nicht repräsentieren, was sie bereits sind. Sie sind, was sie sind, und sie lenken deshalb die Aufmerksamkeit nur auf den Akt des Bruches mit der Repräsentation, auf die Qualität des Materials, das sie zu dem macht, was sie sind – und auf die Form der

22 Natürlich sind sowohl die herkömmlichen Auffassungen zur Erfahrung von Musik als auch Wagners Projekt etwas komplizierter. Dennoch zeigt Eduard Hanslicks vielgelesenes Buch *Vom Musikalischen-Schönen*, Wien 1854, dass die Entstehung der ›Programmmusik‹ eine neue Insistenz auf den nichtsemantischen Charakter der Musik provozierte.

Wahrnehmung, die auf ihre Materialität reagiert. Von einer hegelianischen Perspektive aus gesehen, bedeutet dies, dass die epistemologische Modernisierung um 1800, von der die beginnende Krise der künstlerischen und literarischen Repräsentation ein Teilaspekt war, dazu führt, eine selbstzerstörerische Dynamik im Kunstsystem zu produzieren. Sie ist selbstzerstörerisch zumindest im Verhältnis zu den traditionellen Repräsentations-Funktionen von Kunst und Literatur.

Aber die Funktionen der Repräsentation zu problematisieren und schließlich auf sie zu verzichten, ist nur eine Seite der künstlerischen und literarischen Bewegung Hochmoderne. Es ist jene Seite der Hochmoderne, die wir, zumindest bis vor kurzem, für das Ganze zu halten geneigt waren – wahrscheinlich weil sie in jenen europäischen Ländern vorherrschte, die das Zentrum auf der Karte des kulturellen Prestiges besetzten. Aber die Peripherie dieser Karte (Italien, Spanien, Nord- und Südamerika) brachte eine andere Version der Hochmoderne hervor. Um deren spezifischen Charakter zu erläutern, kann man auf einen – damals international berühmten – Aufsatz von José Ortega y Gasset verweisen, der im Jahr 1925 unter dem Titel *La deshumanización en el arte* veröffentlicht wurde. Was Ortega (zu Recht oder zu Unrecht) in diesem Text angreift und als ein Symptom für den kulturellen Verfall ansieht, ist die Tendenz in der für ihn zeitgenössischen Kunst und Literatur, über die Gestalt des Menschen oder der Menschheit hinauszugehen, einschließlich dessen, was der Mensch oder die Menschheit als die spezifischen Formen und Inhalte ihrer eigenen Weltsicht erfahren. Die künstlerische und literarische Praxis in jenen Ländern der Peripherie kann genauso innovativ, experimentell und manchmal schockierend sein wie die des kulturellen Zentrums – aber sie bricht niemals vollkommen mit der Funktion der Repräsentation. So ist es z. B. für eine Generation junger spanischer Dichter, die 1927 anlässlich des dreihundertsten Todestages von Góngora die barocke Schönheit seiner Verse wiederentdeckt haben, von größter Bedeutung, gegen ein traditionelles Vorurteil zu beweisen, dass es durchaus möglich ist, verständliche Bedeutungen in Góngoras Texten zu finden.[23] Eine solche Abweichung

23 Vgl. Hans Ulrich Gumbrecht, »Warum gerade Góngora? Poetologie und historisches Bewußtsein in Spanien zwischen Jahrhundertwende und Bürgerkrieg«,

von den surrealistischen Angriffen auf die Repräsentation wird sogar noch augenfälliger in den Gedichten des jungen Jorge Luis Borges, der in seiner argentinischen Heimat[24] sich darum bemüht, gegenüber einem bestimmten modernistischen Diskurs, der kaum aggressiver ist als die Texte von Federico García Lorca oder die Gemälde von Pablo Picasso, eine Alternative der Repräsentation offenzuhalten.

Deshalb kommt, während die Hochmoderne Zentraleuropas der düsteren Seite von Hegels Prognose vom Ende der Kunst entspricht, die Moderne-Version aus der Peripherie einer Ausnahme vom Ende der Repräsentation nahe – wie sie Hegel unter dem Begriff des ›objektiven Humors‹ einräumt. In der Mitte der zwanziger Jahre manifestiert sich Borges' literarische Produktion ausschließlich in kurzen lyrischen Formen. Es ist seine erklärte Absicht, eine Repräsentation der Alltagswelt hervorzubringen, mit der er besonders vertraut ist, eine Repräsentation der Alltagswelt in den Vorstädten von Buenos Aires. Am Ende findet Borges subtile Möglichkeiten, jene epistemologischen Rahmenbedingungen zu umgehen, die seit dem Beginn des 19. Jahrhunderts die literarische und künstlerische Produktion so stark beengt hatten. Indem er seine Abhängigkeit von den Vorgängern und zeitgenössischen Poeten immer wieder betont (und nicht leugnet), widersteht er – oft auf ironische Weise – den Zwängen der Innovation. Anstatt dem epistemologischen Druck zu folgen, jedes Phänomen mittels der Erzählung seiner Entwicklung zu repräsentieren, überträgt Borges Elemente der nationalen oder lokalen Geschichte bewusst aus ihrer zeitlichen Folge in einen Chronotop der Gleichzeitigkeit. Sein berühmtes Gedicht *Fundacíon mítica de Buenos Aires* etwa füllt einen geographischen Raum mit der gleichzeitigen Präsenz von mythologischen Sirenen und Helden aus der Zeit der Entdeckung Ame-

in: Rainer Warning/Wilfried Wehle (Hg.), *Lyrik und Malerei in der Avantgarde*, München 1982, S. 145-192.

24 Vgl. die Analyse einer Reihe von Texten aus *Fervor de Buenes Aires* (1923) und aus *Cuaderno de San Martin* (1929) in meinem Essay »Objektiver Humor«, a. a. O. (Anm. 1), und, als ein Dokument für Borges' eigene Poetologie: *El tamaño de mi esperanza* (1926) – eine Sammlung kritischer Essays, die erst 1993 wiederveröffentlicht wurde. Der Sündenbock von Borges' Kritik ist der argentinische Modernist Leopoldo Lugones, aber seine Angriffe richteten sich auch gegen den Begründer Rubén Darío.

rikas, von romantischen Gründervätern der argentinischen Nation und zeitgenössischen Politikern.

Postmodern

Eine Möglichkeit, unsere Gegenwart als Postmoderne zu verstehen, liegt darin, sie als Überwindung der Hochmoderne des Jahrhundertbeginns zu betrachten, und das bedeutet, als befreit von jener Besessenheit der Innovation, die ein Vermächtnis des Chronotops ›historische Zeit‹ ist. Dann stellt die Hochmoderne die Vergangenheit dar, welche von der postmodernen Gegenwart hinter sich gelassen wird. Die philosophisch interessantere und, wie ich glaube, plausiblere Version des Begriffs der Postmoderne jedoch ist es, unsere Gegenwart als eine Situation zu begreifen, welche die angesammelten Auswirkungen jener Modernen, die seit dem 15. Jahrhundert aufeinander gefolgt sind, rückgängig macht, sie neutralisiert und transformiert. Die Postmoderne problematisiert die Subjektivität und das hermeneutische Feld, die historische Zeit und sogar, aus einem bestimmten Blickwinkel, die Krise der Repräsentation (indem sie sie radikalisiert). Ein – verhältnismäßig komplexer – Grund, der dagegenspricht, unsere Gegenwart einfach als eine weitere Moderne zu verstehen, die auf die Hochmoderne folgt, rührt von der Erfahrung her, dass, wie ich zu beweisen versuchen werde, die nichtdestruktive Seite der Hochmoderne tatsächlich als ein Teil der Postmoderne wiederkehrt, anstatt von dieser überwunden zu werden (wie eine konsequente Logik der Innovation uns erwarten ließe). Vielleicht bedeutsamer (weil weniger auf Begriffen und Argumenten beruhend) ist unser elementarer Eindruck, dass das Tempo der Veränderung, nach Phasen beispielloser Beschleunigung während des 19. und der ersten Hälfte des 20. Jahrhunderts, nun beginnt, sich zu verlangsamen. Wir sind überrascht festzustellen, dass die Zeitspanne, die zwischen der Mitte der sechziger Jahre (der Studentenrevolte und der jungen Beatles) und unserer Gegenwart verstrichen ist, so groß ist wie diejenige, die den Ausbruch des Ersten Weltkrieges vom Ende des Zweiten Weltkrieges trennt. Wenn es deshalb unser Eindruck ist, die Zeit habe begonnen ›langsamer zu verstreichen‹ und ›die Gegenwart dehne sich wieder aus‹, so bedeutet dies natürlich nicht, dass die Anzahl relevanter ›Ereignisse‹ sich ›objektiv‹ verringert habe. Aber solche Gefühle zeigen doch, wie sehr wir uns aus dem Chronotop der ›historischen Zeit‹ mit ihren bedingungslosen Imperativen zur Veränderung und Innovation herausbewegen.[25]

Es ist noch immer schwierig, mehr über den neu entstehenden Chronotop zu sagen, als dass er ›nicht mehr modern‹ ist. Seine Zukunft hat die Anziehungskraft eines offenen Horizontes verloren, den wir in jeder Gegenwart formen und wählen können. Er erscheint vielmehr als besetzt und (auf negative Weise) von den – zumeist unbeabsichtigten oder unerwarteten – Konsequenzen von Handlungen und Ereignissen, die in der Vergangenheit liegen, vorherbestimmt. Während wir somit einen Widerwillen dagegen entwickelt haben, die Schwelle von der Gegenwart hin in eine Zukunft zu überschreiten, die sich als unerfreulich ankündigt, haben wir auch den Ehrgeiz verloren, die Vergangenheit hinter uns zu lassen, sie zu überwinden und zu überflügeln. Im Gegenteil, unsere Techniken der Erinnerung, Bewahrung und sogar Reproduktion von Objekten und Umgebungen, die der Vergangenheit angehören, sind so enorm verbessert worden, dass ›das Leben in der Vergangenheit‹ zum ersten Mal vielleicht nicht mehr nur eine Metapher für historische Phantasie ist. Da die Gegenwart der Konvergenzpunkt einer Vergangenheit, die hinter uns zu lassen wir uns nicht geneigt fühlen, und einer Zukunft, in die wir nicht eintreten wollen, bildet, mag es tatsächlich sinnvoll sein, wenn wir diese Gegenwart als ›sich ausdehnend‹ erfahren. Aber ist dies mehr als eine unklare Metapher für einen noch unklareren Eindruck über den Zustand unserer gegenwärtigen Kultur? Ist es möglich, einige greifbare Strukturen dahinter zu identifizieren? Zumindest auf der Ebene der Epistemologie könnte man behaupten, das Äquivalent für den ›langsameren Fluss der Zeit‹ und eine ›ausgedehntere Gegenwart‹ sei eine Verschiebung von der – modernen – Gewohnheit, die vielfältigen Repräsentationen identischer Phänomene als Entwicklungen und Geschichten zu gliedern, hin zu dem – post-

25 Für das Folgende vgl. meine Texte: »Flache Diskurse«, in: Hans Ulrich Gumbrecht/Karl Ludwig Pfeiffer (Hg.), *Materialität der Kommunikation*, Frankfurt/M. 1988, S. 911-923; »Epistemologie/Fragmente«, in: Hans Ulrich Gumbrecht/Karl Ludwig Pfeiffer (Hg.), *Paradoxien, Dissonanzen, Zusammenbrüche. Situationen offener Epistemologie*, Frankfurt/M. 1981, S. 837-850; »nach-MODERNE ZEITENräume«, in diesem Band, S. 49-65.

modernen – Habitus, sie als Varianten zu handhaben, die simultan verfügbar sind. Wenn allerdings Variation zur vorherrschenden epistemologischen Form unserer Gegenwart wird, könnte dies erklären, warum wir uns selbst als immer weniger gewillt (und nicht so sehr als unfähig) empfinden, Ursprünge und Endpunkte für Geschichten zu identifizieren oder nach den Originalen als Grundlage für die Kopien und nach Authentizität als Gegensatz zur Künstlichkeit zu suchen. In einer ähnlichen Bewegung wird die Geschichte aus einer narrativen Sequenz unterschiedlicher Zeitepochen in eine Anschauungsform verwandelt, welche europäische Geisteswissenschaftler seit einiger Zeit ›historische Anthropologie‹ nennen, d.h. die Rekonstruktion eines weiten Bereichs von möglichen Mustern, die das menschliche Lehen formen und organisieren können.[26]

Einige der vorherrschenden Eindrücke, die wir mit der Kultur unserer Gegenwart assoziieren, könnten somit unter dem Begriff einer ›De-Temporalisierung‹ zusammengefasst werden. Die Innovation von Gewohnheiten und Verhaltensformen ist heute gewiss keine absolute Verpflichtung mehr – es sei denn, man hat zwingende pragmatische Argumente für eine Veränderung wie Funktionalität oder ökonomischen Gewinn. Folglich erscheint die Zeit auch nicht mehr länger als absolute Ursache der Veränderung. Wenn sich die Zukunft deshalb nicht als ein Horizont präsentiert, der in der Gegenwart geformt und bestimmt werden soll, wenn die Furcht vor unbeabsichtigten Folgen[27] das Vertrauen in die rationale Wahl überwiegt, dann neutralisiert – oder zumindest schwächt[28] –

26 Insbesondere in Deutschland hat dieser Begriff großen Erfolg als verbindende Klammer für interdisziplinäre Projekte innerhalb der Humanwissenschaften gehabt. Vgl. Wolfgang Iser, »Toward a Literary Anthropology«, in: *Prospecting. From Reader Response to Literary Anthropology*, Baltimore 1989, S. 262-284; sowie Hans Robert Jauß, *Wege des Verstehens*, München 1994, S. 424-428. Eine problematische Annahme, die diesem Begriff zugrunde liegt, ist natürlich die eines metahistorisch stabilen Rahmens dessen, was man als ›menschlich‹ thematisieren kann.

27 Für die wachsende (praktische und theoretische) Bedeutung dieses Begriffs für das politische Denken vgl. Frank Ankersmith, *Aesthetic Politics. Political Philosophy Beyond Fact and Value*, Stanford 1996.

28 Ich beziehe mich natürlich auf Gianni Vattimos Begriff des »schwachen Denkens«, das sich auf die Geschichte von Subjektkonfigurationen anwenden lässt. Vgl. Quinto Coloquio UERJ (Hg.), *Erich Auerbach*, Rio de Janeiro 1994, S. 117-125.

die Detemporalisierung jenen Aspekt von ›Ursächlichkeit‹, den sich das Subjekt im Lauf des 18. Jahrhunderts einverleibt hat. Solange wir den Aspekt der Ursächlichkeit als für Subjektivität wesentlich betrachten, können wir die hier beobachtete Veränderung begrifflich als De-Subjektivierung fassen. Doch eine Subjekt-Konfiguration, deren Ursächlichkeits-Attribution geschwächt (oder neutralisiert) erscheint, verliert nicht notwendigerweise an Komplexität und Differenziertheit als Beobachter der Welt. Deshalb erkennen wir, obwohl unsere Beobachtungen der Welt weiterhin eine Unendlichkeit an Repräsentationen hervorbringen (unter denen es unmöglich ist, zwischen mehr oder weniger ›angemessenen‹ zu unterscheiden), dass diese nicht mehr zu Erzählungen der Entwicklung synthetisiert werden. Dies bedeutet, dass innerhalb des bereits beschriebenen Paradigmas der ›Variation ohne Originale‹ Unterscheidungen wie die zwischen Repräsentation und Referent, Oberfläche und Tiefe, Materialität und Bedeutung, Wahrnehmung und Erfahrung an Gewicht verlieren. Wir sind weit entfernt davon, das Ergebnis dieser begrifflichen Zusammenbrüche voll zu begreifen (ganz zu schweigen davon, es ausreichend analysiert zu haben). Aber wir können auf sie mit dem Blick auf eine dritte epistemologische Tendenz unserer Gegenwart als De-Referentialisierung verweisen.

Sicherlich ist es möglich zu behaupten, dass viele der Phänomene, die ich erwähnt habe, um unsere eigene Gegenwart zu charakterisieren, in zeitlich früheren historischen Perioden und Zusammenhängen vorgekommen seien – vielleicht sogar mit besonderer Intensität in den Jahrzehnten nach der letzten Jahrhundertwende. Dies würde jedoch nicht notwendigerweise meine Beschreibung unserer Gegenwart widerlegen. Denn es ist meine wichtigste Voraussetzung, dass De-Temporalisierung, De-Subjektivierung und De-Referentialisierung heute zu weithin institutionalisierten (ja beinahe globalen) Rahmenbedingungen des menschlichen Lebens geworden sind – so schwer es auch manche Geisteswissenschaftler finden, diese Situation zu akzeptieren. Im Gegensatz hierzu waren jene Zeichen ihres Vorkommens, die wir in den Dokumenten des frühen 20. Jahrhunderts finden, äußerst exzentrische Positionen in hochintellektuellen Debatten. Gibt es nun einen vorherrschenden Stil oder eine vorherrschende Form in der Literatur und der Kunst der postmodernen Gegenwart, die sie von der Hochmoderne abhebt? Die unmittelbare Antwort muss heißen, dass eine solche Frage, wenn wir denn die Bedeutung des Begriffs ›Postmoderne‹, für den wir uns entschieden haben, ernst nehmen, unangemessen ist. Denn sowohl die Möglichkeit, eine bestimmte Zeitspanne mit einem bestimmten literarischen Stil z. B. in Verbindung zu bringen, als auch die Möglichkeit, die Identität eines solchen Zeitraumes zu bestimmen, indem man ihn vergangenen Zeiträumen entgegensetzt, gehören zum Chronotop der historischen Zeit. Dessen ungeachtet kann man beobachten, dass die radikalen Gesten der Hochmoderne heute ihr Potential zur Provokation verloren haben. Trotz gelegentlicher (und zumeist nostalgischer) Comebacks auf der postmodernen Szene und trotz eines hohen Grades an Kanonisierung erscheint uns die Ästhetik der historischen Avantgarden wie eine Sackgasse. Was kann denn noch der nächste Schritt sein, wenn jemand einmal gezeigt hat, wie linguistisches Material, Pinselstriche und Farben in der Lage sind, nicht zu repräsentieren? Es gibt kein Jenseits zu dieser Einsicht, und weil es kein Jenseits zu ihr gibt, gibt es auch kein definierbares Ende des ›Endes der Repräsentation‹ und des Widerhalls der hegelschen These vom Ende der Kunstperiode.[29] Zugleich ist es wahr, dass jene Formen zeitgenössischer Literatur, die sowohl populär sind als auch von intellektuellen Lesern geschätzt werden, etwa die Romane von García Márquez oder Eco, von Pynchon oder Fruttero und Lucentini, die radikale, auf reine Form konzentrierte Kargheit der Avantgarden nicht teilen – trotz all ihrer internen Divergenzen. Wenn wir die Genealogie jener Literaturformen zu rekonstruieren versuchen, welche die postmoderne Gegenwart charakterisieren, würde uns dies weniger zu *Finnegan's Wake* oder zu Bretons Manifesten als zu Borges' frühen Gedichten und zu seinen *cuentos* zurückführen, und das bedeutet: zu den peripheren Modalitäten der Hochmoderne und zu den Phänomenen, welche dem Begriff des ›objektiven Humors‹ nahestehen.[30] Denn die Erzähler dieser Texte behaupten wiederholt, sie schrieben über Welten, mit denen sie ihr ganzes Le-

29 Diese hier beschriebene Zeitstruktur ist ähnlich derjenigen, die Derrida im Blick auf das Motiv ›Ende der Metaphysik‹ beschrieben hat. Vgl. das erste Kapitel von Jacques Derrida, *Grammatologie*, a. a. O. (Anm. 3).

30 Hinsichtlich Borges' Rolle in diesem Zusammenhang vgl. Bades Rincón, »The Latin American Plot«, in: *Stanford Literature Review* 10 (1993), S. 167-186.

ben lang vertraut gewesen seien.[31] Statt als Erfinder inszenieren sie sich gern in Rollen wie Herausgeber, Zeugen oder Berichterstatter. Schließlich umgehen sie – wie Borges in seinen frühen Gedichten – oft die Spannung zwischen der Funktion der Weltrepräsentation und der Form der Erzählung, indem sie behaupten, sie verwandelten die Sequentialität einer Geschichte in die Dimension der Gleichzeitigkeit.[32] Aber sosehr all diese Strategien auf eine Formel wie ›Wiedererstarkung der Funktion der Repräsentation‹ hinzudeuten scheinen – die Art der Literatur, welche die postmoderne Gegenwart hervorbringt, kann nicht an möglichen Referenten in der Welt gemessen werden. Wenn Kritiker herausfinden würden, dass Ecos *Name der Rose* die mittelalterliche Welt des Lernens nicht angemessen beschreibt, dass *Hundert Jahre Einsamkeit* mit den spezifisch karibischen Formen der Gesellschaftlichkeit nichts zu tun hat und dass die Verweise auf die militärischen und politischen Aktivitäten des Zweiten Weltkrieges in *Die Enden der Partei* einfach falsch sind, so würde dies ihre Autoren und Leser unendlich weniger beeindrucken, als eine ähnliche Kritik deren Vorgänger im Realismus des 19. Jahrhunderts berührt hätte. Im Unterschied zur Hochmoderne des frühen 20. Jahrhunderts sind literarische Texte, die in unserer Gegenwart geschrieben werden, dazu zurückgekehrt, ihren Lesern ›Welten‹ zu repräsentieren. Aber im Unterschied zum Realismus des 19. Jahrhunderts sind sie nicht besessen von der Sorge, diese literarischen Welten dadurch auszuzeichnen, dass sie auf ihrem Status als Repräsentationen der Wirklichkeit bestehen.

Ein *harmonisierender* Rückblick auf die Kaskaden der Modernisierung würde höchstwahrscheinlich Wert darauf legen, dass nach einigen Turbulenzen endlich ein heilsamer Einfluss ›von den Rändern her‹ (von denen wir natürlich alle wissen, dass es keine echten Ränder sind) die Literatur zurück in den sicheren Hafen der Repräsentation und ›Welthaltigkeit‹*[33] geführt habe. Die kon-

31 Insbesondere Gabriel García Márquez hat immer wieder die ›realistische‹ Grundlage seiner Romane und Novellen betont – die konventionellerweise unter den Begriff ›phantastische Literatur‹ fallen würden. Vgl. z. B. das Dokument in: Carlos Rincón/Krista Trebe (Hg.), *Nicaragua. Vor uns die Mühen der Ebene*, Wuppertal 1982, S. 158-161.

32 Das bekannteste einschlägige Beispiel ist die Zeitkonstruktion in Gabriel García Márquez' *Hundert Jahre Einsamkeit* – und ihre Analyse des ›weisen Melquíades‹ im letzten Kapitel.

33 Ich verwende bewusst diesen altväterlichen Begriff aus Georg Lukács' *Theorie*

servative Geste in dieser Beobachtung findet ihr angemessenes Gegengewicht in der politisch korrekten Zuschreibung des ›heilsamen Einflusses‹ auf das, was früher als ›die Ränder‹ angesehen wurde. Aber vielleicht liegen die Dinge doch komplizierter. Sprache, das Medium, ohne das ein Begriff von ›Literatur‹ undenkbar wäre, kann nicht umhin zu repräsentieren. Obwohl es möglich ist, linguistisches Material ›gegen den Strich‹ auf nichtrepräsentative Weise zu verwenden, zeigt doch die Geschichte der Hochmoderne, dass jede solche Verwendung nichts als eine experimentelle Geste ist, die diesem Material aufgezwungen wird. Im Gegensatz hierzu können Farben, Federstriche auf einem Blatt Papier oder gemeißelte Steine, obwohl sie natürlich auch als Repräsentationen wirken können, viel einfacher und ›natürlicher‹ für sich selbst stehen als ein gesprochenes oder geschriebenes Wort. Genau weil wir solche Schwierigkeiten haben, Worte so stehen zu lassen, ›wie sie sind‹, kommen wir dazu, Texten auch dann Repräsentationsfunktionen zuzuschreiben, wenn sie – wie etwa die postmodernen Romane – diese Funktionen niemals beansprucht haben. Sprache kann Effekte der ›Welthaltigkeit‹* nicht vermeiden[34]– aber das bedeutet nicht schon, dass ›Welthaltigkeit‹* als ein vorherrschendes epistemologisches oder literarisches Paradigma in unsere Gegenwart zurückgekehrt sei. Zeitgenössische Musik,[35] die von den Hightech-Medien erzeugten, sich schnell bewegenden Bilder, die in zunehmendem Maße unsere Augen und Gehirne erobern,[36] und die beispiellose Begeisterung für das Anschauen und Ausüben von Sport[37] scheinen auf Bedürfnisse

des Romans (1916/1920), um auf den intellektuellen Preis hinzudeuten, an den die allgemeine Begeisterung über die »Lesbarkeit« der postmodernen Literatur gebunden ist.

34 Stark im Sinne von Roland Barthes' Begriff *effet de réalité*. Mit anderen Worten: Sprache als Medium kann es nicht vermeiden, ›Effekte der Referentialität‹ hervorzubringen – es sei denn, man verwendet sie, wie es die Surrealisten taten, ausdrücklich in der Absicht, diese Funktion zu problematisieren.

35 Ich schulde diese Bemerkung meinen Freunden Maria Menocal (Yale) und Friedrich Kittler (Humboldt-Universität zu Berlin), die beide seit mittlerweile vielen Jahren keine Mühen gescheut haben, mich davon zu überzeugen, dass die Rockmusik das wahre Paradigma für jene Phänomene der ›Gegenwart‹ darstellt, auf die ich hier hinweise. Sie predigen einem (Halb-)Konvertierten.

36 Vgl. Wlad Godzich, »Language, Images, and the Postmodern Predicament«, in: Hans Ulrich Gumbrecht/Karl Ludwig Pfeiffer (Hg.), *Materialities of Communication*, Stanford 1994, S. 355-373.

37 Mit Unterstützung und Ermutigung des *Athletic Department* der *Stanford Uni-*

hinzudeuten, die weniger mit Repräsentation und ›Welthaltigkeit‹* assoziiert werden konnten als mit Gegenwärtigkeit,[38] Intensität und natürlich Wahrnehmung. Vielleicht sind dies alles Bedürfnisse, die niemals erfüllt werden können, aber das macht sie nicht weniger real. Bildschirme, Kopfhörer und die einfache Kopräsenz im Raum sind vielleicht angemessenere Bedingungen für die Erzeugung einer solchen Intensität als gedruckte Bücher. Das Ende der Kaskaden der Modernisierung (wenn wir denn in der Lage wären, zu einem Ende zu kommen) wäre das Ende einer Kultur, die auf der unangefochtenen Zentralität des Mediums ›Sprache‹ und auf ›Repräsentation‹ als ihrer unvermeidlichen Funktion beruht.

Aus dem amerikanischen Englisch von Michael Scholl

versity habe ich ein Buch über die Ästhetik des American Football geschrieben, das dazu dienen soll, dessen Faszinationskraft zu beschreiben und zu analysieren. Siehe Hans Ulrich Gumbrecht, *Lob des Sports*, Frankfurt/M. 2005.

38 Dieser Begriff wird verwendet im Sinne von Jean-Luc Nancy, *The Birth to Presence*, Stanford 1993 (insbesondere S. 1-16, 143-166).

3
nachMODERNE ZEITENräume

für Avital R.

I.

Vielleicht sind Philosophie und Geisteswissenschaften (ganz im Gegensatz zu der möglichen Erwartung, dass sie Frontlinien des Voraus-Denkens markieren) die letzten Bastionen, innerhalb deren auch am Ende des 20. Jahrhunderts nach-modernes Denken noch nicht selbstverständlich geworden ist – oder sich gegen ein zähes Rückzugsgefecht des ›vernünftigen‹ modernen Denkens durchsetzen muss. Wenn dem so sein sollte, dann könnte diese Verspätung durch den Habitus des besoldeten akademischen Denkens bedingt sein, immer nur *reagierend* über das alltägliche Denken nachzudenken.

Jedenfalls haben sich über die letzten Jahrzehnte leise und undramatisch Formen des alltäglichen Denkens eingespielt, denen die akademisch-institutionalisierten Theorien über das Denken meist ratlos gegenüberstehen. Allein die Philosophen und Geisteswissenschaftler scheinen (gemeinsam mit manchen Politikern) erschrocken vor jenem Wandel im Denkstil zurückgewichen zu sein: so als hätten sie vor dem nur einen Augenblick beobachteten Neuen rasch die Augen verschlossen. Man *kann* Robert Weimanns einleitenden Beitrag zu diesem Band als eine – überraschend offensive – Bewegung innerhalb des Verteidigungsgefechts für das klassisch neuzeitliche Denken lesen. Denn es ist ja (wenigstens) nicht auszuschließen, dass die alltägliche Praxis der Sprache, der Kunst, der Politik schon längst nicht mehr jene ist, die man seit dem 18. Jahrhundert (unter anderem) mit den Kategorien ›Repräsentation‹ und ›Autorität‹ erfassen wollte, und dass man erst jetzt – noch weit davon entfernt, die Rede über ›Repräsentation‹ und ›Autorität‹ aufzugeben – die Notwendigkeit zu sehen beginnt, den Gebrauch dieser Begriffe zu bewahren, zu begründen und zu modifizieren. Wäre mein eigener Artikel auf derselben Ebene lokalisiert wie Weimanns Reflexion, stellte er sich also die Frage, ob überkommene philosophische Zentralkategorien (vielleicht durch ›Umbau‹) noch zu retten sind, so sähe ich keine Chance, ihm gegenüber eine kritische oder alternative Argumentation zu entwickeln. Doch ich habe diesen Artikel so konzipiert, dass er sich zu dem von Weimann *nicht alternativ, sondern komplementär* verhält: Denn ich möchte versuchen, jenes alltägliche Denken zu beobachten und (so gut es mit den vorhandenen philosophischen Begriffen eben geht) zu beschreiben, bevor ich mit Einwänden oder beipflichtend darauf reagiere, eben weil ich überzeugt bin, dass es sich mittlerweile von den in der Philosophie und den Geisteswissenschaften kanonisierten Modellen seiner Beschreibung weit entfernt hat.

Das ›moderne Denken‹, wie es wohl seit Jahrhunderten im Alltag vorherrschte und wie es jedenfalls die philosophischen Modelle immer noch fort- und festschreiben (man kann es auch mit einem kritischen Unterton, den ich hier vermeiden möchte, ›logozentristisches Denken‹ nennen), sah sich selbst in eigentümlicher Weise zugleich vom menschlichen Körper abgesetzt und mit ihm verbunden. Im Begriff des *Subjekts* ist diese doppelte Beziehung zwischen dem Denken und dem Körper mit artikuliert. Das Subjekt soll sich gegenüber der ›Welt‹ in einer exzentrischen Position befinden, es soll jenen Ort besetzen, von dem aus ›Welt‹ erfahren wird und von dem aus man handelnd in die ›Welt‹ eingreift. Erfahren und Handeln aber wären ohne die Dimensionen von ›*Raum*‹ und ›*Zeit*‹ nicht möglich: »[...] nun beweiset die Kritik der reinen Vernunft an den Vorstellungen von Raum und Zeit, dass sie solche reine Anschauungen sind, als wir eben gefordert haben, dass sie sein müssen, um *a priori* allem unserem Erkenntnis der Dinge zum Grunde zu liegen [...]« heißt es bei Kant.[1] Das Denken versteht sich einerseits als rein geistiges – aber es bleibt doch andererseits mit dem Körper verbunden. Die Dimension dieser Verbindung ist der Raum. Denn je aktuelles Erfahren oder handelndes Eingreifen ist in räumliche *Zonen gegliedert* – etwa in die »Welt in aktueller Reichweite«, die »Welt in potentieller Reichweite« und die »Welt außerhalb potentieller Reichweite«.[2] Heidegger spricht

1 Immanuel Kant, *Welches sind die wirklichen Fortschritte, die die Metaphysik seit Leibnizens und Wolffs Zeiten in Deutschland gemacht hat?* (1804), in: ders., *Werke in 6 Bänden. Schriften zur Metaphysik und Logik*, hg. von Wilhelm Weischedel, 1956-1964, Bd. 3, hg. v. Wilhelm Weischedel, Wiesbaden 1958, S. 598.

2 Alfred Schütz/Thomas Luckmann, *Strukturen der Lebenswelt*, Neuwied 1975, S. 66 f.

im selben Zusammenhang vom »Hier der jeweils faktischen Lage bzw. Situation«, das »nie eine Raumstelle« sei, sondern der »in Ausrichtung und Entfernung geöffnete Spielraum des Umkreises des nächstbesorgten Zeugganzen«.[3] Doch die Dimension des Raums fungiert nicht nur als eine Staffelung von Zonen des Erfahrens und Handelns, sie trägt auch zur *Identifikation von Phänomenen* in der Welt bei – und zwar deshalb, weil »man davon ausgeht, daß zwei verschiedene Dinge nicht zur gleichen Zeit die gleiche Raumstelle einnehmen können«.[4]

Wenn das Subjekt eine jeweils bestehende Verteilung von Phänomenen auf die Zonen seines Erfahrens und Handelns verändern oder das einen bestimmten Ort besetzende ›Ding‹ austauschen will, dann werden dafür Körperbewegungen notwendig, die ihrerseits *Zeit* in Anspruch nehmen. Bewegungen sind »Zeitobjekte im speziellen Sinn«.[5] So wie wir die Dimension des *Raums* mit dem *Körper* assoziieren, orten wir die Zeit dem *Bewusstsein* zu. Im Begriff des ›Bewusstseinsstroms‹ suchte die Phänomenologie diese zweite Korrelation zu erfassen. Jeder Punkt gegenwärtigen Erlebens im Bewusstseinsstrom ist von einem Doppel-Horizont umgeben: zum einen von der ›*Retention*‹, dem erinnernden Nachhallen unmittelbar vorausgegangenen Erlebens; zum anderen von der ›*Protention*‹, dem Vorwegnehmen der unmittelbar bevorstehenden Gegenwart mit der Implikation, dass das von ihr zu eröffnende Erleben gegenüber dem Erleben in der noch gegenwärtigen Gegenwart gleichbleibe. Retention und Protention gelten als jene anthropologisch konstanten Strukturelemente des Bewusstseins, denen der Vergangenheits- und Zukunfts-Horizont des Erlebens, Erfahrens und Handelns entsprechen soll – doch ihr Verhältnis erscheint als in historisch je spezifischer Weise ausgeprägt. Solche Ausprägungen gehören zu den Grundstrukturen gesellschaftlicher Wissensbestände – und unter dieser Perspektive war die Epoche des modernen Denkens durch eine Asymmetrie zwischen Vergangenheits- und Zukunfts-Horizont, durch die Asymmetrie zwischen ›Erfahrungs-

3 Martin Heidegger, *Sein und Zeit* (1927), Tübingen [15]1984, S. 369.

4 Niklas Luhmann, *Soziale Systeme. Grundriß einer allgemeinen Theorie*, Frankfurt/M. 1984, S. 525.

5 Edmund Husserl, *Ding und Raum. Vorlesungen 1907*, hg. v. Ulrich Claesges, Den Haag 1973, S. 23.

raum‹ und ›Erwartungshorizont‹ gekennzeichnet.[6] Während den ›Erfahrungsraum‹ die Konfigurationen vollzogener Erfahrungen besetzten, wurde die Zukunft als offen, eben noch nicht besetzt erlebt. Ihre Offenheit war allein durch die Prämisse eingeschränkt, dass die Zukunft jedenfalls von der Vergangenheit verschieden sein würde.

Das Verschränktsein der Dimensionen ›Raum‹ und ›Zeit‹ gilt bis heute als jene Struktur, in der die Beziehung zwischen ›Körper‹ und ›Bewusstsein‹ zugleich als Einheit (›Raum‹) und als Differenz (›Zeit‹) erlebt werden kann. Diesem Erleben entsprechen vielfältige grundlegende Erfahrungs- und Handlungsprämissen. Zu ihnen gehört das Wissen, dass zwei Dinge zur gleichen Zeit nie dieselbe Raumstelle besetzen – unter anderer Perspektive: dass man nur in der Imagination (nicht aber mit dem Körper) die Stelle des anderen einnehmen kann. Der Körper seinerseits ist dem unmittelbaren Erleben nur in Gegenwärtigkeit gegeben; vergangene und zukünftige Zustände des Körpers lassen sich allein über die Erinnerung – also über das Bewusstsein – in die Gegenwart holen. Solche sich aus der Raum-Zeit-Dimension ergebenden Sachverhalte hatte das philosophische Denken als ›metahistorische‹ Rahmenbedingungen von Erfahren und Handeln identifiziert. Dieser Annahme möchte ich nun Beobachtungen aus dem nach-modernen Alltag entgegenstellen, die anzuzeigen scheinen, dass *jenes angeblich metahistorische Raum-Zeit-Gefüge längst schon in Bewegung geraten ist* – ohne dass seine Veränderungen zu irgendwelchen dramatischen Umstellungsschwierigkeiten geführt hätten. Man *kann* solchen Umbau auf die Institutionalisierung technischer Innovationen und Dispositive im Alltag und deren Auswirkung auf die Einheit/Differenz von Körper und Bewusstsein zurückführen.[7] Aber diese historische Frage wollen wir zugunsten der Gegenwarts-Beobachtungen ausblenden.

6 Vgl. Reinhart Koselleck, »›Erfahrungsraum‹ und ›Erwartungshorizont‹ – zwei historische Kategorien«, in: ders., *Vergangene Zukunft. Zur Semantik historischer Zeiten*, Frankfurt/M. 1979, S. 349-375.

7 Vgl. Monika Elsner/Hans Ulrich Gumbrecht/Thomas Müller/Peter M. Spangenberg, »Von Revolution zu Revolution. Kulturgeschichte der Medien«, in: *Studieneinheit* 11 (1990), hg. v. Funkkolleg »Medien und Kommunikation – Konstruktion von Wirklichkeit«, Hessischer Rundfunk und DIFF.

2.

Flughäfen sind Embleme der nach-modernen Raum-Zeit-Verhältnisse. Denn ein Satz wie ›Ich bin in New York‹ hat, wenn er in einer Lounge des New Yorker Kennedy-Flughafens von einem Passagier ohne US-Staatsangehörigkeit und ohne US-Visum ausgesprochen wird, eine noch vor wenigen Jahrzehnten nur in extremen Ausnahmefällen überhaupt denkbare Pragmatik. Dieser Passagier mag beim Anflug das Empire State Building in einer Entfernung gesehen haben, welche die Phänomenologie des Raums als ›potentielle Reichweite‹ zu charakterisieren scheint. Aber dies wäre ebenso eine Illusion wie jene ›potentielle Reichweite‹, in der das Filmpublikum der Jahrhundertwende die Gegenstände auf der Filmleinwand seinem Erfahren und Handeln gegeben glaubte. Tatsächlich liegt das Empire State Building für einen solchen Passagier *außerhalb* der potentiellen Reichweite. Die Welt der Flughafen-Lounge hingegen ist für ihn zwar in aktueller Reichweite, aber sie ist nicht New York, sondern eine namenlose Sphäre, die sich in der Erfahrung mit den Transit-Lounges aller anderen Flughäfen zusammenschließt. Vielleicht trifft sogar heute schon Michel Serres' These zu, dass solche Transit- oder Verteiler-Räume (*échangeurs*) im Zentrum unserer Lebensform stehen.[8] Denn anders als das für unseren Passagier eben noch sichtbare New York mögen ja Montreal oder La Ciudad de México, die er (noch) nicht sehen kann, in seiner potentiellen Reichweite liegen – er wird jedenfalls zahlreiche Anschlussflüge dorthin finden und kaufen können, wenn er über das je notwendige Visum verfügt.

Aber nicht nur die alltäglichen Raum-Zonen verschieben sich in einer Transit-Lounge, hier lässt sich auch mit dem Körper zugleich in verschiedenen Zeiten sein. Wenn unser Passagier aus Europa kommt, dann ist es möglich, dass er noch in Europa gefrühstückt und nach einem zweiten Frühstück im Flugzeug nun Appetit auf ein Mittagessen hat. Dieser Appetit entspräche einer von seinem Körper aus Europa mitgebrachten sozialen Zeit. Sie wäre dann zwar im Körper des Reisenden gleichsam ›räumlich präsent‹, würde aber in Konflikt mit der ›Ortszeit‹ der Angestellten des Lounge-Restaurants treten, die – so früh an *ihrem* Morgen – nur Kaffee und

8 Vgl. Michel Serres, *Statues. Le second livre des fondations*, Paris 1987, S. 60.

Käsesandwiches anbieten. Zu den Zeiten unserer erfundenen Situation kämen aber auch – sichtbar in übermüdeten Gesichtern von Frühaufstehern vielleicht – an dem *einen* Ort der Transit-Lounge die Zeiten der aus dem Westen der USA angereisten Fluggäste. Wer schließlich aus Erfahrung weiß, wie gut man daran tut, möglichst schon während des Flugs die Zeit des definitiven Ankunftsorts vorwegzuleben, statt sich auf die Zeit eines jeden Umsteigeflughafens einzustellen, der wird auch die vom Kennedy-Flughafen aus erreichbaren Zeitzonen in die komplexe Zeitlichkeit der Lounge mit hineinnehmen. Die *eine* Gegenwart der die jeweiligen Zeiten verschiedener Zeitzonen anzeigender Uhren-Serien, wie man sie in vielen Terminals findet, *ist* diese komplexe Zeitlichkeit. Zusammen mit der Verteiler-Räumlichkeit der Lounge erzeugt sie ein Gefühl der Beliebigkeit, welches der Zielrichtung des Reisens von *einem* Abflugort zu *einem* Ankunftsort entgegensteht, ja seine Intentionalität und Linearität aufzuweichen scheint. Man *könnte* auch einfach den am nächsten Gate angekündigten Flug zum Anschlussflug machen – ohne wissen zu wollen, wo er ankommen wird.

Am Flughafen jener Stadt gelandet, deren Zentrum für den Passagier nun wirklich in potentieller Reichweite liegt, weil er über das entsprechende Visum verfügt, ist es für ihn über das letzte Jahrzehnt schwierig geworden zu sagen, was sich am *Erscheinungsbild der Innenstädte* seit dem letzten Besuch verändert hat. Man kann dort – die Kenntnis je regionaler Besonderheiten vorausgesetzt – architektonische Schichten aus den fünfziger, den sechziger und vielleicht auch noch aus den siebziger Jahren identifizieren. Doch die gnadenlose Restaurationswut der achtziger Jahre hat zusammen mit den (von Flierl beschriebenen) neohistorischen und postmodernen Bauformen nicht mehr der chronologisch zu ordnenden Stil-Sequenz eine neue Etappe hinzugefügt, sondern aus einer diffusen Pluralität in den Objektivationen vergangener Stilarten eine prägnante Vielfalt gemacht, in der die historische Identität jedes Einzelelements eine beinahe aggressive Betonung erfährt. Nur die Imagination oder das Museum erlaubten früher jenen ›Spaziergang durch die Epochen‹, zu dem heute jeder Weg durch das Zentrum einer Metropole gerät. Aber damals kam man aus der Imagination oder aus dem Museum in einen spezifischen Stil-Raum der eigenen Gegenwart zurück – und eben dieser Gegenwartsstil-Raum existiert heute nur noch in der Pluralität von Vergangenheits-Räumen. Sie ist wohl keine dem

Publikum von Architekten und Städteplanern auferlegte Mode, sondern entspricht einem breiten gesellschaftlichen Bedürfnis. Denn im neu eröffneten Jugendstil-Café sollen die Kellnerinnen mit der Berufskleidung der Jahrhundertwende kostümiert sein, und die Musik in der dem Lebensgefühl der fünfziger Jahre nachempfundenen Milchbar muss wie ein Potpourri aus jenen unverbindlichen Schlagern der Vor-Rock-Ära klingen, das eigentlich nur aus bauchigen Musikboxen tönen kann. Längst hat auch in den Vergnügungsparks der 1:1-Realismus die Miniatur-Welten (›Amsterdam‹ oder ›Berlin im Maßstab 1:50) ersetzt. Die Miniatur-Städte fanden ihre Besucher (aus der Gulliver-Perspektive) ›reizend‹ und bewunderten den kunsthandwerklichen Fleiß, aus dem sie so ›originalgetreu‹ entstanden waren. In der Westernstadt von *Fort Fun* (im Sauerland!) hingegen, deren Besuch mir meine Kinder übers ganze Jahr Wochenende für Wochenende abzuhandeln versuchten, sollen Theke und Bestuhlung des *saloon* (und vor allem seine Schwingtüren) möglichst aus dem ehemals Wilden Westen eingeflogene Antiquitäten sein – und schon Sechsjährige finden angesichts solcher unnachgiebiger Authentizitäts-Standards Schießbuden mit elektronischen Gewehren (bei aller technischen Faszination) eher geschmacklos. Was verbleibt *außerhalb* jener artifiziellen Authentizität der Westernstadt im Sauerland? Die diskreten Hinweistafeln vielleicht, auf denen die Echtheit der Baumaterialien und Kostüme bestätigt wird (über die Frage, ob ›Indianer‹, welche die für 15 DM gemietete Postkutsche überfallen, verkleidete Sauerländer oder ›echte Indianer‹ sind, können erbitterte Diskussionen ausbrechen). ›Unwirklich‹ sind für die erwachsenen Besucher aber gewiss auch die *Übergänge* – aus der Westernstadt ins *Space-Center* oder auf den Wiener Jahrmarkt. Für die Kinder hingegen scheinen gerade solche Übergänge die *besondere Wirklichkeit des Vergnügungsparks* ausmachen.

Die Pluralität der Welten, wie sie in den Vergnügungsparks nur noch den Eintrittspreis und einen kleinen Sonntagsspaziergang kostet, ist für die breite Mehrheit von *Fernsehzuschauern*, die eine Fernbedienung benutzen, ganz ohne Körperbewegung zu haben.[9]

9 Vgl. zum Folgenden Peter-Michael Spangenberg, »TV, Hören und Sehen«, in: Hans Ulrich Gumbrecht/Karl Ludwig Pfeiffer (Hg.), *Materialität der Kommunikation*, Frankfurt/M. 1988, S. 776-798; Hans Ulrich Gumbrecht, »Wie kann man Fernsehen beschreiben?«, in: Hans Dieter Erlinger/Winfried Leist (Hg.), *Medien und Bildung*, Essen 1989, S. 53-64.

Gegen die Bilder der Tagesschau hegt allein eine schwindende Zahl ›ideologiekritischer‹ Intellektueller noch einen Illusions-Verdacht: Das Weiße Haus auf dem Bildschirm *ist* für alle anderen Zuschauer *das* Weiße Haus, und der Kreml *ist* ihnen *der* Kreml. Bei Direktschaltungen und Interviews wird darüber hinaus die Vielfalt der Welten auch als eine Vielfalt von Zeit- und Sprachzonen erlebbar. Den Unterschied zwischen aktueller Reichweite und potentieller Reichweite überbrückt ein Druck auf den Programmknopf der Fernbedienung, denn in potentieller Reichweite befinden sich ja zu einer bestimmten Programmzeit all jene Sendungen, die im Programmheft angekündigt sind. Außerhalb der potentiellen Reichweite liegen zu demselben Zeitpunkt alle denkbaren Themen, die nicht als Programmteile ausgewiesen werden – aber eine Zone ›außerhalb der potentiellen Reichweite‹ existiert kaum noch, wenn man von solcher temporären Begrenzung absieht.

Das Raum-Verhältnis zwischen dem Körper des Zuschauers und den vom Fernsehapparat präsentierten Bildern hängt von Kameraeinstellungen ab, welche die Rezipienten nicht beeinflussen können, von dem Ort, wo sie Platz nehmen – aber auch von der (wiederum durch die Fernbedienung zu modulierenden) Lautstärke. Freilich waren die auf dem Bildschirm abrufbaren Welten *bisher* grundsätzlich nur der Erfahrung, nicht dem Handeln des Publikums erschlossen. Doch eine andere Zukunft hat schon begonnen: zum einen mit den Apparaten jener Teilnehmer, deren Ein- und Ausschalten und deren Programmwechsel von den Sendeanstalten registriert werden, um das Hochrechnen globaler ›Einschaltquoten‹ zu ermöglichen (sie wirken mittelfristig auf die Programmgestaltung ein, und durch sie gibt es die Möglichkeit einer den Sendungen gleichzeitigen Präsenz der Fernsehzuschauer bei den Fernsehproduzenten). Und selbst diese Wechselseitigkeit der Präsenz hat sich schon weiterentwickelt: In den USA kann man (etwa) religiöse Sendungen sehen, wo die Prediger-Moderatoren zum früher für die ›Kollekte‹ reservierten Zeitpunkt ihre Zuschauer bitten, die jeweiligen Spenden sofort über die Nummer einer ihrer Kreditkarten in den Fernsehapparat einzugeben – und nur Minuten später erscheint die Gesamt-Spendensumme als Einblendung auf dem Bildschirm. Natürlich wird das Fernsehen des 21. Jahrhunderts trotzdem nicht *all* jene Erfahrungs- und Handlungsmöglichkeiten verwirklicht haben, die man früher im Gottesprädikat der ›*Allge-*

genwart‹ kumulierte. Aber es geht ja auch bei unseren Beobachtungen gar nicht darum, die Erweiterung des Menschen-Möglichen gegenüber früheren Epochen zu bemessen und zu bewerten. Nicht von der Hand zu weisen sind jedenfalls grundlegende Veränderungen der Raum-Zeit-Konstitution – und von ihnen bedingte Beschreibungs-Schwierigkeiten, die belegen, dass die zur Verfügung stehenden Begriffsrepertoires längst nicht mehr ausreichen, um nur das zu erfassen, was im nach-modernen Alltag längst selbstverständlich geworden ist.

Dies gilt auch und besonders für einen Habitus des Fernsehens, den man vor allem bei Kindern entdecken kann, ohne als Erwachsener imstande zu sein, die jeweilige Aktualität ihres Erlebens nachzuvollziehen. Das Sehen von und ›nach‹ *Programmeinheiten* scheint nämlich heute zu einem Relikt aus dem Buchzeitalter zu werden. An seine Stelle tritt das beständige Wechseln zwischen einer Vielfalt von Programmen (*zapping*), das vielleicht gar nicht mehr an irgendwelchen Bedürfnissen nach Sinn-Konsistenz oder Information orientiert ist.[10] Nicht einmal die Grenze zwischen ›Programm‹ und ›Werbung‹ – welche die Medienpädagogen als so etwas wie ein imperatives Abschalt-Kommando sehen wollen – scheint von Kindern als ein harter Übergang empfunden zu werden. Meine sechsjährige Tochter berichtet, dass sie eigentlich das Ende der Werbespot-Serien nur deshalb bemerke, »weil dann die Bilder wieder langsam werden«. Offenbar sind die Spots für sie das unbestrittene Zentrum der Fernsehwirklichkeit. Dieser Habitus kindlichen Fernsehens indiziert aber wohl, wie mir bei einem Kolloquium der University of Wisconsin im Frühjahr 1988 klar wurde, eine epistemologisch und wirtschaftsgeschichtlich höchst belangvolle Veränderung. Auf jener Tagung war nämlich unter Spezialisten davon die Rede, dass der Höhepunkt der für Werbe-Zeiteinheiten von den Sendeanstalten zu erzielenden Preise überschritten sei, weil ihre Kunden – die werbenden Produzenten also – gar keine Gewissheit mehr darüber hätten, inwiefern (wenn überhaupt) die Spots verkaufsfördernd wirken. Sollte sich diese Verunsicherung nicht aufheben lassen, dann wäre mit ihr – zumindest – die Frage gestellt, ob Fernsehzuschauer die auf den Bildschirmen aufscheinenden Gegenstände weiterhin mit ›Wirklichkeiten‹ außerhalb des Bildschirms assoziie-

10 Vgl. Hans Magnus Enzensberger, *Mittelmaß und Wahn. Gesammelte Zerstreuungen*, Frankfurt/M. [4]1989, S. 89-103.

ren. Vielleicht wird allein noch das Fernsehbild konsumiert. Wenn man bedenkt, dass die Kunden der Textilbranche schon seit vielen Jahren bereit sind, T-Shirts mit Markenzeichen und Produktnamen für teures Geld zu erstehen – statt eine Entlohnung für solche Werbefunktionen zu verlangen –, dann erscheint eine solche Folgerung kaum mehr überraschend oder gar unwahrscheinlich.

3.

Man kann versuchen, Beobachtungen dieser Art – die sich natürlich durch beliebig viele Sachverhalte und Nuancen ergänzen, erweitern und fortführen lassen – in Begriffs-Umrissen zur ›nach-modernen Zeitlichkeit‹ und zur ›nach-modernen Räumlichkeit‹ zu bündeln, wobei zu erwarten ist, dass solche Skizzen zunächst einmal (und vor allem) die Unzulänglichkeit unserer Beschreibungsmittel anzeigten. Jedenfalls werden sie auf die Ebenen der *›sozialen Zeit‹* und des *›sozialen Raums‹* zuzuordnen sein und Erfahrungsstrukturen einschließen müssen, die man früher außerhalb jeder Anthropologie – außerhalb des Menschen-Möglichen – lokalisiert hätte. Deshalb haben einschlägige Reflexionen eine über die Erfahrung des historisch und soziologisch Partikularen hinausgehende philosophische Relevanz.

Die *Zeitkonstruktion* der Moderne war (wie im Anschluss an Koselleck schon erwähnt[11]) durch eine Asymmetrie zwischen ›Erfahrungsraum‹ und ›Erwartungshorizont‹ geprägt gewesen sowie durch eine ›offene Zukunft‹, in die man aus der Gegenwart hineinzuschreiten und die man durch Handeln in der Gegenwart gestalten und vorbereiten zu können glaubte. Ebendiese Konstellation brachte wohl den Eindruck des auf *einer* Linie (›der Zeit‹) bewegten Geschichtsverlaufs hervor. Doch als ›offen‹ erleben wir im späten 20. Jahrhundert unsere Zukunft keinesfalls mehr. Trotz einer Erleichterung über die in den späten achtziger Jahren erzielten Abrüstungsfortschritte bleibt der Erwartungshorizont besetzt von den Szenarios eines – menschenbewirkten – Endes der Menschheit oder des Planeten. Erfolgreiche Friedensinitiativen können diese Drohungen in weitere Ferne rücken, aber nicht definitiv eliminie-

11 Vgl. Anm. 6.

ren, weil es ja nicht möglich ist, jenes technologische Wissen zu vergessen oder zu vernichten, dessen Anwendung das Ende allen Lebens auf der Erde bedeutete. Man vermeidet also den je ›nächsten Schritt‹ in eine qualitativ von der Gegenwart verschiedene Zukunft aus einem unbestimmten, aber umso wirksameren Gefühl der Angst, dass er jener ›Schritt zu viel‹ werden könnte, der den Weg in die Katastrophe irreversibel machte. Statt die Gegenwart hinter uns zu lassen, schieben wir sie gleichsam immer weiter in die Zukunft hinein – etwa mit der zu einem universalen Imperativ gewordenen Bemühung, ›Zukunft zu antizipieren‹, deren Kehrseite das Verbot ist, Zeit verstreichen zu lassen, ›Zeit zu verlieren‹.[12] Die Zeit scheint sich langsamer zu bewegen, aber dieser Eindruck bringt paradoxerweise keinesfalls das Gefühl mit sich, dass wir über mehr Zeit verfügen.

Auf der anderen Seite des doppelten Zeithorizonts, der der Retention, sind die Erfahrungen der Vergangenheit zwar nicht als normative Vorgaben für je gegenwärtiges Handeln rehabilitiert worden (wenn sich dieser vormoderne Habitus wieder eingestellt hätte, dann wäre ja die Bemühung um Antizipation der Zukunft überflüssig); aber Räume und Milieus der Vergangenheit können in noch vor kurzem ungeahnter technischer Perfektion materiell reproduziert werden, so dass sich die Gegenwart mit einer Vielzahl von Vergangenheiten erfüllt. Beide Bewegungen, die Verschiebung der drohenden Zukunft in eine fernere Zukunft und die Auffüllung der Gegenwart mit vielfältigen Vergangenheiten, konvergieren in dem Eindruck, *dass in der nach-modernen sozialen Zeit die Gegenwart breiter wird* (so breit, dass sie von keiner sich in Gegenwart transponierenden Zukunft mehr zur Vergangenheit gemacht wird). Ebendeshalb hat man Anlass zu der Vermutung, dass die nach-moderne Zeit nicht eine weitere Epoche in einer (zum Beispiel: teleologisch geordneten) Epochen-Sequenz sei, sondern die geschichtsphilosophische Konstruktion der sich ablösenden Epochen tatsächlich beendet habe. Dies wäre eine nichttriviale Bedeutung, die man dem Prädikat ›*Posthistoire*‹ geben könnte.[13] Doch wenn auch der linear gerichtete Verlauf der Geschichte ›langsamer‹ zu werden scheint (es ist für Europäer überraschend, festzustellen, dass zwischen 1962 und 1989 nicht mehr Jahre vergangen sind

12 Vgl. Jean-François Lyotard, *L'inhumain. Causeries sur le temps*, Paris 1988, S. 78 f.
13 Vgl. Hans Ulrich Gumbrecht, »Posthistoire Now«, in diesem Band, S. 9-25.

als zwischen dem Ende des Ersten und dem Ende des Zweiten Weltkriegs), so präsentiert sich die breiter werdende Gegenwart doch in einer proliferierenden Vielfalt von Zeiten – ob auf einem Flughafen, in der Architektur der Innenstädte oder vor dem Bildschirm. Die Identität der nach-modernen gesellschaftlichen Konstruktion von Zeit lässt sich also als eine Spannung erfahren: Auf der einen Seite steht das Gefühl der ›*allgemeinen Mobilmachung*‹[14] durch eine Gegenwart, welche sich in einer Vielfalt von Zeiträumen konstituiert. Und auf der anderen Seite dehnt sich diese Gegenwart in eine *immer mehr amorphe Breite*, womit am Ende das Gefühl eines Verlaufs der historischen Zeit dem Eindruck eines Stillstands weicht.

Für die nach-moderne *Räumlichkeit* ist eine Entkoppelung zwischen der Körper-Position eines jeweils Erfahrenden/Handelnden und den seinem Erfahren/Handeln zugänglichen Zonen eingetreten. Der Wechsel zwischen solchen Zonen bedarf heute oft keiner Körperbewegung mehr und nimmt dann auch keine Zeit in Anspruch. Im Zeitalter der ›Durchwahl‹ liegt für den, der von Berlin aus telefoniert, kein Atlantik zwischen Paris und New York – das Verhältnis zwischen den Orten hat aufgehört, ein Raum-Verhältnis zu sein. Selbst wo die Bewegung im Raum und der durch sie bedingte Wechsel der Wahrnehmungsgegenstände noch minimale Zeitspannen in Anspruch nimmt – wie etwa beim Fliegen –, ist diese Bewegung kaum mehr körperlich zu erfahren. Denn abgesehen davon, dass er selbst seine Fortbewegung nicht bewirkt, empfindet der Körper eines Flugpassagiers Bewegung nur noch bei den Beschleunigungs- oder Bremsphasen des Starts und der Landung. Während des Flugs – zumal bei geschlossener Wolkendecke – muss man um den Sachverhalt der geleisteten Bewegung wissen, um diese auch wahrnehmen zu können.

So wie unser Verhältnis zu den wahrgenommenen Phänomenen kein Raumverhältnis mehr ist, wo der menschliche Körper die Position im Zentrum seiner Wirkzonen freigemacht hat, entfernt sich auch die nach-moderne Wirklichkeit der *Arbeit* von jenem klassischen Begriff, der ›Arbeit‹ als menschliche Naturaneignung *durch den Körper* definierte.[15] Die Tätigkeit von ›Arbeitern‹, welche die

14 Vgl. Lyotard, *L'inhumain*, a. a. O. (Anm. 12).

15 Vgl. Bernhard J. Dotzler, »Arbeit und Eschatologie« sowie Carlos Rincón, »Die Differenz der Welten und der historische Blick auf die Postmoderne«, in: Ro-

Bildschirme von Monitoren überwachen, um (selten gewordene) Störungen im automatisierten Produktionsprozess zu registrieren, ist eine Beziehung zwischen dem menschlichen Intellekt und einer Aggregatform desselben, wobei auf der einen Seite die Computer als ›Träger des Intellekts‹ die Körper ersetzt haben. Wenn wir uns nun bewusstmachen, dass in vielen Ländern diese Form der ›Arbeit‹ ihre körperliche Form nur aus sozialpolitischen Gründen noch nicht vollständig ersetzt hat, dann liegt der Gedanke nahe, dass sich in naher Zukunft das bisher menschliches Erleben tragende Gefühl von einer ›greifbaren‹ Wirklichkeit, die dem Körper ›materiellen Widerstand‹ entgegensetzt, verändern wird. Und damit könnte auch die für das unsere Kommunikation begleitende Bewusstsein so wichtige – und linguistisch so schwer zu beschreibende – Differenz zwischen ›Bedeutung‹ und ›Referenz‹ kollabieren.

Schon lange bevor die Philosophen aufgrund der Beobachtung verschiedenster konvergierender Symptome einen ›Körper-Verlust‹ konstatierten (genauer: einen von alltäglichen Relevanzen auferlegten Verlust an unmittelbarer Körpererfahrung), hatten sich freilich breite Kompensations-Bewegungen institutionalisiert. Zu ihnen gehören der noch am Ende des vorigen Jahrhunderts kaum zu erahnende Aufschwung des aktiv praktizierten Sports wie des Zuschauer-Sports und die rasch zur neurosenfördernden Pflicht degenerierte ›Befreiung der Sexualität‹, die Michel Foucault in seinem letzten Werk aus historischer Perspektive in ein ironisches Licht rückte.[16] Nun wird aber gerade in beiden Versionen des Sports und in der ›emanzipierten‹ Erotik vielen Zeitgenossen erst vollends bewusst, dass der Körper in dem Maß als ein *unerreichbares* ›Objekt der Begierde‹ erscheint, wie man ihn unmittelbar zu erfahren sucht. Hinzu kommt die – durchaus begründete – Befürchtung, dass sich Unmittelbarkeit der Körpererfahrung gerade da einstellen kann, wo sie bedrohlich ist: Die Angst vor Aids hat die ›Fortschritte‹ der neuen Promiskuität binnen kürzester Zeit aufgehoben, und dem Hunger (den Problemen der Ernährungsproduktion und -distribution bei weiterhin steigender Weltbevölkerung) fallen heute wohl schon jährlich Millionen Menschen zum Opfer, während andern-

bert Weimann/Hans Ulrich Gumbrecht (Hg.), *Postmoderne – globale Differenz*, Frankfurt/M. 1991, S. 375-383 bzw. 360-367.

16 Vgl. Michel Foucault, *Sexualität und Wahrheit*, Bd. 1: *Der Wille zum Wissen*, Frankfurt/M. 1977.

orts Schlankheitskuren als Rückkehr zur Körperlichkeit teuer verkauft werden.

Auch die Reflexion über nach-moderne Räumlichkeit führt uns also zu einem paradoxalen Befund: Wir können auf der einen Seite die hier zu beobachtenden Veränderungen im Alltagsverhalten als Reaktion auf ein Schwinden unmittelbarer Körpererfahrung verstehen; aber gerade das Schwinden der Körpererfahrung hat unsere Aufmerksamkeit auf den Körper intensiviert – und vielleicht sogar indirekt jene neue Sensibilität des Raums heraufbeschworen, welche die gegenwärtige Architektur prägt.

4.

Seit Aristoteles war als Prämisse allen akzeptablen Denkens das Verbot anerkannt, ein und demselben Gegenstand ein Attribut und zugleich dessen Gegenteil zuzusprechen:

»Es ist unmöglich, daß demselbigen dasselbe und in derselben Hinsicht zugleich zukomme und nicht zukomme.
Dies ist das festeste Prinzip von allen.
Denn unmöglich kann jemand annehmen, daß dasselbe sei und nichtsei.
Daher führen alle ihre Beweise auf diese Meinung als die letzte zurück.
Alles Wahre muß mit sich selbst nach allen Seiten in Übereinstimmung sein.
Denn mit dem Wahren steht alles Wirkliche im Einklang, aber mit dem Falschen stellt sich bald das Wahre in Mißklang.«[17]

Zweieinhalbtausend Jahre lang hatte die westliche Kultur in allen Situationen die *Differenz zwischen Identität und Differenz* aufrechterhalten. Erst die Texte von Jorge Luis Borges (den nicht zufällig viele zu einem ›Vater der Postmoderne‹ kanonisiert haben) erschlossen ihrem intellektuellen Publikum die Einsicht, dass die Sprache selbst der Aufhebung dieser Differenz, aus der die *Simultanität von Differenz und Identität* hervorgeht, keinerlei Widerstand entgegensetzt: der *Quijote*-Text von Pierre Menard in Borges' Erzählung soll mit dem von Cervantes identisch und zugleich von ihm verschieden sein.

17 Aristoteles, *Elemente der aristotelischen Logik*, hg. v. Adolf Trendelenburg und Rainer Beer, Reinbek 1969, S. 15.

Auf den vorausgehenden Seiten wollte ich zeigen, dass die Beschreibung nach-moderner Zeitlichkeit und Räumlichkeit auf ähnliche Phänomene einer Verwischung der Differenz zwischen Identität und Differenz stößt. *Zeit* scheint als historische Zeit in einer immer breiter werdenden Gegenwart zum Stillstand gekommen *und zugleich* in einer Vielfalt simultan erlebbarer Zeitlichkeiten heftiger bewegt als je zuvor. Raum ist mit der unmittelbaren Körpererfahrung verlorengegangen, *und zugleich* wird er mit einer neuen Konzentration auf den Körper in ungeahnter Differenziertheit erlebt. Man mag der Meinung sein, dass solche Ent-Differenzierung zwischen Differenz und Identität nicht mehr ist als ein Anzeichen für das vorübergehende Ungenügen unserer (mehr oder weniger) philosophischen Begriffe bei der Erfassung gegenwärtiger Alltagswelten. Vielleicht bahnt sich aber über die Beobachtung solcher Insuffizienz auch die Einsicht an, dass die so lange währende Dominanz der Logik in unserer Kultur zur Verfestigung ›wirklichkeitsferner‹ Modi der Wirklichkeitsaneignung geführt hat. Wahrscheinlich ist es nicht möglich, sich aufgrund *philosophischer* Argumente für die eine oder die andere der beiden Erklärungsmöglichkeiten zu entscheiden. Dringender ist ohnehin – wo nun schon Philosophen und Intellektuelle so lange die Augen geschlossen gehalten haben – die Beantwortung der Frage nach den *Folgen der nach-modernen Verschiebung von Räumen und Zeiten.*

Wir sind davon ausgegangen, dass eine besondere Verschränkung der Raumdimension und der Zeitdimension zu den konstitutiven Strukturen neuzeitlicher Subjektivität gehört hatte. Diese Subjektivität – genauer: die Möglichkeit, sie transzendental zu denken – hatte als Garantie für die Erfüllbarkeit der Ansprüche auf Objektivität, Wahrheit, Konsens fungiert, an denen sich Wissenschaft (und gelegentlich auch Politik) über die vergangenen Jahrhunderte orientierte. Wenn die neuzeitlichen Zeiten/Räume aber – sozusagen ›hinter dem Rücken der Philosophie‹ – in einen Prozess der Umstrukturierung (oder sogar der Auflösung) eingetreten sind, dann können wir nicht mehr ohne weiteres damit rechnen, die Totalisierungs-Ziele von Objektivität, Wahrheit und Konsens zu realisieren. Zwar darf man die Medien gewiss nicht dieser Umschichtung als monokausale Erklärung zuordnen, aber dennoch eignet sich unsere Medien-Erfahrung, um die stattgehabte Veränderung – metaphorisch? – zu vergegenwärtigen. Die Medien konstituieren eine *Wirklichkeit aus einer Vielzahl von Welten.* Diese Vielzahl von Welten wird uns als Gesellschaft präsentiert, aber wir bilden daraus *nicht mehr eine gemeinsame Wirklichkeit,* weil jeder Medienbenutzer individuell Versatzstücke des ›Programms‹ selegiert und kombiniert – so wie auch die nach-modern transformierte Zeitlichkeit und Räumlichkeit das Erfahren *individuell beliebig* werden lassen, weil sie sich nicht mehr zu einer intersubjektiven Sphäre wechselseitiger Erfahrungs-Koordination verschränken. Vielleicht ist dieser Zustand ganz einfach die gegenwärtig erreichte Etappe in der Geschichte der Erkenntnispraxis.[18] Im Mittelalter hatte sich der Mensch als Teil des Kosmos erfahren. Erst mit der Frühen Neuzeit war er in die exzentrische Position eines ›*Beobachters*‹ der Phänomene gerückt – ohne dass ihm die Paradoxie des Anspruchs deutlich werden konnte, die darin lag, Beobachter und zugleich Teil jener Welt sein zu wollen. Wenn man Michel Foucaults Analyse vertraut,[19] dann tauchen schließlich erst seit der Wende vom 18. zum 19. Jahrhundert Anzeichen dafür auf, dass die Menschen sich beim Beobachten zu beobachten begannen – und in dem Maß, wie diese sekundäre Beobachter-Position institutionalisiert wurde, setzte sich auch die Überzeugung durch, dass *jegliche Erkenntnis vom Standpunkt und vom kognitiven Apparat des Beobachters abhängt.*

Hier konvergieren die epistemologische Kurz-Geschichte des ›Beobachters‹ und die Folgen der nach-modernen Umformung in den Dimensionen ›Zeit‹ und ›Raum‹: *Erfahrung des anderen kann nur als individuelle Erfahrung des Beobachters und mithin in Bezug auf den anderen nur als kontingente Erfahrung erfahren werden.* Dieser Sachverhalt schließt keinesfalls die Meinung aus, dass es aus ethischen, politischen (und vielen anderen) Gründen wichtig sein könnte, Instanzen der (konsensstiftenden) Autorität im Diskurs und in der Erfahrung zu erhalten – oder zu erfinden. Aber er vergegenwärtigt zugleich, wie schwierig – hoffnungslos? – die Suche nach solcher Autorität geraten müsste. Vielleicht läge – gegenüber der Suche nach Instanzen der Autorität – die bessere Strategie in einer Umorientierung der Erwartungen. Ich will diesen etwas vagen Beinahe-Schlusssatz durch mein eigenes Verhältnis zum Tele-

18 Hans Ulrich Gumbrecht/Ulrike Müller-Charles, »Umwelten/Grenzen. Eine Aporie-Spiel-Retrospektive«, in: Joschka Fischer (Hg.), *Ökologie im Endspiel,* München 1989, S. 69-75.

19 Michel Foucault, *Die Ordnung der Dinge,* Frankfurt/M. 1974, S. 225 ff.

fon konkretisieren. Das (mittlerweile in den meisten Apparaten zu akustischer Harmonie abgemilderte) Klingeln des Telefons ist für mich *das* Emblem für die prinzipielle Kontingenz im Erleben des anderen (übrigens setzte der Ton meines Apparats just in dem Moment ein, als ich diesen Satz zu formulieren begann). Das Telefon kann schellen, wenn ich versuche, mich zu konzentrieren, wenn ich in ein Gespräch verwickelt oder eingeschlafen bin – und nie ist sicher, welchen Preis ich dafür zahle, den Hörer liegenzulassen. Oft bleibt mein Telefon aber auch gerade dann – quälend – still, wenn ich dringend ein Gespräch erwarte. Deshalb behaupte ich beleidigt, dass der Apparat immer dann schellt, wenn ich den damit angezeigten Gesprächs-Wunsch eines anderen Teilnehmers nicht brauchen kann. Aber das ist eine übertriebene Reaktion, weil sie insgeheim die Möglichkeit einer ›sinnvollen Koordination‹ aller Telefonteilnehmer unterstellt. Und von der Sehnsucht nach einer solchen Möglichkeit beginne ich derzeit Abschied zu nehmen.

4
Die Gegenwart wird (immer) breiter

I.

Zu sagen, dass die intellektuelle Szene von Paris heute nicht mehr das ist, was sie vor zwanzig oder dreißig Jahren einmal war, ist eine für manche unangenehme, aber wohl von niemandem mehr im Ernst bestrittene Wahrheit. Das Problem fängt damit an, dass diese gängige Formulierung die anvisierte Beobachtung nicht angemessen beschreibt, denn die intellektuelle Szene der französischen Hauptstadt ist heute ja ziemlich genau die gleiche wie vor zwanzig oder dreißig Jahren. Beinahe zwei Jahrzehnte nach Michel Foucaults Tod bemühen sich immer noch helle Scharen von Lesern, dem anscheinend von keiner Verfallszeit zu erschöpfenden ›innovativen Potential‹ dieses Autors gerecht zu werden (der andererseits längst zu einem Emblem für den intellektuellen Stil der siebziger Jahre geworden ist). Über die Texte von Jacques Derrida schreiben Feinde wie Freunde (und diese Grenze verschiebt sich nur noch minimal) weiterhin so, als verberge sich besonders Gefährliches (und nicht bloß ab und an Unverständliches) in den Denk-Bewegungen der Dekonstruktion. Und die handwerklich einwandfreien Fragestellungen und Methoden des längst mit allem akademischen Pomp der Fünften Republik emeritierten Pierre Bourdieu nähren noch immer die Zukunftshoffnungen von Soziologen in ganz Europa.

Verdientermaßen, da gibt es gar keinen Zweifel, sind diese wilden jungen Männer von vorgestern zu Autoritäten und Klassikern kanonisiert worden (einschließlich der einschlägigen institutionellen Honneurs und Peinlichkeiten) – und bemerkenswert an diesem Status ist allein das Ausbleiben (von inzwischen schon zwei Generationen) jüngerer wilder Männer, deren die Vernichtung ihrer Vorgänger betreibende Bücher man auf den Regalen neben den verbilligten Sonderausgaben von Foucault, Derrida und Bourdieu vergeblich sucht. Die Deutung, dass hier vielleicht das bis vor kurzem für metahistorisch gehaltene Gesetz der Ablösung von *antiqui* durch *moderni* an sein Ende gekommen sei, und das vage Gefühl, dass man sich darüber wohl eher beklagen solle, rechtfertigt allerdings noch lange nicht die Hoffnung, man könne in seinem eigenen Denken und in seiner eigenen Arbeit dieser von allen gespürten, aber kaum je erwähnten Krise ohne weiteres entkommen. Nicht einmal Epigonen sind wir, sagt der Autor dieser Zeilen sich, denn Normal-Epigonen fühlen sich doch wenigstens heimlich beschämt von ihren ikonoklastischen Zeitgenossen. Uns, befürchtet er, fehlt der Mut, auch nur irgendetwas als vergangen abzuhaken.

Hin und wieder findet er dann aber Anlass, an der selbstquälerischen Vermutung zu zweifeln, dass die aus solcher Mutlosigkeit resultierende Gegenwartsverbreiterung einfach die Folge mangelnder intellektueller Qualität sei. Zum Beispiel an einem Abend, als auf der akademischen Traditionsbühne Paris ein auch nicht mehr ganz taufrischer, aber recht potenter Autor aus dem europäischen Bruder-Ausland vor- und eingeführt wird. Sobald nach den standardisiert freundlichen Euro-Worten der Vorstellung eine matte Diskussion beginnt, ist ihm auch schon klar, dass es – wie immer bei den Ritualen sehr alter Kulturen – vor allen darum geht, das Bestehende zu affirmieren, und das heißt in diesem Fall: den intellektuellen Teil des Abends hinter sich zu bringen, ohne dem wohlwollend behandelten Gast mehr zuzugestehen als die ›Einschreibung‹ (so das seit 1970 im Trend liegende Wort) seines Werks in eine Taxonomie von Déjà-vu-Effekten. Überrascht oder gar begeistert zu wirken, kann sich niemand leisten.

Gegen diese weiche Betonwand nun wendet er in Höflichkeit abgefedert seine Lieblingsfragen: Ob denn solcher Quietismus zu tun habe mit der Angst, irgendetwas hinter uns zu lassen, mit einer sich verbreiternden Gegenwart und mit einem (was immer das genau heißen mag) sich verlangsamenden Rhythmus der Zeit? Hastig für einen Moment und mit harscher Entschiedenheit interveniert da ein Herr, der aussieht, als kenne er alle Kulturrahmenrichtlinien der Europäischen Gemeinschaft im Schlaf, und sagt, ganz im Gegenteil, nie habe sich die Welt objektiv und in Wirklichkeit so schnell verändert wie in unserem großen Zeitalter der elektronischen Kommunikationstechnologie, und zwar verändert vor allem zum Besseren, weil ja der Einzelne noch nie über annähernd so viel Information verfügt habe wie heute, was sich morgen noch erheblich steigern werde etc. Ziemlich breite Zustimmung, und danach erfrischen sich die Abgeordneten der ermatteten *République des lettres* endlich mit Wein und Häppchen, zwischen denen ein Käse-

Igel aus der Adenauer-Zeit, kaum aufgefallen wäre. Geistig jedoch voll auf der Höhe der neuen Zeit, tauschen sie Visitenkarten mit E-Mail-Adressen aus.

2.

Für den Fall, dass nicht ganz klar geworden sein sollte, worauf er mit der ›sich verbreiternden Gegenwart‹ anspielen möchte, fügen wir einige Kommentarbemerkungen an. Er hat nicht eine Veränderung auf jener phänomenologischen Beschreibungsebene im Sinn, welche in der Nachfolge Husserls Zeit als ›Form des Erlebens‹ definiert. Karl Heinz Bohrer hat nämlich recht, wenn er in seinem Beitrag für dieses Heft[1] darauf besteht, dass der Moment der Gegenwart im (phänomenologischen) Bewusstseinsstrom, der Moment des Übergangs zwischen dem Nachhallen des eben vergangenen und dem Vorwegnehmen des nächsten Moments, dass dieser Gegenwarts-Moment des Erlebens zwischen bloß physischer Perzeption und schon semantischer Interpretation gegen historischen Wandel weitgehend resistent ist.[2] Ebenso wenig will er sich mit der Formulierung einer ›breiter werdenden Zeit‹ auf so etwas wie ein ›durchschnittliches Veränderungstempo der Dinge in der Zeit‹ beziehen – einmal vorausgesetzt, es existierte eine handfeste Möglichkeit, dieses Versprechen einer sieh empirisch gebenden Redeweise über die Zeit je einzulösen. Natürlich haben wir retrospektiv unsere kaum kontroversen Eindrücke von ›kalten‹ und ›heißen‹ Epochen der Weltveränderung (niemand wird in Frage stellen, dass das 10. Jahrhundert in diesem Sinn »kälter« war als etwa das 19.), aber zugleich wissen wir doch auch, dass solche Rückblicke nicht notwendig mit dem einschlägigen Selbstgefühl – und Selbst*gefühl* trifft das Gemeinte besser als Selbsteinschätzung – jeweiliger Gegenwarten übereinstimmen.

1 Gemeint ist der Beitrag »Subjektive Zukunft«, in: *Merkur* 629/630 (2001), S. 756-768 [Anm. d. Hg.].

2 Wobei ich nicht impliziere, dass die phänomenologische Tradition einer Herleitung der Zeit aus der Struktur des Bewusstseins die einzig philosophisch legitime Möglichkeit sei, jenes Undefinierbare zu beschreiben, das wir ›Zeit‹ nennen. Vgl. Michael Theunissen, »Können wir in der Zeit glücklich sein?«, in: ders., *Negative Theologie der Zeit*, Frankfurt/M. 1991, S. 37-86.

Darum genau aber geht es ihm: um das uns heute noch gar nicht sehr vertraute Gefühl, dass sich zentrale Gegenstände und Strukturen in unserer Welt langsamer ändern als bis vor kurzem. Eben dieses Gefühl schleicht sich in unsere Selbst- und Welterfahrung ein – gegen ein störrisch durchgehaltenes offiziell-selbstreferentielles Stakkato, das explizit weiterhin über die Lasten und Herausforderungen einer sich beschleunigenden Beschleunigungsrate in der Weltveränderung klagt (obwohl es implizit ja schon immer einen Ton der Begeisterung über dieses Tempo mitschwingen ließ). Und das findet er nun wirklich interessant: dass wir trotz all der traditionell-offiziellen Klagen über die Kosten und Lasten der Beschleunigung uns plötzlich wie Versager vorkommen – wenn nicht schon gar wie Verräter – angesichts jenes sich einschleichenden Gefühls, dass irgendeine (gar nicht so leicht zu greifende) Tempesteigerung sich nicht mehr steigere. Nostalgisch erinnern wir uns an den Stolz, mit dem wir – bei der Dreiviertelmarke des 20. Jahrhunderts angekommen – reklamierten, dass uns im Zuge einer sich immer beschleunigenden Beschleunigung der Zeit das Aller-Unwahrscheinlichste gelungen sei: nämlich die Unterbietung von Baudelaires (als Beschleunigungsfolge) eigentlich schon ununterbietbar geschrumpfter Gegenwart; die Unterbietung jener Gegenwart, welche als »nicht mehr wahrzunehmender Moment des Übergangs« definiert war, die Unterbietung durch eine neue Topik des In- und Out-Seins, die wir für flexibler hielten als den Gegensatz von alt und neu (und mithin für schon eingestellt auf die vielleicht noch kürzeren Gegenwarten einer weiter beschleunigten Zukunft).[3]

Was vor dem Hintergrund solcher Erinnerungen von jenem Diskussionsabend in Paris wie ein unhörbarer Bohrer an den Nerv seiner Selbstachtung ging, das war vor allem das Stummbleiben von intellektuell-ödipalen Mordphantasien, wie sie die zornigen jungen Männer früherer Zeiten gehegt hatten. An den Nerv ging seine Wut auch angesichts jenes selbstkastrierenden Geizes, der überall nur Analogien zum schon Bekannten sehen will; und angesichts

3 Vgl. Niklas Luhmann, »Der politische Code ›Konservativ‹ und ›Progressiv‹ in systemtheoretischer Sicht«, in: *Zeitschrift für Politik* 24 (1977), S. 253 ff.; Hans Ulrich Gumbrecht, »Modern, Modernität, Moderne«, in: Otto Brunner/Werner Conze/Reinhart Koselleck (Hg.), *Geschichtliche Grundbegriffe. Historisches Lexikon zur politisch-sozialen Sprache in Deutschland*, Bd. 4, Stuttgart 1978, S. 93-131.

der Langeweile an einer Zeit, die ihre Gegenwart hervorbringt, indem sie immer nur das Letzte von heute ununterschieden neben das Letzte von gestern stellt – wie analphabetische Bibliotheksangestellte auf dem Regal mit den Akquisitionen des je gegenwärtigen Monats.

3.

»Die Zeit ist aus den Fugen«, hätten unsere Vorfahren (und noch unsere Großeltern) wohl in Reaktion auf solche Zeitgefühle gesagt und auf die von ihnen ausgelösten Gewissensbisse, die heute in kollektive Selbstwertkrisen auszuarten drohen. Von einer *mobilisation générale* hatte Jean-François Lyotard vor mehr als einem Jahrzehnt gesprochen, von einer allgemeinen Bewegtheit (fast möchte man sagen: von einer Zappeligkeit), die in ihrer eigenen Gegenwärtigkeit verharrt, weil sie keine Richtung entwickelt, in der sie bewirkte Einzelveränderungen zu ›historischem Wandel‹ aufaddierten. Aber da der deutsche Geisteswissenschaftler seinen Reinhart Koselleck gelesen hat, sollte er imstande sein, sich klarzumachen, dass uns nicht etwa (apokalyptisch) die ›Zeit an sich‹ aus den Fugen gerät, sondern nur (historisch) ein spezifischer Chronotop an sein Ende gelangt zu sein scheint, ein Chronotop allerdings, den die westliche Kultur über Jahrhunderte für metahistorisch stabil gehalten und nicht zuletzt deshalb ›historische Zeit‹ genannt hatte.

Als Service für den Leser schieben wir hier ein kleines Koselleck-Repetitorium zur Beschreibung dieses Zeitsyndroms ein, das offenbar nicht mehr ohne weiteres unserem eigenen Zeitgefühl entspricht, obwohl wir immer noch dazu tendieren, es für normal oder wenigstens doch für normativ anzusehen:

Das zentrale Strukturelement der ›historischen Zeit‹ war eine Asymmetrie zwischen Vergangenheit und Zukunft. Was immer die Vergangenheit gewesen war und wozu immer die Zukunft im Begriff war zu werden, die Vergangenheit konnte sich nicht in der Zukunft wiederholen. Ohne Ausnahme (und in den je verschiedensten Rhythmen) war Zeit also ein unvermeidlicher Faktor der Veränderung. – Trotz dieser Asymmetrie hielt die auf ›historische Zeit‹ gegründete historische Kultur auch an der Überzeugung fest, dass es möglich sei, aus der Vergangenheit für die Zukunft zu lernen. Lernen aus der Geschichte brachte unter diesen Bedingungen die Notwendigkeit mit sich, immer neue Strategien zu entwickeln, durch welche die in der Vergangenheit gemachten Erfahrungen an die als je gewandelt antizipierten Bedingungen der Zukunft angepasst werden sollten. – Innerhalb der Vorstellung, die wir uns von ›historischer Zeit‹ machten, lag der Akzent der Bewegung auf der Selbstreferenz der Menschen. Wir glaubten – in permanenter Vorwärtsbewegung – unablässig Vergangenheiten als abgeschlossene hinter uns zu lassen und immer neue Schwellen hin zu immer neuen offenen Zukünften zu überschreiten. Mögliche Szenarios für diese offenen Zukünfte zu entwerfen, war der dominante Modus der Applikation von historischem Wissen (von in der Vergangenheit gemachten Erfahrungen). – Zwischen den Vergangenheiten, von denen wir uns entfernten, und den Zukünften, in die hinein wir uns bewegten, erlebten wir die Gegenwart als – wie schon erwähnt: im Prinzip ununterbietbar kurzen – Moment des Übergangs; als einen Moment des Übergangs auch, in welchem der Mensch als Subjekt handelte, indem er zur Verwirklichung je spezifischer unter den stets multiplen Szenarios möglicher Zukünfte beizutragen suchte. Es lässt sich also im Rückblick folgern, dass der Chronotop der ›historischen Zeit‹ (und spezifischer noch: die zu einem bloßen Moment des Übergangs geschrumpfte Gegenwart) der Ort und eine notwendige Voraussetzung für die Existenz des Subjekts im Sinn der westlich-neuzeitlichen Tradition war. Deshalb müssen Veränderungen in der Struktur der Gegenwart Konsequenzen für die Struktur der Subjektivität haben.

Dass die Veränderung der Zeit teleologisch als Fortschritt (oder als Niedergang) und dass ihr Veränderungsrhythmus als beständige Beschleunigung gedacht wurden, sind zusätzliche Ausprägungen der ›historischen Zeit‹, welche unter spezifischen Bedingungen während der Jahre ihrer fraglosen Dominanz – zwischen dem späten 17. und dem späten 20. Jahrhundert – vorübergehend Bedeutung gewannen. Sie gehören aber nicht zu den konstitutiven Grundstrukturen der ›historischen Zeit‹. Ein bedeutenderes Symptom für das historische Ende der ›historischen Zeit‹ als das Verschwinden von Teleologien und das Brechen der sogenannten ›Zeitbeschleunigung‹ ist zweifellos die Metamorphose der alten Gegenwart, die Umformung und Auflösung der als Moment des Übergangs erlebten Gegenwart in eine wieder breitere Gegenwart,[4] die natürlich ohne eine Transformation der sie umrahmenden Vergangenheits- und Zukunftsdimensionen nicht vorzustellen ist.

Seit er ebendiese Perspektive einer Historisierung der ›historischen Zeit‹ verstanden hat, entdeckt er allenthalben Symptome ihrer Auflösung. Zum Beispiel kann er nun Jahr für Jahr seine Studenten mit der schlichten Feststellung überraschen, dass die Zahl der seit dem Ende der musikalischen Produktionsgemeinschaft der Beatles (und dem Abklingen der Studentenrevolution) bis heute verstrichenen Jahre inzwischen größer ist als die Zahl der Jahre zwischen 1914 und 1945. Wenn seine Studenten davon überrascht sind, so beweist das, dass selbst die heute Achtzehnjährigen fühlen, wie eine Klammer der Gegenwärtigkeit ihr Heute mit der Wende von den sechziger zu den siebziger Jahren vereint, während sie andererseits zu wissen glauben, dass sich die Welt zwischen dem Beginn des Ersten und dem Ende des Zweiten Weltkriegs grundlegend verändert hat. Die erste Hälfte des 20. Jahrhunderts hatte keine Gegenwart, die so lang war wie unsere. Fast zu einer Passion ist es ihm so geworden, Embleme für gestrandete, das heißt: unerfüllt gebliebene Zukünfte der Vergangenheit zu sammeln. Mit der Aufarbeitung der Programmtexte und Symbole aus der ausgemusterten Welt des ›realen Sozialismus‹ und ihrer noch vergangeneren kommunistischen Zukunft ließe sich eine ganze Generation von Doktoranden an der Arbeit halten. Vergleichsweise eleganter hat der Kapitalismus sich selbst und seine Visionen von einer interplanetarischen Zukunft durch ›Eroberung des Weltraums‹ (oder auch von einer globalen Energieversorgung durch ›Freisetzung von Kernenergie‹) aus der Affäre gezogen, ohne dass es ihm vollkommen gelungen wäre, retrospektive Peinlichkeiten zu vermeiden.

Kein anderes Emblem gestrandeter Zukunft kann freilich mit dem symbolischen Kondensationsgrad der immer noch störrisch im Verkehr gehaltenen Exemplare des Überschallflugzeugs Concorde konkurrieren: als ein in die vergangene Zukunft projiziertes konkretes Phänomen von Beschleunigung, das niemand brauchte; als ein (wie so oft) technologisch zu detailliert und wirtschaftlich nicht hinreichend durchdachtes Euro-Unternehmen; und als Beleg

4 Eine unüberbietbar breite Gegenwart entwirft der mittelalterliche Begriff der *media aetas*, der sich auf die zwischen Erschaffung und Jüngstem Gericht verstreichende Zeit bezieht.

auch für die kaum zu vermeidende Beschämung, die der Abschied von gestrandeter Zukunft stets auferlegt. Auf der Vergangenheitsseite der breiter werdenden Gegenwart hat keines der universalen Groß-Gedenkjahre, die wir noch in Erinnerung haben, das gehalten, womit die Gigantomanie ihrer Planung rechnete: nicht die Zweihundertjahrfeier der Französischen Revolution, nicht die Fünfhundertjahrfeier der Entdeckung Amerikas und auch nicht der Beginn des Millenniums. Jeder Sedanstag im kaiserlich-preußischen Deutschland, steht zu vermuten, löste mehr Herzklopfen beim Lauschen auf die Vergangenheit aus als die allzu gut geplanten Menschheitstage am Ende des 20. Jahrhunderts.

»Die historische Zeit ist aus den Fugen«, notiert also endlich auch er in den Notizen für seinen eigenen Beitrag zur Sondernummer einer *Zeitschrift für europäisches Denken* (noch ein gestrandetes Zukunftsversprechen?), »und die Gestalt eines neuen Chronotops können wir noch nicht erkennen.« Wirklich? Oder ist die sich verbreiternde Gegenwart nur eine Struktur, die zu wenig heroisch wirkt, als dass wir sie ohne weiteres mit unserer eigenen Gegenwart assoziieren möchten? Ironischerweise ist diese breite Gegenwart, die seine Generation für so peinlich ansieht, weitestgehend ihr eigenes Produkt. Denn sie ist ja die Gegenwart jener Generation, die sich das Altern untersagt hat und nun mit dem Abschied von Jeans, von bestimmten Bartmoden und von eigentlich jeder Art der Vergangenheit ähnliche Schwierigkeiten hat wie Air France und British Airways mit dem Ausmustern der Concorde. Wer immer jung bleiben will, muss die Gegenwart verbreitern, weil er sich verpflichtet, die immer selben Zukunftsvisionen als nicht verwirklichte durch die Zeit zu schieben. Könnten sich die Achtundsechziger je entschließen, das Alter zu einem Teil ihres Lebens werden zu lassen, dann wären sie davon befreit, sich selbst ein permanentes Zukunftsversprechen sein zu müssen.

4.

Im ersten Kapitel der 1967 erschienenen *Grammatologie* schrieb Jacques Derrida, der damals, träumt Dolorès, beinahe so jung gewesen sein muss, wie er heute auf den Fotografien seiner Verlage aussieht, dass das »Zeitalter des Zeichens« (gemeint war – mit einigen Umakzentuierungen – das, was Heidegger »Metaphysik« genannt hatte) vielleicht »nie vorübergehen würde«, obwohl sich »sein Ende abzeichnete«. Man konnte Derridas Bemerkung vor vierunddreißig Jahren als eine gegen den aufkommenden Zukunftstriumphalismus der Dekonstruktion gewendete Kautel lesen, als Verweis auf einen erwartbar zähen Widerstand des alten gegen das neue Denken. Heute wirken Derridas Worte aber vor allem wie eine Formel, die das Verhältnis unserer neuen Gegenwart zur Vergangenheit schlechthin erfasst. Und zwar in dem Sinn, dass wir den Ideen und den Dingen immer noch die Spuren der Zeit, immer noch ihr Alter ansehen, obwohl es uns zunehmend schwerfällt, sie – wie einst im Chronotop der ›historischen Zeit‹ – hinter uns zu lassen. Diese Beobachtung ließe sich sogar zu einem kleinen Lehrstück über das Verhältnis der neuen Gegenwart zur Vergangenheit trimmen. Denn jene Staaten, die ihre Gesellschaften auf Distanz von negativen Vergangenheiten halten wollten – wie die Sowjetunion und die Deutsche Demokratische Republik –, sind gescheitert. Hingegen scheint es der Bundesrepublik Deutschland oder etwa dem demokratisch gegründeten südafrikanischen Staat zu bekommen, dass sie trotz aller Frustrationen und Einwände den Holocaust wie das System der Apartheid noch nicht einer bloß distanzsetzenden Vergangenheitsdimension überschrieben haben. Obwohl wir solche Vergangenheiten als vergangene erfahren, halten wir sie doch zugleich schmerzhaft gegenwärtig.

Eine Sache, sagt Dolorès (zu Recht), ist der Entschluss, Vergangenes vorerst nicht ganz hinter sich zu lassen, und eine ganz andere (etwas neurotisch wirkende) Sache ist die Unfähigkeit, Dinge in der Vergangenheit verschwinden zu lassen. Niklas Luhmann hatte sich einmal erheblichen Ärger mit der Bemerkung eingehandelt, dass es nicht nötig sei, jeden Fabrikschlot in Ostwestfalen unter Denkmalschutz zu stellen. Und man kann ja in der Tat der Versuchung des Gedankens kaum widerstehen, dass die Leidenschaft, mit der seit Jahrzehnten Altstädte saniert, Fassaden restauriert und Klöster in Hotels der mittleren Preislage verwandelt werden, nur die Kehrseite einer Abwesenheit sind: die Folgen einer Unsicherheit angesichts der Frage, was denn die Architektur der Gegenwart sein könnte. Die Kirchenbauer des späten 19. Jahrhunderts wussten wenigstens, dass ihr Stil der romanische oder der gotische war. Aber über die deutschen Landeshauptstädte des beginnenden dritten

Millenniums wird eines Tages ganz gnadenlos geschrieben werden, stellt sie sich schadenfroh vor, dass Restaurationsarbeiten ihr einziger Stil waren. Noch die ungelenkste Bauform hat, solange sie aus der Vergangenheit kommt, Vorfahrt gegenüber den Möglichkeiten des Gegenwärtigen.

Hinzu kommt, sagt Dolorès und beißt sich auf die kirschrote Unterlippe, dass die Industrie ja schon seit langem imstande ist, ganz perfekte Simulakren (oder sollte sie besser ›Repliken‹ sagen oder einfach ›Remakes‹?) von den Gebrauchsgegenständen jeglicher Vergangenheit auf den Markt zu bringen. Die Vierzehnjährigen wissen zwar kaum, dass man all die Fashion, für die sie Jahr für Jahr ihre Wohlstandstaschengelder ausgeben, wie einen Wald aus Zitaten von frühen Moden sehen könnte, statt sie einfach hip zu finden (und wie sollte man ihnen also ausreden, sich in eine Vergangenheit einzukleiden, die sie nicht als Vergangenheit erfahren können?). Aber wird sie selbst diesem ebenso starken wie anonymen Sog zurück in die Vergangenheit widerstehen können, wenn jetzt auch in Europa der Plymouth Cruiser von Chrysler angeboten wird, jener neueste Schlager der amerikanischen Autoindustrie, der aussieht wie ein spätgeborener Zwillingsbruder des berühmten Buckel-Taunus aus den fünfziger Jahren? Fühlen wir uns nicht eher verpflichtet, weiter die Avantgarde der Designer zu unterstützen – wie es unser exzentrischer Zahnarzt-Onkel und einige erstaunlich finanzstarke Studienräte taten, als sie in den frühen sechziger Jahren Opel oder Mercedes den Rücken kehrten, weil die Auto-Zukunft in jener Gegenwart ›ID/Idée‹ oder ›DS/Déese‹ hieß und das Emblem von Citroën trug?

Wann überhaupt, wehrt sie sich da doch etwas, soll denn diese andere, sich verbreiternde Gegenwart angefangen haben? Ist das nicht einfach die schielende Vision solcher Zeitgenossen, die alles historische Bewusstsein verloren haben und deshalb dazu verdammt sind, die ganze Menschheitsgeschichte als eine amorphe Gegenwart aus einer Flucht von Doppelbildern zu sehen? Nein, sagt er, der aufgeräumte Frohsinn der Fernsehfamilien Schölermann und Hesselbach zum Beispiel, der Name der Jugendzeitschrift *Rasselbande* und die braungetönten Fotos in *Film und Frau* (meistens von teuren Einfamilienhäusern am Chiemsee), der nach Schweiß und Dusche riechende Fußballstil von Fritz Walter und Helmut Kahn, das Vorkriegscharisma von Lilo Pulver und O. W.

Fischer, der Borgward, der Mercedes 300 SL (mit den nach oben schwingenden Flügeltüren) und das HB-Männchen – all das waren Befindlichkeiten und Protagonisten, die nach der Liverpooler Wende in der Popmusik, nach den Black Panthers und dem SDS, nach der Ermordung von Jack Kennedy an einem texanischen Nachmittag und nach dem Amtsantritt des ersten sozialdemokratischen Kanzlers keinen Markt mehr hätten erobern können (es sei denn – in Fortsetzung unserer Gegenwart – den Markt für die nächste Nostalgiewelle). Schon die siebziger Jahre, hat er bei einem intelligenten amerikanischen Historiker gelesen,[5] waren nur noch ein Nachschlag, eine *reductio ad absurdum* all dessen, was die sechziger Jahre erfunden hatten. Seitdem tritt die Zeit auf der Stelle, und die Gegenwart wird immer breiter. Ohne jedes Zögern, fährt er fort und kommt fast ein wenig in Fahrt, ohne Zögern werden auch ihre jüngeren Kinder bestätigen, dass die Beatles und die Stones Oldies, aber doch Musik des Jahrs 2001 sind, während sie Buddy Holy, Fats Domino und leider auch den frühen Elvis als ›Musikgeschichte‹ identifizieren. Alles veränderte sich, weiß er heute, und jene Kindheit war mit einem Schlag zu Ende, die er für immer mit den Namen von Erich und Lilly Öhrlein assoziieren wird, den besten Wirtschaftswunder-Freunden seiner Eltern, als sie 1963 auf einer Klassenparty bemerkten, dass der Twistrhythmus nicht mehr richtig passte auf die neuen Platten (*I wanna hold your hand* und *Close your eyes and I'll kiss you*), die der Vater eines Freunds aus England mitgebracht hatte.

Ist es denn mehr als eine (allerhöchstens) süffige Metapher ohne analytische Tiefenschärfe, hält Dolorès ermattet dagegen, wenn einer sagt, dass die Gegenwart seit den Sechzigern auf der Stelle trete? Das heißt nicht mehr, murmelt er nun plötzlich etwas resigniert, als dass wir – aus welchen Gründen auch immer – das Vergangene nicht mehr in ›Erfahrung‹ umsetzen können (oder wollen), Erfahrung (der Begriff klingt ihm ganz unerträglich positiv), die helfen soll, uns ein Bild von der Zukunft zu machen. Heute stellen wir (das hat er ja schon gesagt) wirklich nur vergangene Gegenwart neben vergangene Gegenwart, statt aus der Vergangenheit zu lernen – weil das Lernen aus der Vergangenheit schon immer eine Sache der Alten und der Weisen war, während wir uns in das Schicksal

5 Vgl. Bruce Schulman, *The Seventies. The Great Shift in American Culture, Society and Politics*, New York 2001.

verwunschen haben, immer jung zu bleiben. Wie Disneyland sieht jetzt die Gegenwart aus: breit, bunt, etwas unübersichtlich und sehr voll. Die Vergangenheit in dieser Gegenwart, das sind – wie nicht anders zu erwarten – Oberflächen, an denen man sich reiben, und Kulissen, durch die man gehen kann.[6]

5.

Als Sozialdemokrat hatte Wilhelm schon immer auf der Seite des (freilich nie übereilten) Fortschritts gestanden, und als weltoffener Sozialdemokrat hatte er das Zustandekommen der rot-grünen Koalitionen durchaus begrüßt. Aber bei aller Sympathie und bei aller auch im Geistigen durchzuhaltenden Fraktionsdisziplin kann er doch nicht umhin, heute noch einmal zurückzukommen auf jene vielbeachtete Rede des Bundesaußenministers, von der die Nation seinerzeit mehrere Tage lang mitgerissen und überzeugt wurde, sich auf die letzte Etappe des Weges hin zur ›europäischen Finalität‹ zu machen. War ›Finalität‹ nicht ein allzu blasses, die Vorstellungskraft unberührt lassendes Wort gewesen? Und war es nicht bezeichnend, dass der Minister Motivationsfunken nur aus einer geradezu musealen Horrorvision schlagen konnte, nämlich aus der Vision eines erneuten Kriegs unter den europäischen Nationen – statt aus einem soliden Bild von glücklicher Zukunft, wie etwa dem ›Modell Schweden‹, welches uns an eine zutiefst zukunftsbejahende Strecke sozialdemokratischer Geschichte erinnert? Sind die einzigen Bilder der Zukunft, die ihre Adressaten heute nicht kaltlassen, die von einer (im Normalfall bloß erfundenen) nationalen Vergangenheit – also die Träume von Nationen wie Montenegro und Québec, Kroatien und Litauen, die allemal damit rechnen, dass das Leben besser werden wird, sobald die Montenegriner, Québecer, Kroaten und Litauer wieder mehr unter sich sind? Zukunftsvisionen, sagt Wilhelm einigermaßen schweren Herzens, Zukunftsvisionen, beginnt er noch einmal zu hadern, sind diese Visionen der in der Geschichte zu kurz gekommenen Nationen eigentlich alle nicht, weil sie als Vergangenheitsbilder von der Zukunft ja gar nicht ›sentimentalisch‹ im schlegelschen Sinn sind. Mit anderen Worten: weil sie

6 Das ist die Konzeption meines Buchs *1926. Ein Jahr am Rand der Zeit*, Frankfurt/M. 2001.

kein prägnantes Bewusstsein davon haben, dass ihre Vergangenheit doch nie wiederkehren kann. Aber ist das nicht zu historisch gedacht für eine Gegenwart, in der sich die ›historische Zeit‹ auflöst? Glauben die Separatisten von Québec nicht doch ganz vage – so vage, wie man von der Möglichkeit der großen Liebe träumt – an die Möglichkeit einer Rückkehr der Vergangenheit?

Alles ist nur noch schlimmer in Wilhelms eigener akademischer Welt. Europäischerseits hat niemand – außer einigen mittel- und hochkarätigen Ministerialbeamten – irgendein Bild davon, wie denn die Zukunft der Universitäten aussehen könnte. Und weil man sich als Angehöriger einer Bildungselite auch nicht die Blöße geben kann, mir nichts, dir nichts an die Wiederkehr der Vergangenheit zu glauben, haben die Professoren das früher von ihnen erwartete Vorausdenken – zumal das Vorausdenken für ihre eigene Welt – inzwischen durch Jammern ersetzt. Dieses Jammern hat nun schon dreißig Jahre angehalten, die zugleich jene fetten Jahre waren, in denen alle Fachbereiche aller deutschen Universitäten mit multiplen Graduiertenkollegs und Sonderforschungsbereichen so reich ausgestattet worden sind wie früher schiefmäulige Bräute mit Aussteuerbettwäsche. Das Problem der Universitäten in Deutschland ist freilich nicht wirklich, dass sie ungeküsst bleiben, sondern dass sie sich trotz aller Liebesbeweise ungeliebt fühlen wollen, was am Ende vielleicht nichts als die Verschiebung eines mulmigen Gefühls ist angesichts der Unfähigkeit, sich eine eigene Zukunft vorzustellen.

Da muss Wilhelm nun doch darauf bestehen, dass diese Imaginationsatrophie kein Spezialproblem ›unserer Universitäten‹ ist. Dieselbe Pathologie (oder war es eher eine Pathologie der vergangenen dreihundert Jahre, sich fast zwanghaft mit seiner Vorstellung in die Zukunft zu katapultieren?), dasselbe Versiegen der Zukunftsimagination trifft ja sogar die Science-Fiction-Industrie, die heute auch bloß die einschlägigen Kunstmärchen aus der Mitte des 20. Jahrhunderts weitererzählt. Denn kein Leser glaubt noch wirklich an die Zukunft jener Maschinentechnologien, die in Science-Fiction fortleben, und wir haben längst mit Erleichterung verstanden, dass die Fortsetzung der Menschheitsgeschichte weder auf Raumschiffen noch auf fremden Galaxien verhandelt werden wird. Trotzdem bleiben diese Zukunftsbilder der Vergangenheit auf Fortsetzung gestellt, was sie in eine eigenartige Nähe zu jenen nationalen Zukunftsvisionen unserer Gegenwart rückt, die sich aus Träumen von der Vergangenheit speisen.

Jedenfalls produziert unsere Gegenwart keine Zukunftsbilder mehr – und die Betonung liegt auf der Komponente des Visuellen im Begriff von den ›Bildern‹. Akademisch, flapsig und generalisierend, wie das so seine unnachahmliche Art war, hat Niklas Luhmann einen ähnlichen Befund beschrieben, der nun freilich schwer auf Wilhelms Seele lastet: »Die intellektuellen Ressourcen des Nachdenkens über die Zukunft bieten heute wenig Perspektiven.«[7] Anders gesagt: Unser Blick in die Zukunft prallt seit einiger Zeit von einer Milchglasscheibe zurück. Die Reaktion der Alltagspraxis (vor allem in der Wirtschaft) auf diese Veränderung ist eine Umstellung von Zukunftsvisionen auf Risikokalkulation.[8] Statt sich zu fragen, wie wahrscheinlich es ist, dass ein bestimmtes Ziel in der Zukunft erreicht wird, berechnet man, welche Kosten durch die Nichterreichung eines Ziels entstünden – und versichert sich gegen diesen Fall. Statt ein Bild von der Zukunft eines Unternehmens zu entwerfen, rechnen Börsenspekulanten die Kurven der vergangenen Entwicklung einer Aktion in die Zukunft hoch.

Wenigstens gereicht es Wilhelm zum Trost, dass diese bilderlose Zukunft offenbar allein die Amerikaner zu mehr Arbeit denn je anspornt – und trotzdem nur bei ihnen größere Zukunftsungewissheit denn je auslöst (auch dazu gibt es ein Buch[9]). Der Durchschnittsamerikaner arbeitet angeblich dreihundertfünfzig Stunden mehr pro Jahr als der Durchschnittseuropäer, aber nur acht Prozent der Amerikaner würden gerne ein geringeres Einkommen gegen weniger Arbeit eintauschen – während sich 38 Prozent der Europäer zu diesem elementaren Zukunftswunsch bekennen. Warum dieser Unterschied entstanden ist? Weil die für die meisten Amerikaner, sagen die Experten, deutlich gestiegenen Einkommensmöglichkeiten über eine schneller pulsierende Wirtschaft an eine Zukunft gekoppelt sind, die als weniger vorhersehbar denn je erlebt wird und deshalb Ängste hervorruft. Also doch SPD? Und vielleicht dazu eine neue (gar nicht einmal bloß ironische) Interpretation von

7 Niklas Luhmann, »Risiko auf alle Fälle. Schwierigkeiten bei der Beschreibung der Zukunft«, in: ders., *Short Cuts*, Berlin 2000.

8 Vgl. Hans Ulrich Gumbrecht, »How is Our Future Contingent?«, in: *Theory, Culture & Society* 1 (2001), S. 49-58.

9 Vgl. Robert B. Reich, *The Future of Success*, New York 2001.

›europäischer Finalität‹ als einer trotz der Blindheit unserer Zukunft gebannten Zukunftsangst?

6.

Die Zukunft, deren Blindheit keine Angst macht, gehört der Gegenwart von Tobias und Momo. Sie beide sind in den siebziger Jahren geboren, also schon in ihrer eigenen Gegenwart, die nicht nur eine breite, sondern auch eine sozusagen bis zum Bersten angefüllte Gegenwart ist – gestaut zwischen einer Vergangenheit, die nicht mehr vergehen will, und einer Zukunft, die verschlossen bleibt. Die Gegenwart von Tobias und Momo ist zumindest potentiell stets überlastet, und dieser Überlast nachgebend hat sie sich während der Jahrzehnte ihres Lebens immer mehr ausgedehnt. Ihren Koselleck haben die beiden auch längst gelesen, und deshalb finden sie den Vernunftschluss durchaus nicht inakzeptabel, dass die klassische westliche Gestalt des Subjekts in der breiten neuen Gegenwart eine Transformation durchgemacht haben muss – wenn man nur voraussetzt, dass die kurze und immer sich verkürzende Gegenwart der historischen Zeit eine Voraussetzung für die Emergenz jenes Subjekts gewesen war. Wie die neue Gegenwart vom Stau der Zeit, so ist das alt aussehende Subjekt nun überlastet von der Vielfalt potentieller Erlebnisse, und darauf genau zielte der von Jürgen Habermas längst auf den Begriff gebrachte Eindruck einer »neuen Unübersichtlichkeit«. Zugleich mit der engen Gegenwart ist aber auch jene komplexe Struktur von Bedingungen implodiert, die es dem klassischen Subjekt ermöglichte, ein handelndes Subjekt zu sein. Das in der Vergangenheit Erlebte in Bilder von der Zukunft zu verwandeln, gelingt uns nicht mehr – und selbst wenn es uns gelänge, solche Bilder zu produzieren, so wäre uns die Zukunft als Projektionsfläche verschlossen.

Momo und Tobias haben also ihre Gegenwart nie von außen gesehen. Die Flugzeugtypen, in denen sie zur Sommerfrische nach Hawaii reisen, gab es schon, bevor sie geboren wurden, und die unablässige Forderung ihrer Doktorväter und -mütter, doch unter allen Umständen ›kritisch‹ zu sein, ist ihnen so historisch fremd wie eine Ju 52. Eher als intellektuelle Chirurgen, die ihre Welt sezieren, sind sie – trotz der weiter gewerkschaftlich ausgehandelten Arbeitszeiten – Opfer dieser Welt, ohne es zu wissen. Denn das Handy in Momos Rucksäcklein und das Handy am Hugo-Boss-Gürtel von Tobias zeigen an, dass sie permanent zur Verfügung stehen, ja mehr noch, dass es ihnen ein existentielles Gesetz ihrer Gegenwart untersagt, irgendwann nicht zur Verfügung stehen zu wollen. Was aussieht wie ein Gestell potentieller Allgegenwart, ist also in Wirklichkeit das Emblem eines auf Permanenz gestellten Opferseins. Zum neuen Statusprivileg hat sich Unerreichbarkeit entwickelt – etwa das Recht und die Ruhe, einen ganzen Abend lang seinem Freund in die Augen zu blicken, statt sich mit Handys an den Ohren und deshalb wörtlich ›Welten voneinander entfernt‹ gegenüberzusitzen. Wertvolle Zeit, wie man sie in der neuen Gegenwart gewinnt, objektiviert sich nicht mehr auf Kontoauszügen, sondern in der Bewegung eines eigenen Gedankens oder in der Berührung eines anderen Körpers. Die Eroberung solcher vollen Zeit setzt für Tobias, Momo und uns, die bis zur Groteske vervollkommneten Ableger des cartesianischen Cogito, immer eine Wiedereroberung von Raum voraus, also jener Dimension, auf deren Eliminierung wir die längste Zeit gesetzt hatten. Denn ohne Raum können wir weder allein noch körperlich mit anderen zusammen sein.

Aus den kritischen Intellektuellen von dazumal sind in der Gegenwart von Tobias und Momo, die natürlich das Basismodell von *Truman's World* ist, Kulturwissenschaftler geworden. Weil Kulturwissenschaftler – anders als vor allem die Makler jeglicher Couleur – fast nie wirklich mittels ihrer Handys abberufen werden (worüber sie im Regelfall etwas beschämt sind), dominiert in ihrer Lebensform die Erreichbarkeit der Welt über die Erreichbarkeit für die Welt. Kulturwissenschaftler brauchen sich gar nicht unbedingt und aktiv zu spezialisieren, denn ihre Welt ist die Welt der Websites, wo alles wohldosiert und in unerschöpflicher Breite zur Verfügung steht – einschließlich des eigenen Publikationsverzeichnisses, nebst Lebenslauf und (warum nicht?) einigen Fotos vom Skiurlaub in Squaw Valley. Momo kennt, lange bevor es erscheint, jedes Buch aus dem Themenbereich, den sie sich seit Jahren erschließt, der ›Frauenkultur der europäischen Renaissance‹, und an Weihnachten grüßt sie übers Web ihre Kolleginnen in Dresden und New Haven, Brisbane und Mailand. *Maîtres penseurs* braucht man für die Kulturwissenschaften nicht mehr. Alle sollen nur gleich viel gelernt und gelesen haben, so dass alle immer noch einen Farbtupfer beitragen zu unserem opulenten Bild von der europäischen Renaissance. Das Net ist ein Medium der wissenschaftlichen Demokratisierung, sagt sie ab und an, so als ob sie daran glaubte (und bemerkt nicht, dass er für einen Moment mehr als nur leicht zusammenzuckt, weil er den veralteten Ehrgeiz nie aufgegeben hat, ein Meisterdenker zu werden). In den Osterferien fährt sie mit Tobias nach Florenz, um all das zum elften Mal live zu sehen, womit sie die bezahlten Tage ihres Jahres verbringt. Sie haben auch schon daran gedacht, mit den Anzahlungen auf das schlüsselfertige Studio in der Toskana zu beginnen – wobei allerdings noch zweierlei zu klären bleibt: ob nicht auch eine Altbauwohnung in Krakau in Frage käme, was Abschreibungsmöglichkeiten aufgrund seines Spezialgebiets – frühe Radiokultur in Osteuropa – eröffnete, und ob sie sich langfristig nicht doch eher für Kinder entscheiden, was seinerseits erhebliche Einbußen an Lebensqualität mit sich brächte.

Von außen (sollte es diese Position noch geben) sieht die Welt von Tobias und Momo aus wie die Verwandlung eines ehemaligen Berufes in eine auf Dauer gestellte Beschäftigungstherapie, wie die Universalisierung des Tageslaufes von rüstigen Rentnern im institutionellen Rahmen von Sonderforschungsbereichen, wie eine Endlosschleife der Selbstkultivierung ohne den Druck, darauf eine Karriere zu bauen. Eine milde Welt ist das ohne jede Frage, die Antipoden-Welt zur Welt der Makler mit ihren nicht abstellbaren Handys – und diese beiden Welten teilen unter sich die Gegenwart auf. Auf der Seite von Momo und Tobias verschafft nur die sanfte Brise der Kleidermode regelmäßig erfrischende Bewegung, zeitliche Bewegung ohne Richtung, bewirkt von den Farb- und Schnittvariationen der längst sozialisierten Designermarken, die man sich unablässig zum Geburtstag schenkt. Doch das ist nicht mehr Bewegung als die kleine Brandung künstlicher Wellen auf dem See von *Truman's World*. So breit sie aber noch werden mag, für das Sterben wird diese Gegenwartswelt nie einen Platz haben. Unfall- und Lebensversicherungen absorbieren, was an Schrecken der Tod bereithalten könnte. Nie zuvor war der Tod so transzendental wie heute, aber nie zuvor hat er auch nicht einmal den Hauch einer Vorstellung vom Leben nach dem Tod inspiriert.

7.

Harte oder schwierige Fragen erspart man sich also in der Gegenwart von Momo und Tobias, und sollten sie je unterlaufen, dann verweist man sie sogleich an die zuständigen Fachphilosophen, die aus Gründen eng verstandener psychischer Hygiene immer ausschließlicher analytische Philosophen sind. Zum Beispiel könnte einer auf die Frage verfallen (und das ist ihm in der Tat schon passiert), ob in dieser so wenig gerichteten Gegenwart die Vergangenheit je wiederkehren könnte. Wenn so etwas geschieht, dann beginnen die akademischen Alarmleuchten zu blinken, bis sich ein Spezialist der latenten Gefahr annimmt und dann bald dekretiert, dass das für einen Augenblick beunruhigende Problem nur ein Scheinproblem sei (eine Sprachverwirrung, eine falsch gestellte Frage etc.).

Wenn er also etwas – Begriffe zum Beispiel – aus der Breite seiner Beobachtungen machen will, dann wird er dabei, da soll man keinen Illusionen aufsitzen, auf sich allein gestellt bleiben. Wie wäre es also mit einer kleinen Etüde zu den Begriffskaskaden um das Wort ›modern‹? Kaum zu übersehen ist dabei erstens und aus jüngster Perspektive, dass das, was wir noch kürzlich mit solcher Inbrunst als ›Postmoderne‹ verstanden oder abgestritten haben, wohl nicht mehr war als eine für den Übergang von der engen zur breiten Gegenwart unumgängliche Phase der Öffnung, ein systolischer Moment sozusagen (denken Sie etwa an den Eklektizismus der postmodernen Architektur). Wenn er aber rückblickend der Postmoderne eine so spezifische Rolle in der Genese unserer Gegenwart zuschreiben kann, bedeutet das dann nicht zweitens, dass wir die neue Gegenwart Post-Postmoderne nennen sollten? Natürlich gibt es so etwas wie eine minimale Logik der Sequentialisierung, innerhalb deren sich dieser Schluss nicht abweisen lässt. Aber viel weniger trivial findet er die folgende Beobachtung: Wenn die Postmoderne implizit mit einem Rhythmus der historischen Veränderung schon gebrochen hatte, in der sich immer kürzere ›Epochen‹ voneinander ablösten, so lässt sich auch nicht leugnen, dass die breite Gegenwart, auf die hin die Postmoderne die Moderne geöffnet hatte, nun ihrerseits – rückwirkend sozusagen – nicht nur den Übergang von der Moderne zur Postmoderne nivelliert hat (ebendeshalb ist die Frage nach ihrer Unterscheidung in kurzer

Zeit so fast unerträglich banal geworden), sondern auch eine ganze Serie von chronologisch früheren Übergängen innerhalb einer zeitlich nun wieder sehr weit gefassten Moderne.

Noch einmal mit anderen Worten: Die neue Gegenwart wird breiter auch in einer zeitlichen Rückwärtsbewegung und hat sich dabei Vergangenheiten einverleibt, die die westliche Kultur längst abgelegt zu haben schien. Natürlich ist es weiterhin möglich, die letzten Jahrhunderte mit so extremer historistischer Trennschärfe zu analysieren, dass die Gegenwart der bildenden Kunst (zum Beispiel) auf nur wenige Jahre reduziert wird. Aber eher, als die Gegenwart der Kunst auf die Tage seit der letzten *Documenta* zu begrenzen, möchte er sie rückwärtsgerichtet über Jackson Pollock und Hopper auf die Hochmoderne der zwanziger Jahre und auf die Surrealisten, auf die Impressionisten, die Realisten des 19. Jahrhunderts und mindestens noch auf Goya ausdehnen – ohne dass dies schon das Ende der Rückwärtsexpansion sein müsste. »Ein etwas exzentrischer Vorschlag«, findet seine Freundin Dolorès, »aber durchaus im Trend.«

Da Wissenschaftler immer so tun sollen, als kümmerten sie sich nicht um Trends, setzt er alles daran, in eine andere Richtung weiterzudenken, und zwingt sich zu der Frage, ob diese (vor allem) rückwärtsgerichtete Ausdehnungsbewegung der Gegenwart denn je auslaufen oder gar anhalten wird. Wird es Vergangenheiten geben, die die immer breitere Gegenwart nicht mehr absorbieren kann? Und wenn diese Gegenwart wirklich je eine Grenze in der Vergangenheit erreichte, würden wir diese Grenze so erleben wie die Protagonisten von Gabriel García Márquez die ihnen verordneten ›hundert Jahre Einsamkeit‹? Könnte sich das, was wir immer noch ›geschichtlichen Wandel‹ nennen, also transformieren in einen Zeitraum, der einzig Variationen und Repetitionen innerhalb einer begrenzten Menge möglicher Formen zuließe? Ein Trost ist es da schon, dass selbst die Helden des Romans ihre Hoffnung nicht ganz aufgegeben haben auf die Rückkehr zu einer Zeit, die die Dinge unweigerlich verändert. Die Geburt eines Kindes ›mit einem Schweineschwanz in Korkenzieherform‹ soll diesen Durchbruch anzeigen. Wird es auch für uns ein Zeichen geben, fragt er sich, das das Ende der Gegenwartsexpansion ankündigt? Plötzlich hat Dolorès, halb dösend schon vor Erschöpfung, eine Vision: »Unser Zeichen wird jene Spaceshuttle sein«, murmelt sie, »die sich von der Bahn ihrer Erdumkreisung löst und auch noch die Kraftfelder des Monds und der Milchstraße hinter sich lässt, jene Spaceshuttle, die nicht mehr die immer selben Fotos vom blauen Planeten und seinem silbrigen Trabanten zurückfunken wird.«

8.

Das sei insgesamt doch eher enttäuschend, sagen ihm in der nächsten Woche jene wenigen Doktoranden, die es sich leisten können, eine Lippe zu riskieren, und eine Zwillingsschwester des großen García Márquez sei Dolorès nun bei aller Sympathie eben auch nicht. Dagegen kann und will er sich gar nicht wehren. Denn das Abprallen aller Zeit- und Epochenkonzepte, die er an die sich verbreiternde Gegenwart heften wollte, hat ihn erstaunlich bescheiden gemacht. Es wäre ja schon etwas, wenn man in vielen Details, Assoziationen und Anläufen beschreiben könnte, wie sich die Struktur der Gegenwart in einer Umformung befindet, die etwas anderes ist als ein ›Phänomen historischen Wandels‹. Ob es einfach (wie Wissenschaftler so gerne sagen) ›zu früh‹ sei für eine einschlägige Theorie oder ob sich Theoriebildung mit dieser neuen Gegenwart prinzipiell nicht verträgt – nicht einmal das lasse sich derzeit absehen.

Andere können nicht umhin, das Breiterwerden der Gegenwart in Zusammenhang mit dem Eindruck zu bringen, dass der Homo sapiens sapiens einige Grenzen seiner Selbstinanspruchnahme erreicht hat. So wie sich die Weltrekordmarke im Hundertmeterlauf selbst auf der Ebene der Hundertstelsekunden kaum mehr verschiebt. Und vielleicht war die Zeit, die die Concorde ihren Passagieren ließ (New York–Paris in weniger als drei Stunden), auch für den eiligsten Geschäftsreisenden zu kurz. Vielleicht haben wir deshalb paradoxerweise den Eindruck, dass sich kaum mehr etwas verändert, weil wir die Zahl und die Dimension der sich ereignenden (und zum Großteil von uns selbst bewirkten) Veränderungen schon lange nicht mehr verarbeiten können. Am faszinierendsten unter all den Phänomenen gebrochener Beschleunigung ist der Tempoverlust im Ansteigen der globalen Geburtenrate. Denn es gibt Anlass zu der Vermutung, dass dieser Tempoverlust zu erheblich ist, als dass man ihn ausschließlich durch politische Maßnahmen oder gar als Triumph der menschlichen Vernunft erklären könnte. Es wäre ein Thema für Niklas Luhmann gewesen, diese Beobachtung aus einem anderen Blickwinkel zu diskutieren: als eine Autoimmunreaktion des Systems ›Menschheit‹.

Erich und Lilly Öhrlein sind vor einigen Wochen feuerbestattet worden; Momo und Tobias haben sich nach dem Essen bei ihrem bevorzugten Nobelitaliener zeitig in getrennten Schlafzimmern zur Ruhe gelegt (es ist Sonntagabend); Dolorès ist eingedöst; und so wundert er sich ganz allein, dass sein Schulmonolog so gelassen gerät. Vielleicht war das gescheiterte Theorieprojekt insgeheim nur ein Exerzitium, anders denn aufgeregt, gereizt oder gar polemisch über die sich verbreiternde Gegenwart zu reden und zu schreiben. Den einen Verdacht kann man wirklich nicht loswerden: Diese Gegenwart für ›illegitim‹ zu halten – ist das vielleicht nur die Unfähigkeit, sich eine andere als die gute alte ›historische Zeit‹ vorzustellen? Ohne Zweifel macht uns der Eindruck immer noch verlegen, dass wir all die Zeitbeschleunigungshochrechnungen unserer Vergangenheit nicht erfüllt haben. Wie aber wäre es, wenn wir versuchten, der sich verbreiternden Gegenwart positive Seiten abzugewinnen? Michael Theunissen hat sich die Frage gestattet, wie es möglich sein könnte, in und mit der Zeit ein glückliches Leben zu führen. Eine von Theunissens Antworten deutet auf die Fähigkeit, die jeweilige Gegenwart auf Gegenwärtigkeit zu öffnen. Das heißt, sie deutet auf die Fähigkeit, in einer Gegenwart ›das Ganze der Zeit zu versammeln‹, eine Synthese von Vergangenheit und Zukunft herzustellen, die es ermöglicht, »daß ich mich von der Anstrengung, die mich das Zusammenhalten von Zukunft und Vergangenheit in jedem Augenblick kostet, ausruhe«. Vielleicht ist es gar nicht zu optimistisch sich vorzustellen, dass auf die von Theunissen angedeutete Weise in der Zeit glücklich zu sein zu einer konkreteren Vorstellung und sogar zu einem realistischen Ziel werden könnte, wenn wir erst einmal gelernt haben, in der breiter gewordenen Gegenwart zu leben.

PS

Am 15. Juli 2001, als dieser Text gerade fertig geworden war, las ich im *New York Times Sunday Magazine* ein kurzes Interview mit dem großen Barry Bonds von den San Francisco Giants, der – wenn man den im Baseball allgegenwärtigen historischen Statistiken trauen will (wozu ich mich als nicht nur zweckpessimistischer Fan nur schwerlich durchringen kann) –, der also in dieser Spielzeit die Chance hat, den wichtigsten aller Baseballrekorde, nämlich den Rekord für die meisten *home runs* pro Spielzeit, zu brechen. »How do you feel about the rest of the season, playing for history?«, fragte ihn der Reporter am Ende des Gesprächs. Die Antwort von Barry Bonds, denke ich, wäre die denkbar prägnanteste Einleitung für meinen Essay gewesen: »I'm playing for the present, man. The present. This is still the present, right?«

Teil 2
Die Rahmen der Disziplinen

I

Literaturgeschichte – Fragment einer geschwundenen Totalität?*

1. ›Geschichte‹ und ›Literatur‹

Das Verhältnis der Begriffe ›Geschichte‹ und ›Literatur‹ hat Geschichte; die Genese des Begriffs ›Literaturgeschichte‹ und die Perspektivierungen von ›Literaturgeschichte‹ als Symptom, Teil, Fragment von ›Geschichte‹ machen Kapitel aus den jüngeren Phasen dieser Geschichte einer Wechselwirkung aus.

Es gibt mindestens zwei Vorbedingungen der Möglichkeit, das Konzept ›Literaturgeschichte‹ zu denken. Zum einen das Erscheinen des Begriffs *›Geschichte‹ als Kollektivsingular*: Es ist von Reinhart Koselleck als Antwort der Frühaufklärung auf die Erfahrung einer Pluralität von historischen Entwicklungssträngen gedeutet worden. Das ist eine Erfahrung, welche die in der frühen Neuzeit errungene Erweiterung der für die europäische Welt relevanten Systemumwelt zur historischen Voraussetzung hat; die – in die Zukunft gerichtet – zu einem jener Konzepte wird, von denen ausgehend sich das europäische Denken im 17. und 18. Jahrhundert mit der Entwicklung eines teleologischen Geschichtsbilds von der Autorität der Antike und dem Kreislauf historischer Zyklen-Vorstellungen befreite. Die andere Vorbedingung für die Genese des Be-

* Konfrontiert mit der unerfreulichen Alternative, entweder die in sich komplexe und gewiss stellenweise sehr ungewohnte Argumentationslinie dieses Beitrags durch eine Unzahl von Verweisen auf einschlägige wissenschaftliche Abhandlungen zu beladen und damit ihre Kohärenz aufs Spiel zu setzen oder durch ein striktes Reduzieren solcher Verweise arbiträr in der Auswahl und ungenau in der Wiedergabe zu verfahren, habe ich mich für die ›Flucht nach vorn‹ entschieden und auf einen Fußnoten-Apparat verzichtet. Dennoch soll an dieser Stelle erwähnt sein, dass ich von der Auseinandersetzung mit den Positionen von Karl Barth, Luis Costa Lima, François Furet, Hans Robert Jauß, Reinhart Koselleck, Thomas Luckmann, Manfred Naumann, Klaus Reichert, Werner Schröder, Jean Starobinski, Burkhart Steinwachs sehr profitiert habe. Ein erster Versuch, sich der Konkretisierung des hier entworfenen Konzepts zu nähern, ist zum Buch geraten: Bernhard Cerquiglini/Hans Ulrich Gumbrecht (Hg.), *Der Diskurs der Literatur- und Sprachtheorie – Wissenschaftsgeschichte als Innovationsvorgabe*, Frankfurt/M. 1983.

griffs ›Literaturgeschichte‹ ist die *Herausbildung eines Bewusstseins vom Sondercharakter der ›Literatur‹ und ›Kunst‹* als Praxisformen, die von der Pragmatik des Alltagshandelns abgerückt sind; dieses Bewusstsein stellte sich als verschiedene gesellschaftliche Niveaus umfassende Erfahrung wohl erst seit der Wende vom Spätmittelalter zur Renaissance ein.

Vor dem Horizont des neuen Totalbegriffs von ›Geschichte‹ vollzogen sich – von den Zeitgenossen wohl unbemerkt – zwei Prägungen des Literaturbegriffs, die bis heute selbstverständlich geblieben sind: ›Literatur‹ wird als *universales Phänomen* gesehen, nach dessen je spezifischen Konkretisierungen man in jeder Gesellschaft jeder Epoche suchen kann; die jeweilige Besonderheit dieser Ausprägungen des Phänomens ›Literatur‹ gilt als *Symptom für – freilich verschieden konzipierte – Totalitäten* (etwa für die verschiedenen, im Rahmen eines teleologischen Modells erreichten Entwicklungsphasen oder für die verschiedenen Volkscharaktere). Die frühaufklärerische Gattung der *Parallèles* belegt diese Struktur des Begriffs ›Literatur‹ ebenso wie Voltaires kulturhistorische Werke oder die Artikel der *Encyclopédie* zu poetologischen Stichwörtern, in denen auf die allgemeine Definition zu Bezeichnungen für Gattungen oder Redefiguren meist Abrisse der Entwicklung und Tableaux der nationalen Besonderheiten ihrer Konkretisationen folgen. In ihrer Grundkonzeption übernimmt noch Hegels *Ästhetik* die universalen Begriffe von ›Kunst‹ und ›Literatur‹; sie gibt aber zugleich mit der These vom ›Ende der Kunstepoche‹ den wesentlichen Anstoß zu ihrer historischen Dynamisierung.

Wo immer bis um die Mitte des 19. Jahrhunderts von *›Literaturgeschichte‹* gesprochen wird, da ist ein durch die beginnende Spezialisierung der Bereiche historischer Rekonstruktion und Reflexion ermöglichter (oder erzwungener) Diskurs gemeint, in dessen thematischem Zentrum Stufen der inhaltlichen oder formalen Ausprägung literarischer Phänomene stehen; am thematischen Horizont bleibt jedoch der ›allgemeinere Geschichtsprozess‹ präsent, derart präsent sogar, dass das Verhältnis von ›Literaturgeschichte‹ und ›Geschichte‹ nie zu einem Problem gerät und eine ›eigenständige literarhistorische Evolution‹ noch nicht denkbar wird. Erst das Schwinden des Totalbegriffs von ›Geschichte‹ am thematischen Horizont der Literaturgeschichte markiert den Übergang zur (nichtmarxistischen) Literarhistorie des 19. und 20. Jahrhunderts.

2. Literatur als ›Teil der Vergangenheit‹ und als ›historische Totalitätsschau‹

Es würde kaum Sinn machen, wissenschaftshistorisch rückblickend die Literaturgeschichte des frühen 19. Jahrhunderts ein ›*Fragment* der Geschichte‹ zu nennen. Denn als ›Fragmente‹ bezeichnen wir Erfahrungsgegenstände, die wir zwar einerseits als Teil eines Ganzen identifizieren, die uns aber andererseits entweder so aus diesem Ganzen ›herausgebrochen‹ scheinen, dass ihre Gestalt nicht mit einem konstitutiven (das heißt: durch eine Funktion abgegrenzten) Teil dieses Ganzen übereinstimmt; oder radikaler – Erfahrungsgegenstände, deren übergeordnetes Ganzes uns in seiner Gestalt unbekannt ist. Beide Bedingungen für die Verwendung des Prädikats ›Fragment‹ waren so lange nicht gegeben, wie sich die Krise des Totalitätsbegriffs von Geschichte und die Problematik der Zuordnung von Literatur auf Geschichtstotalität noch nicht abzeichneten.

»Als der manessische Kodex ans Licht kam: welch ein Schatz von deutscher Sprache, Dichtung, Liebe und Freude erschien in diesen Dichtern des schwäbischen Zeitalters!« (Johann Gottfried Herder, 1777); »Alles Große und Schöne, was die Verwahrlosung der letzten Geschlechter in Vergessenheit begraben hat, [...] ans Licht zu ziehen, es unseren Zeitgenossen in frischer Lebendigkeit vorzuführen, ihnen dessen Sinn aufzuschließen: das achten wir für unsern Beruf, dem wir gern jede Anstrengung widmen« (August Wilhelm von Schlegel, 1811); »jedermann sollte es [das Nibelungenlied] lesen, damit er nach dem Maß seines Vermögens die Wirkung davon empfange« (Johann Wolfgang von Goethe, 1827). Für die romantische Begeisterung am Mittelalter und seiner Literatur, der wir die Genese der Neuphilologien zuzuschreiben uns angewöhnt haben, waren die entdeckten und zu edierenden Texte nicht Symptome für eine geschichtliche Entwicklungsphase, sondern *Teile einer im Rückblick verklärten Idealwelt*, deren Vergegenwärtigung schrittweise – gleichsam ›additiv‹ – gelingen sollte, indem man »ans Licht zog, was die Verwahrlosung der letzten Geschlechter in Vergessenheit begraben hatte«. Zwar gehörte zur Besonderheit des romantischen Mittelalter-Bilds das Bewusstsein, dass diese Idealwelt unwiederbringlich verloren, die historische Distanz zu ihr nicht überbrückbar sei – und aus diesem Bewusstsein erklärt sich die Begeisterung für ›Ruinen‹ und ›Fragmente‹ –, aber der romantische

Begriff des ›Fragments‹ (der bald zum literarischen Gattungsnamen und – paradoxerweise – zum Programmwort für eine Mode literarischen Schaffens wurde) thematisierte nicht prinzipiell ein Problem der wechselseitigen Zuordnung zwischen der Totalität der vergangenen Idealwelt und ihren Texten.

»Im Tristan fließt die Rede sanft wie im Iwein, aber noch lieblicher, anmuthiger, manchmal bis in's Spielende, der Parcival ist herber und schwerer als beide, aber kühner und prächtiger. In allen drei Werken treten uns die Eigenthümlichkeiten der drei größten altdeutschen Dichter ihrer Zeit auf das Deutlichste vor Augen: Gottfried's, Hartmann's und Wolfram's« (Jacob Grimm, 1815); »Hartmann [...] ein liebenswürdiger Mensch und ein gewandter Künstler, [...] Gottfried [...] ein freier Geist, aber nichts weniger als ein Freigeist im hergebrachten Sinne, [...] Wolfram [...] ein Poet echt germanischer Art, mit allen Vorzügen und allen Schwächen, die unserer Rasse von den ältesten Zeiten bis auf diesen Tag anhaften« (Adolf Bartels, 1901). Gewiss hängt es mit der neuen Aufgabe der Literatur in der sich konstituierenden bürgerlichen Gesellschaft des 19. Jahrhunderts zusammen, in der sie die kosmologiestiftende Rolle der Religion einnahm, dass die Texte der Vergangenheit schon bald von den Literaturhistorikern nicht mehr nur als Teil einer idealen Welt und noch nicht als Symptom der Vergangenheit präsentiert wurden. Indem man sie als *Medien einer Totalitätsschau* pries, wurde ihr kognitiver Wert zu einem nicht überbietbaren Grad hypostasiert, galt ihre Rezeption als privilegiert gegenüber allen anderen Formen des Strebens nach Totalitätserfahrung. Für die nationalistische Variante der literarhistorischen Totalitätsschau war es das Genie der großen Dichter, in deren Rede – wie in einem Brennpunkt – ein für alle Mal, ›total‹ jener Nationalcharakter fassbar wurde, als dessen Entfaltung man die Nationalgeschichte verstand. Geläufiger und erträglicher ist uns die These von G. Lukács, nach der es das ›großer‹, ›realistischer‹ Kunst eigene Prinzip der Typisierung sein soll, welche das *objektive Erkennen der Totalität einer historischen Situation und der ihr zugrundeliegenden ›Geschichtsgesetze‹* ermöglichte. Es ist nicht eine polemische Absicht, sondern unser Interesse an der Geschichte des Verhältnisses der Begriffe ›Literatur‹ und ›Geschichte‹, welche uns veranlasst – gegenüber allen, für eine Wertung ausschlaggebenden Differenzen – die Gemeinsamkeiten zwischen diesen beiden Positionen noch einmal hervorzuheben: Beide rücken ›Literatur‹ ab von der Totalität des Geschichtsprozesses; beide perspektivieren Literatur als ein Medium zur Erkenntnis dieser Totalität, das – darin abweichend von einer Konzeption, für Literatur ›Symptom‹ von Geschichte ist – der Interpretation durch Spezialisten kaum noch bedarf, um in seinem einzigartigen kognitiven Wert genutzt zu werden.

3. Literaturgeschichte als ›Fragment‹ und der Kollaps der ›Totalitäten‹

Wo der Glaube an den ontologischen Status teleologisch gerichteter Geschichtsverläufe schwand – oder wo der Wert solcher teleologischer Strukturen zu Modellen historiographischer Sinnbildung herabgestuft wurde –, da ist ein neuer Begriff von ›Literaturgeschichte‹ entstanden. Denn mit der Gewissheit *eines* Verlaufs der Geschichte löste sich auch der Totalbegriff von Geschichte auf, zu dem als Ganzem sich Literatur in ein Verhältnis rücken ließ. Nun musste ihr Ort in der wiedererstandenen Pluralität von Nationalgeschichten oder Kulturgeschichten und in der neuentdeckten Pluralität von ›Sektorgeschichten‹ bestimmt werden. Mit dem Schwinden der Gewissheit vom *Gerichtetsein* des geschichtlichen Verlaufs ging des Weiteren die selbstverständliche Konkomitanz von literarhistorischer Lokalisierung und literarästhetischem Urteil verloren; es gab keine Grundprinzipien oder ›Grundgesetze‹ der Geschichte mehr, in deren Vergegenwärtigung sich der kognitive Rang ›großer Literatur‹ bewährte, keine Werthierarchie der aufeinanderfolgenden Epochen, aus der sich ihr jeweiliger ästhetischer Rang deduzieren ließ. Zusammen mit der Institutionalisierung der Prämisse von der – vermeintlichen – ›Autonomie der Literatur‹ und der fortschreitenden Ausdifferenzierung der wissenschaftlichen Disziplinen ermöglichte die Krise der teleologischen Geschichtskonzepte die Entstehung des Programms einer autonomen – oder doch wenigstens: ›relativ autonomen‹ – Literaturgeschichte, an das wir uns im Westen so sehr gewöhnt haben und dessen Widerlegung nun schon seit einem halben Jahrhundert eine denkwürdige Fremdbestimmtheit literaturwissenschaftlicher Theoriebildung in den sozialistischen Ländern bedingt.

Diese ›(relativ) autonome Literaturgeschichte‹ hat im vollen

Sinne des Wortes *Fragmentcharakter*. Denn einerseits gehört der Schwund jenes Ganzen der Geschichtstotalität, auf das historische Betrachtungen literarischer Phänomene zuvor stets bezogen waren, zu seinen Voraussetzungen (man kennt also die Gestalt jenes Ganzen nicht, auf die Literaturgeschichte als ein Teil zu orientieren ist); zum anderen folgt sie weiterhin Erkenntniszielen, die ihren Sinn nur vor dem Horizont eines teleologisch gerichteten Verlaufs der Gesamtgeschichte gewinnen konnten (sie ist also ein Bruchstück aus der Epoche eines verabschiedeten Typs von historischem Bewusstsein und hat als solches wenig Aussicht, konstitutiver Teil einer neu zu konzipierenden Geschichtstotalität zu werden). Das Fortführen der Konkomitanz von literaturgeschichtlicher Lokalisierung und literarästhetischer Wertung in der literaturwissenschaftlichen Praxis, die Suche nach (Eigen-)Gesetzlichkeiten, die Entwicklung immer neuer Argumente zur Verteidigung des Anspruchs der Literatur und der Literaturwissenschaftler auf privilegierte historische Erkenntnis – dies alles sind Anzeichen für das Fortleben von Teleologie-Derivaten vor dem Horizont eines entteleologisierten Geschichtsbewusstseins, Phänomene also, die geschichtstheoretisch der Kategorie der ›Gleichzeitigkeit des Ungleichzeitigen‹ zuzuordnen sind.

Würde es die Literarhistoriker kümmern, dass ihre Praxis ein obsolet gewordenes Geschichtsbewusstsein impliziert, dann müssten sie – zusammen mit anderen Teildisziplinen einer oft nur noch durch die Klammer administrativer Institutionen zusammengehaltenen ›totalen‹ Geschichtswissenschaft – Grundlagen-Reflexionen intensivieren, für die es in der gegenwärtigen literaturwissenschaftlichen Theorie-Diskussion (bestenfalls) erste Spuren gibt. Soll der Fragment-Charakter der Literaturgeschichte aufgehoben werden, will man sie in den Status eines konstitutiven Teils einer neuen Geschichtswissenschaft überführen, dann wären als Ausgangsbedingung für eine auf dieses Ziel orientierte Grundlagenreflexion drei Einsichten zu vollziehen, welche man gleichsam als den ›Rubikon‹ zwischen einer Literaturgeschichte, die Fragment geschwundener Totalität ist, und einer Literaturgeschichte, welche die Integration historischer Sektor-Wissenschaften zu einer neuen Disziplin befördert, ansehen kann. Erstens: literarhistorische Rekonstruktion und literarästhetische Wertung sind zu scheiden, da sich – zumindest vorerst – die literarhistorische Forschung nicht mehr vor dem

Horizont eines teleologischen Geschichtsbilds vollzieht, welcher Voraussetzung für die prinzipielle Konkomitanz dieser beiden Aspekte der Literaturwissenschaft war. Die Erforschung vergangener literarischer Geschmackskonventionen und ästhetischer Normen bleibt – selbstverständlich – Teil der Literar*historie*; ebenso selbstverständlich sollte es sein, dass Ziel einer Scheidung zwischen Literaturgeschichte und Literaturästhetik nicht deren wechselseitige ›Entfremdung‹ sein kann, sondern vielleicht – langfristig – ihre reflektierte Vermittlung, die als Theoriebildungs-Problem anzugehen bis heute eben ihre unreflektiert übernommene Konkomitanz verhindert hat. Zweitens: was man wissenschaftshistorisch zu konstatieren gerne bereit ist, muss als Voraussetzung gegenwärtiger literarhistorischer Arbeit berücksichtigt und genutzt werden: der Sachverhalt nämlich, dass ›Geschichtstotalität‹ ein nicht – oder nur vage bestimmter – Horizontbegriff einzelner historischer Sektorwissenschaften ist. Deshalb ist es notwendig, diese jeweiligen Horizontbegriffe von ›Geschichtstotalität‹ zu konkretisieren und – soweit als möglich – in Kongruenz zu überführen, wenn man den Status der historischen Sektorwissenschaften als ›Fragmente einer geschwundenen Totalität‹ aufheben will. Drittens: Da der noch heute beständig gebrauchte metahistorische Literaturbegriff vor dem Horizont eines prägnanten Begriffs von ›Geschichtstotalität‹ entstanden ist, kann angesichts des Schwindens der Totalität ›Geschichte‹ auch die prägnante Gestalt des Fragments ›Literatur‹ nicht mehr angenommen werden. Hier liegt der wohl wichtigste Grund für die Dauerkrise des Literaturbegriffs und darüber hinaus eine Möglichkeit, das Scheitern so vieler Ansätze zu seiner immanenten Neubestimmung zu verstehen, einer Neubestimmung nämlich, die sich rein literaturwissenschaftlich – außerhalb des Umfelds geschichtstheoretischer Reflexion – vollziehen soll.

4. ›Matrix‹ statt ›Totalität‹/›Objektivierung‹ statt ›Totalitätsschau‹

Weniger als Folge metatheoretischer oder theoriestrategischer Reflexionen denn als Begleiterscheinung einer breiten Tendenz der Geschichtswissenschaften haben sich in den letzten Jahrzehnten erste Schritte der Ersetzung überkommener – stets ontologischer – Begriffe von ›Geschichtstotalität‹ vollzogen. An ihre Stelle sind Konzepte wie ›*Mentalität*‹ oder ›*soziales Wissen*‹ getreten, die mittlerweile zahllose diachron oder synchron orientierte Studien – Studien zur Evolution von Mentalitäten oder Wissensbeständen, Studien zu ihrer Verteilung auf Trägergruppen – orientieren. Post festum lässt sich dieser Substitutionsprozess leicht rechtfertigen. Alle historischen Sektorwissenschaften haben es mit Objektivationen vergangenen menschlichen Handelns und Verhaltens als Ausgangsmaterialien ihrer Interpretationen zu tun; jegliches Handeln und Verhalten beruht auf (den Handlungssubjekten bewussten) Wissensbeständen oder (vorbewussten) Einstellungen – der Begriff ›Mentalität‹ lässt sich als Abstraktion über den Konzepten ›soziales Wissen‹ und ›Einstellung‹ definieren. ›Mentalitäten‹ haben also den Stellenwert einer *gemeinsamen Matrix* jeglichen Handelns und Verhaltens, welches ihrerseits einzelne historische Sektorwissenschaften – ausgehend von verschiedenen Objektivationstypen – rekonstruieren wollen.

Unser systematisches Nachvollziehen eines nichtintentionalen wissenschaftsgeschichtlichen Prozesses, des Prozesses der Substitution ontologischer Begriffe von ›Geschichtstotalität‹ durch das Konzept ›Mentalität‹ im Status einer ›gemeinsamen Matrix‹, legt eine Reihe von geschichtstheoretischen Folgerungen nahe, welche im Verlauf ebendieses wissenschaftsgeschichtlichen Prozesses noch nicht bewusst vollzogen worden sind. Mentalitätsgeschichte (oder: Geschichte der Evolution und Verteilung sozialer Wissensbestände und Einstellungen) hat nicht die Rolle *einer* unter zahlreichen historischen Sektorwissenschaften (wie Wirtschaftsgeschichte, Technikgeschichte, politische Geschichte etc.), durch die ihr Verhältnis zu den anderen historischen Disziplinen heute wissenschaftspraktisch bestimmt zu sein scheint; entschieden müsste deshalb ihr Status als Integrations-Institution sämtlicher historischer Sektorwissenschaften gefördert werden und damit zugleich die Einsicht, dass Mentalitätsgeschichte nicht über einen spezifischen Objektbereich – das heißt: Quellenbereich – verfügt. Mentalitätsgeschichte ist nur in *einer* Hinsicht – nämlich wissenschafts-*organisatorisch* – ein Substitut traditioneller Begriffe von ›Geschichtstotalität‹; wissenschaftstheoretisch hingegen unterscheidet sie sich von den ›Geschichtstotalitäten‹ durch den Verzicht auf ontologische Ansprüche, anders formuliert: durch die Entlastung von der Beweispflicht,

›tiefste‹ und ›letzte‹ Schichten ›wirklicher Wirklichkeit‹ zu erfassen. Mentalitätsgeschichte ist *nicht* – im unkritischen Sinn des Wortes – *historistisch*. Denn ob ein historiographischer Diskurs kritischen oder sozialethisch-normativen Orientierungen unterstellt wird, das hängt nicht von seiner Themenselektion ab – es gibt hier keine ›natürliche Priorität‹ der Wirtschaftsgeschichte, der Geschichte politischer Intentionen oder gar der Ideengeschichte –, sondern von der Bereitschaft des Historiographen, die Konfiguration und Präsentation von Einzelergebnissen der Forschung an den Problemen und Bedürfnissen seiner jeweiligen Gegenwart auszurichten.

Akzeptiert man ›Mentalität‹ als neuen Horizontbegriff der historischen Sektorwissenschaften, dann verfügt man über einen Ausgangspunkt zur Entwicklung eines – entschieden literar*historischen* – Literaturbegriffs, welcher konstitutiver Teil des Mentalitätsbegriffs sein soll. Wir wollen die dazu nötige deduktive Argumentationslinie an der Frage ausrichten, ob die nach allgemeiner – wenn auch problematischer – Konvention ›Literatur‹ genannten Quellen spezifische Erkenntnischancen öffnen. Von vornherein sollten wir uns als mögliche Antwort auf diese Frage die These verbieten, dass Literatur ein privilegiertes Medium historischer Erkenntnis sei (nun nicht mehr ein Medium zur Erkenntnis von ›Geschichtsgesetzen‹, sondern – etwa – ein Medium zur Einsicht in die ›wahre Struktur‹ von Mentalitäten); allzu offensichtlich ist nämlich eine solche Position von dem chronischen Apologie-Bedürfnis der Literarhistoriker, von ihrem kollektiven Minderwertigkeitskomplex gegenüber ›Fachhistorikern‹ als vermeintlichen ›Total-Historikern‹ motiviert.

Unter der Menge aller *Objektivationen* vergangenen menschlichen Handelns und Verhaltens, mit denen es die historischen Sektorwissenschaften zu tun haben, konstituieren vorab *Texte* – noch nicht: *literarische* Texte – im Hinblick auf die von ihnen eröffneten Erkenntnischancen eine besondere Gruppe. Gebäude oder Gebrauchsgegenstände oder Gebeine sind – wie Texte – *Objektivationen* vergangenen menschlichen Handelns oder Verhaltens, aber sie sind – im Gegensatz zu Texten – nicht *Zeichen* vergangenen *Wissens*, das Voraussetzung von Handeln und Verhalten war, und sie können – nun: im Gegensatz zu Texten *und* bildlichen Darstellungen – *ebenso wenig vergangenes Handeln und Verhalten mimetisch vergegenwärtigen*. Anders formuliert: alle Gegenstände geschichtswissenschaftlicher Interpretation sind Objektivationen menschlichen Handelns und Verhaltens, aber als zeichenhafte Artikulation vergangener Wissensbestände und – oft – mimetische Vergegenwärtigung vergangener Interaktionen eröffnen Texte spezifische mentalitätsgeschichtliche Erkenntnischancen, während Gebäude oder Gebrauchsgegenstände oder Gebeine *Symptome* (›*Spuren*‹) von Wissensbeständen und (im materiellen Sinn) *Teile* von Interaktionssituationen sind. Darüber hinaus können Texte – wie alle anderen Gegenstände geschichtswissenschaftlicher Interpretation – genutzt werden zur Rekonstruktion von Wissensbeständen, welche – zufällig oder nach der Absicht ihres Autors – in ihnen nicht zeichenhaft artikuliert wurden, und zur Entwicklung von Hypothesen über vorbewusste Einstellungen, welche Bedingung der Möglichkeit für die Entstehung jener Intentionen waren, denen sie ihr Entstehen verdanken.

Wenn Texte also vor dem Horizont des Mentalitätsbegriffs als Integrationskonzept der Geschichtswissenschaft eine dreifache Erkenntnischance – als mimetische Vergegenwärtigung, als Zeichen und als Symptom – eröffnen, dann muss eine Folge dieses Stellenwertes die Veränderung der überkommenen (text-)quellenkritischen Methode der Geschichtswissenschaft sein. ›*Quellenkritik*‹ – das bedeutete lange Zeit ausschließlich eine Nutzung des mimetischen Potentials der Texte, deren Voraussetzung eine kritisch negierende Ausblendung historisch spezifischer Wissensbestände und Einstellungen war. ›Kritik‹ – das war die Bewertung der historisch spezifischen Elemente in den Konstitutionsvoraussetzungen der Texte als eine Art ›Perspektivenverzerrung‹. Mentalitätsgeschichtliche Quellen*analyse* hingegen vollzieht sich als ein dreistufiger Prozess des ›Auswertens‹ von Elementen, die den drei erwähnten – prinzipiell gleich relevanten – Erkenntnisperspektiven zuzuordnen sind.

Angesichts der skizzierten Möglichkeit einer prägnanten Abgrenzung von Texten als einer Teilmenge geschichtswissenschaftlicher Analysegegenstände und angesichts der – sattsam bekannten – Probleme bei der Ausgliederung eines Text-Teilbereichs ›Literatur‹ kann man natürlich die Frage stellen, ob die Teildisziplin ›Literaturgeschichte‹ im Rahmen einer mentalitätsgeschichtlich integrierten Geschichtswissenschaft – der Zukunft? – gut daran täte, ihre Identität weiterhin über einen klar abgesteckten Quellenbereich zu konstituieren. Denkbar wäre etwa, dass das ›wissenschaftsgeschichtliche Erbteil‹ von Interpretationsverfahren und einschlägiger – methodenübergreifender – Reflexionen in die Weiterentwicklung einer Teildisziplin *›historische Hermeneutik‹* investiert würde, der (unter Verzicht auf die Abgrenzung eines spezifischen Objektbereichs) eine Integrationsfunktion im Hinblick auf die textbezogenen historischen Sektorwissenschaften zukäme. Das Gewicht der Tradition und der etablierten Disziplinen-Einteilung stellt allerdings einer anderen Entwicklungsperspektive der Literaturwissenschaft eine günstigere Prognose: dem Bemühen nämlich, unter Rekurs auf den alltags- und bildungssprachlichen Gebrauch des Prädikats ›Literatur‹ einen modifizierten Literaturbegriff und damit eine neue Abgrenzung des Objektbereichs der Literaturwissenschaft zu entwickeln. Wenn dieser anvisierte neue Literaturbegriff auf der besonderen Erkenntnischance beruhen soll, die ›literarische Texte‹ der mentalitätsgeschichtlich orientierten Interpretation eröffnen, dann muss er ›literarische Texte‹ als Objektivationen besonderer kommunikativer Handlungen, besser noch: *besonderer Kommunikationssituationen* beleuchten.

Zur Entwicklung des Typenbegriffs (im weberschen Sinn) der ›literarischen Kommunikationssituation‹ kann man – neben zahllosen in dieselbe Richtung verweisenden Indizien – die Beobachtung nutzen, dass ein so vages Begriffspaar wie *prodesse et delectare* über Jahrtausende hinreichte, um die Intentionen literarischer Autoren und ihrer Rezipienten unter den verschiedensten historischen und gesellschaftlichen Voraussetzungen zu kennzeichnen. Diese Beobachtung legt den Vorschlag nahe, den Typenbegriff ›literarische Kommunikationssituation‹ von allen Typen alltäglich-praktischer Kommunikationssituationen abzusetzen durch das konstitutive Merkmal einer *geringen (Bewusstseins-)Prägnanz der Intentionen kommunikativen Handelns* bei Autoren wie Rezipienten, in deren Folge auch die wechselseitigen *Intentions-Erwartungen unscharf* bleiben. Wenn solche geringe Prägnanz der Intentionen und Intentionserwartungen die wechselseitige Koordination der Interaktion nicht beeinträchtigt, so liegt das im Idealtyp der ›literarischen Kommunikationssituation‹ an der ausgleichenden Wirkung *besonders ausdifferenzierter ›Spielregeln‹* des kommunikativen Verhaltens für Autoren und Rezipienten. Indiz für diese Prägnanz der Spielregeln kommunikativen Verhaltens in der literarischen Kommunikationssituation ist die wohlabgegrenzte Gestalt jenes

Teilbereichs kommunikativen Wissens, den man ›innerliterarischen Erwartungshorizont‹ genannt hat, ist die Möglichkeit, diese Spielregeln immer wieder in der subsidiären Gattung der ›Poetiken‹ zu kodifizieren.

Was bedeutet die Konstitution eines solchen Idealtyps der ›literarischen Kommunikationssituation‹ für die spezifischen Erkenntnischancen, welche ›literarische Texte‹ eröffnen? Wenn wir – allgemein handlungstheoretisch – von der Prämisse ausgehen, dass sich Handlungsmotivationen (›Intentionen‹) als Synthesen von Fremderfahrungen (›Erwartungen‹) und Selbsterfahrungen (›Bedürfnissen‹) konstituieren, und wenn wir – unserem spezifizierenden Idealtypus der ›literarischen Kommunikationssituation‹ folgend – geringe Prägnanz der Intentionen, vor allem aber die geringe Prägnanz der wechselseitigen Intentionserwartungen für literarische Autoren und ihre Rezipienten konstatieren, dann lässt sich schließen, dass für die Genese und Institutionalisierung historisch spezifischer, aber allesamt literarischer Kommunikationssituationen *vorbewussten Bedürfnissen der Kommunikationspartner* ein besonderes Gewicht zukommt. Dieser Argumentationsgang konvergiert mit einer These, die Franz Koppe vor Jahren mit dem Instrumentarium sprachanalytisch-konstruktivistischer Philosophie entwickelt hat: *Literarische Texte sind ein privilegierter Objektbereich zur Vergegenwärtigung – vorbewusster – Bedürfnissituationen.*

Eine solche These ermöglicht es uns zu verstehen, warum literarische Texte mit lang anhaltender Aktualität Literaturtheoretikern die Vermutung geradezu aufdrängten, sie besäßen den kognitiven Sonderstatus ›objektiver historischer Prognosen‹. Wichtiger ist es jedoch, an dieser Stelle explizit einen Vorbehalt zu formulieren, welcher als Implikation alle Schritte zur Entwicklung unseres Vorschlags einer Abgrenzung des Objektbereichs ›literarischer Texte‹ begleitete. Nicht alle Texte, die wir heute ›literarisch‹ zu nennen gewohnt sind, waren Medien in Interaktionskontexten, welche dem Idealtyp der ›literarischen Kommunikationssituation‹ entsprachen; ja, es ist gewiss, dass der beschriebene Idealtyp nicht einmal in allen Epochen und Gesellschaftsformationen Konkretisationen fand. Gerade dieser Vorbehalt aber verweist auf die Erkenntnischance, Prozesse der ›Ausdifferenzierung‹ oder ›Entpragmatisierung‹ (etwa zwischen Spätmittelalter und früher Neuzeit oder zwischen der Aufklärungsliteratur und den Avantgarde-Bewegungen) zu rekonstruieren und als mentalitätsgeschichtliche Symptome übergreifenden Aussagewertes fruchtbar zu machen.

5. Texte als ›Fragmente‹ von ›Kommunikationssituationen‹

Die Konkretisierung eines Horizontbegriffs von ›Geschichte‹, auf den ›Literaturgeschichte‹ als konstitutiver Teil bezogen werden kann, damit aber die Aufhebung des Fragment-Status des Teilbereichs ›Literaturgeschichte‹ ist – ganz unabhängig von der Annehmbarkeit des spezifischen Konzepts ›Mentalitätsgeschichte‹ als Substitut traditioneller Begriffe von ›Geschichtstotalität‹ –, ist die wichtigste grundlagentheoretische Voraussetzung zur Entwicklung einer neuen Disziplin ›Literaturgeschichte‹. Was grundlagentheoretisch sozusagen ›ein für alle Mal‹ gelöst werden muss, die Überführung eines Fragments in den Status des konstitutiven Teils eines bestimmten Ganzen, das ist in der literarhistorischen ›Alltagspraxis‹ die Verlaufsstruktur einer jeden Interpretation. Zu Beginn der Interpretation ist der Text stets Fragment des unbestimmten Ganzen der Kommunikationssituation, Ziel der Interpretation ist deren inhaltliche Bestimmung. Freilich unterscheidet sich die Überführung des Fragments eines unbestimmten Ganzen in den konstitutiven Teil eines bestimmten Ganzen auf der Ebene der Textinterpretation von der parallelen Verfahrensstruktur auf der Ebene der Grundlagentheorie dadurch, dass in der Interpretation das Verhältnis von Fragment/Teil und Ganzem vorab kategorial durch die Subsumierung unter den theoretischen Begriffen ›Medium‹ und ›Kommunikationssituation‹ bestimmt ist. Ebendieser kategoriale Rahmen erlaubt die Entwicklung einer Interpretations*methode*.

Der Vergleich der theorie- und methodengeleiteten Textinterpretation mit dem Puzzle-Spiel liegt an dieser Stelle nahe. Weit davon entfernt, bloß spielerische Arabeske einer Problemskizze zur Theorie der Literaturgeschichte zu sein, kann dieser Vergleich dadurch relevant werden, dass er unser Bewusstsein für die spezifische Bedeutung des Prädikats ›*Methode*‹ im Kontext der historisch-hermeneutischen Wissenschaften schärft. Wie der Puzzle-Spieler mit einer *vagen Idee* von dem zusammenzusetzenden Bild beginnt, welche ihm die – noch im Status von Fragmenten befindlichen –

Flächenteile des Spiels suggerieren mögen, so geht jede mentalitätsgeschichtliche Textinterpretation aus von einer Hypothese über die zu rekonstruierende Kommunikationssituation (das heißt: über das Verhältnis der Intentionen, Bedürfnisse, Erwartungen der Kommunikationspartner); diese erste Funktionshypothese ist eine vergleichsweise spontane Synthese aus den Erfahrungen einer primären Textlektüre, Elementen allgemeinen sozialhistorischen und spezifischen literarhistorischen Vorwissens. Die vage Vorstellung des zusammenzusetzenden Bildes *orientiert* nun den Puzzle-Spieler in seinen Ansätzen eigenständiger Strukturbildung ebenso wie die erste Hypothese über die zu rekonstruierende Kommunikationssituation den Interpreten bei seinen ersten Schritten der Segmentierung des Textes und der wechselseitigen Zuordnung solcher Segmente. Eine dritte Parallele lässt sich feststellen zwischen jenen Orientierungsrahmen, welche als *Instanzen der Korrektur oder Bestätigung* den Weg von der vagen Vorstellung des zusammenzusetzenden Bildes bis zur Lösung des Puzzles führen und von der ersten Hypothese über eine Kommunikationssituation hin zum Endergebnis der Interpretation, welches die erste Hypothese an Prägnanz und im Grad der Ausdifferenzierung überbietet: Diese Instanzen sind – für den Puzzle-Spieler – die Gestalt der Fläche, auf der die Teile des Puzzles zusammenzufügen sind, und seine im Bewusstsein sedimentierten Gestaltvorstellungen; für den literarhistorischen Interpreten sind es die philologisch gesicherte Gestalt des Textes (funktionsähnlich der ›Gestalt der Grundfläche‹) und die Struktur der seine Deutung fundierenden Theorie (funktionsähnlich den ›im Bewusstsein sedimentierten Gestaltvorstellungen‹). Methode der Interpretation ist durch – von außen – vorgegebene Instanzen der Bestätigung und der Korrektur zur Konkretisierung gelenkte kreative Anwendung menschlicher Vorstellungskraft.

Es wäre trivial, nun – unter allen möglichen Perspektiven – auf den unterschiedlichen Rang des Puzzle-Spiels und der literarhistorischen Textinterpretation hinzuweisen, um dem drohenden Vorwurf der Blasphemie zu entgehen. Eine naheliegende weitere Parallelisierung soll hier aber zurückgewiesen werden: Während das Puzzle-Spiel mit der Überführung *aller* Fragmente in konstitutive Teile eines Ganzen, mit der *vollständigen* Abdeckung der Grundfläche sein definitives Ende findet, sind Interpretationsergebnisse stets nur ›unter Vorbehalt‹ Endergebnisse; unter dem Vorbehalt nämlich, dass der in ihnen erreichte Grad von Prägnanz und Ausdifferenzierung jenen Erkenntnisinteressen genügt, die zur Auswahl des jeweiligen Textes als Interpretationsgegenstand führten.

6. Die Diskurse der neuen Geschichtswissenschaft und ihrer Teildisziplinen

Marc Blochs Buch *La société féodale* ist das wissenschaftsgeschichtlich antizipatorische und bis heute kaum überbotene Paradigma einer neuen, mentalitätshistorisch orientierten Geschichtswissenschaft. Man hat für Blochs Werk und die Bücher seiner Nachfolger – noch ohne Bewusstsein von den grundlagentheoretischen Implikationen – die Kategorie ›*Strukturgeschichte*‹ erfunden, und dieser Begriff verweist auf ein zentrales Problem des Diskurses der Mentalitätsgeschichte. Die Assoziation zwischen ›*Mentalitätsgeschichte*‹ und ›*Strukturgeschichte*‹ liegt nicht etwa deshalb nahe, weil ein mentalitätsgeschichtlicher Ansatz die Rekonstruktion von Evolutionsprozessen ausschlösse (den Gegenbeweis liefert schon Bloch mit der Unterscheidung des ›ersten und des zweiten Feudalzeitalters‹); was den Eindruck von der Dominanz der Strukturen gegenüber den Prozessen im Diskurs der Mentalitätsgeschichte bedingt, ist die *Linearität des Mediums ›Text‹*. Sie zwingt den Historiographen, *in sukzessiver Anordnung* verschiedene Sektoren rekonstruierter Mentalität zu präsentieren – etwa: Wissensbestände in wechselseitig abgesetzten Praxisbereichen, Schichtungen von vorbewussten Einstellungen bis zu besonders prägnanten Wissensbeständen, von alle Mitglieder einer Gesellschaft einenden Grundelementen des Wissens bis zu Spezialistenkompetenzen – welche vom Leser des Geschichtswerks bei seiner synthetisierenden Sinnbildungsleistung wieder in Simultaneität zu rücken sind. Ist aber erst einmal Simultaneität das Vorzeichen der rezeptiven Sinnbildungsaktivität, dann fällt es dem Leser ebenso schwer, auf die Konstituierung von prozesshaften Sinnfiguren ›umzuschalten‹, wie dem Autor, sein Material *zugleich um die Achsen vielschichtiger Simultaneität und phasenverschobener Prozesse zu organisieren.*

Das ›diskurstechnische‹ Problem, das sich einer integrativen Mentalitätsgeschichte bei der Darstellung von Prozessen stellt, eröffnet auf der anderen Seite den historischen Sektorwissenschaften die Chance eigenständiger Diskurse. Freilich darf man die damit naheliegende ›relative Eigenständigkeit‹ – etwa – des *Diskurses* der Literaturgeschichte nicht zur neuerlichen Annahme ›eigenständiger Entwicklungsgesetze‹ überdehnen. Mit einem solchen Erkenntnisziel fiele die Literaturgeschichte zurück in den Status eines ›Fragments geschwundener Totalität‹.

Literaturgeschichtliche Diskurse, die einen solchen Rückfall vermeiden wollen, müssen vor dem Horizont – bereits vorliegender oder wenigstens in ihren Grundstrukturen abzusehender – integrativer Geschichtsdiskurse geschrieben werden. Dieses Thema-Horizont-Verhältnis wird beispielsweise die folgenden Auflagen mit sich bringen: Der Umfang des thematisierten *Textkorpus* kann nicht durch einen metahistorischen Literaturbegriff bestimmt werden, sondern nur aus der Bezugsetzung zwischen epochenspezifischen Ausprägungen der literarischen und der alltagspraktischen Kommunikationssituationen; *Epochenabgrenzungen* können nicht allein auf innerliterarischen Kriterien wie ›Strukturwandel‹ oder ›Themeninnovation‹ beruhen, sondern müssen – mindestens – auf Kongruenzen oder Phasenverschiebungen zwischen innerliterarischen und Zäsuren auf anderen mentalitätsgeschichtlichen Niveaus verweisen. Einzelne innerliterarische Sachverhalte, welche früher als Bestätigung der *Vermutung eigengesetzlicher Entwicklungen* im Bereich der Literaturgeschichte gedeutet wurden, sind zu perspektivieren unter der Phänomenkategorie der ›Ungleichzeitigkeit des Gleichzeitigen‹ – ob es sich dabei nun um die Perpetuität ästhetischer Traditionen und Normen handelt oder um Innovationsschübe, welche Entwicklungen auf anderen mentalitätsgeschichtlichen Ebenen vorwegnehmen.

Noch viel wichtiger ist es freilich, dass der Autor einer neuen Literaturgeschichte eine kritisch-normative Orientierung nicht aus dem Blick verliert, unter der die Prozessdarstellungen der verschiedenen historischen Sektorwissenschaften im Bezug auf *ihre eigene Sprachhandlungspragmatik* die Möglichkeit wechselseitiger Anschließbarkeit wahren. Denn ohne diesen Bezugspunkt gerät die Arbeit des Historikers, wie genau er auch immer die Verzahnung historischer Teildiskurse antizipierend berücksichtigt haben mag, unweigerlich zum Fragment eines – ganz nach Geschmack: ›ethisch‹ oder ›politisch‹ – blinden wissenschaftlichen Interaktionsgefüges.

2
Die Anfänge der Literaturwissenschaft – und ihr Ende?

Nie zuvor in den fast zwei Jahrhunderten ihrer Existenz war die Literaturwissenschaft so sehr von ihrer eigenen Geschichte fasziniert wie innerhalb des letzten Jahrzehnts. Dieser Band gehört zu einer – wahrscheinlich noch immer wachsenden – Zahl von Veröffentlichungen, die, zumindest in Europa und Nordamerika, einen der lebhaftesten neuen Forschungsbereiche für Wissenschaftler eröffnet hat, die sich auf die verschiedenen nationalen Literaturtraditionen spezialisieren. Eine solche Hingabe an die eigene intellektuelle und institutionelle Vergangenheit führt unweigerlich zu gewissen – meist selbstgefälligen – Effekten der Monumentalisierung. Noch häufiger und noch expliziter jedoch ist die Historiographie der Literaturwissenschaft apologetischen Charakters – gelegentlich aggressiv apologetisch, in einigen ihrer besten Beispiele aber auch apologetisch mit Untertönen von Melancholie, Nostalgie und Bedauern. Ganz abgesehen davon, ob dieser Diskurs zu zeigen versucht, um wie vieles die Welt ärmer wäre, wenn die Institution der Literaturwissenschaft aufgegeben würde, oder davon, ob er elegant und ironisch das Verschwinden der Literaturwissenschaft ohne Streit oder Verbitterung vorwegnimmt, sind wir doch zu der Erkenntnis gelangt, dass die Konzentration der Literaturwissenschaftler auf die Anfänge ihres Faches nicht unabhängig ist von der Konfrontation mit der sehr realen Möglichkeit ihres Endes. Wir sollten uns daher – und vielleicht müssen wir uns sogar – weiterhin mit den Fragen über die Zukunft der Literaturwissenschaften beschäftigen, und zwar sollten wir sie als philosophische Fragen betrachten, d. h. als Fragen, die Jean-François Lyotard zufolge keine möglichen Antworten haben und die, gerade weil sie keine möglichen Antworten haben, eine besondere intellektuelle Produktivität entfalten. Nichtsdestotrotz sind die Fragen bezüglich der Zukunft der Literaturwissenschaften zu sehr realen Fragen geworden, seit die ersten Universitäten und Akademien ihre literaturwissenschaftlichen Fachbereiche geschlossen haben. Die historische Logik, die der gegenwärtigen Situation der Literaturwissenschaften zugrunde liegt, ist banal – aber es ist weniger ihre Banalität als die Angst, ihr begegnen zu müssen, die diese Logik tabuisiert hat. Alle Phänomene, für die wir einen historischen Anfang ausfindig machen können, können grundsätzlich – und werden irgendwann auch – ein historisches Ende haben. Anstatt diese Tatsache zu unterdrücken, zu bekämpfen oder zu bedauern, sollten wir versuchen uns vorzustellen, was das Ende der Literaturwissenschaften bedeuten könnte, in intellektueller und institutioneller Hinsicht, für uns, für unsere Studenten, und vielleicht sogar für die Gesellschaft im Ganzen. Wir sollten dies tun, ohne dabei verzweifelt auf dem Erfordernis der Erhaltung unseres Faches zu beharren, denn in Wahrheit hat dieses Ende längst begonnen. Während die Bezeichnungen unserer Forschungs- und Lehrbereiche sich gerade erst langsam zu ändern beginnen, sind die sozialen Aufgaben, die zu ihrer Entstehung führten (in Abschnitt 1 beschrieben), und die intellektuellen Voraussetzungen, unter denen sie im ersten Jahrhundert ihrer Existenz ihre Aktivitäten entfalten konnten, fast vollständig verschwunden (Abschnitt 2).

1.

Der größere historische Rahmen um das Aufkommen der nationalen Philologien in der akademischen Welt des 19. Jahrhunderts beinhaltete eine Divergenz zwischen vom Staat produzierten und propagierten normativen Erwartungen darüber, was eine Gesellschaft ausmachen sollte, und periodisch wiederkehrenden Erfahrungsformen im alltäglichen gesellschaftlichen Leben. Diese Spaltung gab es vor dem Zeitalter der bürgerlichen Revolutionen und Reform-Bewegungen nicht (da frühere europäische Gesellschaften keine so normativen Selbstbilder entwickelt hatten) und sie machte somit die Entstehung ›sekundärer‹ Institutionen notwendig, die als Vermittler in dem Bruch zwischen solchen Erwartungen und Erfahrungen fungieren konnten. Dieser Bedarf wurde gedeckt durch das weite Feld, das wir Freizeit nennen.[1] Gewirkt haben Freizeitak-

1 Für eine Unterscheidung zwischen ›Freizeit‹ und dem historisch früheren ›*otium*‹ scheinen drei Komponenten von Bedeutung zu sein: Freizeit funktioniert als ein Versprechen an eine gesamte Gesellschaft, wohingegen *otium* immer den Status eines sozialen Privilegs innehatte; nur Freizeitaktivitäten wurden vom Staat (und

tivitäten seither stets entweder durch Kompensation (d.h., indem sie die Illusion einer Erfüllung bestimmter im normativen Selbstbild der Gesellschaft enthaltener Versprechen anbieten) oder durch Aussöhnung (also als Strategien, die die Bürger davon überzeugen sollen, dass eine solche Kluft zwischen Erwartungen und alltäglichen Erfahrungen in Wirklichkeit gar nicht existiert), daher sind sie von einem Tabu umgeben, das alle Spekulationen bezüglich ihrer Funktion betrifft, denn Kompensationen und Aussöhnungsmaßnahmen sind zum Scheitern verurteilt, sobald sie als solche erkannt werden.

Neue Modalitäten literarischen Lesens[2] nahmen eine Schlüsselposition unter den Freizeitaktivitäten ein, und wir können annehmen, dass es dieser Status war, der von den frühen Jahrzehnten des 19. Jahrhunderts an bedeutende Investitionen von staatlicher Seite in Professuren und literaturwissenschaftliche Institute fließen ließ.[3] Abgesehen davon, dass sie das literarische Lesen in die Bahnen der Einflüsse von Kompensation und Aussöhnung lenkten, trugen die neu entstehenden akademischen Fächer auch ihren Teil zu der Konstitution neuer normativer Selbstbilder der Gesellschaft bei, indem sie ethische Werte aus literarischen Texten identifizierten und extrahierten. Diese zweite Aufgabe erklärt eine bedeutende Divergenz zwischen regional unterschiedlichen Entwicklungen innerhalb der Literaturwissenschaft. Wo immer sich Änderungen in der sozialen Struktur infolge von Revolutionen oder Reformen ergaben, die auf universellen ›humanistischen‹ Werten basierten, wurde von Literatur und Literaturwissenschaft erwartet, dass sie diese Ideale innerhalb des breitestmöglichen Texthorizonts propagierten – und zwar ohne spezifisch nationale oder historische Einschränkungen. Im Gegensatz dazu neigten Staaten, die als Reaktion auf Zeitpunkte nationaler Niederlagen und Erniedrigungen entstanden waren, dazu, eine glorreiche, meist weit zurückliegende nationale Vergan-

im Interesse des Staates) propagiert; anders als bei der Freizeit waren die Funktionen von *otium* nicht mit einem Tabu belegt (siehe unten).

2 Siehe François Furet/Jacques Ozouf, *Lire et écrire*, Paris 1977; Rolf Engelsing, *Der Bürger als Leser*, Stuttgart 1974.

3 Ich nehme an, dass es eher ein Glaube an den symbolischen Wert (also die Aura) der Literatur war, der im 19. Jahrhundert Politiker von der Notwendigkeit, solche Institutionen zu schaffen, überzeugte, als ein vollständiges Bewusstsein der speziellen Funktionen, welche meiner These zufolge von Literatur und Literaturwissenschaften erfüllt wurden.

genheit (die die Lücke der nicht vorhandenen glorreichen nationalen Gegenwart füllen sollte) als Modell für ihre nationale Regeneration zu erfinden und dementsprechend Texte zu favorisieren, die solche Träume historischer Größe veranschaulichen konnten. Unter den zuletzt genannten Bedingungen wurden die Literaturgeschichtsschreibung und das komplizierte philologische Handwerk des Edierens von Texten zu Schwerpunkten literaturwissenschaftlichen Arbeitens, das folglich früh professionelle Standards entwickelte. Diese Umstände charakterisierten den Entstehungsmoment der Germanistik in Preußen; ähnliche Rahmenbedingungen führten zum Aufkommen der nationalen Philologien in Italien während des *Risorgimento*, in Frankreich nach der Niederlage im Deutsch-Französischen Krieg 1870/71 und in Spanien nach dem Verlust der letzten Übersee-Kolonien 1898. Nur in England und den Vereinigten Staaten, d. h. in den beiden Nationen, die während des 19. Jahrhunderts keine solchen traumatischen Ereignisse erlebt hatten, behielt die Literaturwissenschaft ihre Orientierung hin zu einem nicht national beschränkten Horizont kanonisierter Texte und allgemeingültigen ›humanistischen‹ Werten ohne größere Einschnitte oder Krisen bei.[4]

Wenn wir also sagen können, dass die Literaturwissenschaft ihre Gründung und ihre unterschiedlichen, national spezifischen Ausprägungen solch normativen Konzepten wie ›Humanität‹ und ›Nation‹ verdankt, würde dies erklären, warum von den letzten Jahrzehnten des 19. Jahrhunderts an eine sich rasch verschärfende Problematisierung des quasiontologischen Status, der diese Bezugsbegriffe kennzeichnet, eine permanente Krise in den Literaturwissenschaften auslöste – nach einem Jahrhundert fast triumphaler Vitalität. Nun, da ihre fachlichen Bezugshorizonte in Frage gestellt wurden, wurden auch eine Anzahl von stillschweigend gezogenen Schlussfolgerungen, auf denen die literaturwissenschaftlichen Praktiken des 19. Jahrhunderts beruht hatten, zu offenen Problemen. Welche Funktion hatte die Literaturwissenschaft (wenn die Kluft zwischen den normativen Erwartungen über die Gesellschaft und

4 Nur während einer eher kurzen Zeit gegen Ende des 19. Jahrhunderts waren einige amerikanische Universitäten versucht, das von ihnen so genannte ›Deutsche Forschungsmodell‹ zu übernehmen. Siehe auch: Gerald Graff, *Professing Literature*, Chicago 1987 und W. B. Carnochan, *The Battleground of the Curriculum: Liberal Education and American Experience*, Stanford 1993, S. 51-67.

der Alltagserfahrung sich rasch verringerte)? Welche Texte konnten als ›literarisch‹ angesehen werden (die frühere institutionelle Praxis hatte dieses Prädikat all jenen Texten verliehen, die im Kontext der Freizeit oder als Reservoir ethischer Normen genutzt wurden)? Welche Beziehung bestand zwischen dem Gebiet der Literaturgeschichte und den Gebieten anderer historischer Phänomene (die frühere Praxis hatte einfach die Literaturgeschichte zu einem Königsweg in die historische Totalität erklärt)? Solche Fragen führten zu einer Schilderung der intellektuellen Spielräume von *Literaturtheorie*[5] und *Vergleichender Literaturwissenschaft* als überlappenden fachlichen Teilfeldern. Angesichts der generellen Vorliebe des 19. Jahrhunderts für den Vergleich als einer Geistesübung und der darauf folgenden Dichte ihrer Artikulation in der Gelehrtenwelt ist das zeitlich späte Auftauchen eines Faches wie der Vergleichenden Literaturwissenschaft besonders signifikant – dies kann nämlich als Bestätigung der Hypothese gesehen werden, dass erst die Krise der Literaturwissenschaft um 1900 ihr Entstehen eingeleitet hat.[6] Der Trend hin zu einem Vergleich zwischen sowohl unterschiedlichen nationalen Kulturen als auch unterschiedlichen Formen des künstlerischen Ausdrucks (›wechselseitige Erhellung der Künste‹) erreichte seinen Höhepunkt wahrscheinlich erst in den zwanziger Jahren, als das Experimentieren mit totalisierenden Epochenkonzepten – vor allem mit denen des ›Barock‹ und der ›Renaissance‹ – fast zur Obsession einer Generation von Gelehrten wurde, die ein aktives, oft biographisch motiviertes Interesse daran hatten, das Niveau der nationalen Identität als Bezugshorizont zu überschreiten. Sogar einige angloamerikanische Literaturwissenschaftler, deren Berufswelt von diesen Umbrüchen weniger betroffen war (da sie kaum je auf das Konzept der ›Nation‹ gesetzt hatte), reagierten

5 Aus dieser Perspektive kann der russische Formalismus als das erste Paradigma von ›Literaturtheorie‹ angesehen werden. Siehe auch meinen Aufsatz: »Rekurs/Distanznahme/Revision. Klio bei den Philologen«, in: Bernard Cerquiglini/Hans Ulrich Gumbrecht (Hg.), *Der Diskurs der Literatur- und Sprachhistorie. Wissenschaftsgeschichte als Innovationsvorgabe*, Frankfurt/M. 1983, S. 235-256.

6 Ich folge hier der großartigen Antrittsvorlesung meines Kollegen David Palumbo-Liu, »Termos da (in)diferença: cosmopolitismo, politica cultural e o futuro dos estudos da literatura«, in: *Cadernos da Pós/Letras* 14 (1995), S. 46-62. Für eine historische Dokumentation der Anfänge der ›vergleichenden Literaturwissenschaft‹ als wissenschaftlichen Fachs siehe: Ulrich Weisstein, *Comparative Literature and Literary Theory: Survey and Introduction*, Bloomington 1973, S. 171 ff.

auf die neue Lage, indem sie zum ersten Mal die Prinzipien ihrer Praxis deutlich machten und diese somit zu denen der seither *New Criticism* genannten Schule umsetzten.[7] Aus der Perspektive meines Arguments ist es jedoch besonders wichtig zu verstehen, dass sowohl Literaturtheorie als auch Vergleichende Literaturwissenschaft ihre ersten Artikulationen innerhalb der akademischen Institution zu einem Zeitpunkt fanden, als das ursprüngliche soziale und epistemologische Umfeld der Literaturwissenschaft bereits verschwunden war. Mit anderen Worten: Literaturtheorie und Vergleichende Literaturwissenschaft wurden gefördert in der Hoffnung, Lösungen für eine institutionelle Krise zu finden, die schon die bloße Existenz der Literaturwissenschaften problematisiert hatte.

Heute müssen wir zugeben, dass Literaturtheorie und Vergleichende Literaturwissenschaft den Erwartungen, die zu ihrer Gründung führten, nicht entsprochen haben. Die Literaturwissenschaft ist nie wieder zu einer Lage zurückgekehrt, in der ihre Identität und ihre sozialen Funktionen als gegeben angesehen werden konnten oder wenigstens nicht thematisiert werden mussten. Somit erscheint die so oft und gern beschworene Atmosphäre des ›Aufbruchs zu neuen Ufern‹, die die Literaturwissenschaft in den siebziger Jahren kennzeichnete, im Nachhinein wie eine fast exakte Wiederholung der Krise, die die Literaturwissenschaft nach 1900 durchgemacht hatte. Der sogenannte ›Theorieboom‹ der späten sechziger und frühen siebziger Jahre war, wieder einmal, von den gravierenden und nachdrücklichen Fragen über die soziale Funktion des Faches provoziert worden. Er erzeugte erneuten Enthusiasmus für theoretische Ansätze wie Formalismus und Strukturalismus, die in den frühen Zwanzigern entstanden waren, und mit diesen Theorien kehrte auch der Wunsch zurück, eine transkulturelle und metahistorische Definition von ›Literatur‹ oder ›Literarizität‹ zu finden. In Europa schuf der Theorieboom vor allem eine naive Vision von Literatur und literarischer Rezeption als ausschließlich dem politischen Fortschritt und der sozialen Emanzipation (was immer das genau bedeuten soll) förderlich und eine von der Literaturwissenschaft als Verwalterin und Vermittlerin solch segensreichen Nachlasses. Es überrascht zumindest aus heutiger Perspektive nicht, dass diese ›Sozi-Träume‹ in Großbritannien unter anderem eine Reorientierung

7 Vielleicht das in diesem Kontext charakteristischste Buch ist Ivor Armstrong Richards, *Science and Poetry* (1926), London 1935.

weg von der spezifisch angloamerikanischen Tradition hin zu den vorherrschenden kontinentalen Modellen zur Folge hatten – denn die politischen Implikationen der neuen Ideale boten einen unwiderstehlichen Anreiz für eine Generation, die fast ausschließlich aus linksorientierten jungen Wissenschaftlern und Wissenschaftlerinnen bestand.

Erst vor kurzem haben wir gelernt, mit dem angemessenen historischen Staunen auf die Tatsache zu reagieren, dass in vielen europäischen Gesellschaften der Staat solche selbsternannten ›kritischen‹ und ›politischen‹ Funktionen der Literaturwissenschaft dadurch ehrte, dass er gewaltige institutionelle Expansionen finanzierte. Die relative Expansion der Literaturwissenschaften innerhalb des damals rasch anwachsenden akademischen Sektors in Nordamerika war nie ganz so dramatisch wie die auf der anderen Seite des Atlantiks. Auch war die Reaktion von Literaturwissenschaftlern in den Vereinigten Staaten auf die politische Kritik der sechziger und siebziger Jahre nicht annähernd so optimistisch wie die in Europa und Großbritannien. Statt für Sozi-Träume entschied sich die Generation von amerikanischen Literaturwissenschaftlern, die um die Jahrhundertmitte geboren wurden, für die Verweigerung, sie weigerten sich, Literatur weiterhin als Teil eines überwältigend moralischen, moralisierenden und moralistischen Curriculums zu unterrichten. So wenige intellektuelle Positionen auch Dekonstruktion und Foucault-inspirierter *New Historicism* teilen mögen, aus der Sicht dieser Verweigerung waren sie funktional äquivalent, da beide den Weltbezug eines jeden Diskurses stark problematisierten und mit diesen den Grund für einen ethischen Unterricht. Der Analyseansatz konvergierte bei beiden mit der vom *New Criticism* geprägten Tradition des *close reading*. Auf der einen Seite zogen Dekonstruktion und *New Historicism* den Vorwurf des ›Nihilismus‹ auf sich, vor allem von jenen Kollegen aus den politisch linken und politisch rechten Reihen, die noch an substantielle Werte glaubten und glauben. Dies könnte der Grund dafür sein, warum auf dem nordamerikanischen Markt unter den akademischen Ansätzen die *Cultural Studies*, diese auffallend sozialdemokratische Version eines Sozi-Traumes, die in den britischen siebziger Jahren entstand, in letzter Zeit gegenüber Dekonstruktion und *New Historicism* deutlich an Boden gewonnen hat. Nach einem langen Intervall der Verweigerung ohne außerakademische Konsequenzen, nach zwölf

Jahren republikanischer Präsidentschaft, ermutigten die *Cultural Studies* schließlich eine Generation – meine Generation – selbsternannter Revolutionäre, dem akademischen Raum den Stempel ihrer Visionen von Politik und Ethik aufzudrücken.

2.

Nachdem sie zwei Krisenmomente und etliche Wellen theoretischer Innovationen durchgemacht hatte, trägt die Literaturwissenschaft heute kaum noch Spuren der institutionellen und intellektuellen Strukturen, die nach 1810 ihre ersten Schritte hin zur Professionalisierung kennzeichneten. Zunächst einmal existiert die Einheit von Literaturwissenschaft und historischer Sprachwissenschaft nicht mehr, eine Einheit, die wie selbstverständlich aus dem Auftrag hervorzugehen schien, Texte aus einer weit zurückliegenden nationalen Vergangenheit aufzuspüren, herauszugeben und zu kommentieren. Nach einer kurzen Zeit der erneuten Konvergenz in den sechziger und siebziger Jahren, angeregt von den Versuchen, eine metahistorisch gültige Definition von Literatur zu entwickeln, ist die Sprachwissenschaft inzwischen weiter von der Literaturwissenschaft entfernt als Philosophie, Geschichte, Soziologie oder Anthropologie. Unterdessen, und das ist von maßgeblicher Bedeutung, verschwand die ursprüngliche Gleichzeitigkeit von historischer und ästhetischer Herangehensweise an die Literatur. Während es im ersten Jahrhundert der Existenz des Faches nur natürlich schien anzunehmen, dass die zeitliche Distanz, die Texte von der Gegenwart trennt, den ästhetischen Wert dieser Texte intensiviert, scheinen Kombinationen von historischen und ästhetischen Aspekten auf dem Gebiet der Textanalyse heute so exzentrisch, dass sie eine spezifische Legitimation benötigen. Aber da die Gestalt der Literaturwissenschaft aus dem doppelten Gebrauch von literarischen Texten als einem Reservoir ethischer Normen und als einer Illustration der glorreichen Momente der nationalen Vergangenheit resultierte, drückte das Fach zuletzt diese Doppelbedeutung dem institutionell dominierenden Konzept von ›Literatur‹ auf. Heute verfolgen wir dagegen entweder historische oder philosophische Projekte, die womöglich eine größere epistemologische Komplexität und eine höhere politische Legitimität haben als je zuvor.

Gleichzeitig wachsen die Schwierigkeiten, der Erwartung – die in der akademischen Verwaltung und natürlich außerhalb der akademischen Institutionen noch weit verbreitet ist – gerecht zu werden, dass sich unsere Aktivitäten überwiegend oder sogar exklusiv mit literarischen Diskursen innerhalb der kanonischen Bedeutung des Konzepts ›Literatur‹ beschäftigen.

Es ist offensichtlich, dass die Auflösung der traditionellen Bande zwischen Literaturgeschichte und historischer Sprachwissenschaft und, innerhalb der Literaturwissenschaft, zwischen historischen und philosophischen Perspektiven des Faches größere Freiheiten und größere Freiräume für jegliche Art von fächerübergreifenden Vorhaben gebracht hat. Solche Interdisziplinarität bringt jedoch ihre eigenen Schwierigkeiten mit sich, da sie in einem größeren epistemologischen Zusammenhang steht, dessen eigene Instabilität es ausnehmend schwierig, wenn nicht gar unmöglich macht, die Sachdienlichkeit irgendeiner Form von interdisziplinärer Zusammenarbeit zu demonstrieren. Man könnte argumentieren, dass, aus einer genealogischen Perspektive betrachtet, diese Instabilität von philosophischen Debatten herrührt, die im 19. Jahrhundert geführt wurden – es bleibt jedoch zu beachten, dass diese nur innerhalb der letzten beiden Jahrzehnte einen institutionell relevanten Einfluss auf die Literaturwissenschaft entfaltet haben.[8] Hier liegt auch der Grund dafür, dass viele der Forschungsparadigmen – von der Transformationsgrammatik über den Strukturalismus zu den marxistischen Ausprägungen der Literatursoziologie –, die um 1970 die Zukunft (also unsere Gegenwart) vorwegzunehmen schienen, aus unserer zeitgenössischen Perspektive so hoffnungslos veraltet scheinen. Die Literaturwissenschaft neu zu überdenken bedeutet daher weniger, auf die intrinsischen Transformationen des Faches zu antworten, sondern ist vielmehr eine Herausforderung, das veränderte epistemologische Umfeld – die veränderten äußeren Bedingungen – zu determinieren und zu akzeptieren, innerhalb derer jede zukunftsorientierte Entwicklung des Faches zwangsläufig stattfinden muss.

Als wichtigste Komponente in solchen Veränderungen hat die

8 Trotz der einflussreichen Werke solch philosophisch bewanderter Historiker wie Hayden White oder Reinhart Koselleck habe ich den Eindruck, dass (sei's zum Guten oder zum Bösen) die Geschichte als Fach von solchen Strömungen weit weniger beeinflusst wurde.

Krise solcher Konzepte wie ›Wahrheit‹, ›Objektivität‹ und sogar ›Konsens‹ endlich auch die Literaturwissenschaft erreicht, und es ist interessant zu beobachten, dass eine Anzahl von verschiedenen intellektuellen Positionen in dem anfänglichen Anstoß zu dieser Veränderung konvergieren. Unter diesen Positionen ist keine der Literaturwissenschaft näher als die Dekonstruktion, die literarische Texte zu dem Beweis der Unmöglichkeit einer stabilen Bedeutungsstruktur und folglich eines jeden Bezugs zu einer äußeren ›Gegenstandswelt‹ heranzieht. Trotz einer gänzlich anders gearteten philosophischen Basis verstärkte der Einfluss von Systemtheorie und Konstruktivismus auf das intellektuelle Klima diesen Effekt noch. Der ›systemische Beobachter zweiter Ordnung‹ zum Beispiel, der auf Grund der Unvermeidlichkeit der Selbstbeobachtung dazu verdammt ist, stets die Relativität seiner Positionen und Einsichten wahrzunehmen, wird zu einem seltsamen Gefährten und doch funktionalen Äquivalent der dekonstruktivistischen Idee der ›*différance*‹. Michel Foucaults Bücher schließlich popularisierten eher durch das Praktizieren einer neuen Form von Historiographie als mit Hilfe ähnlich komplexer philosophischer Argumente die Überzeugung, dass, was auch immer über den Level historisch und kulturell spezifischer Diskurse hinausgeht, der menschlichen Einsicht nicht zugänglich ist – und dass die Hoffnung, je die Wahrheit zu erreichen, selbst das Resultat eines solchen diskursiven Netzwerks war.

Obgleich wir noch nicht wissen, ob dieses philosophische Klima ultimativ die interdisziplinäre Reputation der Literaturwissenschaft auf- oder abwerten wird, hat ein epistemologisches Umfeld, das die Möglichkeit der Gegenwartsbeschreibung problematisiert, jede Behauptung, *die Zukunft vorhersagen zu können, definitiv unmöglich* gemacht, und das betrifft auch die Zukunft solcher Fächer wie die Literaturwissenschaft.[9] Die einzig nach wie vor bestehende Möglichkeit, die Zukunft zugänglich zu machen, scheint in der operationellen Form von ›Risikokalkulationen‹ zu liegen, in der die positiven Konsequenzen, die eine erfolgreiche Realisierung gewisser Projekte mit sich brächte, neben die Verluste, die ein Misserfolg nach sich zöge, gestellt oder mit diesen verglichen werden. Was solche Risikokalkulationen normalerweise bieten, ist die Möglichkeit,

9 Siehe Niklas Luhmann, *Beobachtungen der Moderne*, Opladen 1992, S. 129-148.

eine Versicherung zu kaufen (und zu berechnen), die die möglichen Kosten möglicher Misserfolge deckt – aber es ist natürlich schwierig (wiewohl nicht unmöglich), sich vorzustellen, dass junge Wissenschaftler, die eine Karriere in der Literaturwissenschaft anstreben, eine solche finanzielle Absicherung suchen. Nichtsdestotrotz kann eine wichtige Lektion aus dieser Statusänderung der Zukunft gezogen werden. Während wir traditionell versucht haben, die Zukunft von Institutionen mittels der Beobachtung von ›Gesetzen‹ oder zumindest von ›Trends‹ in ihrer früheren und gegenwärtigen Entwicklung vorherzusagen, ist es jetzt notwendig geworden, Projekte zu entwerfen, deren Realisierungsmöglichkeit wir abschätzen können – wenn wir überhaupt über die Zukunft in mehr oder minder ›vernünftiger‹ Art und Weise spekulieren wollen.

An dem Konvergenzpunkt solcher Veränderungen im Status des Wissens, das wir schaffen, und in den Konditionen, unter denen wir hoffen können, die Zukunft zugänglich zu machen, müssen wir lernen, die Zeitlichkeit des Wissens – genauer gesagt, die Zeitlichkeit von Theorien – aus einem neuen Blickwinkel zu betrachten.[10] Grob gesagt haben zwei Modelle unser Denken über die Zeitlichkeit von Theorien dominiert: Diese wurde entweder als das Ideal einer stets wachsenden Annäherung zwischen Theorien und Bezugswelt gesehen (die in diesem ersten Modell als eine stabile Welt gedacht wurde) oder als eine fortdauernde Adaption von Theorien an die Veränderungen, die sich in der Bezugswelt ergeben. Während nur in dem ersten Paradigma eine Konnotation von Progression mitklang, implizierten beide die Annahme, dass Theorien Repräsentationsfunktionen erfüllen. In einer Situation jedoch, in der gerade diese Annahme nicht mehr haltbar ist, muss auch die Hoffnung, dass Theorien sich je verbessern oder mit der Realität Schritt halten könnten – mit anderen Worten, die Erwartung einer ›Entwicklung‹ und folglich einer vorhersagbaren Zukunft der Theorien –, schwinden. Wie bereits Derrida in der *Grammatologie* darlegt, werden wir wahrscheinlich nie in der Lage sein, das Zeitalter der Metaphysik (d.h. die Vorstellung, dass die Sprache eine Repräsentationsfunktion erfüllt) hinter uns zu lassen, aber wir können unseren Glauben an die Metaphysik auch nicht weiter

10 Siehe auch meinen Aufsatz »Ende des Theorie-Jenseits?«, in: Rudolf Maresch (Hg.), *Zukunft oder Ende. Standpunkte – Analysen – Entwürfe*, München 1993, S. 40-46.

aufrechterhalten.[11] Indem sie die repräsentative Funktion der Theorien problematisiert, zwingt die epistemologische Gegenwart uns in eine konstante Oszillation zwischen der Hoffnung, die Wirklichkeit in immer neuen Theorieentwürfen fassen zu können, und der Dekonstruktion solcher Überzeugungen. In der Zwischenzeit wandelt sich die Vorstellung einer Theorieentwicklung zu einer Erwartung endloser Theorievermehrung, in der neue Positionen aus einer konstanten, gegenseitigen Problematisierung ihres jeweiligen Ranges hervorgehen.

Als ob unsere epistemologische Situation in sich noch nicht komplex genug wäre, scheint sie auch noch mit einem Verlust der Kohärenz in der Vorstellung von ›Literatur‹ und einer deutlichen Verblassung ihrer kulturellen Aura sowohl innerhalb als auch außerhalb der Literaturwissenschaft einherzugehen. In diesem Kontext beinhaltet die Einsicht in die Unabdingbarkeit eines Konzeptes für einen gemeinsamen Nenner, der all die historischen und kulturellen Varianten innerhalb des Phänomens, das wir ›Literatur‹ nennen, unter einen Hut bringen könnte, nur eine recht milde Provokation. Denn wenn sie uns zwingt, unsere Versuche der metahistorischen und transkulturellen ›Definition der Literatur‹ (die unseren Vorgängern um 1970 so lieb und teuer war) aufzugeben, muss doch die Entdeckung einer solchen Heterogenität die Literaturwissenschaft nicht von der Konstitution eines mehr oder minder kohärenten Wissenschaftsbereichs abhalten, welcher nun auf dem Prinzip der ›Familienähnlichkeit‹ basieren müsste. Es stimmt jedoch, dass wir sehr viel zurückhaltender geworden sind (und das aus guten Gründen, denke ich), was das Zuweisen unzweideutig klarer pädagogischer oder ethischer Funktionen an das literarische Lesen betrifft – mit der Ausnahme vielleicht einiger übereifriger Anhänger (und flüchtiger Leser) der Dekonstruktion. Als eine allgemeine Regel verlangen solche Zuweisungen heute sehr viel raffiniertere Argumentation(en) als je zuvor während der letzten zwei Jahrhunderte, und das kürzlich neu aufgeflammte Interesse an der philosophischen Ästhetik könnte eine Folge dieses wachsenden Druckes sein. Es überrascht nicht, dass die vielen Untersuchungen der Kontributionen der Literatur zu der Etablierung kultureller, politischer und sogar ökonomischer Hegemonien, die so typisch

11 Jacques Derrida, *Of Grammatology*, Baltimore 1974, S. 8 ff.

für die siebziger Jahre waren, letztlich selbst eine solche skeptische Wirkung erzeugten – und man kann dies kaum bedauern. Wenn paradoxerweise unser soziales Umfeld – und dies ist womöglich besonders typisch für die Lage in Amerika – von dem Wert literarischen Lesens überzeugter ist als die meisten Literaturwissenschaftler, dann sollten wir trotz des Überlebens solcher Einstellungen in der kulturellen Öffentlichkeit nicht übersehen, dass das literarische Lesen als soziale Freizeitgestaltung eine größere Anzahl an Konkurrenten hat als je zuvor. Wo immer das Lesen noch eine lebhafte Art der kulturellen Interaktion ist, ist der soziale Bezugsrahmen wahrscheinlich eher der einer unterdrückten oder an den Rand gedrängten Minderheit als der eines (mehr oder minder erfolgreichen) Nationalstaats. So ist gesagt worden, dass die Literatur während des Prozesses der Wiedervereinigung in Deutschland keine Rolle gespielt habe, aber ihre Mitwirkung an der Identitätsbildung der entstehenden afrikanischen Gesellschaften ist fraglos bedeutend.[12] Während das literarische Lesen für die feministische Theorie und für die Entwicklung neuer Arten der Selbstreferenz unter Schwulen und Lesben entscheidend geworden ist, begegnet es doch immer größeren Schwierigkeiten darin, seinen Platz im nationalen Lehrprogramm zu behaupten.

Schließlich und endlich ist es höchste Zeit für ein ehrliches Überdenken der Beziehungen zwischen der Literaturwissenschaft und ihrem konkreten politischen Umfeld. Während sich Literaturwissenschaftler in der gesamten westlichen Welt nach wie vor mit Vorliebe der Illusion hingeben, dass die politischen Autoritäten und Institutionen unser ›subversives‹ (wenn nicht gar ›revolutionäres‹) Potential fürchten und daher stets damit beschäftigt sind, unsere Aktivitäten zu kontrollieren und zu unterdrücken, würde eine realistischere Bewertung unserer gegenwärtigen Situation wahrscheinlich den Mangel an einem solchen Widerstand, und vielleicht sogar den allgemeinen Mangel des öffentlichen Interesses an unseren Aktivitäten, als das schwerwiegendere Problem ansehen. Ist es nicht erstaunlich, dass Regierung, Steuerzahler und Eltern durchgängig akademische Fächer finanziert haben, deren Tätigkeiten alles andere als offensichtlich sind, sogar für diejenigen, die sie praktizieren? Sollte es uns nicht zuversichtlich machen

12 Siehe Wlad Godzich, *Philosophie einer un-europäischen Literaturkritik*, München 1988, S. 29-46.

(oder vielleicht verzweifeln lassen), dass diese Unterstützung sich während des 20. Jahrhunderts kaum geändert hat, trotz aller Umgestaltungen in den Programmen und Selbstdefinitionen der Literaturwissenschaften im 20. Jahrhundert, ja dass es nicht einmal eine starke negative Reaktion auf unsere Ambitionen gab, ›subversiv‹ zu werden? Der neue Eifer deutscher Gelehrter zum Beispiel, Lehrpläne zu entwickeln, die die Studierenden auf ›praktische Berufe‹ im kulturellen Sektor[13] vorbereiten sollen, ist wahrscheinlich eher eine Folge ihrer eigenen Unsicherheit als eine obligatorische Anpassung an einen politischen Druck von außen. Gleichzeitig haben einige amerikanische Universitäten ihre Alumni und Förderer dadurch betrübt (wenn auch nicht wirklich aufgebracht), dass sie die Literaturkomponenten in ihren Lehrplänen gekürzt haben. Solche Erfahrungen legen nahe, dass das größte institutionelle Problem für die Zukunft der Literaturwissenschaft nicht so sehr an einem Mangel an Unterstützung, sondern an einem Mangel an Rückmeldung liegt, die wir benötigen würden, um ein differenzierteres Bild der externen Erwartungen an unseren Beruf entwickeln zu können.

3.

Wir sollten daher lernen, die Verantwortung für die Zukunft unserer Fächer zu übernehmen (vielleicht sogar, wenn man das so sagen darf, für die Zukunft nach ihrem Ende), anstatt über eine Gesellschaft zu klagen, die den Segen unseres (natürlich stets ausgezeichneten) kulturellen Geschmacks nicht zu würdigen weiß. In der Abwesenheit jeglicher Form von ›kultureller Politik‹ von staatlicher Seite, wie sie die amerikanische Lage kennzeichnet, haben die Universitäten keine Entschuldigung, wenn sie diese Lücke nicht füllen. Und unter europäischen Bedingungen werden unsere Fächer jede Glaubwürdigkeit verlieren, wenn sie weiterhin den Mangel an Begeisterung weckenden Projekten durch eine – nichtexistente – Feindlichkeit auf Seiten der Politiker zu erklären versuchen. Oft sind tatsächlich Politiker und Administratoren stärker von den der Literatur inhärenten existentiellen Werten überzeugt als wir. Es

13 Siehe auch meine Erklärung in »Mission Accomplished«, in: Günter Blamberger/Hermann Glaser/Ulrich Glaser (Hg.), *Berufsbezogen studieren. Neue Studiengänge in den Literatur-, Kultur- und Medienwissenschaften*, München 1993, S. 37-39.

ist folglich eine ernsthafte Frage, ob wir, gewissermaßen zynisch, vorgeben sollten, dass wir die kulturellen Wertsysteme teilen und unterstützen, oder ob wir das Risiko akzeptieren sollten, welches in dem Eingeständnis liegt, dass wir eine Sache verteidigen – die Literatur und die Literaturwissenschaft –, über die, von einem epistemologischen und von einem soziologischen Standpunkt aus betrachtet, nur sehr wenige Annahmen evident bleiben. Für welche dieser Strategien wir uns auch entscheiden, für zynischen Konservatismus oder für potentiell kostspielige Ehrlichkeit, muss klar sein, dass eine rein intrinsische Reform und Neudefinition der Literaturwissenschaft als Lehrfach längst schon überholt ist. Was Literaturwissenschaftler gern als eine Krise ihres eigenen Bereiches sehen, ist Teil einer sehr viel dramatischeren Umwälzung innerhalb der gesamten Geisteswissenschaften, Teil einer Umwälzung, deren Ausgang von der Gestaltung neuer epistemologischer, institutioneller und praktischer Beziehungen zwischen Geistes- und Naturwissenschaften abhängen wird.

Warum sollte man im Kontext dieser Veränderungen auf einer traditionsorientierten Identität der Literaturwissenschaft beharren? Und warum, auf der anderen Seite, sollte man annehmen, dass in der Zukunft kein Bedarf mehr an den Fertigkeiten und Kompetenzen, die die Literaturwissenschaft in der Vergangenheit ausgebildet und kultiviert hat, bestehen sollte? Die überraschend undramatische Frage scheint momentan zu sein: In welchen zukünftigen Projekten, Programmen und vielleicht sogar Fächern können wir und sollten wir das investieren, was wir als Literaturwissenschaftler gelernt haben?

3
Von der Lesbarkeit der Welt zu ihrer Emergenz

*Eine Geschichte über den Dualismus zwischen Naturwissenschaften und Geisteswissenschaften – mit zwei eher abrupten Enden**

Im Frühjahr 1996 publizierte die – unter politisch wohlmeinenden Akademikern angesehene – amerikanische Zeitschrift *Social Text* einen Aufsatz unter dem Titel *Transgressing the Boundaries. Toward a Transformative Hermeneutics of Quantum Mechanics.* Alan Sokal, der Verfasser dieses Textes, lehrt Physik an der New York University und gehört offenbar zu den national herausragenden Vertretern seines Faches in der Generation der zwischen Vierzig- und Fünfzigjährigen. Der Inhalt seiner Veröffentlichung in *Social Text* muss den Herausgebern zugleich allgemein verständlich, politisch angenehm und bahnbrechend erschienen sein. Sokal argumentierte, dass sich aus naturwissenschaftlicher Forschung ohne weiteres Perspektiven politischer Emanzipation ergeben könnten, wenn die Forscher nur endlich zuzugeben bereit seien, dass ihre Ergebnisse eher auf intellektuellen Konstruktionen beruhen als auf induktiv gewonnenen Aussagen über die ›wirkliche Wirklichkeit‹. *Social Text* war also sichtlich stolz, einen Schlüsseltext des berühmten Naturwissenschaftlers Sokal veröffentlicht zu haben – bis dieser prominente Naturwissenschaftler wenige Monate später in *Lingua Franca*, einem der (meist eher hämischen) Selbstkritik in den Geisteswissenschaften gewidmeten Publikationsorgan, bekannt gab, dass der Text über *Transgressing the Boundaries* nichts als eine böswillige Parodie auf den außerhalb seiner eigenen Welt so populären epistemologischen Konstruktivismus war. Für einige wenige Wochen wurde der boshafte und schreibgewandte Alan Sokal zu meinem intellektuellen Helden – bis sich die Debatte weiterbewegte und

* Da die Magdeburger Herausgeber diesen Text – zu meiner Freude (und wahrscheinlich zu meinem Glück!) – nicht primär für ein wissenschaftliches Fach-Publikum bestimmt haben, verzichte ich auf Fußnoten und ähnliche akademische Rituale (oder Notwendigkeiten). Die folgenden Seiten halten sich so eng als möglich an die für meinen Magdeburger Vortrag »Überwindung des Dualismus?« vom 22. April 1997 gemachten Notizen.

die Lage leider viel ambivalenter wurde. Zunächst versuchte sich die Zeitschrift *Social Text* mit dem – wie ich meine: höchst peinlichen – Doppel-Hinweis aus der Bredouille zu ziehen, dass sie keine öffentlichen Subventionen empfange und außerdem hehre politische Ziele verfolge (als ob Armut und guter Wille Inkompetenz und Dummheit entschuldigen könnten). Leider schlug dann auch Sokal in einen Ton der Weinerlichkeit um, als er sich zu versichern beeilte, er teile die progressiven politischen Ziele von *Social Text*, sei aber der Überzeugung, dass man gerade aus klassisch-induktiver Forschung in den Naturwissenschaften die besten Argumente zur Begründung der Menschheitsemanzipation gewinnen könne.

Ich habe noch eine zweite Anekdote zum Thema ›Naturwissenschaftler/Geisteswissenschaftler‹ anzubieten. Sie spielt vor allem in Deutschland – und ist vielleicht deshalb etwas weniger unterhaltsam. In ihrem Zentrum steht Niklas Luhmann, der für mich – anders als Sokal und unbeschadet der folgenden Geschichte – nun schon für fünfundzwanzig Jahre ein immer herausfordernder und brillanter intellektueller Held gewesen ist (das ist auch einer der Gründe, warum ich Luhmann – etwas störrisch und gegen seine eigene störrische Selbstreferenz als Soziologen – am liebsten einen Philosophen nenne). Seit den frühen achtziger Jahren hat Luhmann seine im vorausgehenden Jahrzehnt bekannt gewordene soziologische Systemtheorie epistemologisch umorientiert – und zwar vor allem im Anschluss an den biologischen Konstruktivismus der chilenischen Naturwissenschaftler Humberto Maturana und Francisco Varela. Ihre Forschungen zur Biologie des Sehens hatten Maturana und Varela zu der Überzeugung gebracht, dass Systeme (einschließlich aller Organismen und also auch einschließlich des menschlichen Lebens) gegenüber ihrer Umwelt ›blind‹ seien (was immer ›blind‹ in diesem Zusammenhang genau bedeuten mag) und dass mithin, was immer wir eine ›Weitsicht‹ nennen können, nichts sei als eine Konstruktion der Sinne und (wo vorhanden) des Gehirns. Diese Position hat Luhmann zu einer in Deutschland heute allenthalben zitierten und benutzten Epistemologie der Beobachterabhängigkeit jeglichen Wissens weiterentwickelt. Doch als er sich nach zehn Jahren des Weiterentwickelns von Maturanas und Varelas Ideen zurückwandte, um zu sehen, wo seine (mittlerweile unter allen Luhmann-Lesern prominent gewordenen) Bezugsautoren nun standen – und ich erinnere mich lebhaft und nicht ohne

Amüsement an eine Diskussion zwischen Luhmann und Varela an der Stanford University im Frühjahr 1994 –, als sich Luhmann also rückblickend der Position seiner Gewährsleute versichern wollte, da musste er entdecken, dass ihre Position sich verändert hatte. Vor allem Francisco Varela unterließ keine Anstrengung, um Distanz zu nehmen von seinen konstruktivistischen Anfängen. Mit neuen Begriffen von unverhohlener heideggerscher Schwere hatte er sich mittlerweile dem Wunsch nach Ontologie, dem Wunsch nach epistemologischem Realismus verschrieben.

Anekdoten, das jedenfalls ist eine Standarderwartung, an deren Druck sich ein anekdotenfreudiger Schreiber bald gewöhnen muss, soll man – wenigstens in der Welt der Wissenschaft – nicht erzählen, wenn man nicht sofort auch mit einer einschlägigen Auslegung oder mit einer Abschätzung ihres Symptomwertes aufwarten kann. Was wäre dann die konvergierende Moral der Geschichten von Sokal und von Luhmann? Sie liegt vor allem, denke ich, in dem sich heute rasch verdichtenden Eindruck, dass die Geisteswissenschaften ebenso wie die Naturwissenschaften ihre traditionellen epistemologischen Gewissheiten verloren haben. Beide Seiten experimentieren mit neuen Annahmen über ihre Grundlagen (und ohnehin über ihre Funktionen). Die meisten Naturwissenschaftler scheinen zu wissen, dass ihr aus der frühen Neuzeit ererbter Realismus sich nicht mehr aufrechterhalten lässt, während unter den Geisteswissenschaftlern ein Wunsch nach mehr epistemologischer Härte und Verbindlichkeit umgeht. Nur in Momenten der wechselseitigen Provokation und Konfrontation halten beide Seiten aktiv den Anspruch aufrecht, dass sie sich weiterhin auf ihre traditionellen Gewissheiten berufen können – was mögliche Konvergenzen oder gar langfristig erfolgreiche Umdefinitionen ihrer Beziehung verhindert.

Hier muss ich nun für einen Augenblick auf Distanz zu meiner eigenen Rede gehen und (bevor es andere tun) betonen, dass ich natürlich weder das Recht noch die Kompetenz habe, so zu schreiben, als könne ich eine Position gleicher Distanz oder gar eine ›Metaposition‹ gegenüber den Naturwissenschaftlern und Geisteswissenschaftlern einnehmen. Ich bin nichts als ein Geisteswissenschaftler, mit einiger Wahrscheinlichkeit sogar ein Geisteswissenschaftler von unterdurchschnittlicher naturwissenschaftlicher Bildung, und das wenige, was ich deshalb zu meiner Legitimation anführen kann, ist eine an Bewunderung grenzende Sympathie für die Naturwissenschaften und eine über die Jahre verhärtete Skepsis gegenüber bestimmten Standardansprüchen der Geisteswissenschaften. Für ein neues Ausmessen des Verhältnisses zwischen Naturwissenschaften und Geisteswissenschaften bin ich denkbar unprädestiniert. Deshalb werde ich mit dem beginnen, was Geisteswissenschaftler allenthalben in Situationen der Verlegenheit (und ganz ohne Verlegenheit) tun – ich werde eine Geschichte erzählen, und zwar die ziemlich lange Vorgeschichte der Trennung von Geisteswissenschaften und Naturwissenschaften, welche sich endlich, wenn man denn ein Datum nennen soll, in den neunziger Jahren des 19. Jahrhunderts an der Berliner Universität ereignete (Abschnitte 1–5). Mit so viel Geschichte gestärkt, will ich es mir dann erlauben, eine eher bescheidene systematische Frage zu stellen, die Frage nämlich, was Naturwissenschaften und Geisteswissenschaften an Gemeinsamkeiten entdecken könnten, wenn sie sich in Momenten der Reibung oder der wechselseitigen Irritation einmal nicht auf eigentlich schon obsolet gewordene Gewissheiten zurückzögen (6–8). Um meine systematische Frage und meine Antwort zu illustrieren, werde ich – nach dem historischen Teil – übrigens wieder auf die Luhmann-Varela-Anekdote zurückkommen.

1.

Meine Geschichte ist Epistemologie-Geschichte, das heißt Geschichte von der Produktion, von den Strukturen und von der Zirkulation unseres Wissens. Epistemologie-Geschichte kann also nie beanspruchen, Geschichte der ›wirklichen Wirklichkeit‹ zu sein. Sie ist stets Geschichte jener Selbstreferenz-Figuren, mit denen Menschen auf sich selbst Bezug nehmen im Verhältnis zu dem, was sie als ›Wirklichkeit‹ oder als ›Welt‹ voraussetzen. Meine Epistemologie-Geschichte *en miniature* beginnt da, wo solche Geschichten in unserer Kultur immer einsetzen, nämlich an der Schwelle vom Mittelalter zur frühen Neuzeit, dort also, wo man klassischerweise das Heraufkommen des frühneuzeitlichen Subjekts als Beginn des modernen Denkens lokalisiert. Die Emergenz des Subjekts war eine zentrale Voraussetzung für das, was später als ›wissenschaftliche‹ Mentalität kanonisiert werden sollte, aber sie lag Jahrhunderte vor den ersten Symptomen einer Spannung zwischen Naturwissenschaften und Geisteswissenschaften. Ich setze nun das Heraufkommen des frühneuzeitlichen Subjekts mit dem Heraufkommen jenes Paradigmas gleich, das ich das ›hermeneutische Feld‹ nenne (eine andere Version derselben Geschichte spricht im selben Kontext von der ›Lesbarkeit der Welt‹). Im hermeneutischen Feld überkreuzten sich zwei neue epistemologische Grundstrukturen. Eine von ihnen ist das Subjekt-Objekt-Paradigma, die selbstreferentielle Überzeugung, dass ›der Mensch‹ – gleichsam exzentrisch – ›der Welt‹ gegenüberstehe (im Mittelalter hatten ›Mensch‹ und ›Welt‹ gemeinsam als Teile der göttlichen Schöpfung gegolten). Nichts anderes als diese Exzentrizität meinen wir bis heute, wenn wir von ›Subjektivität‹ sprechen. Das exzentrische Subjekt hält sich zur Beobachtung der Welt berufen und glaubt sich in dieser Beobachter-Rolle körperlos (und mithin geschlechtslos). Die Körper der Subjekte gehören ›auf die andere Seite‹, sie gehören zu den Dingen der Welt. Diese Welt beobachtend, interpretierend oder ›wie ein Buch lesend‹ sieht sich das moderne Subjekt als Produzent des Wissens, während die Menschen des Mittelalters ihre Verantwortung und Kompetenz ausschließlich auf die Funktion der Wissensbewahrung beschränkt glaubten. Denn in der Vorstellung des Mittelalters wurde Wissen allein durch die verschiedenen Formen göttlicher Offenbarung zugänglich.

Die wohl eher (so skeptisch man gegenüber solchen Geometrisierungen bleiben soll) ›horizontale‹ Achse der Subjekt-Objekt-Beziehung impliziert eine ›vertikale‹ epistemologische Achse – und trifft sich zugleich mit ihr. Diese vertikale Achse ist die Prämisse, dass die Welt der Gegenstände eine ›bloß materielle Oberfläche‹ sei, unter der eine ›spirituelle Tiefe‹ verborgen liege. Zunehmend wird seit dem 14. und 15. Jahrhundert die Erschließung dieser spirituellen Tiefe zum Ehrgeiz aller intellektuellen Praktiken, und das gilt mit solcher Emphase, dass man jene ›bloße Oberfläche‹ glaubt vergessen zu können, sobald die ›eigentlich allein bedeutsame Tiefe‹ entborgen scheint. Mit anderen Worten: Die Welt wird vom neuzeitlichen Menschen deshalb als ein Buch (oder eine Repräsentation) erfahren, weil er sie als eine Struktur von Signifikanten sieht, die zur Dimension der Signifikate führt. Für das Mittelalter – darauf bezieht sich der kunsthistorische Begriff des ›Symbolrealismus‹ – waren die Materialität der die Schöpfung konstituierenden

Dinge und die ihnen von Gott gegebene Bedeutung noch untrennbar verbunden.

Ein Kondensationsmoment des historischen Übergangs, den ich hier in (für einen Wissenschaftler natürlich) unverantwortlicher Kürze zu schildern versuche, sind die theologischen Debatten der Reformation, genauer die Debatten um das Verständnis des Eucharistie-Sakraments. Im mittelalterlichen Sinn war die Beziehung zwischen Brot und Wein auf der einen und Christi Leib und Blut auf der anderen Seite gewiss keine Beziehung der Repräsentation. Vielmehr ging man davon aus, dass mit dem Akt der Wandlung – mit dem Akt der ›Transsubstantiation‹ – Christi Leib und Blut (als ›Substanzen‹) ›real gegenwärtig‹ würden und dass Brot und Wein (als ›Formen‹) die Gegenwart des Leibes und des Blutes Christi wahrnehmbar machten. Aus neuzeitlich anthropologischer Perspektive könnte man hinzufügen, dass die Formen Brot und Wein die unerlässlichen materiellen Bezugspunkte für den – natürlich! – magischen Akt der Transsubstantiation abgeben. Magisches Herbeizwingen realer Präsenz bedeutet aber auch, dass die Messfeier weniger ein Dispositiv der Erinnerung an Christi und der Jünger letztes Abendmahl ist als ein Ritual des Wieder-gegenwärtig-Machens. Eine solche vom aristotelischen Begriffspaar ›Form/ Substanz‹ ermöglichte – und in der Moderne nicht ohne Schwierigkeiten nachvollziehbare – Erklärung des Eucharistie-Geschehens wurde erst neuzeitlich auf Zeichenhaftigkeit, Repräsentation und Erinnerung umgestellt. Entscheidend waren dabei Momente wie Luthers Übersetzung des lateinischen »*Hoc est enim corpus meum*« (»denn dies *ist* mein Leib«) mit »denn dies *bedeutet* meinen Leib« oder Calvins Verweis auf den kommemorativen Charakter der Abendmahlsfeier – und mithin auf historische Differenz. Brot und Wein werden erst neuzeitlich zu Zeichen für Christi Leib und Blut, und ein Gott, auf den – in Abwesenheit – Zeichen verweisen müssen, ist nicht mehr ein Gott, den man sich einverleiben und in dessen realer Präsenz man sich glauben kann.

2.

Gewiss war der Übergang vom Mittelalter zur frühen Neuzeit eine jener (wie man eigentlich nur in Deutschland sagt) ›Epochenschwellen‹, zu denen ein starkes programmatisches Bewusstsein – ja so etwas wie ein Ehrgeiz der Überbietung des Vergangenen – gehörte. Dennoch nahm die Herausbildung jener differenzierten Begrifflichkeit, in der sich bis heute unser Verständnis der Subjektivität und des hermeneutischen Feldes artikulieren, Jahrhunderte in Anspruch. In diesem Zusammenhang kann man die heute zum – allgemeinsten – Bildungswissen gehörenden Grundelemente der im 17. Jahrhundert entstandenen Philosophie des René Descartes anführen. Descartes' Unterscheidung zwischen *res cogitans* (›dem, was denkt‹) und *res extensa* (›dem, was Raum in Anspruch nimmt‹) entspricht genau der Unterscheidung zwischen dem (rein geistigen) Subjekt und der ihm gegenüberliegenden Welt (der Dinge). Die Welt des Subjekts und/oder des Geistes, die Welt der anderen Seite der *res extensa*, ist eine Sphäre, in der die Dimension des Raums eine untergeordnete (wenn überhaupt eine) Rolle spielt. Ihre Ontologie – die Garantie ihres Seins – beruhte, wie Descartes' berühmtes Experiment mit dem *cogito ergo sum* (›ich denke, also bin ich‹) demonstriert, ausschließlich auf dem – alles Materielle ausschließenden – Denken.

In den letzten Jahren des 17. Jahrhunderts begann sich dann – in einer berühmt gewordenen Debatte an der Französischen Akademie – eine weitere Implikation des hermeneutischen Feldes zu entfalten, die wir bereits im protestantischen Theologem der Kommemoration von Christi Abendmahl vorformuliert fanden. Ich meine die allgemeine Prämisse der ›Geschichtlichkeit‹, mit der die Dominanz der Zeit- über die Raum-Dimension in neuzeitlicher Mentalität zur Institution wurde. Diese Debatte – die ›Querelle des Anciens et des Modernes‹ (›der Streit der Altertums- und der Gegenwarts-Freunde‹) – brachte zwei verschiedene Ergebnisse hervor, welche beide die bis dahin als selbstverständlich gesetzte Überlegenheit der klassisch-antiken Kultur problematisierten. Man konnte nun Geschichte zum ersten Mal entweder denken als (unendlichen oder auf ein finites Ziel bezogenen) Fortschritt, innerhalb dessen dem Menschen meist eine aktive Rolle zugedacht wurde; oder als beständige – wenn auch nicht kontinuierliche und gerichtete – Bewegung der Veränderung. In beiden Modalitäten des historischen Denkens gibt es ein Undenkbares – nämlich Widerstand der Phänomene gegen ihre Veränderung in der Zeit. Beide Modalitäten konvergieren aber auch in einer positiven Prämisse, und das ist die Prämisse von der Distanz, welche die Zeit zwischen die Vergangenheit und jede Gegenwart schiebt. Erst diese Distanz schließt das Wieder-gegenwärtig-Werden des Vergangenen für neuzeitliche Mentalität aus.

3.

Intellektuelle – und zumal Geisteswissenschaftler (so sie denn Intellektuelle sind) – erzählen nicht gerne Geschichten, ohne bald zu einem Moment der Krise zu gelangen, und so will ich denn auch flugs auf eine zentrale Krise zusteuern, nachdem ich gerade noch auf die Konsolidierung des hermeneutischen Feldes im 17. Jahrhundert verwiesen habe. Es hat in den letzten Jahrzehnten kaum nennenswerte Versionen der europäischen Geistesgeschichte (oder der ›intellektuellen Geschichte‹, wie man in der angloamerikanischen Welt sagt) gegeben, welche nicht jene – gemeinhin kurz nach 1800 lokalisierte – ›Krise‹ thematisiert hätten, auf die auch ich eingehen möchte. Zumal der französische Historiker Michel Foucault hat in einem 1966 erschienenen, wirklich genialen Buch (das ins Deutsche unter dem Titel *Die Ordnung der Dinge* übersetzt worden ist) ebenjene Krise als »Krise der Repräsentation« analysiert, was sich mit meinem eigenen Ansatz – meiner eigenen Geschichte – gewiss problemlos vereinbaren lässt. Während ich aber Foucault darin folgen will, nicht nach den »Gründen« für diese Krise zu fragen (denn man könnte alles – und nichts – als Grund für eine derart einschneidende Veränderung anführen), möchte ich seine Beschreibung der Krise als »Krise der Repräsentation« variieren, indem ich sie (mit einem Niklas Luhmann teuren Begriff) als ›Emergenz des Beobachters zweiter Ordnung‹ vorstelle. Anders als der frühneuzeitliche Welt-Beobachter (denken wir etwa an Galileo) ist der im 19. Jahrhundert zu einer institutionalisierten Rolle werdende ›Beobachter zweiter Ordnung‹ ein Beobachter, der dazu verdammt (eher als dadurch privilegiert) ist, sich beim Beobachten zu beobachten. Sein Erscheinen hat zwei unvermeidliche

Konsequenzen. Einem sich selbst beobachtenden Beobachter kann es – erstens – nicht entgehen, dass alles je produzierte Wissen abhängig ist von den Positionen der Beobachtung, und das bedeutet, dass es für jedes Phänomen von nun an eine potentiell unendliche Zahl von ›entsprechenden‹ Wissenselementen (oder ›Repräsentationen‹) gibt – bis hin zu dem Punkt, wo sich angesichts der jeweiligen Unendlichkeit möglicher Repräsentationen die Identität der Bezugs-Phänomene auflöst. Zweitens ist es einem sich selbst beobachtenden Beobachter unmöglich, seinen eigenen Körper und die Beteiligung seines Körpers (›der Sinne‹) an der Produktion von Wissen zu übersehen – wie das für den frühneuzeitlichen Beobachter selbstverständlich war. Das erklärt, warum in der westlichen Kultur seit dem frühen 19. Jahrhundert eine Spannung, ja eine Inkommensurabilität zwischen Wahrnehmung (Weltaneignung durch die Sinne) und Erfahrung (Weltaneignung durch Begriffe) entstand. Ich glaube nun, dass das primäre Folge-Problem des Beobachters zweiter Ordnung – das Problem von der Unendlichkeit möglicher Repräsentationen für als identisch angesehene Phänomene – schon im 19. Jahrhundert eine stabile Lösung fand. Sie liegt, so meine These, in einer Umstellung von der Repräsentation der Phänomene durch stabile Wissenselemente (›1:1‹ sozusagen) zu ihrer Repräsentation durch Geschichten. Die – zukünftigen – Naturwissenschaften erzählten im 19. Jahrhundert darwinistische (und protodarwinistische) Evolution, und die – zukünftigen – Geisteswissenschaften erzählten hegelianische (und protohegelianische) Geschichte. In beiden Fällen erlaubte es die Form der Narration, eine Vielfalt von Repräsentationen in ihr ›unterzubringen‹ und als Geschichte zu ›arrangieren‹.

Was aber das Problem der Interferenz von Wahrnehmung und Erfahrung angeht, so glaube ich, dass es bis heute – zumindest in den Geisteswissenschaften – keine generell akzeptierte Lösung gefunden hat. Nicht etwa deshalb, weil die Philosophen, Historiker, Physiologen oder Chemiker des 19. Jahrhunderts zu wenig Anläufe unternommen hätten, eine Antwort auf diese Herausforderungen zu finden. Es gab vielmehr so viele – letztlich erfolglose – Antworten in diesem Zusammenhang, dass sich mit ihnen allein eine respektable Epistemologie-Geschichte des 19. Jahrhunderts bestreiten ließe. Aber gerade weil es hier derart Vielfältiges und Interessantes darzustellen gäbe, will ich von den Jahrzehnten nach 1800 nun gleich in die Zeit vor der Wende zum 20. Jahrhundert springen, das heißt in die Zeit, wo die Trennung von Naturwissenschaften und Geisteswissenschaften zur akademischen Institution wurde.

4.

Es ist ein eindrucksvolles Anzeichen für den spezifischen Problemdruck, unter dem die 1890er Jahre standen, dass damals nicht allein die Auseinanderentwicklung von Geisteswissenschaften und Naturwissenschaften besiegelt wurde, sondern dass zugleich auch eine Reihe von heute – hundert Jahre später – hochgeschätzten Ansätzen zur Vermittlung von Erfahrung und Wahrnehmung entstanden (der Germanist Friedrich Kittler hat in diesem Kontext von einer Bewegung der ›Psycho-Physik‹ gesprochen). Bezeichnenderweise galten aber jene Ansätze in der akademischen Welt – wo sich bald die Trennung der Disziplinengruppen etablieren sollte – für lange Zeit und fast ausnahmslos als epistemologisch illegitim. Zu ihnen gehörte die Phänomenologie des französischen Philosophen Henri Bergson, der in einem Buch über *Materie und Gedächtnis* der alten Frage nach dem Übergang von Gehirnfunktionen in Bewusstseinsinhalte eine neue Lösung zu geben versuchte. Etwa zeitgleich entwarf der Amerikaner George Herbert Mead eine Hypothese zum Ursprung der Imagination in der Urzeit der Gattung, der zufolge die Wahrnehmung gewisser Umwelt-Signale Bilder (›Imaginationen‹) von Bedrohung oder Aggression hervorgerufen hätten, welche ihrerseits, wie Mead glaubte, direkt Innervationen und Muskelbewegungen (der Flucht oder des Angriffs) auslösten. Nicht zuletzt hat sich der frühe Sigmund Freud – Freud vor der 1900 erschienenen *Traumdeutung* – intensiv um Ansätze der Vermittlung zwischen Soma (Wahrnehmung) und Psyche (Erfahrung) bemüht. Institutionell viel folgenreicher jedoch (wenn auch, nach meinem unmaßgeblichen Urteil, intellektuell weit weniger bedeutend) geriet die – einseitige und durchaus programmatisch intendierte – Bewegung des Berliner Philosophen Wilhelm Dilthey zur Begründung der Geisteswissenschaften. Diltheys Sezession war getragen von dem doppelten Vorschlag, die Einheit der Geisteswissenschaften zu begründen in der Zentralität des Akts der Interpretation und in dessen ausschließlicher Bezugnahme auf die

Sphäre von Erfahrung und Ausdruck. An dieser Stelle ermöglicht es die langfristige Perspektive meiner Geschichte hinzuzufügen, dass Diltheys Begründung der Geisteswissenschaften einer akademischen Rettung des hermeneutischen Feldes gleichkommt – gerade in jenem historischen Moment, da das hermeneutische Feld außerhalb der akademischen Welt angesichts der Interferenz von Wahrnehmung und Erfahrung zu kollabieren drohte.

Und was genau gewannen die Geisteswissenschaften mit dieser unilateralen Unabhängigkeitserklärung? Zunächst ganz gewiss eine Befreiung vom Konkurrenzdruck der Naturwissenschaften, deren triumphales Selbstbewusstsein vielleicht nie unerträglicher war als gerade um 1900. Natürlich auch die Erlösung von dem – auf Dauer frustrierenden, weil anscheinend unlösbaren – Problem der Vermittlung von Wahrnehmung und Erfahrung. Verloren gingen den Geisteswissenschaften auf der anderen Seite – selbstredend – die intellektuellen Chancen, wie sie sich bisher aus der Konkurrenz mit und aus der Herausforderung seitens der Naturwissenschaften ergeben hatten (denken wir nur an die Fruchtbarkeit dieser Spannung bei literarischen Autoren wie Goethe oder Zola). Was wohl noch schwerer wog, war der Verlust einer prinzipiellen Kompatibilität geisteswissenschaftlichen Denkens mit der nichtakademischen Welt, wo sich bald ›praktische‹ (das heißt: epistemologisch nicht reflektierte) ›Lösungen‹ des epistemologischen Problems von Erfahrung und Wahrnehmung herausbilden sollten. Das seit 1895 verfügbare, simultan Wahrnehmung und Erfahrung ermöglichende Medium ›Film‹ ist eines von vielen Beispielen für solch praktische Vermittlungen, wie sie nun gelangen. Dem wäre – aus der Perspektive des Geisteswissenschaftlers: selbstkritisch – hinzuzufügen, dass ein bestimmter und nur intern ernst genommener Diskurs der epistemologischen Arroganz gegenüber den Naturwissenschaften (›Naturwissenschaftler sind philosophisch uninteressiert und erkenntnistheoretisch naiv‹) den Geisteswissenschaftlern schlecht ansteht. Denn es waren ja doch die Naturwissenschaften, welche in der Relativitätstheorie einen Rahmen von Annahmen entwickelten, mittels derer sich eine Vermittlung zwischen der Wissensproduktion eines Beobachters (Erfahrung) und den Körper-Positionen (Positionen der Wahrnehmung) des Beobachters herstellen ließ. Dies waren Zusammenhänge, welche die geisteswissenschaftlichen Interpreten und das heraufkommende Subjekt der akademischen

Hermeneutik erfolgreich eingeklammert (wo nicht verdrängt) hatten.

5.

Wenn es eine Zeit im frühen 20. Jahrhundert gibt, zu der wir heute eine besondere epistemologische (und im weiteren Sinn: kulturelle) Affinität empfinden, so sind das – die Behauptung ist sicher nicht gewagt – die zwanziger Jahre. Etwas komplizierter ist es, Erklärungen für dieses Gefühl zu finden. Für mich liegt die Affinität in einer latenten Parallele zwischen zwei komplexen Situationen. Auf der einen Seite (der Seite der zwanziger Jahre) gab es eine Gleichzeitigkeit von epistemologischem Dualismus und ihm *noch nicht* unterworfenen Strömungen. Auf der anderen (unserer) Seite gibt es eine Gleichzeitigkeit zwischen dem epistemologischen Dualismus und Strömungen, die ihm *nicht mehr* gehorchen. Zu den dem Dualismus (und mithin den Strategien der epistemologischen Krisenüberwindung) noch nicht angepassten Tendenzen der zwanziger Jahre gehört all das, was angloamerikanische Kulturhistoriker *High Modernism* nennen (der Romanist Pete Bürger hat von den ›historischen Avantgarden‹ gesprochen). Es sind dies all jene – damals als ›radikal‹ erlebten – Schritte in die Gegenstandslosigkeit, Bedeutungsverweigerung, Automatisierung des Schreibens, Atonalität, welche wir als Reaktionen der Frustration auf die unlösbar erscheinenden Probleme der Repräsentation und der Vermittlung von Wahrnehmung und Erfahrung verstehen können. Sozusagen als akademisches ›Minderheitenvotum‹ möchte ich dem hinzufügen, dass wir mittlerweile – bei aller Bewunderung – diese radikalen Gesten der Frustration zunehmend als Sackgassen der künstlerischen Produktion erleben (deshalb wohl sind uns die Avantgarden der zwanziger Jahre ›historisch‹ geworden).

Eher epistemologisch angepasst denn revolutionär erscheint neben den historischen Avantgarden die Entwicklung der Phänomenologie – vor allem die Entwicklung der Phänomenologie im Gefolge Edmund Husserls – während der zwanziger Jahre. Sie konzentrierte sich mit wachsender Ausschließlichkeit auf die Folgen jener Prämisse, der zufolge alle potentiellen Bezugsgegenstände des menschlichen Geistes außerhalb des Geistes diesem als unzugänglich (›transzendental‹) galten – woraus die Folgerung gezogen wurde, dass sich Philosophie zu konzentrieren habe auf die Beschreibung und Analyse bewusstseinsinterner Bilder (›Konstruktionen‹) von Wirklichkeit. Hier liegt die Vorgeschichte des heute – vor allem unter deutschen Geisteswissenschaften – so überaus populären (mehr oder weniger ›radikalen‹) Konstruktivismus, der die Frage, ja sogar den Wunsch nach härteren Wirklichkeitsbezügen mit einem strengen Tabu belegt hat. Der Konstruktivismus konvergiert mit der Hermeneutik – und wird damit neben ihr zu einem alternativen ›Organon der Geisteswissenschaften‹ – eben in dieser ausschließlichen Konzentration auf Produkte des menschlichen Geistes.

Die spektakulärste Renaissance unter allen westlichen Philosophen seiner Generation hat in den letzten Jahren aber wohl Martin Heidegger erlebt – und ich wage diese Einschätzung nicht zuletzt, weil sich Heideggers Philosophie ja gegen durchaus begründete Widerstände wieder durchsetzte, welche mit seiner realen Verstrickung in den Nazismus zu tun haben. Heidegger entfernte sich intellektuell von seinem Lehrer Husserl genau dort, wo seine Affinität zu unserer heutigen epistemologischen Situation angelegt ist. Ich spiele an auf Heideggers Willen, vielleicht sogar: auf Heideggers philosophisches Projekt, sich *nicht* ausschließlich auf die Beschreibung und Analyse bewusstseinsinterner Vorgänge zu konzentrieren. Doch es muss sogleich betont werden, dass Heidegger dieses Projekt – das Projekt (s)einer Ontologie – im ständig wachen Bewusstsein der epistemologischen Unmöglichkeit einer Ontologie in unserem Kontext verfolgte. Genau im Sinne dieses Paradoxons ist Heidegger einerseits der große Bezugsautor der philosophischen Hermeneutik und der Geisteswissenschaften – aber andererseits auch jener Denker, der entschiedener vielleicht als irgendein anderer sonst über jenen doppelten Rahmen der Hermeneutik und der Geisteswissenschaften hinaus verwiesen hat. In *Sein und Zeit*, dem 1927 erschienenen Hauptwerk Heideggers, wo zum ersten Mal die komplexe Eigenart seiner Philosophie sichtbar wurde, gibt es folglich einerseits deutliche Parallelen zum hermeneutischen Feld, zur philosophischen Hermeneutik und zu Diltheys Position. Heideggers Unterscheidung zwischen dem (bloß) ›Seienden‹ und dem (wesentlichen und eigentlichen) ›Sein‹ etwa erinnert nicht zufällig an die Dualität von (bloßer) ›Oberfläche‹ der Welt und ihrer in der ›Tiefe‹ liegenden Wahrheit. Darüber hinaus privilegiert Heidegger das Auslegen und Interpretieren als einen der konstitutiven Akte menschlichen Daseins (als ein ›Existential‹). Aber viele dieser geisteswissenschaftlich hermeneutischen Motive zeigen sich andererseits in eigenartiger Verfremdung bei Heidegger. Interpretieren ist ein Existential – und dennoch sieht man nicht, wie Individuen je die Subjekte der Interpretation sein könnten, weil die Welt nach Heidegger immer schon als interpretierte (als ›zuhandene‹) Welt erfahren wird. Zwar präsentiert sich die Welt als dual (wie die Welt des hermeneutischen Feldes), aber es wird nicht zur Aufgabe des Menschen als Erkenntnis-Subjekt, das ›Sein‹ oder die ›Wahrheit‹ zu erschließen. Alles, was ihm zu tun bleibt, ist, mit Gelassenheit auf die (Selbst-)Entbergung des Seins zu warten. Das ›Sein‹ mag zwar bei Heidegger in einer Topik der Tiefe verortet sein, aber es ist wohl nicht als eine bloß geistige Dimension zu denken wie die Wahrheit innerhalb des hermeneutischen Feldes. ›Dasein‹ (das ist Heideggers Standard-Wort für menschliche Existenz, der Terminus ›Subjekt‹ wird in *Sein und Zeit* nicht thematisch), ›Dasein‹ schließlich steht der Welt – anders als das neuzeitliche ›Subjekt‹ – nicht prinzipiell als exzentrisch gegenüber, sondern ist als immer schon In-der-Welt-Seiendes definiert – womit die Dimension des Raumes an prominenter Stelle in die westliche Philosophie zurückkehrt. (Heidegger kritisierte in diesem Zusammenhang explizit Descartes.)

Hier unterbreche ich nun zum ersten Mal den Fluss meiner Geschichte (wenn es ihn denn geben sollte) – einigermaßen abrupt. Denn sooft ich die etwas triviale akademisch-philosophische Redeweise höre, wir hätten ›bis heute Heidegger nicht wirklich verstanden‹, verstehe ich sie so, dass Heideggers zentrale Probleme und Herausforderungen aus den zwanziger Jahren immer noch ganz unmittelbar die unseren sind. Wenn wir den radikalen Konstruktivismus und die radikale Hermeneutik wirklich hinter uns lassen wollen (und anders kann man wohl eine wechselseitige Annäherung zwischen Geistes- und Naturwissenschaften nicht denken), dann sehnen wir uns – wie Heidegger – ganz unvermeidlich nach Ontologie – und wir tun das, wie Heidegger, im vollen Bewusstsein ihrer epistemologischen Unmöglichkeit.

6.

Dass wir dazu tendieren, uns aufgrund dieses Ontologie-Wunsches schuldig zu fühlen (es gibt keinen schlimmeren Vorwurf in den Geisteswissenschaften als den des ›Substantialismus‹), erklärt, warum wir Geisteswissenschaftler, wann immer wir den Wunsch nach Ontologie spüren (vor allem in Augenblicken möglicher Konvergenz mit den Naturwissenschaftlern), eine Neigung haben, uns auf orthodox-hermeneutische Positionen zurückzuziehen – und so die Möglichkeit epistemologischer Konvergenz ungenutzt lassen. Meine einleitend erzählte Anekdote von Niklas Luhmann, Humberto Maturana und Francisco Varela passt recht genau zu diesem Muster. Luhmann hatte Anregungen der beiden chilenischen Biologen (und des britischen Mathematikers George Spencer Brown) so weiterentwickelt, dass er bei einem Begriff von ›Form‹ angelangt war, welcher – entgegen der aristotelischen Tradition – vollkommen vom konstruktivistisch inakzeptablen Begriff der Substanz befreit war. Das bedeutet, dass jede Unterscheidung, die man macht, jede Definition, die man vorschlägt, unter den Begriff von ›Form‹ gefasst werden kann. ›Form‹ ist dann nichts anderes als die Simultanität von Selbstreferenz und Fremdreferenz. Diesen Form-Begriff hat Luhmann in den vergangenen Jahren exuberant verwendet und mit einer Vielzahl von Argumenten zu begründen versucht. Dabei ist es bezeichnend, dass der schlechte Ruf der Ontologie und des epistemologischen Realismus zu einem von Luhmanns Argumenten für den Konstruktivismus wurde, obwohl er selbst nicht selten realistische Positionen bezieht – vor allem in der Einleitung zu *Soziale Systeme*, seinem wohl bekanntesten Buch, wo er unter anderem von Begriffen als »Sonden zur Explorierung der Wirklichkeit« spricht. Ein zweiter Vorteil des konstruktivistischen Form-Begriffes liegt für Luhmann in einer hohen – durch die Trennung vom Substanz-Begriff erzielten – Flexibilität, die ihn zu einem besonders geeigneten Beschreibungsinstrument für die hochkomplexen Gesellschaften unserer Gegenwart machen soll. Schließlich, so Luhmann, habe Jacques Derrida die Unhaltbarkeit des Präsenz-Begriffes in unserer epistemologischen Situation erwiesen und damit, weil der Präsenz-Begriff einen Substanz-Begriff voraussetzt, indirekt auch gezeigt, dass ein mit dem Begriff der Substanz verbundener Begriff der Form längst unhaltbar geworden sei.

Luhmanns zugunsten des Konstruktivismus gegebener Verweis auf den schlechten Ruf der Ontologie brauchen wir wohl nicht ausführlich zu diskutieren. ›Schlechter Ruf‹ oder ›guter Ruf‹ haben noch nie systematische Argumente ersetzen können – und so sehe ich denn in dieser Geste nicht mehr als ein Anzeichen für Luhmanns schlechtes Gewissen angesichts der eigenen realistischen oder ontologischen Anfechtungen. In anderen Zusammenhängen übrigens – in größerer Entfernung von den Naturwissenschaften – benutzt Luhmann in aller Ruhe eine Begrifflichkeit, welche der aristotelischen Tradition denkbar nahekommt. Etwa definiert er das Verhältnis von ›Medium‹ und ›Form‹ als Verhältnis zwischen Systemen, deren Elemente lose gekoppelt sind (›Medium‹), und Systemen, deren Elemente eng gekoppelt sind (›Form‹), so dass eine ›Einprägung‹ von Formen in Medien stattfinden kann – was den neuen Medien-Begriff zu einem Synonym des aristotelischen Substanz-Begriffes macht. Die Annahme einer spezifischen Adäquanz zwischen der Komplexität moderner Gesellschaften und einem entsubstantialisierten Formbegriff, Luhmanns zweites Argument zugunsten des Konstruktivismus, ist schon deshalb nicht akzeptabel, weil es die Möglichkeit ebenjenes Weltbezugs als gegeben voraussetzt, von dessen Verlust sowohl der Konstruktivismus als auch die Ontologie-Sehnsucht in unserer Gegenwart ausgehen.

Etwas komplizierter verläuft natürlich die Auseinandersetzung mit Luhmanns Bezug auf die Kritik des Präsenz-Begriffes bei Jacques Derrida (vor allem in dessen frühem Buch *Die Stimme und das Phänomen*). Hier kann man, glaube ich, belegen, dass Derridas Polemik nicht auf den mit dem Substanz-Konzept verbundenen aristotelischen Präsenz-Begriff zielt, sondern allein auf den vor allem im deutschen Idealismus (und dann weiter bei Husserl) ausgearbeiteten Begriff der vollen Selbst-Präsenz. Die Annahme der Möglichkeit völliger Selbst-Präsenz, so Derrida, sei suggeriert worden durch die Verallgemeinerung des Modells mündlicher Kommunikation zum Modell schlechthin für menschliche Interaktion. Dieses Modell lege es nahe, die Möglichkeit, sich selbst zu hören (Struktur der Selbstreflexivität), und die scheinbare Immaterialität der Stimme (geistiger Charakter der Selbstreflexion) für bare Münze und als stets gegeben zu nehmen – und andererseits das Schwinden solcher Selbst-Präsenz (mit dem Verhallen der Stimme) und ihren unvermeidlich fragmentarischen Charakter (man hört in jedem Moment nur einen minimalen Teil der jeweiligen Äußerung) zu übersehen. Konzentrieren wir uns hingegen auf die vom ›Logozentrismus‹, wie Derrida sagt, vernachlässigte Äußerlichkeit der Zeichen und auf die Materialität der Stimme, dann tritt gerade die Unmöglichkeit völliger Selbst-Präsenz als Erfahrung in den Vordergrund. Mit anderen Worten: Derridas Kritik der (Selbst-)Präsenz ist nicht nur nicht – wie Luhmann unterstellt – eine Kritik des mit dem Substanzbegriff verbundenen Präsenz-Begriffs. Sie legt im Gegenteil eine Neubefassung mit ontologieverdächtigen Aspekten von Texten – wie Äußerlichkeit, Materialität oder Substanz – nahe.

Dieses Motiv der ›Äußerlichkeit‹ im Werk des frühen Derrida ist übrigens längst aus seinem Blick verschwunden – und ich vermute, dass dieser Verlust vor allem zu tun hat mit der Total-Absorption von Derridas Philosophie in der Sphäre von Literaturwissenschaft und Interpretation (also mit den hermeneutisierenden Effekten der Geisteswissenschaften). Aber selbst wenn Derrida ein Leben lang an Aspekten der ›Äußerlichkeit‹ weitergearbeitet hätte – es kann nicht einfach darum gehen, seine Autorität gegen die andere Autorität von Luhmann auszuspielen. Was mich hier wirklich interessiert, ist die nun schon mehrfach gemachte Beobachtung, dass in konstruktivistisch oder hermeneutisch programmierten Kontexten plötzlich Aspekte von Äußerlichkeit, Präsenz oder Substanz einbrechen. Das sind Aspekte, mit denen die Dimension der Wahrnehmung wiederkommt, also auch das ungelöste Problem der Vermittlung von Wahrnehmung und Erfahrung – und mithin vielleicht sogar eine Gelegenheit, das Verhältnis zwischen Naturwissenschaften und Geisteswissenschaften neu zu denken.

7.

Der vorbewusste Zielpunkt in den epistemologischen Diskussionen unserer Gegenwart könnte, denke ich, eine dritte Position sein, eine Position, die weder konstruktivistisch noch ontologisch ist – ohne aus einer ›Vermittlung‹ von Konstruktivismus und Ontologie hervorzugehen. In Rückwendung auf den Äußerlichkeits-Aspekt im Werk des frühen Derrida hat der amerikanische Germanist David Wellbery ein interessantes Gedankenexperiment in dieser Richtung vollzogen. Wellbery fragt sich, in welchen Dimensionen wir eine beschriebene oder bedruckte Seite erleben, wenn es uns gelingt, die über sie verteilten Zeichen nicht zu entziffern, sondern uns auf ihre Äußerlichkeit zu konzentrieren. Wellberys Ergebnis ist die Entfaltung eines sehr spezifischen Präsenz-Begriffs. Im Erleben der Äußerlichkeit der Seite betont Wellbery erstens den Aspekt der Singularität (während Seiten, die wir lesen, uns so lange ›dieselben‹ zu sein scheinen, wie sich die zu erschließende und erschlossene Bedeutung nicht verändert). Zweitens sieht Wellbery Kontingenz (die Verteilung der gedruckten oder geschriebenen Grapheme über die Seite erscheint – aus der Perspektive der Äußerlichkeit – willkürlich und unvorhersehbar). Drittens entdeckt er Akzidentalität (womit Wellbery eine gewisse Komponente von ›Ereignishaftigkeit‹ im Wahrnehmen der Seite unterstreichen will, mit anderen Worten: die Unmöglichkeit, jene Singularität in der Äußerlichkeit einer Seite vorwegzunehmen, und deshalb die Möglichkeit, von ihrer Wahrnehmung überrascht, berührt, verstört zu werden).

Was mich an Wellberys Überlegungen vor allem interessiert, ist die Verbindung der Begriffe ›Form‹ und ›Substanz‹ mit der Dimension des Ereignishaften. Ich entdecke diese Konstellation – gegenüber Wellbery stark variiert – wieder bei dem französischen Philosophen Jean-Luc Nancy, einem Vertreter der ›zweiten Generation‹ innerhalb des von Derrida lancierten Denkstils der Dekonstruktion. Nancy, der schon des Öfteren verschüttete Aspekte von Derridas Frühwerk zurück in die Diskussion gebracht hat, unterstreicht hier, dass unsere gegenwärtige kulturelle und epistemologische Situation durch ein Begehren nach Präsenz gekennzeichnet sei. Dieses Begehren aber kann sich selbst – der Unmöglichkeit seiner Erfüllung mehr oder weniger bewusst und im Gegensatz zum mittelalterlichen Theologem von der ›Realpräsenz‹ Gottes – immer nur als ›Geburt zu‹ oder ›Entfernung von Präsenz‹ erleben, anders gesagt: als Oszillation zwischen diesen beiden Polen und Richtungen des Erlebens, als asymptotische Annäherung an oder als momenthaftes Aufblitzen von Präsenz. Die verschiedenen Modalitäten der ›Geburt zur Präsenz‹ lassen sich, wie Nancy sagt, in die Begriffe eines Kompromisses auseinanderfalten – obwohl sie natürlich nicht das Ergebnis eines Kompromisses sind. Form-mit-Substanz-als-Ereignis hat Präsenz, nimmt Raum in Anspruch, ist daher berührbar und kommt so dem Wunsch nach Ontologie entgegen. Aber Form-mit-Substanz-als-Präsenz währt zugleich auch nur so kurz, dass es bloß als Annäherung an Präsenz erfahren wird – und das ist ein Realitätsgrad, mit dem wahrscheinlich sogar Konstruktivisten leben können. Dispositive zur Produktion von Präsenz hat es mit an Gewissheit grenzender Wahrscheinlichkeit in allen Kulturen gegeben, und was sie hervorbringen – etwa Musik oder jede andere Art von Performanz –, lässt sich keinesfalls in Bedeutung umsetzen, weist Interpretation prinzipiell ab.

Doch es scheint mir plausibel zu sein, dass Rituale der Produktion, der Geburt und des Schwindens von Präsenz in der heute global sich herausbildenden Unterhaltungsindustrie (und ich gebrauche das Wort ohne Wert-Vorurteil) einen besonders breiten Raum einnehmen, einen breiteren Raum als in den meisten Kulturen der Vergangenheit. Was Sportzuschauer erleben, ist die Epiphanie von verkörperten Formen-in-Bewegung, die als Formen-in-Bewegung keine stabile Präsenz haben. Man könnte spekulieren, dass die wachsende Beliebtheit von Action-Filmen Teil desselben Paradigmas ist. Denn diese Filme leben, wenn es sich so formulieren lässt, von einer Anhäufung der Akzidentalitäten. Ihr Plot ist nicht mehr als eine rudimentäre Struktur, welche allein die Aufreihung von immer neuen Form- und Ton-Ereignissen möglich macht. Keine noch so auffällige Unwahrscheinlichkeit des Plots würde je die Wirkung dieser Form- und Ton-Ereignisse schwächen, woraus sich folgern lässt, dass diese Ereignisse nicht mehr irgendwelche Wirklichkeiten repräsentieren, sondern allein ihre eigene Erscheinung und ihre eigene Gegenwart hervorbringen.

›Emergenz‹, ein Wort, das jüngst eine steile, aber unauffällige Karriere in den wissenschaftlichen Diskursen gemacht hat, ist ein passender Oberbegriff für das, was ich bisher ›Produktion von Präsenz‹ und ›Form als Ereignis‹ genannt habe. ›Emergenz‹ ist verschieden von ›Entwicklung‹, weil es bei Emergenz nicht um die Veränderungen eines Phänomens geht, sondern um sein Heraufkommen, um seine Erscheinung, seine Epiphanie. ›Emergenz‹ weist die Fragen nach Ursprung und Ziel solchen Heraufkommens ab. ›Emergenz‹ ist nicht bewirkt von einem handelnden Subjekt. Was immer emergiert, ist Substanz und wird deshalb präsent, und zugleich hat es in jedem Augenblick eine (in beständiger Veränderung befindliche) Form. Was emergiert, ist unvermeidlich, wie man in der Medizin sagt, ein ›raumfordernder Prozess‹.

Leider weiß ich einfach zu wenig von der Vergangenheit und

Gegenwart naturwissenschaftlicher Forschung, um behaupten zu können, dass das Paradigma der Emergenz dort heute eine außergewöhnlich prominente Rolle spielt. Aber immerhin kann ich berichten, dass eines der (im schlicht quantitativen Sinn) größten naturwissenschaftlichen Forschungsinstrumente der Welt, der Teilchenbeschleuniger auf dem Campus der Stanford University – auf ganz verschiedenen Ebenen – zur Herstellung und Rekonstruktion von Emergenzen benutzt wird. Ein zentrales Ziel der dort arbeitenden Physiker ist die Produktion immer neuer Elemente (mit immer höherem Ziffernindex im periodischen System), und diese Elemente sind, wenn sie denn zustande kommen, so kurzlebig, dass man sie in der Tat als Metaphern für Nancys Begriff der Geburt und des Schwindens von Präsenz verwenden könnte. Die weiteren Teiluntersuchungen lassen sich dann subsumieren unter dem übergeordneten Ziel, ein Wissen und einen Diskurs hervorzubringen, die in unserer Kultur das Äquivalent zu dem sein könnten, was das Buch *Genesis* des Alten Testaments in der westlichen Tradition war. Das verspricht ein Diskurs von der Emergenz des Seins (nicht der Wahrheit) zu werden, ein Diskurs von der Emergenz des Seins als Präsenz, ein Diskurs von der Emergenz des Seins als einer Präsenz, die zu keinem Augenblick ›volle Präsenz‹ war oder sein wird. Denn mittlerweile hat man offenbar den Gedanken an den Ursprung der Welt in einem einzigen *big bang* aufgegeben und durch Spekulationen über ein Netzwerk (oder eine Kettenreaktion) von *big bangs* ersetzt. Zugleich scheint sich die Vision eines in beständiger – nie begonnener und nie endender – Ausdehnung befindlichen Universums durchzusetzen. Diese Vision macht es denkbar, dass die Welt, statt in Prozessen der Emergenz präsent zu werden, selbst Emergenz ist.

8.

Das Beispiel der Arbeit am Teilchenbeschleuniger mag Geisteswissenschaftlern die normalerweise sehr willkommene Gelegenheit bieten, sich – wie ich meine: mit den Gesten armer Verwandter – in die intellektuelle Welt der Naturwissenschaftler einzuklinken. Zum Beispiel kann man etwas altklug daran erinnern, dass Naturwissenschaftler hier (das Äquivalent von) Theologie betreiben. Aber das wissen sie selbst natürlich schon längst – und manchmal feiern sie es sogar mit etwas peinlichem Enthusiasmus als ihre wichtigste Aufgabe. Alternativ könnte man den Naturwissenschaftlern natürlich auch Einführungskurse in die Erzähltheorie anbieten (vielleicht sogar auf ›konstruktivistischer Grundlage‹), um ihnen emanzipatorische Impulse zur freien Variation ihrer Diskurse zu geben. Aber auch das wäre ein Ziel untergeordneten Prioritätsgrades, weil ja nun wirklich nicht ausgemacht ist, dass Geisteswissenschaftler im Allgemeinen bessere Autoren sind als Naturwissenschaftler (die Anekdote von Alan Sokal und *Social Text* legt eher das Gegenteil nahe).

Statt auf sich anbiedernde Komplementarität möchte ich deshalb auf eine – meines Wissens kaum je bemerkte (oder gar analysierte) – Parallele zwischen Naturwissenschaften und Geisteswissenschaften in unserer Gegenwart setzen. Ich möchte behaupten, dass das Paradigma ›Emergenz‹ heute auch in den Geisteswissenschaften eine zunehmend gewichtige Rolle spielt, und zwar im Kontext einer Umorientierung von Sinn-Identifizierung (Interpretation, Hermeneutik) hin zu Fragen, welche mit Sinn-Emergenz – auf transzendentaler und auf historisch spezifizierender Ebene – zu tun haben. Um diese Beobachtung einigermaßen klar beschreiben zu können, muss ich zum letzten Mal etwas ausholen, das heißt, ich werde mit einer anderen Beobachtung beginnen, und zwar mit der Beobachtung einer Auseinanderentwicklung verschiedener Forschungs- und Reflexionsfelder innerhalb der Geisteswissenschaften. Diese Auseinanderentwicklung (und ich versuche – auch ein letztes Mal – einen üblicherweise pejorativ besetzten Begriff ohne pejorative Konnotationen zu verwenden) lässt sich, glaube ich, gut fassen, wenn man einen von ihr gänzlich unabhängigen terminologischen Vorschlag des dänischen Linguisten Leo Hjelmslev aufgreift. Hjelmslev benannte die seit Ferdinand de Saussure gängig gewordene Unterscheidung von ›Signifikant‹ und ›Signifikat‹ (ohne weitere Bedeutungsveränderung) in ›Inhalt‹ und ›Ausdruck‹ um, und er kombinierte die ›Inhalt-Ausdruck‹-Unterscheidung – in für meine Argumentation besonders interessanter Weise – mit dem aristotelischen Binarismus ›Form‹ und ›Substanz‹. Diese Kombination bringt vier Begriffe hervor: Inhalts-Substanz und Inhalts-Form, Ausdrucks-Substanz und Ausdrucks-Form. Inhalts-Substanz sind Bewusstseinsinhalte in sozusagen ›unbearbeiteter‹ Ursprungsform (Träume, bevor sie erzählt werden, etwa oder all das, was wir ›Imaginationen‹ nennen). Inhalts-Form sind im Bewusstsein und durch das Bewusstsein strukturierte, aber noch nicht in einem Akt der Äußerung materialisierte Bewusstseinsinhalte (Trauminhalte, die man sich für ein Traumprotokoll ›zurechtgelegt‹ hat, in einen potentiellen Romanplot ›umgesetzte‹ Imaginationen). Ausdrucks-Substanz sind all jene Dinge, die bereitstehen müssen, damit Bewusstseinsinhalte über Zeichen artikuliert werden können, ohne dass diese Dinge schon selbst Signifikanten sind (Stimme, Farbe, Bleistifte, Schreibmaschinen, Hardware). Ausdrucks-Form ist das Repertoire von wahrnehmbaren Formen, in denen sich Inhaltsformen artikulieren können (das Alphabet und die verschiedenen Typen, die ein Computer-Programm anbietet, Stimmlagen, die komplexe Hierarchie von Unterscheidungen innerhalb der Formen von Musik). Wir könnten das nun entstandene viereckige Schema und die ihm implizite Auseinanderentwicklungs-These mit einer fast unendlichen Zahl von Beispielen belegen. Derrida mit seinem (Nicht-)Begriff der ›*différance*‹ und die gegenwärtigen Theoretiker der Imagination stehen für Inhalts-Substanz. De Man, Foucault und der Diskursbegriff konkretisieren Inhalts-Form. Auf dem Feld der Ausdrucks-Substanz haben Paul Zumthor über die menschliche Stimme und Friedrich Kittler oder Flora Süssekind über alle Arten von Schreib-Maschinen geforscht. Schließlich befasst sich Philologie im klassisch(st)en Sinn des Wortes mit Ausdrucks-Form – und das gilt auch für die neuesten Reinkarnationen dieser Disziplin, die Manuskript-orientierte *New Philology* unter amerikanischen Mediävisten und die ebenfalls auf Manuskript-Analysen zentrierte *critique génétique* in Frankreich. Woran mir aber nun primär liegt, ist weder die Auseinanderentwicklung der Forschungsfelder noch die Attribution von Forscher-Namen auf sie. Woran mir liegt, ist die Tatsache, dass diese Auseinanderentwicklung der Felder (und ihre Zahl ist natürlich zufällig) drei Fragen möglich macht, welche – zusammengenommen – die Frage der Emergenz von Sinn diskutierbar werden lassen: Wie ist es möglich, dass Inhaltsformen aus Inhaltssubstanzen hervorgehen (›emergieren‹)? Wie ist es möglich, dass Ausdrucksformen aus Ausdruckssubstanzen hervorgehen (›emergieren‹)? Wie ist es möglich, dass sich Inhaltsformen und Ausdrucksformen zu Zeichen (in denen sie wechselseitig gekoppelt sind) zusammenschließen? Auch wenn dies täglich und stündlich geschieht, glaube ich, dass man – zumindest – über Inhaltssubstanz oder Ausdruckssubstanz nicht reden sollte, ohne Naturwissenschaftler zu Rate zu ziehen. Denn Inhaltssubstanz hat mit Funktionen und mit der Leistungsfähigkeit des Hirns zu tun, Ausdruckssubstanz (hauptsächlich) mit mehr oder weniger komplexen Technologien.

Aber vielleicht ist die neue Konzentration auf Fragen der Emergenz von Sinn noch zu ausschließlich auf den Sinn-Begriff bezogen. Vielleicht sollten in der Zukunft die Analysen der Produktion und der Choreographien jener Phänomene im Vordergrund stehen, auf die ich mich vorher als ›Form als Ereignis‹ oder ›Produktion von Präsenz‹ bezogen habe. An dieser Stelle unterbreche ich mich ein zweites Mal – und noch einmal abrupt (wenn es überhaupt möglich sein sollte, sich selbst abrupt zu unterbrechen). Jene Elemente aus der Epistemologie unserer Gegenwart, die in Bezug auf mein Hauptargument interessieren, sind bereits in der Kurzbeschreibung der zwanziger Jahre erwähnt worden. Zugleich weiß heute niemand wirklich, wohin der nächste Schritt in der Entwicklung (Emergenz?) der Geisteswissenschaften führen wird. Es bleibt mir also – außer dem schon häufig Gesagten – kaum etwas zu sagen übrig.

4
Die Aufgabe der Geisteswissenschaften heute*

I.

Wenn man anfängt, über ein so breites Thema wie das der ›Aufgabe der Geisteswissenschaften heute‹ nachzudenken, wird einem sehr schnell schwindlig zu Mute. Diese Benommenheit führt fast zu einer Art Betäubung, einem Gefühl, wie Niklas Luhmann mal gesagt hat, »als ob der Kopf mit Schaum gefüllt wäre«. Es kommen einem einfach zu viele Dinge in den Sinn – und es sind kaum Strukturen in Sicht, die einem helfen könnten, diese Assoziationen in eine ordentliche Reihenfolge zu bringen. Aber warum ist es so besonders schwierig, warum fühlen wir so einen erstaunlichen Mangel an Konturen, wann immer wir über die Geisteswissenschaften im Allgemeinen und über die Aufgabe der Geisteswissenschaften im Besonderen sprechen?

Ein überraschend offensichtlicher Grund liegt in den fast dramatischen Veränderungen, die die Bedeutung dieses Wortes (und seinem Äquivalent in verschiedenen Sprachen) in unterschiedlichen akademischen oder kulturellen Kontexten mitmacht. Wenn man zum Beispiel im angloamerikanischen Kontext über die Geisteswissenschaften (*Humanities*) redet, ist die vorherrschende Assoziation die der Kunst – eine Assoziation, die man übrigens als ein Echo der Struktur der mittelalterlichen Universität betrachten kann. Akademische Fächer wie ›Kunstgeschichte‹, ›Musikwissenschaft‹ oder ›Literaturgeschichte‹ werden hier mit den darstellenden Künsten assoziiert. Es ist für eine amerikanische universitäre Einrichtung ganz normal, dass sie (wenn sie es sich finanziell leisten kann) ein Institut für Musikwissenschaften hat, das mit einem Konservatorium verbunden ist, ein Institut für Kunstgeschichte, das mit praktischen Zeichenkursen einhergeht, oder ein Institut für Theaterwissenschaften, das Theatergeschichte mit Inszenierungen kombiniert. Die Hauptfunktion, die dieser Verbindung von Geisteswissenschaften und Kunst zugeschrieben wird, liegt in der

* Dieser Aufsatz entstand aus den Notizen für einen Vortrag, den ich am 7. September 2001 an der Universität von Kopenhagen zu diesem Thema gehalten habe.

Rolle, die sie im Unterricht für die *undergraduates* spielt, also für die Studenten, die den ersten akademischen Abschluss (den B. A.) anstreben. Natürlich gibt es auch in den Geisteswissenschaften Studiengänge für *postgraduates* (also Studenten, die einen weiteren akademischen Grad erwerben wollen), aber die erste Assoziation, die einem in den Sinn kommt, ist die zwischen den Geisteswissenschaften und dem *College*, also den ersten vier Jahren des Universitätsstudiums. In Europa scheinen nur wenige zu verstehen, dass es im *College* nicht um eine Art Berufsausbildung geht. Das Ideal eines *College* steht dem kontinentalen Konzept von Bildung nahe, wenn es auch wenige explizite oder programmatische Ähnlichkeiten gibt. Das Wissen, das man im College erwirbt, soll zur Gestaltung der Persönlichkeit beisteuern. Ich will natürlich nicht behaupten, dass das in den angloamerikanischen universitären Systemen immer funktioniert; ich beschreibe nur ein Ideal.

Wie Sie vielleicht wissen, gibt es im französischen Kontext kein Äquivalent für den englischen Ausdruck *humanities and arts*. Die französische Bezeichnung für das ungefähr äquivalente Fächergebilde ist *les sciences humaines* – und Michel Foucaults Buch *Les Mots et les choses* (dt. *Die Ordnung der Dinge*) von 1966 ist ein hervorragender Versuch, die Genealogie dieser Institution zu exhumieren. Obgleich es Foucaults Anliegen war, eine Geschichte der *sciences humaines* in Europa zu schreiben, ist die Beschreibung im Ergebnis doch der französischen Situation deutlich näher – nah genug jedenfalls, uns wieder einmal zu verdeutlichen, dass sich nicht nur die Bezeichnungen, sondern auch die Grundkonzepte dieses Fächergebildes von Nation zu Nation unterscheiden. Foucault zufolge zeichnen sich die *sciences humaines* durch eine spezifisch selbstreflexive Konfiguration aus, in der das menschliche Subjekt zugleich Beobachter und Objekt der Beobachtung ist und die den menschlichen Körper radikal ausschließt (der Körper wird in der Folge zu einem Bezugsobjekt solcher Fächer wie Biologie oder Medizin). Es sollte auch betont werden, dass die französische Tradition das Wort *science* in diesem Kontext ähnlich wie die deutsche Tradition oder das dänische Universitätssystem benutzt, wohingegen der Begriff eigenartig klingt, wenn man ihn auf die *humanities* im angloamerikanischen Kontext anwendet. Während es daher in der französischen, deutschen oder dänischen Tradition ganz normal ist, in den Geisteswissenschaften von ›Forschungen‹ zu sprechen, wäre der Begriff *research* im Kontext der angloamerikanischen *humanities* unangemessen. Ich will damit natürlich nicht sagen, dass ich, als aus mir ein amerikanischer Professor wurde, aufgehört habe zu forschen – aber mein Diskurs der Selbstbeschreibung hat sich tatsächlich ganz gründlich geändert. Als drittes und letztes Beispiel für die nationalen Unterschiede in Gestaltung und Verständnis der Geisteswissenschaften möchte ich Ihre Aufmerksamkeit auf den deutschen Begriff Geisteswissenschaften lenken, der Wissenschaft vom Geist. Wilhelm Dilthey, damals Philosophieprofessor in Berlin, führte um 1900 nicht nur dieses Wort, sondern damit verbunden auch eine spezifische akademische Agenda ein. Wenn Dilthey damit auch nicht den Fächerkanon der Geisteswissenschaften auf den menschlichen Geist und was immer damit zusammenhängt und daher interpretiert werden kann, reduzieren wollte, reagierte er doch – mit einer Geste der Sezession – auf den Druck, der von den damals triumphierenden Naturwissenschaften ausging. Die erste Konsequenz dieser enormen nationalen Unterschiede in unserem Verständnis der Geisteswissenschaften liegt in der Einsicht, dass es keine alleingültige Antwort auf die Frage nach der Aufgabe der Geisteswissenschaften geben kann. Jede denkbare Antwort ist immer schon von einem spezifischen kulturellen Hintergrund gefärbt. Selbst wenn ich mein Bestes täte, würden Sie also wahrscheinlich bemerken, dass das, was ich zu sagen habe, von meinem derzeitigen amerikanischen Umfeld und ebenso von meiner akademischen Ausbildung in Deutschland geprägt ist. Es ist in diesem Kontext übrigens besonders interessant für mich, wieder und wieder zu erfahren, wie sehr das Denken über akademische Strukturen in Dänemark von einer produktiven Spannung zwischen einer unbestreitbar deutschen Tradition und einem klar stärkeren angloamerikanischen Einfluss auf die gegenwärtige Situation gekennzeichnet ist.

Ein zweiter Grund für die Benommenheit, die wir fühlen, wenn wir über die Geisteswissenschaften insgesamt sprechen wollen, hat mit einer immer größeren Vielfältigkeit und Vielseitigkeit der institutionellen Formen zu tun, mit der Akademiker und Administratoren in den verschiedenen nationalen Kontexten auf die verschiedenen nationalen Konzeptionen der Geisteswissenschaften zu reagieren versuchen. In der amerikanischen universitären Szene (und ihre interne Vielfalt ist viel zu dramatisch, als dass ich es je wagen könnte, von dem ›amerikanischen Universitätssystem‹ zu reden) gibt es eine Tendenz, die Geisteswissenschaften in sehr große Organisationsgebilde zu integrieren. Stanford University, meine eigene Institution, entschied sich zum Beispiel vor etwa einem halben Jahrhundert, eine Fakultät zu gründen, in der Geistes- und Naturwissenschaften unter einem institutionellen Dach zusammengebracht werden, eine Fakultät, die für mehr als 80% der *undergraduate*-Ausbildung auf dem Campus verantwortlich ist. In der Ivy-League-Tradition, also in *Yale*, *Harvard*, *Princeton* und so weiter, werden die Geisteswissenschaften hauptsächlich mit den institutionellen Strukturen des *College* assoziiert (das – und dies ist ein weiteres idiosynkratisches Phänomen – in Stanford als offizielle strukturelle Designation gar nicht existiert). Wenn ich das jetzt nicht durcheinanderbringe, wird die institutionelle Position der Geisteswissenschaften in Frankreich zumindest heute von einer Tradition geprägt, die, ausgehend von den sechziger und siebziger Jahren, die Geisteswissenschaften mit den so genannten Sozialwissenschaften zusammenführt. Während die Sozialwissenschaften natürlich nicht in den sechziger und siebziger Jahren gegründet wurden, war dies doch ein Zeitpunkt, als viele Akademiker und Administratoren glaubten, dass die Zukunft der Geisteswissenschaften hauptsächlich von den Sozialwissenschaften abhängig wäre. Um jedoch beweisen zu können, zu welchem erstaunlichen Grad solche Entwicklungen spezifisch sind und sogar von zufälligen Umständen abhängen, lassen Sie mich eine Hypothese formulieren: dass nämlich die Bedeutung der Sozialwissenschaften für das Verständnis der Geisteswissenschaften in Frankreich zum Teil mit dem einzigartigen institutionellen und politischen Einfluss zu tun haben könnte, den Pierre Bourdieu, einer der führenden Soziologen von Weltrang seiner Generation, in seinem eigenen Land entfaltet hatte. Wenn man sich zur Situation in Deutschland wendet, sieht man, dass – entgegen der doch ganz anderen Tradition – in den letzten zehn oder fünfzehn Jahren eine Tendenz entstanden ist, die Geisteswissenschaften in relativ kleine institutionelle Gebilde aufzubrechen. Während die traditionelle Struktur bis vor zwanzig oder dreißig Jahren eine ›philosophische Fakultät‹ vorsah, die mehr oder weniger inhaltsgleich war mit allen geisteswissenschaftlichen Fächern, findet man heute Fakultäten, die kaum größer sind als die jeweils einzelnen Fächer. Dies hat indirekt dazu geführt, dass die

Philosophie als intellektuelle Tradition und als Fach allmählich ihre zentrale Position verloren hat, die sie seit der Zeit des deutschen Idealismus im frühen 19. Jahrhundert innehatte (und auf die sich viele deutsche Gelehrte bezogen, indem sie die Rolle des ›Organon‹ der Geisteswissenschaften der Philosophie zuwiesen).

Diese Vielfalt der national spezifischen institutionellen Strukturen, in die die Geisteswissenschaften zergliedert wurden (eine Vielfalt, die noch breiter ist als die spezifisch nationalen Konzeptionen der Geisteswissenschaften), hat als eine weitere Konsequenz zur Folge, dass wir keinen gemeinsamen Ansatzpunkt, keinen gemeinsamen Level für eine Reform der Geisteswissenschaften voraussetzen können. Obgleich es im weiteren Verlauf der Argumente meinem Vortrag unmöglich sein wird, diesen Grad der Ausdifferenzierung beizubehalten, muss der Unterschied doch in der gegenwärtigen institutionellen Situation bei jedem Restrukturierungsversuch in Betracht gezogen werden. Lassen Sie mich dem noch eben hinzufügen, dass meine Beobachtung sicherlich von jeder Studie der nationalen Geschichten individueller Fächer innerhalb der Geisteswissenschaften bestätigt werden würde. Um Ihnen nur ein Beispiel zu geben: Auch wenn leicht zu beweisen ist, dass die Literaturwissenschaft, als sie in Deutschland gerade entstand, also in den zwanziger Jahren des 19. Jahrhunderts, inhaltsgleich war mit der Literaturgeschichte, waren die Ursprünge dieses Faches in anderen nationalen Kontexten doch gänzlich andere. Man könnte zum Beispiel so weit gehen zu sagen, dass die Literaturwissenschaften im angloamerikanischen Kontext erst in der zweiten Hälfte des 20. Jahrhunderts ein ehrliches Interesse für historische Probleme entwickelten. Bis dahin, d.h. ab Mitte des 19. Jahrhunderts, war die Diskussion von Literatur hauptsächlich von ethischen Belangen angetrieben worden, die selbst das Resultat der zentralen Position der Literatur innerhalb der ethischen Komponenten der *College*-Ausbildung waren.

Ein dritter Grund für die Benommenheit, die ich mit dem Nachdenken über die Geisteswissenschaften assoziiere, wird tautologisch scheinen: Ich beziehe mich auf die Tatsache, dass in fast erstaunlichem Grade alle Bemerkungen, die in den letzten Jahren von Akademikern, Administratoren und Politikern über die Geisteswissenschaften gemacht wurden, seltsam vage und verallgemeinert klingen. Gestatten Sie mir, eine kleine Kollektion von

Highlights zu präsentieren. Eine erfolgreiche Strategie innerhalb der deutschen Debatten ist zum Beispiel schon seit längerer Zeit zu behaupten, dass die Geisteswissenschaften ›Orientierung in einer zunehmend komplexen Welt‹ bieten sollen. Kann man sich eine weniger präzise Aussage denken? Zumindest hat bislang noch niemand in dieser Debatte erklärt, was eigentlich mit dieser ›zunehmenden Komplexität‹ der zeitgenössischen Welt gemeint ist – und noch weit weniger Anstrengung wurde unternommen, darüber zu spekulieren, warum ausgerechnet die Geisteswissenschaften in der Lage sein sollten, einen Ausgleich zu schaffen. Ebenso vage klingt das in Frankreich und Deutschland gern vorgebrachte: ›Die Geisteswissenschaften sollen den Schaden kompensieren, der uns von den Naturwissenschaften und der Technologie zugefügt wird.‹ Wenn man bedenkt, dass man kaum je eine Spezifikation des genannten ›Schadens‹ findet, bin ich pessimistisch, was unsere Möglichkeiten angeht, dieses ehrgeizige Programm zu erfüllen. Und warum, frage ich wieder, sollten ausgerechnet die Geisteswissenschaften spezifisch qualifiziert sein, solche dem sozialen Körper zugefügten Wunden zu ›kompensieren‹? Schließlich wurden die Geisteswissenschaften in der von dem Philosophen José Ortega y Gasset ausgehenden spanischen Tradition dafür gelobt, ›Kultur‹ statt ›Zivilisation‹ zu erzeugen. Natürlich ist die Implikation, dass Kultur der Zivilisation überlegen ist, nur ist (unglücklicherweise) nie ganz klar geworden (zumindest mir nicht), worin nun eigentlich der Unterschied zwischen diesen beiden Konzepten besteht.

Das Bild wird nur noch banaler – und hoffnungsloser –, wenn wir uns viertens auf die gänzlich unterschiedliche Art und Weise konzentrieren, in der verschiedene Traditionen über die ›Politik‹ (was immer das Wort hier genau bedeuten mag) innerhalb der Geisteswissenschaften nachgedacht haben. Es gibt zum Beispiel eine weit reichende Zwangsvorstellung, der zufolge die Geisteswissenschaften außerhalb der akademischen Welt als spezifisch revolutionsorientiert und daher als ›Gefahr‹ für den Status quo einer jeden Gesellschaft gelten. Statt solche verrückten Träume politischer Größe zu träumen, würde ich es vorziehen, mehr über die Größe unserer Fächer zu diskutieren (genauer gesagt zum Beispiel über die Konsequenzen des Versuchs, die Einschreibezahlen der Studierenden und des Lehrkörpers hoch- oder runterzuschrauben). Ich gebe zu, dass ich persönlich längst aufgehört habe, jede einzelne Professur, jeden einzelnen Job, jedes einzelne Budget innerhalb der Geisteswissenschaften ohne Wenn und Aber verteidigenswert zu finden. Es scheint mir auch höchste Zeit zu sein, die Welle der ständigen Reformen, der die Geisteswissenschaften seit den späten sechziger Jahren ausgesetzt sind, anzuhalten. Fast alle diese Reformen haben neue Konzepte und Konzeptionen produziert – aber die große Mehrzahl davon blieb leer. Ein Beispiel: Es gibt in Deutschland inzwischen mehrere Universitäten, die ein Diplom für den Beruf des ›Kulturwirts‹ anbieten. Das Wort bedeutet so etwas wie ›Kulturmanager‹ und wurde in Analogie zu den Begriffen ›Betriebswirt‹ oder ›Volkswirt‹ konstruiert (aber kann einen gewissen nicht intendierten komischen Effekt nicht abstreifen, der in diesem Zusammenhang mit dem Wort ›Wirt‹ einhergeht). Nun, problematisch sind Konzept und Berufsidee natürlich nicht aufgrund ihrer Semantik, sondern aufgrund der Tatsache, dass es, genau wie vor dreißig oder vierzig Jahren, keinen Markt für ›Kulturwirte‹ gibt – so dass sowohl die Erfindung solcher Begriffe als auch die Implementierung solcher Ausbildungsprogramme als wirklich unverantwortlich kritisiert werden müssen.

2.

Ich fürchte, dass ich in der Zwischenzeit bei Ihnen ein ähnliches Gefühl der Benommenheit ausgelöst habe – vielleicht sogar von Schwindel –, das so typisch ist für eine allgemeine Diskussion über die Geisteswissenschaften. Im Folgenden werde ich mich also auf das konzentrieren, was heute mein eigentlicher Auftrag ist, d. h. die Frage, was denn nun die *Aufgabe* der Geisteswissenschaften sein könnte. Ich sollte zunächst betonen, dass dies – vielleicht unglücklicherweise – eine reale Frage ist und keineswegs eine rhetorische Frage, auf die wir alle die Antwort wissen. Die drei letzten Teile meines Vortrags sollen daher dem Versuch gewidmet sein (und es wird nur ein vorsichtiger Versuch sein), eine vorläufige Antwort zu finden. Ich will mit einem Bezug auf die drei großen Klassiker des Reflektierens über die Aufgabe der Universität beginnen, und diese drei Klassiker sind: Wilhelm von Humboldt (hauptsächlich seine berühmte *Gedenkschrift* zur Gründung einer Universität in Berlin von 1810). Ohne ihn direkt zu zitieren, beziehe ich mich auch auf Kardinal Newmans Reflexionen über die Gründung einer katholischen Universität in Dublin; außerdem, angesichts meiner deutschen Herkunft wohl unvermeidlich, werde ich auch auf Max Webers berühmten Aufsatz *Wissenschaft als Beruf*, der ursprünglich 1919 als Vortrag für einen Studentenverband der Münchner Universität gehalten wurde, zu sprechen kommen. Im dritten Teil möchte ich Ihnen dann die Umrisse einer Geschichte der Geisteswissenschaften vorschlagen – und ich will versuchen, dies auf einer Abstraktionsebene zu tun, die hoch genug ist, um umfassend zu sein, oder mit anderen Worten, einer Abstraktionsebene, die hoch genug ist, auf die Geisteswissenschaften im Allgemeinen anwendbar zu sein – trotz ihrer regionalen und nationalen Unterschiede. Natürlich unternehme ich diesen Versuch, um eine Grundlage für eine Anzahl von Vorschlägen bezüglich der Aufgabe der Geisteswissenschaften und ihrer Zukunft zu schaffen, die nicht nur lokal spezifisch sein wollen. Ich möchte dann im vierten Teil mit einer Anzahl solcher Vorschläge schließen und werde mich dabei hauptsächlich auf mögliche institutionelle Strukturen konzentrieren.

Bezug nehmend auf eine beeindruckende Tradition der Reflexion über die Aufgabe der Geisteswissenschaften, möchte ich damit beginnen, dass ich drei Perspektiven aufzeige, in denen von Humboldt, Newman und Weber sich anzunähern scheinen. Ihr erstes gemeinsames Prinzip ist, dass die Universität insgesamt – nicht nur die Geisteswissenschaften – sich den offenen Fragen widmen sollte. Diese ›offenen Fragen‹ bewegen sich hier auf zwei Ebenen: zum einen Fragen, für die wir noch Antworten finden können, und zum anderen Fragen, die sich ultimativ jeder Anstrengung, definitive Antworten zu finden, widersetzen werden. Von Humboldt trifft eine dezidierte Unterscheidung, indem er erklärt, dass eine Frage, sobald wir den Eindruck haben, sie wäre beantwortet, nicht länger im Kontext einer universitären Diskussion behandelt werden sollte. Interessanterweise sollten die Studierenden in den Kontext dieser intellektuellen Unsicherheit mit einbezogen werden. Dies ist auch der Grund dafür, dass es deutschen Professoren bis heute offiziell nicht gestattet ist – wenngleich sich kaum noch jemand um diese Regel schert –, jemals eine Vorlesung zu wiederholen. Eine Wiederholung würde nämlich einen unerwünschten Grad an Gewissheit implizieren. Zweitens begreifen von Humboldt, Newman und Weber die Universität als Lebensform, die nur in der unaufhörlichen Interaktion zwischen Lehrenden und Studierenden realisiert wird. Besonders für von Humboldt liegt das bedeutendste Merkmal einer Universität in der ›Inspiration‹, die der gegenseitige Enthusiasmus zwischen Studenten und Dozenten erzeugen kann – denn da sie zu verschiedenen Generationen gehören, werden sie sich auf unterschiedliche Aspekte und Perspektiven innerhalb einer offenen Frage konzentrieren. Durch diesen Enthusiasmus sollte der intellektuelle Betrieb an der Universität erwartungsgemäß etwa wie ein *perpetuum mobile* rotieren. Von Humboldt fügt hinzu – erstaunlicherweise fügt er hinzu, wenn man bedenkt, dass er aktiv in der Universitätsadministration des preußischen Staates involviert war –, dass eine Berufsausbildung nicht das Ziel der Universität sei. Einige Fakultäten und Fachbereiche mögen eine Berufsausbildung anstreben, aber dies sollte grundsätzlich nicht die Aufgabe der Universität sein, und schon gar nicht die Aufgabe der Geisteswissenschaften. Schließlich ist es wieder von Humboldt, der am deutlichsten betont, dass die Universität von ihren finanziellen Sponsoren (in seinem Fall die verschiedenen Institutionen des Staates) absolut unabhängig sein sollte. Er erklärt im Folgenden, dass diese Trennung paradoxerweise im besten Interesse des Staates sei, denn der Staat brauche die Universitäten als Prinzipien der intellektuellen Unrast, als eine beständige Quelle der Beunruhigung – eine Zielvorgabe, die die Universitäten nicht erfüllen könnten, bekäme der Staat je die Chance, die Universitäten nach seinen eigenen Vorstellungen zu gestalten.

Max Webers *Wissenschaft als Beruf* ist sicherlich unter meinen Referenztexten derjenige, der die produktiv exzentrischsten Ansichten bietet. Traditionelle Interpretationen seines Vortrages nehmen an, dass er auf das Konzept der wertfreien Wissenschaft hin ausgerichtet ist, aber meinem Eindruck nach ist Webers Argumentation sehr viel komplexer. Es verdeutlicht vor allem das Ziel des innovativen Denkens. Überraschenderweise schlägt er jedoch eine strikte Trennung zwischen dem innovativen Wert eines Gedankens und seinem praktischen Nutzen vor. Während er somit behauptet, dass zwischen dem Grad der Innovation und dem Grad der Nützlichkeit nur eine zufällige Beziehung besteht, wählt er das Ziel der Innovation – und die Geschichte der Naturwissenschaften im 19. und 20. Jahrhundert zum Beispiel dient aufs Schönste der Veranschaulichung dieses Vorschlags. Gibt es nach Weber nun eine

Methode, ein Rezept für die Produktion innovativer Gedanken? An diesem Punkt kehrt er zu dem Konzept der spezifischen Lebensform zurück, das wir vorhin als den Konvergenzpunkt zwischen unseren drei Autoren ausgewiesen haben. Als eine Kondition innerhalb dieser Lebensform, die die Produktion innovativer Gedanken erleichtert, sieht Weber eine Regel, die es den Gelehrten erlaubt, etwas zu produzieren, das er ›unangenehme Wahrheiten‹ nennt. Ich glaube nicht, dass das Konzept der unangenehmen Wahrheiten mit dem Konzept des ›Kritischseins‹ identisch ist. Vielmehr – und ich komme am Ende meines Vortrags auf diesen Punkt zurück – assoziiere ich die unangenehmen Wahrheiten mit der Produktion intellektueller Komplexität. Schließlich sind Webers Reflexionen in Metaphern gegründet, die von dem – vielleicht etwas unangenehmen – kulturellen Aroma der Jahre nach dem Ersten Weltkrieg durchzogen sind. Wenn Weber auf der einen Seite sagt, dass es »nicht wichtig ist, seine argumentativen Schwerter für den Kampf mit intellektuellen Feinden zu schärfen«, so betont er doch auf der anderen Seite, dass produktives Denken – in seinem Sinne – »wie ein Pflug« wirken sollte, »der die Erde aufbricht für das kontemplative Denken«. Ich gebe zu, dass die Präzision dieses Bildes einiges zu wünschen übriglässt. Und doch wird deutlich, dass Webers Betonung auf der sozialen Wirksamkeit der Universität als einem Wandlungspotential liegt. Noch einmal: Wir sollten keine Lösungen oder Antworten auf spezifische Fragen von der Universität erwarten, sondern vielmehr eine intellektuelle Unruhe, die unsere Gedanken aktiv und immer in Bewegung hält.

3.

Ohne sie explizit zu zitieren, werde ich gegen Ende meines Vortrags auf von Humboldts, Newmans und Webers Ideen zurückkommen. Sein zentraler Teil wird jetzt jedoch einer Geschichte der Geisteswissenschaften gewidmet sein, die, wie bereits angekündigt, abstrakt genug ist, um eine allgemeine Orientierung bezüglich der Frage zu bieten, womit man in der Überlegung über ihre Aufgabe anfangen sollte und wohin diese Überlegung dann führt. Aus komplizierten Gründen, die in der Tat zu ihrer Entfaltung einige weitere Vorträge benötigen würden, ist es an dieser Stelle notwendig, in die frühe Neuzeit zurückzugehen, genauer zu der Entstehungszeit der *scienza nuova*, der neuen Wissenschaft in den italienischen Stadtstaaten des 14., 15. und 16. Jahrhunderts. Was schien den Zeitgenossen ›neu‹ an dieser Anordnung der Wissensproduktion? Das, was im intellektuellen Leben dieser Epoche, die wir die ›Renaissance‹ nennen, neu war, kann als tief greifende Veränderung in der Selbstreferenz beschrieben werden, im Selbstbild des Menschen (›des Menschen‹ bedeutet hier allerdings ›des Mannes‹: Ich stimme der wichtigen Erkenntnis der feministischen Forschung der letzten Jahrzehnte zu, dass nämlich das ›Subjekt‹ der frühneuzeitlichen Wissenschaft sehr viel männlicher ist – und weit weniger geschlechtsneutral –, als wir das lange Zeit angenommen hatten). Dieses neue Subjekt der ›Wissenschaft‹ begreift sich selbst nun als einen exzentrischen Beobachter der Welt – anstatt Teil des göttlichen Schaffenswerkes zu sein, wie in der im Mittelalter vorherrschenden Annahme. In dieser Lage der Exzentrizität versteht sich das neue Subjekt als Weltbeobachter, als jemand, der Wissen über die Welt schafft, wohingegen im Mittelalter alles erdenkliche Wissen als von göttlicher Offenbarung mitgeteilt galt. Es war dann Descartes, der diese Konzeption des exzentrischen Weltbeobachters als eines ›Wissenschaftlers‹ einen entscheidenden Schritt weiter schob, indem er die Implikation hervorbrachte, dass der exzentrische Weltbeobachter ein rein spirituelles Wesen sei – daher sein berühmtes Motto, »Ich denke, also bin ich«. Das bedeutet, dass es vom 17. Jahrhundert an ein Bewusstsein einer sehr deutlichen Dichotomie gab (einer Dichotomie, auf die wir auch heute noch als das ›Subjekt-Objekt-Paradigma‹ Bezug nehmen) zwischen einem körperlosen Beobachter auf der einen und einer materiellen Gegenstandswelt auf der anderen Seite.

Es war genau diese Konfiguration des Subjekt-Objekt-Paradigmas, die, zu einem sozialen und politischen Programm geworden, die Grundlage für die Aufklärung und die politischen Revolutionen und Reformen bot, die wir mit der Aufklärung assoziieren. Aber es scheint, dass das Subjekt-Objekt-Paradigma in dem Moment seines größten Erfolges, d. h. zu Beginn des 19. Jahrhunderts, eine tiefe Krise durchmachte – und ich behaupte, dass die Geisteswissenschaften heute, in all ihren verschiedenen institutionellen Formen und nationalen Ausprägungen, unweigerlich ein Produkt dieser Krise sind. Anstatt mich an einer wahrscheinlich sinnlosen

Spekulation über die Ursprünge dieser Krise zu versuchen, werde ich mich auf eine kurze Beschreibung des Hauptproblems innerhalb dieser Krise beschränken und dadurch eine Unterscheidung historisieren, die von dem bekannten deutschen Soziologen/Philosophen Niklas Luhmann getroffen wurde, nämlich die Unterscheidung in einen ›Beobachter erster Ordnung‹ und einen ›Beobachter zweiter Ordnung‹. Luhmanns Konzept des Beobachters erster Ordnung ist äquivalent zu der Beschreibung eines frühneuzeitlichen Subjektes, wie ich sie gerade gegeben habe. Was dann zu einer Krise im Subjekt-Objekt-Paradigma führte, war die Entstehung eines Beobachters zweiter Ordnung, d. h. die Entstehung eines Beobachters, der nicht dazu privilegiert, sondern dazu verurteilt war, sich selbst im Akt des Beobachtens zu beobachten. Es gibt in der Tat eine ganze Reihe von Autoren – vor allem im Kontext des deutschen Idealismus –, auf die ich verweisen könnte, um meine Behauptung zu stützen, dass während der ersten Jahrzehnte des 19. Jahrhunderts ein Zwang zur Selbstbeobachtung grassierte: Friedrich Schlegel und Georg Wilhelm Friedrich Hegel sind nur die beiden bedeutendsten Denker, zu deren Werken eine geteilte Leidenschaft zur Selbstreflexion Motiv und Antrieb gab, trotz ihres extrem unterschiedlichen intellektuellen Ansatzes und den noch viel unterschiedlicheren Ergebnissen, die daraus resultierten. Nun schuf diese Selbstreflexion zwei epistemologische Probleme.

Das erste Problem liegt in dem wachsenden Bewusstsein des Beobachters zweiter Ordnung, dass, was immer er ›sieht‹, was immer er im Akt der Selbstbeobachtung für Wissen schafft, von seiner Position, von seiner spezifischen Perspektive abhängt. Ultimativ wird es genauso viele ›Repräsentationen‹ für jedes Bezugsobjekt geben, wie es mögliche Perspektiven gibt – und es ist bereits vorauszusehen, dass diese Einsicht irgendwann zur Auflösung eines jeden Bezugsobjektes führen wird. Hier, behaupte ich, liegt der Ursprung aller Probleme mit dem Konzept der ›Wahrheit‹, mit denen die westliche Philosophie seit ungefähr zwei Jahrhunderten zu kämpfen hat. Das zweite Problem war, dass, entgegen der frühneuzeitlichen Annahme eines ›körperlosen Subjekts/Beobachters‹, ein Beobachter der zweiten Ordnung notwendigerweise den menschlichen Körper als eine Bedingung für die Welt-Beobachtung und für die ›Wissensschaffung‹ wiederentdecken würde. Dies bedeutet, dass eine ›Erfahrung‹, d. h. die Weltaneignung mit Hilfe von Konzepten, jetzt immer von einer ›Wahrnehmung‹, also eine Weltaneignung mit Hilfe der Sinne, begleitet wird, und das Problem dabei ist, dass es nie einen erfolgreichen Vorschlag dazu gegeben hat, wie diese beiden Grundsätze und diese beiden Ebenen der Weltaneignung miteinander in Einklang zu bringen sind. Nun könnte man annehmen, dass das erste Problem, d. h. das Problem unzähliger Repräsentationen eines jeden Bezugsobjekts, in den Diskursen des 19. Jahrhunderts eine – zumindest vorübergehend gültige – Lösung gefunden hat, in denen die Eins-zu-eins-Repräsentation durch die Erzählung als Repräsentationsprinzip ersetzt wurde. Natürlich beziehe ich mich hier auf den darwinschen Typ der Evolutionstheorie und auf den hegelschen Typ der Philosophiegeschichte. In diesen Diskursen werden Fragen nach der Identität eines Bezugsobjektes immer durch eine Erzählung beantwortet, und eine Erzählung kann als eine diskursive Form betrachtet werden, die semantischen Raum für die Integration und Anordnung einer Vielzahl von Repräsentationen öffnet.

Aber während es wahrscheinlich durchaus angemessen ist zu sagen, dass das zweite epistemologische Problem, das Problem der Divergenz zwischen Erfahrung und Wahrnehmung, nie eine ähnliche, selbst auch nur vorübergehend gültige Lösung gefunden hat (außer vielleicht in Einsteins Relativitätstheorie), denke ich, dass es die Interferenz zwischen den beiden Ebenen der Weltaneignung war, die ultimativ zur Gründung der Geisteswissenschaften führte – oder vielleicht zu der Idee und dem Ideal, die Geisteswissenschaften als ein unabhängiges Gebilde akademischer Fächer zu gestalten. Wenn wir z. B. die Geschichte der Germanistik betrachten, die Geschichte des Faches, das seit dem frühen 19. Jahrhundert der Studie der Vergangenheit der deutschen Sprache und Literatur gewidmet ist, können wir beobachten, wie – zweifellos als eine Konsequenz der ersten epistemologischen Krise, der Krise des stabilen Bezugsobjektes – das Konzept der ›Nation‹ gegen Ende des 19. Jahrhunderts in den universitären Instituten in einen Moment der Turbulenz und des Zweifels geriet. Während das Konzept der Nation mehrere Jahrzehnte lang dem Fach als Forschungsobjekt und als Bezugspunkt für die Zukunft gedient hatte, kam nun eine Vielzahl an Fragen über die Gestalt und die Aufgaben der Germanistik als Fach auf, gerade als dieses Konzept zu verschwinden drohte. Aber was dann (und ich konzentriere mich hier implizit auf die Jahre um

1900 an der Berliner Universität als einem paradigmatischen Fall) in dem Nachdenken über eine mögliche neue institutionelle Gestalt ausschlaggebend wurde, war die zweite Konsequenz der epistemologischen Krise, d.h. die Inkompatibilität zwischen Erfahrung und Wahrnehmung. Wilhelm Dilthey, dem die Geschichte der akademischen Institutionen in Deutschland den Titel eines Gründers der Geisteswissenschaften verliehen hat, wählte eine radikale Trennung der auf Erfahrung (d.h. Konzepten) basierenden Geisteswissenschaften von den Naturwissenschaften, die er mit Wahrnehmung assoziierte (und natürlich implizit mit Messbarkeit und anderen solchen Methoden, die in der Geisteswissenschaft keine Zukunft haben würden). Da er selbst sich der Erfahrung widmete, d.h. der Weltaneignung durch Konzepte, war es nur natürlich – und diese Schlussfolgerung zog Dilthey auch explizit –, dass der Akt der Interpretation, d.h. der Akt des Erkennens von Bedeutung, in den Geisteswissenschaften eine zentrale Rolle spielen würde. Dies ist auch der Grund, warum seit dem frühen 20. Jahrhundert und in diesem sehr spezifischen Kontext die Hermeneutik – die als philosophische Reflexion über die Methoden und Konditionen der Interpretation definiert werden kann – in den Geisteswissenschaften eine so zentrale Bedeutung erlangte.

Das Erbe dieses Gründungsmoments, ein Erbe, das zu einem obsessiven Leitmotiv für die Geschichte der Geisteswissenschaften im 20. Jahrhundert werden würde, ist zweigeteilt. Erstens erwarben die Geisteswissenschaften mit der offiziellen und kategorischen Trennung von den Naturwissenschaften und ihren intrinsischen Standards, gewissermaßen als ein Geburtstrauma, ein Selbstbild – und einen Minderwertigkeitskomplex – von exzessiver konzeptioneller und methodologischer ›Sanftheit‹. Dies bedeutete allerdings zweitens, dass die Geisteswissenschaften es nie schaffen würden, irgendwelche einschlägigen Definitionen und Umschreibungen entweder ihres Fachgebietes oder ihrer eigenen Identität zu finden. Als unmittelbare Reaktion auf diese Kondition können wir beobachten, wie die zwanziger Jahre – wie ich glaube international, trotz aller lokal und national spezifischen Umstände – zu einer eigentümlich ›nervösen‹, besonders instabilen, aber auch besonders fruchtbaren Zeit in der Geschichte der Geisteswissenschaften wurden. Es war eine Zeit, in der zum Beispiel Literatur- und Kunsthistoriker nach neuen diskursiven Formationen suchten, die es ihnen erlauben würden, den traditionellen Formen von ›Nationalgeschichten‹ zu entkommen. Es war auch eine Zeit, in der Philosophen in Reaktion auf den enormen Einfluss von Edmund Husserls ›Phänomenologie‹ und ihrem springenden Punkt, also der Unmöglichkeit des Subjektes, definitive kognitive Aussagen über ein Objekt zu machen, auf sehr verschiedenen Wegen in dem Versuch konvergierten, das Subjekt-Objekt-Paradigma neu zu formulieren, das verantwortlich gemacht wurde für das Auseinanderdriften von Beobachter und zu beobachtender Welt. Martin Heideggers Beschreibung der menschlichen Existenz als dem In-der-Welt-Sein war ein solcher Versuch, wie auch auf der anderen Seite die Versuche der Vorgänger der heutigen analytischen Philosophie, wenigstens minimale Möglichkeiten des Weltbezugs der Sprache zu retten.

Wie Sie wissen, begann für die Geisteswissenschaften in den dreißiger Jahren in einer Reihe von Ländern (die angloamerikanische Tradition ist hier die große Ausnahme) eine Phase der tiefsten Erniedrigung, als sie zu willigen – oder man sollte vielleicht sagen, absolut passiven – Instrumenten einer radikalen Ideologisierung durch faschistische und kommunistische Parteien wurden (ich hoffe, Sie entschuldigen den problematischen Level der Verallgemeinerung hier, der natürlich einigen bemerkenswerten intellektuellen Leistungen der Geisteswissenschaften in den kommunistischen Ländern nicht gerecht wird). Der Punkt, auf den ich hinauswill – oder eher, die Frage –, ist jedoch, ob der erstaunliche Mangel an disziplinärem Widerstand gegen eine solche Ideologisierung – und ich spreche hier nicht von individuellem Widerstand – die Konsequenz dieser epistemologischen Sanftheit war, die die Geisteswissenschaften zumindest in ihrer neuen Gestalt und ihrem neuen Selbstbild als Geisteswissenschaften zu Beginn des 20. Jahrhunderts so begrüßt hatten. Natürlich wäre es albern, Dilthey und seinen Zeitgenossen die politischen Exzesse ihrer Nachfolger seit den frühen dreißiger Jahren vorzuwerfen. Aber es ist dagegen auch nicht unmöglich, sich vorzustellen, dass eher positivistisch gesinnte und positivistisch begründete Fächer im Stil des 19. Jahrhunderts tatsächlich mehr Widerstand geleistet hätten. Was immer die Antwort auf diese Frage sein könnte – und es gibt natürlich keine ultimative Antwort –, können wir doch seit der Mitte des 20. Jahrhunderts (mit Ausnahme wieder einmal der angloamerikanischen Tradition) zwei Grundtendenzen innerhalb der Geisteswissenschaften beobachten, die als Reaktion auf das Trauma ihrer Ideologisierung erklärt werden können.

Die erste dieser beiden Tendenzen war eine Neigung zur ›Immanentisierung‹, d h. zu einer radikalen Konzentration auf die spezifischen Bezugsobjekte der verschiedenen Fächer. Zum Beispiel auf literarische Texte – mit der klaren Intention, jede Gefahr zu vermeiden, von politischen Ideologien durchdrungen zu werden (was den Ausschluss aller anderen Kontexte zur Folge hatte). Es ist sicher plausibel, dass Immanentisierung in diesem Sinne nach dem Ende des Zweiten Weltkriegs zum Ziel und zur Gestalt der Geisteswissenschaften in Deutschland wurde (oder doch zumindest in Westdeutschland). Die andere Art der Reaktion – nicht unbedingt eine gegensätzliche Art von Reaktion – war ein Wunsch, die Geisteswissenschaften zu stärken – im Sinne von ›hart machen‹ (wie Friedrich Nietzsche es genannt hätte). Wenn wir rückblickend das so genannte Prinzip der ›immanenten Interpretation‹ in den Fünfzigern und dann auch wieder in der intellektuellen Herangehensweise der ›Dekonstruktion‹ innerhalb der letzten Jahrzehnte des 20. Jahrhunderts als solche Wellen hin zur Immanentisierung erkennen können, so gibt es eine ähnliche Sequenz von Wellen, die versuchen, die notorische Unschärfe und die epistemologische Relativität innerhalb der Geisteswissenschaften zu meistern. Die erste dieser Wellen, in der zweiten Hälfte des 20. Jahrhunderts, war ein Versuch der ›Versprachlichung‹ aller geisteswissenschaftlichen Fächer auf der Basis von gewissen allgemeinen Grundsätzen des Strukturalismus, die, verglichen mit der immanenten Interpretation, tatsächlich eine fast mathematische Strenge zu verheißen schienen. Der Strukturalismus wurde – oft unter dem Banner eines erneuerten Marxismus – in den sechziger und siebziger Jahren von einer Welle der ›Soziologisierung‹ abgelöst. Dies war eine Zeit, in der talentierte junge Philosophen – man denke an Jürgen Habermas oder Niklas Luhmann in Deutschland – fast verzweifelt als Sozialwissenschaftler anerkannt werden wollten (wie inadäquat diese Selbstbezeichnung auch in unseren Augen heute scheinen mag). Schließlich, ausgehend von den achtziger Jahren, können wir als die derzeit letzte Welle, die Geisteswissenschaften zu stärken, wieder in Deutschland eine Wende beobachten, die unter der Bezeichnung ›Materialitäten der Kommunikation‹ subsumiert wurde. Beide Tendenzen – oder besser, beide Serien von Tendenzen, die

Tendenz zur Immanentisation und die Tendenz zu einer Stärkung der Geisteswissenschaften – gingen dazu über, die Interpretation als Herzstück der Praxis dieses Fächergebildes anzugreifen. Wenn die Dekonstruktion als systematischer Zweifel an der Möglichkeit einer ›stabilen Bedeutung‹ gedacht werden kann, kann man auch sagen, dass die Soziologisierung der Geisteswissenschaften und vor allem das Interesse an den Materialitäten der Kommunikation einen Wandel von der Interpretation als dem Erkennen von Bedeutung hin zu einem neuen Interesse sowohl an den historischen als auch den allgemeinen Konditionen für die Entstehung von Bedeutung in Gang setzte.

4.

Die zentrale Schlussfolgerung, die ich aus diesem kurzen Abriss einer Geschichte der Geisteswissenschaften ziehe, ist, dass er zu keinen offensichtlichen Schlussfolgerungen führt. Anders als die meisten zeitgenössischen Kommentatoren zur Aufgabe der Geisteswissenschaften glaube ich sicherlich nicht, dass eine bestimmte Position, die in den letzten Jahrzehnten aufgekommen ist, zum Ausgangspunkt oder gar zur Abschussrampe für eine zukünftige ›Lösung‹ werden sollte. Mein Eindruck ist eher, dass ein solches Überdenken der Aufgabe der Geisteswissenschaften – und lassen Sie mich hier betonen, dass dies eine offene Frage ist, auch für diejenigen, die die Vorgeschichte unserer Situation gut kennen – im Kontext einer erneuten Betrachtung der Spezifizierung und der möglichen Kontribution der Universität als einer Institution in ihrer Gesamtheit stattfinden sollte. Vielleicht ist es jedoch möglich, eine Hypothese darüber zu formulieren, was während des letzten Jahrhunderts das spezifische *Problem* der Geisteswissenschaften gewesen sein könnte. Das Problem könnte in der Tat gewesen sein, dass unsere Fächer lange in einer reaktiven Stimmung gehandelt haben – ohne mit ausreichender Präzision zu wissen, worauf genau sie reagierten. Dies ist der Grund dafür, warum ich sowohl auf die epistemologische Krise Mitte des 19. Jahrhunderts als auch auf die institutionelle Trennung der Geisteswissenschaften vom Rest der akademischen Fächer als potentielle ›blinde Punkte‹ hingewiesen habe, auf die die Geisteswissenschaften lange reagiert haben, ohne es zu wissen – und es ist immerhin eine Überlegung wert, ob die Geisteswissenschaften womöglich in diesen sehr historischen (d. h. ihren gründungsbedingten) Zusammenhängen stecken geblieben sind.

Um eine neue und breitere Diskussion zu eröffnen, lassen Sie mich also erstens (und im Hinblick auf die Vorschläge seitens von Humboldt, Newman und Weber) behaupten, dass die Universität ein Ort sein sollte, der dem ›riskanten Denken‹, wie ich es nenne, gewidmet sein sollte. Dies ist, wie Sie sehen werden, meine Antwort auf die Frage nach der ›Relevanz‹ der Geisteswissenschaften und der Universität insgesamt, eine Frage, die mit besonderer Beharrlichkeit in Ihrem Land gestellt wurde und weiterhin gestellt wird. Wenn ich von riskantem Denken spreche, meine ich die Art des Denkens, die außerhalb der Universität – außerhalb des viel geschmähten ›Elfenbeinturms‹ – einfach zu gefährlich und potentiell zu kostspielig wäre. Lassen Sie mich drei – zunehmend komplexere – Illustrationen riskanten Denkens geben. Ich glaube zum Beispiel, dass wir uns alle schnell einig sind, was die Bedeutung von Forschung und Experimenten auf dem Gebiet der Medizin betrifft – aus offensichtlichen praktischen Gründen. Gleichzeitig ist jedoch klar, dass keiner von uns in der Rolle des Patienten gern das Objekt eines solchen Experiments wäre. Dies ist der Grund, warum riskantes Denken auf dem Gebiet der Medizin von der alltäglichen Praxis getrennt werden muss (und warum die Distanz, die den Elfenbeinturm von der Alltagswelt trennt, ultimativ vorteilhaft ist). Mein zweites Beispiel betrifft eine philosophische Debatte, die letztens eine ganz erstaunliche Resonanz in der deutschen Öffentlichkeit gefunden hat. Es handelt sich um eine Interpretation von Heideggers berühmter Definition der menschlichen Existenz als dem ›Hüter des Seins‹ (im Englischen wird aus Heideggers Wort ›Hüter‹ nicht ohne philologische Probleme das Wort *shepherd*, ›Hirte‹). Peter Sloterdijk kam zu dem Schluss, dass zu den Aufgaben des Hüters die des Züchtens gehöre und dass daher ein aktiver Gebrauch des von der Entzifferung des menschlichen Genoms geschaffenen Wissens unerlässlich sei. Ist Sloterdijks Argument zwingend – hat er mich restlos von der Notwendigkeit überzeugt, das erforschte Wissen auf diese Art anzuwenden? Ich weiß es nicht (gelinde gesagt). Aber ich weiß, dass wir einen institutionellen Ort benötigen – und dieser institutionelle Ort sollte die Universität sein –, wo solche riskanten Fragen gestellt werden dürfen, wo wir die Zeit und die Freiheit haben, die Konsequenzen solcher Fragen durchzuspielen, ohne unmittelbar von praktischen Überlegungen oder ethischen Drohungen eingeengt zu werden. Schließlich möchte ich Ihnen eine persönliche Geschichte erzählen, die sich auf ein Seminar bezieht – wiederum zu Heidegger –, das Jacques Derrida in den späten Achtzigern an einer deutschen Universität hielt. Im Kontext dieses Seminars stellte ein Student die Frage an Derrida, warum er die Tatsache nie erwähnt hatte – und nie zum Teil seiner Interpretation machte –, dass Heidegger, zumindest während einer bestimmten Phase seines Lebens, eindeutig von der Ideologie der Nazis beeindruckt war und an sie anknüpfte. Derridas – für mich erschreckende – Antwort war, dass dies, diese Tatsache von Heideggers Nähe zur Ideologie der Nazis, nicht die wirklich interessante (oder vielleicht ›relevante‹) Frage sei. Wir sollten uns, so Derrida, eher der – offenen – Frage stellen, ob Heidegger ohne diese Nähe zur Ideologie der Nazis einer der größten Philosophen des 20. Jahrhunderts hätte werden können. Wie gesagt, ich fand diese Frage erschreckend, und ich habe immer gehofft, dass die Antwort ein schallendes ›ja‹ wäre. Aber der springende Punkt ist, dass unsere Gesellschaften zumindest einen institutionellen Kontext brauchen, in dem eine solche Frage ohne jedes persönliche Risiko gestellt werden kann, und dass dieser institutionelle Ort die Universität ist.

Eine andere Version der gleichen Idee findet sich im Werk von Niklas Luhmann. Als eine allgemeine Prämisse verbindet Luhmann soziale Systeme mit der Funktion der ›Komplexitätsreduzierung‹, d. h. mit der Reduzierung (dem Auswählen und Ausschalten) von Möglichkeiten der Produktion von Bedeutung und von systemimmanenten Operationen, die innerhalb der Umgebungen dieser Systeme existieren. Von einem systemimmanenten Gesichtspunkt aus erklärt Luhmann jedoch auch die Notwendigkeit des von ihm so genannten ›sekundären Sozialsystems‹ – und damit meint er soziale Systeme, deren Aufgabe darin besteht, entgegen der allgemeinen Richtung der Komplexitätsreduktionsfunktion selbst Komplexität zu schaffen. Der Sinn einer solchen intrinsischen Produktion von Komplexität besteht natürlich darin, die existierenden Systeme flexibel und offen für Veränderungen zu halten, entgegen der Tendenz zur Verknöcherung, die vorherrschen würde, wäre das Prinzip der Komplexitätsreduktion unilinear. Anstatt ständig Orientierungen und Rezepte für die alltägliche Praxis zu bieten, denke ich daher, dass die Universitäten sich tatsächlich für eine solche Überproduktion von Komplexität einsetzen sollten, die in einer Überproduktion von Alternativen liegt. Dies zum Beispiel könnte als ein Ansatz gesehen werden zu erklären, warum wir innerhalb der Geisteswissenschaften die Geschichtsforschung kultivieren sollten. Es gibt nichts Bestimmtes, das wir ›von der Geschichte lernen können‹. Aber mit der Geschichte vertraut zu sein, wird uns davon abhalten zu glauben, dass es keine Alternativen zur derzeitigen Entwicklungslage in unseren Gesellschaften gibt.

Wenn Sie mir – wenigstens für einen Augenblick – in dieser Assoziation zwischen der Universität als einer Institution und der Aufgabe, Komplexität zu produzieren, folgen, was wären die möglichen Konsequenzen für unseren Unterricht? Diese Frage führt uns zu einer spezifischeren Rolle, die die Geisteswissenschaften innerhalb des institutionellen Rahmens der Universität erfüllen können und erfüllen sollten. Natürlich gibt es keinen Zweifel daran, dass (zumindest derzeit) an der Universität auch ein gewisser Anteil an standardisiertem praktischen Wissen weitergegeben werden muss – wir brauchen sicherlich kompetente Ärzte, Anwälte und Ingenieure. Aber vielleicht ist es nur fair zu sagen, dass sogar diese notwendige Transmission von praktischem Wissen Hand in Hand gehen sollte mit Praktiken, die der Produktion von Komplexität dienen sollten. Die Tatsache, dass sie ausschließlich der Produktion neuer Komplexität dienen, ist es, die die Geisteswissenschaften in der Beziehung zu den meisten anderen Fächern auszeichnet – obgleich ich den Eindruck habe, dass, anders als in den Ingenieurwissenschaften, die Produktion von Komplexität auch die Hauptfunktion der ›klassischen‹ Naturwissenschaften wie Physik und Chemie geworden ist. Als ein Symptom der – wie ich denke bedauernswerten – wachsenden Orientierung der neuen Studentengeneration an den rein praktischen Aspekten der Universitätsausbildung ist es daher interessant zu beobachten, dass – zumindest in den Vereinigten Staaten – den klassischen Naturwissenschaften gewidmete Institute mit ähnlichen Einschreibungsstatistiken zu kämpfen haben wie die der Geisteswissenschaften. Wir könnten in diesem sehr spezifischen Kontext sagen, dass wir, anstatt den Geisteswissenschaften (und den klassischen Naturwissenschaften) praktische Funktionen zu übertragen, zunächst einmal betonen sollten, dass ihre tatsächliche Berufung die Produktion von Komplexität ist, und zweitens darauf bestehen, dass die Produktion von Komplexität die eine Kernfunktion der Universitäten ist, die nicht von anderen Institutionen übernommen werden kann. Unsere Studierenden mit der Komplexität zu konfrontieren heißt jedoch, dass wir ihnen nicht (jedenfalls nicht hauptsächlich) Schlussfolgerungen und Ergebnisse beibringen. Wenn ich mit meinen Studierenden Diskussionen über klassische Texte und Autoren führe, bemühe ich mich tatsächlich, ihnen nicht meine eigene Art des Lesens und des ›Sinnmachens‹ aufzudrücken. Stattdessen versuche ich, ihr Interesse an diesen Autoren und Texten zu wecken und sie in der Konfrontation mit der Komplexität zu bestärken, die ihrerseits einfache Reaktionen, Lösungen und Interpretationen vermeidet.

Wenn wir uns auf die ›Produktion von Komplexität‹ als der Kernaufgabe der Universitäten verständigen könnten und folglich die Geisteswissenschaften als im Zentrum dieser Institutionen verankert, würde dies zu (mehr oder minder) präzisen Vorschlägen und akademisch-politischen Ansinnen führen? Natürlich fällt meine Antwort positiv aus, und das auf vielfältige Weise. Wenn ich mich auch damit – vor allem in Ihrem Land – dem Risiko aussetze, für hoffnungslos konservativ gehalten zu werden, ist doch mein erster (mehr oder weniger) ›politischer‹ Vorschlag, dass die akademischen Fakultäten und Universitätsverwaltungen baldmöglichst Schluss machen sollten mit den unaufhörlichen, ziellosen und längst lächerlich gewordenen Bestrebungen nach ›permanenter Reform‹, die zumindest seit den letzten dreißig Jahren die Geschichte der Geisteswissenschaften kennzeichnen. Mein Eindruck ist nämlich, dass eine Konzentration auf die Kernaufgaben der Geisteswissenschaften weitgehend, wenn nicht vollkommen, unabhängig ist von den verschiedenen institutionellen Strukturen, mit denen wir aufwarten könnten. Das Gleiche gilt für die Einstellung von neuen Kollegen, den zukünftigen Universitätsdozenten. Ich glaube nicht, dass es für jede Universität entscheidend ist, die komplette Bandbreite möglicher Fachgebiete und -themen innerhalb der Geisteswissenschaften mit einer enormen Anzahl von Spezialisten abzudecken. Was wirklich zählt, ist, dass es im Lehrkörper genügend echte Intellektuelle gibt – in dem Sinne, dass sie die Rolle der ›Komplexitätskatalysatoren‹ spielen können. Und was wäre das beste Kriterium, die in diesem Sinne brauchbaren Kandidaten zu erkennen?

Anstatt nur die solide Verlässlichkeit ihrer Arbeit in ihren speziellen Fachgebieten zu bewerten, sollten wir, denke ich, das Vermögen, Kontroversen auszulösen, privilegieren, also die Fähigkeit, in Kollegen und Studierenden starke intellektuelle Reaktionen zu wecken. Dieses Prinzip könnte sogar die Kosten senken – ein Vorschlag, der jeder Verwaltung willkommen sein dürfte, der jedoch, ich weiß, schlecht klingt, wenn er von einem Professor kommt. Trotzdem glaube ich, dass es ausreichen würde, wenn man, statt in den literarischen Fachbereichen einen Spezialisten für jedes Jahrhundert und jede Gattung zu engagieren, sich für jede westliche Nationalliteratur und jeden nichtwestlichen kulturellen Kontext pro Universität mindestens einen bedeutenden Spezialisten sucht.

Ein zweiter, ähnlich komplexer Vorschlag wäre, das Konzept der ›Interdisziplinarität‹ zu überdenken und zu reaktivieren. Dass eine solche Reaktivierung notwendig ist, ergibt sich aus der Tatsache, dass heute niemand, der oder die bei klarem Verstand ist, je die Vorzüge der Interdisziplinarität in Frage stellen würde – eine Tatsache, die andeutet, dass diese als programmatischer Ansatz längst gestorben ist. Ich fürchte, das Konzept wurde so universell willkommen geheißen und wurde so schnell fade, weil wir es immer noch zu sehr für die Zusammenarbeit zwischen Fachgebieten nutzen, bei denen die Möglichkeit des Austausches als gegeben hingenommen werden kann. Vielleicht sollten wir, die Literaturwissenschaftler, nicht immer nur mit Philosophen, Anthropologen, oder Historikern sprechen. Es sollte nicht überraschen, dass wir dazu in der Lage sind. Die wirklich herausfordernde Ebene der Interdisziplinarität, die Zusammenarbeit, die notwendigerweise zu mehr Komplexität führen wird, liegt in der Diskussion mit solchen Gelehrten, deren Arbeit und deren Fächer auf epistemologischen Grundsätzen beruhen, die radikal von den in den Geisteswissenschaften üblichen abweichen. Solche Formen der Zusammenarbeit werden immer das Risiko beinhalten, schwierig, verwirrend und vielleicht sogar unmöglich zu sein. Aber ihre Bedeutung liegt auch und genau in diesem Risiko.

Soweit unsere Lehrinhalte betroffen sind (und ich habe mehr oder weniger implizit zu argumentieren versucht, dass diese Inhalte weniger wichtig sind als die komplexitätsorientierte Art zu unterrichten, wenngleich es eine Grenze dieser Tendenz gibt, die in der sozialisierenden Funktion von Wissen liegt), sollten wir in der

Lehre klar diejenigen Inhalte favorisieren, die als Alternativen zu all dem gelten können, was derzeit in unserer Alltagswelt institutionalisiert ist, anstatt einen Typus der ›Relevanz‹ zu bedienen, der uns zu stark, zu stromlinienförmig an die real existierenden Alltagswelten anpasst. Dies könnte zum Beispiel bedeuten, dass in einer Zeit, in der die bloße Behauptung von vielfachen Geschlechtsunterschieden endlich allgemein akzeptiert ist, die Universität sich zu einem Niveau weiterbewegen müsste, wo verschiedene geschlechtsspezifische – und bis dato unterdrückte – Denkweisen tatsächlich weiterentwickelt und praktiziert werden können. Dies könnte natürlich auch bedeuten, dass wir die Lehre der exotischsten Kulturen und historischen Epochen betonen. Schließlich verpflichtet uns diese Logik, im Kontext der politischen, ökonomischen und kulturellen Globalisierung (die ich nicht einmal kritisieren möchte) zu kultivieren, was immer kulturell lokal ist. Das bedeutet zum Beispiel auch – und ich vermute, dass meine Empfehlung auf einem institutionellen Level weit weniger tautologisch ist, als sie zunächst scheinen mag –, dass an dänischen Universitäten unter anderem das Studium der dänischen Literatur in all ihren unterschiedlichen Traditionen gelehrt und untersucht werden sollte.

Zuletzt sollten wir den unpraktischen Charakter unserer Lehre und unserer ›Forschung‹ (falls das je der angemessene Ausdruck sein kann) zugeben und uns sogar dazu bekennen, statt berufliche Zukunftsaussichten zu versprechen, die es so nicht gibt und nie geben wird (und Lehrpläne zu entwickeln, die in die Falle solcher Phantomversprechungen führen). In diesem Sinne sollten wir dann vielleicht anfangen, unsere Studierenden zumindest teilweise als Studierende ernst zu nehmen, die sich nicht notwendigerweise, und sicherlich nicht ausschließlich, auf die Geisteswissenschaften konzentrieren. In einer wohlverstandenen Zukunft, einer Zukunft, die es den Geisteswissenschaften erlauben würde, an ihren zentralen Platz innerhalb der akademischen Institutionen zurückzukehren, würde unsere pädagogische ›Spezialisierung‹ gerade und fast paradoxerweise in der Erstellung von Kursen und Seminaren für Studierende liegen, die nicht vorhaben, sich beruflich innerhalb der Geisteswissenschaften zu etablieren. Denn wie John Hennessy, der Präsident der Stanford University (ein Computerwissenschaftler) letztens gesagt hat: Es ist die Aufgabe der Geisteswissenschaften, an jeder Universität das ›intellektuelle Brummen‹ zu produzieren.

Aber es gilt noch einige Distanz zwischen Hennessys Metapher und einer wohlüberlegten, wohlbegründeten neuen Konzeption der Geisteswissenschaften zu überbrücken.

Teil 3
Suche

I

Ein Abschiedsgruß an die Interpretation

Das Verlangen nach Theorie

Neulich wurde ich bei einem Vortrag, den ich an einer amerikanischen Universität hielt, nach fünfzehn oder zwanzig Minuten von einem Mann (vermutlich einem Kollegen) aus dem kleinen Kreis der Zuhörer unterbrochen, der ganz offensichtliche Zeichen von Ungeduld zeigte: »Könnten Sie bitte definieren, was Sie mit den Meta-Realitäten der Kommunikation meinen?« Es brauchte noch ein paar Fragen und Antworten, bis ich herausfand, dass er sich auf eine in meinem Vortrag häufiger vorkommende Formulierung bezog, von der ich gehofft hatte, dass sie als »*Materialitäten* der Kommunikation« verstanden werden würde. Die Peinlichkeit dieses Zwischenfalls trug nicht dazu bei, aus mir an jenem Nachmittag einen besonders überzeugenden Redner zu machen. Im Nachhinein und mit längerem zeitlichen Abstand betrachtet, hat er jedoch meine Sichtweise einer Art von ›alltäglichem Cartesianismus‹ geschärft, der in den Erwartungen, die an ›Theorie‹ versprechende (oder mit ihr drohende) akademische Vorträge gestellt werden, vorherrschend ist. ›Theorie‹ scheint, zumindest in den Geisteswissenschaften, eine Konnotation der ›hohen Abstraktion‹ mit sich zu bringen, und es wird von ihr erwartet, dass sie sich auf Phänomene bezieht, die man eher als ›geistig‹ denn als ›materiell‹ bezeichnen würde (daher vermutlich auch das Präfix ›meta‹ in der beunruhigenden Frage meines Zuhörers). Ich möchte daher betonen, dass das intellektuelle Programm, das mit dem Titel dieses Bandes[1], *Materialitäten der Kommunikation*, umrissen wird, *den Anspruch hat, theoretisch zu sein und sich trotzdem auf konkrete und keineswegs stets ›geistige‹ Phänomene zu konzentrieren*. Wenn man den normalen Gebrauch des Wortes ›Theorie‹ bedenkt, könnte eine solche Kombination fast paradox scheinen. Aber ein solcher Eindruck ist ein nicht allzu hoher Preis, wenn auf der anderen Seite die Konzentration auf Materialitäten uns dazu befähigt, eine philosophische

1 Gemeint ist der von Hans Ulrich Gumbrecht und Karl Ludwig Pfeiffer herausgegebene Band *Materialities of Communication*, Stanford 1994 [Anm. d. Hg.].

Warnung gegen den beständig wachsenden Grad der Abstraktion als einer mächtigen und gefährlichen Tendenz innerhalb der westlichen intellektuellen Tradition ernst zu nehmen. Diese Warnung, die aus so unterschiedlichen Quellen wie Horkheimers und Adornos *Dialektik der Aufklärung* und George Batailles *Les larmes d'Eros* herrührt, deutet auf das in den endlosen Abstraktionen implizierte Risiko hin, den Kontakt mit den konkreten und sinnlichen Dimensionen unserer Erfahrung zu verlieren.

Eine weitere (und gewöhnlich aggressivere) Reaktion, der das theoretische Denken in den Geisteswissenschaften oft begegnet, ist die Frage, ›ob wir wirklich neue Theorien brauchen‹. Diese Frage basiert im Allgemeinen auf mindestens einer von zwei unterschiedlichen Annahmen, die ich das ›instrumentale‹ und das ›mimetische‹ Missverständnis von Theorie nennen möchte. Das instrumentale Missverständnis, innerhalb der Literaturwissenschaften besonders beliebt, macht die Legitimität und den Wert von Theorien von ihrer Kapazität abhängig, die Techniken der Textinterpretation zu verbessern. Aus einer solchen Betrachtungsweise ist es oft möglich, Theorien als überflüssig erscheinen zu lassen, indem man auf das Beispiel hoch qualifizierter Literaturwissenschaftler hinweist, die sich nie um Theorien geschert zu haben scheinen (beliebte Beispiele sind die großen Helden des *New Criticism* sowie Leo Spitzer und Erich Auerbach). Das mimetische Missverständnis von Theorie behauptet im Gegenzug, dass zwischen abstrakten Theorien und konkreten extratheoretischen Realitäten eine Beziehung von ›Adäquanz‹ bestehen muss. Unter dieser Bedingung scheinen theoretische Innovationen nur dann gerechtfertigt, wenn sie auf Veränderungen in ›der wirklichen Welt‹ reagieren.

Während sowohl das instrumentale als auch das mimetische Missverständnis ›Theorie‹ gegen ›Realität‹ setzen und Erstere in diesem Kontext unweigerlich auf eine rein reaktive Funktion reduzieren, sehen die Kontributionen zu diesem Band[2] Theorien explizit oder implizit vor allem *als Teil jener institutionalisierten Strukturen von Wissen, die die menschliche Realität ausmachen*. Zweitens gestehen sie der Theorie als einem Sektor innerhalb des institutionalisierten Wissens eine Funktion zu, die sich nicht in der bloßen Reaktion auf Veränderungen erschöpft, sondern selbst *Veränderung*

2 Vgl. Anm. 1.

initialisiert und Variationsmodelle anbietet. Gerade in Bezug auf diese Funktion haben diejenigen Theorien, die auf den ersten Blick kontraintuitiv wirken, eine größere Chance, etwas zu bewirken, als jene, die einfach nur vom gesunden Menschenverstand geprägte Erwartungen erfüllen. Im Bereich der Selbstbeobachtung sollte theoretisches Denken daher die Sehnsucht nach einem Theoriewechsel eher erkennen, fördern und verstärken, als sich selbst die restriktiven Ökonomien der Instrumentalität und der mimetischen Korrespondenz aufzuerlegen. Selbst dann jedoch bleibt die Frage offen, woher ein solches Verlangen nach innovativen Theorien und solche Impulse zur Innovation von Theorien eigentlich kommen. Die Antwort, die viele der Autoren in diesem Band[3] zu favorisieren scheinen (als eine Voraussetzung für ihre spezifischeren Argumente), deutet auf die Theorie als den *Raum hin, in dem Formen der menschlichen Selbstreferenz verhandelt werden können*. Ich gebrauche hier den Begriff ›Selbstreferenz‹ – und nicht das Wort ›Identität‹ –, weil ›Identität‹ auf eine historisch und kulturell spezifische Konfiguration von Selbstreferenz hinweist (vielleicht sogar ebenjene Konfiguration der Selbstreferenz, die das zeitgenössische Verlangen nach Theorie zu überwinden sucht). Wenn soziales Wissen Realität *ist* und wenn die Theorie der Sektor des Wissens ist, der Figuren der menschlichen Selbstreferenz verhandelt, dann können wir annehmen, dass Transformationen der Realität um Transformationen der menschlichen Selbstreferenz als ein Zentrum der produktiven Instabilität herum stattfinden.

Während die englische Bezeichnung ›*the humanities*‹ und die französische ›*les sciences humaines*‹ als kollektive Bezeichnungen für das Gebilde akademischer Disziplinen, zu denen unser Diskurs gehört, diese Spekulation zu bestätigen scheinen, verdeutlicht das deutsche Äquivalent ›*Geistes*wissenschaften‹ den entscheidenden Aspekt desjenigen Modells der Selbstreferenz, das die westliche Kultur seit Jahrhunderten dominiert hat – und das nun in eine Krise geraten ist.[4]

3 Vgl. Anm. 1.

4 Der berühmte letzte Paragraf von Michel Foucaults *Les mots et les choses*, Paris 1966, S. 398, sah die Möglichkeit einer Krise voraus: »On peut parier que l'homme s'effacerait, comme à la limite de la mer un visage de sable.« Fünfundzwanzig Jahre später boten seine vielfältigen Aspekte die Anregung zu Jean-François Lyotards Buch *The Inhuman: Reflections on Time*, Cambridge 1991, siehe auch besonders die Einleitung »About the Human«.

Um eine Unterscheidung zwischen ›menschlich‹ und ›nicht menschlich‹ treffen zu können, war es bislang von ausschlaggebender Bedeutung, dass das Konzept des Menschlichen jeden Hinweis auf den menschlichen Körper ausschloss (oder gar aktiv zu vermeiden suchte). Dies erklärt die starke Konvergenz unter ansonsten auseinanderdriftenden zeitgenössischen theoretischen Positionen hin zu einer Reintegration des Körpers in unsere Modelle der menschlichen Selbstreferenz – und es erklärt auch die Schwierigkeit (wenn nicht die Unmöglichkeit), dieses Ziel auf der Basis des von der geisteswissenschaftlichen Tradition übernommenen konzeptionellen Repertoires zu erreichen.[5] Eine solche Reintegration würde jene Phänomene, die traditionell als ›nicht menschlich‹ definiert werden, denen der menschlichen Selbstreferenz annähern, und man könnte sie daher mit einem Trend in neueren Theorieskizzen assoziieren, weniger anthropozentrisch (und dafür ökologischer) zu werden.[6] Gleichzeitig macht sich der – eine solche De-Anthropologisierung verstärkende – Wunsch bemerkbar, *funktionale Äquivalente zwischen dem menschlichen Geist und dem menschlichen Körper auf der einen und Maschinen auf der anderen Seite* zu diskutieren (aus einer anderen Sichtweise betrachtet, ist dies ein Verlangen nach Modellen der menschlichen Selbstreferenz, die traditionelle Vorurteile gegen alles ›Technische‹ hinter sich lassen). Schließlich könnte diese doppelte Problematisierung des traditionellen westlichen Humanismus zu einer Situation führen, in der eine einzelne und sehr abstrakte (›transzendentale‹) Definition des Menschlichen *von multiplen und konkreteren Modellen der menschlichen Selbstreferenz* ersetzt wird.

Materialitäten der Kommunikation repräsentiert das Verlangen nach einer Theorie, die diese drei Tendenzen – hin zu weniger anthropozentrischen (weniger geistigen), weniger antitechnologischen

5 Siehe David Wellberys Einleitung in Friedrich Kittler, *Discourse Networks 1800/1900*, Stanford 1990, S. xiv, in der ein Hinweis auf den Körper als Brennpunkt des Interesses als zentrale Prämisse der ›post-hermeneutischen Kritik‹ behandelt wird. Der schockierende Gedanke jedoch, dass die europäische Kultur und Philosophie den menschlichen Körper als eine Dimension der Erfahrung aus den Augen verloren hat, reicht historisch weiter zurück. Siehe Hans Ulrich Gumbrecht (Hg.), *Making Sense in Life and Literature*, Minneapolis 1992.

6 Einige der Probleme, die sich aus der Behandlung ökologischer Anliegen in institutionalisierten Diskussionsrahmen ergeben, werden in Niklas Luhman, *Ecological Communication*, Chicago 1989, insbesondere S. 115, analysiert.

und weniger transzendentalen Formen der menschlichen Selbstreferenz – integriert. Die Tatsache, dass wir auf jede dieser drei Veränderungen mit einer negativen Formulierung Bezug nehmen müssen, verdeutlicht, dass wir uns noch in einem Stadium der aktiven Problematisierung unseres Theorie-Erbes befinden und nicht in einem, das auf ihre Substitution hinarbeitet. Und es könnte sehr wohl der Fall sein, dass es keine Möglichkeit einer kontinuierlichen Transition oder Transformation zwischen der Selbstproblematisierung und der Selbstsubstitution der Geisteswissenschaften gibt.[7] Wenn wir *heute* die ›Theorie‹ als einen Raum betrachten, in dem Figurationen der menschlichen Selbstreferenz verhandelt werden und in dem Transformationen des institutionalisierten Wissens möglicherweise ihren Ursprung haben, könnte unser Verlangen nach Theorie zu einer Situation führen, die ohne eine Form der Selbstreferenz ausschließlich ›menschlich‹ ist, ohne eine Konstruktion von ›Zeit‹, durch die wir ihre Transformationen als eine Erzählung verfolgen könnten – und somit zu einer *Zukunft ohne Theorie*. Vielleicht ist das Schicksal der Theorie mit einer Zeit der Transition innerhalb unseres weiteren kulturellen Umfelds verbunden; vielleicht befinden wir uns in einem Zeitpunkt der Detemporalisierung (wenn ›Zeit‹ der Operationsraum des Subjektes ist); der Dereferentialisierung (wenn die Existenz einer äußeren Welt als einer ›Bezugswelt‹ davon abhängt, dass sie dem Subjekt als eine kohärente Figuration entgegensteht); und der Detotalisierung (wenn die Konnotation der Abstraktheit von Theorie eine Folge des transzendentalen Status des Subjekts ist).[8]

7 Gegen Ende des ersten Kapitels seiner *Grammatologie* (»Das Ende des Buches und der Anfang des Schreibens«) beschreibt Derrida auf ähnliche Art und Weise das Ende von Logozentrismus und Metaphysik als das Ende, das nie zu einem Ende gelangen könnte. Ich habe das Problem solcher Theorietransitionen in zwei Aufsätzen detaillierter behandelt: »Ende des Theorie-Jenseits?«, in: Rodolf Maresch (Hg.), *Zukunft oder Ende. Standpunkte – Analysen – Entwürfe*, München 1993, S. 40-46; »Schrift als epistemologischer Grenzverlauf«, in: Hans Ulrich Gumbrecht/Karl Ludwig Pfeiffer (Hg.), *Schrift*, München 1993.

8 In meinem Aufsatz »Flache Diskurse«, in: Hans Ulrich Gumbrecht/Karl Ludwig Pfeiffer (Hg.), *Materialität der Kommunikation*, Frankfurt/M. 1988, S. 914-923, habe ich versucht, unter diesen drei negativen Konzepten den Einfluss der postmodernen kulturellen Situation auf die Geisteswissenschaften zu beschreiben.

Bevor die Theorie verschwindet, sollten wir sie als ein Prinzip der produktiven Instabilität genießen, als ein Hilfsmittel, das fähig ist, unzählige und unmögliche Fragen* zu generieren, und nicht als eine Quelle von Antworten. Es liegt an uns, mit der Theorie zu spielen, indem wir solche Initiativfragen als ein Potential für die Vielfalt in unseren Annahmen über die Realität formulieren – und in unseren Realitäten selbst.[9] Die chronologische Simultanität zwischen der ›Studentenrevolte‹ in Europa und Nordamerika in den späten sechziger Jahren und der Entstehung der philosophischen Position, die wir inzwischen ›Dekonstruktion‹ nennen, bietet die auffälligste Illustration dieses Prinzips. Die politischen Träume jener Zeit waren auf den Marxismus als einem Satz von Gewissheiten gegründet, und ihre ideologische Kritik funktionierte ausgehend von einer Basis aus substantialistischen Wahrheitsbehauptungen. Falls es eine Frage gab, die offenblieb, war es die nach der Strategie, mit der die politische Ordnung auf eine Art und Weise geändert werden konnte, die mit der ›Wahrheit‹ korrespondierte. Die philosophischen Traditionen zu problematisieren, die solche Wahrheitsbehauptungen geliefert hatten, wie es Jacques Derrida in seinen ersten drei Büchern[10] tat, war die am wenigsten willkommene und am wenigsten erwünschte aller möglichen Positionen. Derridas Fragen haben nicht nur die Studentenrevolte und ihre theoretischen Gewissheiten überlebt, sondern üben in der Zwischenzeit einen so starken Einfluss auf die außerakademische Welt aus, dass sie die frühe Kritik am ›unpolitischen‹ Charakter der Dekonstruktion längst ins Lächerliche gezogen haben.

Zweifellos ging Derridas Denken ursprünglich von seiner Unzufriedenheit mit einer Gruppe von Annahmen aus, die als gemeinsamer Nenner für Strukturalismus, Phänomenologie und Marxismus als den damals dominierenden Positionen innerhalb

* In den Beiträgen zu diesem Band (vgl. Anm. 1) definiert Lyotard »philosophische Fragen« als Fragen ohne mögliche Antworten.

9 Meine Diskussion des Konzepts der ›Theorie‹ und der sozialen Funktionen der theoretischen Praxis folgt Niklas Luhmann, *Die Wissenschaft der Gesellschaft*, Frankfurt/M. 1990.

10 Alle 1967 in Paris erschienen: *De la grammatologie*, *La voix et le phénomene*, *L'écriture et la différence*.

der europäischen intellektuellen Szene funktionierten, vor allem in Frankreich.[11] Indem er argumentierte, dass diese Annahmen das Ergebnis einer kontinuierlichen Privilegierung von gesprochener über geschriebene Sprache als einem totalisierenden Modell menschlicher Kommunikation und Interaktion innerhalb des westlichen Denkens waren, präsentierte Derrida eine Seite seiner eigenen Position als Kritik an solchen ›Logozentrismen‹. Er bot nur gelegentlich, als eine komplementäre Seite in seinem frühen Werk und unter dem leitenden Konzept der ›*écriture*‹, Spekulationen über eine andere, vom Logozentrismus unterdrückte Art des Denkens an. Sowohl zur Illustration von Theorie als ›unaufgefordertem Fragen‹ als auch als Möglichkeit, unser Konzept der ›Materialität‹ zu klären, möchte ich kurz an die Hauptelemente der antilogozentrischen Seite der Dekonstruktion erinnern. Derrida argumentierte, dass nur gesprochene Sprache den Eindruck einer Selbstreferenz des Denkens und der Bedeutung bietet (wir hören uns selbst sprechen, während wir sprechen), auf der unsere westliche Philosophie des Bewusstseins basiert, wohingegen die Erfüllung von Bedeutung durch den sequentiellen Charakter eines geschriebenen oder gedruckten Textes unendlich verzögert wird. Der Aspekt der Selbstpräsenz funktioniert als eine Voraussetzung für die Idee eines Subjekts, das seine eigenen Handlungen und seine eigene Sprache kontrolliert; außerdem fördert die Selbstpräsenz, indem sie die Sprache von den destabilisierenden Auswirkungen der Zeit als einer transitorischen Abgrenzung (oder als ›*différance*‹) ausnimmt, die Illusion, dass es möglich ist, individuellen Texten und Wörtern stabile, selbstidentische Bedeutungen zuzuschreiben – eine Illusion, die die Position des Subjekts stärkt, die instrumentale Beziehung zur Sprache betont und, mit Hilfe der Idee von Sprache als einem vermittelnden Instrument, ihre Behauptung bestätigt, eine ›Gegenstandswelt‹ zu kontrollieren. Nur unter der Annahme einer solchen Bedeutungsidentität können wir von *dem* Inhalt individueller Texte sprechen und kann der Strukturalismus versuchen, Inhalte als in binären semantischen Oppositionen konstituiert zu analysieren. Wenn man schließlich den ephemeren

11 Diese These geht auf ein Stanford-Seminar mit dem Titel »Deconstruction Contextualised« (Herbst 1991/1992) zurück. Für den breiteren intellektuellen Kontext der sechziger Jahre in Frankreich siehe Vincent Descombes, *Modern French Philosophy*, Cambridge 1980.

Status des Klangs, der gesprochenen Sprache ausmacht, bedenkt, tendiert der Logozentrismus dazu, die physische Seite, die *›Exteriorität‹ von Sprache* zu vernachlässigen. Wenngleich der logozentrische Ausschluss der Exteriorität zum Verständnis der Abwesenheit des menschlichen Körpers als einem Thema innerhalb der Geisteswissenschaften extrem wichtig ist, zollt ihm Derrida erstaunlich wenig Aufmerksamkeit[12] – und die Exteriorität als ein Element des Antilogozentrismus verschwand fast völlig aus den darauf folgenden Formen der dekonstruktivistischen Praxis. Erst vor kurzem elaborierte David Wellbery in einem hervorragenden Artikel[13] systematisch die Verbindung zwischen der Exteriorität des Signifikanten und einem Zufallsprinzip in der Sprache, das, indem es die ›Interiorität‹ des Subjektes problematisiert, weiter zu seiner Emaskulation beiträgt. Diese Exteriorität ist, zusammen mit dem menschlichen Körper, ein zentraler Bezugspunkt für ein Forschungsprogramm namens ›Materialitäten der Kommunikation‹.

Wellberys These, dass das Konzept der ›diskursiven Exteriorität‹, das Michel Foucault in seiner berühmten Antrittsvorlesung *L'ordre du discours* besonders betont, identisch ist mit Derridas Auffassung von Exteriorität, stimme ich jedoch nicht zu; ich glaube nicht, dass diese auch nur annähernd gleich sind.[14] Was Foucault unterstreichen will, ist die Unabhängigkeit des Diskurses von jeder subjektiven Interiorität. Diskurse – und dies ist Foucaults zentrales methodologisches Prinzip – sollten nie als Ausdruck einer solchen Interiorität gesehen werden. Aber Foucault thematisiert *nicht* Exterioritäten in Derridas Sinne; tatsächlich ist ihre wiederholte Auflösung in den Weiten der diskursiven Strukturen vor kurzem als eine der wenigen Schwachstellen der innovativen Geschichtspraxis Foucaults erkannt worden.[15] Bezüglich der Artikel, die in diesem

12 Siehe die sehr kurzen Bemerkungen in Jacques Derrida, *Speech and Phenomena (and Other Essays) on Husserl's Theory of Signs*, Evanston, Ill. 1973, S. 82, 87, 115.

13 David Wellbery, »The Exteriority of Writing«, in: *Stanford Literary Review* 9.1 (1992), S. 11-24.

14 Siehe Wellberys Einleitung zu Kittler, *Discourse Networks*, S. xii, a. a. O. (Anm. 5). Meine eigene Unterscheidung zwischen Derridas und Foucaults Konzepten von ›Exteriorität‹ geht zurück auf ein zusammen mit Tim Lenoir geleitetes Seminar unter dem Titel »Technologies and Practices of Recording, 1830-1940« (Stanford, Winter 1991/92).

15 Hans Ulrich Gumbrecht, »It's Just a Game: On the History of Media, Sport

Band[16] präsentiert werden, ist es ihre Konzentration auf die Gegenständlichkeit von Exteriorität/Materialität, die sie vom intellektuellen Stil des *New Historicism* unterscheidet – auch wenn sie in manchen Fällen gewisse narrative und deskriptive Techniken mit dem *New Historicism* gemeinsam haben.* Aus einer solchen Perspektive kann man das folgende Paradox formulieren: Was es dem *New Historicism* so leicht gemacht hat, über den Körper und die Ökonomie und Strukturen der Macht zu sprechen, war sein Ausschluss des epistemologischen Widerstands, den diese Phänomene unseren Konzepten leisten. Und während es in einer philosophischen Diskussion ein ernsthafter Streitpunkt sein mag, ob dieser Ausschluss nicht ultimativ unvermeidlich ist, kann er sicherlich nicht durch einen Bezug auf das Werk Derridas gerechtfertigt werden.

Wenn also die ›Materialitäten der Kommunikation‹ als ein Reflexionsfeld auf der Karte der zeitgenössischen Epistemologie der Dekonstruktion weit näher stehen als dem *New Historicism*, wird diese Nähe in Bezug auf Derridas frühe Werke besonders deutlich – wohingegen neuere Entwicklungen uns dazu verpflichten, drei Perspektiven der Divergenz zwischen ›Materialitäten der Kommunikation‹ und zeitgenössischen Formen der dekonstruktivistischen Praxis aufzuzeigen (ohne dabei die epistemologische Legitimität der Letzteren in Frage stellen zu wollen). Die Dekonstruktion wurde vor allem in vielen amerikanischen Fachbereichen für Literatur als eine Modalität der literarischen Interpretation adoptiert, deren einziger Unterschied im Vergleich zur Tradition des *New Criticism* in der Annahme einer grundsätzlichen Heterogenität liegt, die die zu interpretierenden Texte kennzeichnet – als Gegensatz zu der im *New Criticism* gesetzten Prämisse von Harmonie.[17] Hauptsäch-

and the Public«, in: ders. (Hg.), *Making Sense in Life and Literature*, S. 272-287, a. a. O. (Anm. 5).

16 Vgl. Anm. 1.

* Unter den Autoren in diesem Band (vgl. Anm. 1) würden zumindest Martin Stingelin, Bernhard Siegert, Friedrich Kittler und Wulf Halbach meine Diskussion von Foucault ablehnen. Auf der anderen Seite bemerkt Wlad Godzich, dass ich keine genügend klare Trennlinie zwischen dem *New Historicism* und den ›Materialitäten der Kommunikation‹ ziehe. Siehe Wlad Godzich, »Figuring Out What Matters; or: The Microphysis of History«, in: Hans Ulrich Gumbrecht (Hg.), *Making Sense in Life and Literature*, S. vii-xvi, hier xv, a. a. O. (Anm. 5).

17 Siehe Joseph Hillis-Miller, »The Critic as Ghost«, in: Harold Bloom u. a. (Hg.), *Deconstruction and Criticism*, New York 1979. »Die ultimative Berechtigung für

lich unter dem Einfluss von Paul de Mans Werken – und ohne zu einer solchen interpretativen Domestizierung beizutragen – hat die Dekonstruktion zweitens ein starkes Interesse an der Analyse derjenigen Textstrukturen und rhetorischen Formen entwickelt, die Bedeutungseffekte und Referenzillusionen erzeugen. Während diese Position und das ›Materialitäten‹-Programm in ihrer radikalen Skepsis bezüglich der hermeneutischen Prämisse einer ›immer schon gegebenen‹ Bedeutung konvergieren, scheint sich Erstere eher auf diskursive Phänomene in Foucaults Sinne zu konzentrieren als auf die Ebene von Exteriorität, die ich in Derridas frühen Werken zu betonen versucht habe. Schließlich wurden die Diskurse der Dekonstruktion, vor allem in Derridas eigenen Schriften, während sie versuchten, die Unmöglichkeit, nicht logozentrische Formen des Denkens in logozentrischer Sprache auszudrücken, unter der Prämisse, dass nur literarische Texte gewisse nicht logozentrische Erschließungen ermöglichen (falls diese überhaupt ermöglicht werden können), immer ›literarischer‹ – bis zu dem Punkt, an dem ein Zusammenbruch des Unterschiedes zwischen philosophischer und literarischer Sprache behauptet wurde.[18] So stilistisch ehrgeizig wie einige von den Artikeln, die in diesem Band[19] präsentiert werden, auch erscheinen mögen, nehmen sie doch nicht an der ›literarischen Wende‹ teil. Es scheint ihre – vielleicht problematische – Behauptung zu sein, dass zumindest einige der Anliegen des Antilogozentrismus, die von Derrida eingeführt wurden, in einem Diskurs, der nach wie vor logozentrisch ist, beibehalten und aktiv verfolgt werden können.

diese Art von kritischer Literaturwissenschaft, wie für jede erdenkliche Art von kritischer Wissenschaft, ist, dass sie funktioniert. Sie deckt in Meisterwerken sowohl bislang unerkannte Bedeutungen auf als auch Mittel und Wege, Bedeutung zu haben. Die Hypothese einer möglichen Heterogenität in literarischen Texten ist flexibler, offener für jede Art von Werk, als die Annahme, dass ein gutes literarisches Werk notwendigerweise ›organisiert‹ wird« (S. 252).

18 Jacques Derrida, *La carte postale. De Socrate à Freud et au-delà*, Paris 1973 und Bloom u.a. (Hg.), *Deconstruction and Criticism*, a.a.O. (Anm. 17) könnten in diesem Kontext bedeutende Kennzeichen der Transition sein. Die meistzitierte negative Reaktion auf diesen ›Kollaps‹ kam von Jürgen Habermas, *Der philosophische Diskurs der Moderne: Zwölf Vorlesungen*, Frankfurt/M. 1985, S. 219-247.

19 Vgl. Anm. 1.

Macro-mapping: das Nicht-Hermeneutische

Unsere Anstrengungen, die ›Materialitäten der Kommunikation‹ als einen Forschungs- und Reflexionsbereich zu umschreiben, stellen nicht notwendigerweise die epistemologische Legitimität anderer zeitgenössischer Theorie-Positionen in Frage, noch implizieren sie irgendeine Behauptung, die Gesamtheit des Raumes, den die Geisteswissenschaften traditionell belegt hat, abzudecken. Aber in welcher Stellung zu konkurrierenden Positionen stehen die ›Materialitäten der Kommunikation‹ auf der epistemologischen Landkarte? Und welche grundsätzlichen Veränderungen erfährt diese Landkarte derzeit? Als eine Antwort auf diese Fragen ist es meine Hauptthese, dass sich eine Konvergenz – oder zumindest ein unmittelbarer Zusammenhang – einiger vor kurzem entstandener Theorie-Positionen abzeichnet in der ihnen gemeinsamen Problematisierung des Konzeptes, in dem die Geisteswissenschaften als Hermeneutik erscheinen, also als eine Fächergruppe, die sich auf den Akt der Interpretation als ihre zentrale Tätigkeit gründet. Die institutionell einflussreichste Beschreibung der ›Interpretation‹ als einer Praxis und ihre Implikationen gehen auf Wilhelm Dilthey zurück. Ich zitiere die Passage, die die Spannung zwischen ›Hermeneutik‹ und ›Materialitäten der Kommunikation‹ besonders deutlich macht:

»Aber in der Natur der Wissenschaftsgruppe, über die wir handeln, liegt eine Tendenz, und sie entwickelt sich in deren Fortgang immer stärker, durch welche die physische Seite der Vorgänge in die bloße Rolle von Bedingungen, von Verständnismitteln herabgedrückt wird. Es ist die Richtung auf die Selbstbesinnung, es ist der Gang des Verstehens von außen nach innen. Diese Tendenz verwertet jede Lebensäußerung für die Erfassung des Innern, aus der sie hervorgeht.«[20]

Diese Sätze setzen voraus, dass ›Bedeutungen‹ immer schon gegeben sind – in der Interiorität der Psyche des Subjekts. Von der Artikulation/Äußerung solcher Bedeutungen auf der materiellen Oberfläche eines gesprochenen oder geschriebenen Textes jedoch wird erwartet, dass sie notwendigerweise unvollständig und fragmentarisch bleibt. Innerhalb der grundlegenden hermeneutischen

20 Vgl. Wilhelm Dilthey, *Texte zur Kritik der historischen Vernunft* (1910), Göttingen 1983, S. 215.

Typologie ist es gerade diese Unzulänglichkeit, die den Bedarf an Interpretation verdeutlicht und die Entwertung jeglicher materieller Oberflächen als bezüglich auf die subjektive Interiorität zweitrangig erklärt. Das hermeneutische Paradigma findet sein Echo in dem notorischen Konzept des linguistischen Zeichens – traditionell mit dem Namen Ferdinand de Saussures verbunden –, in dem das (materielle) Signifikant und das (geistige) Signifikat untrennbar miteinander verbunden sind, obwohl die Funktion des Signifikanten ausschließlich darin liegt, den Zugang zum Signifikat zu ermöglichen.

Unter einer Vielzahl zeitgenössischer Abweichungen von dem Konzept der Geisteswissenschaften als einer Art Hermeneutik (d. h. als auf der Wechselwirkung von Ausdruck und Interpretation beruhend) markiert das Projekt ›Materialitäten der Kommunikation‹ nur einen individuellen Impuls. Was diese verschiedenen Abweichungen von der Hermeneutik gemeinsam haben und wie sie sich aufeinander beziehen, kann mit Hilfe der vier Ansätze gezeigt werden, mit denen Leo Hjelmslev Saussures Zeichenkonzept verkomplexisierte.[21] Hjelmslev unterschied nicht nur zwischen ›Inhalt‹ (Signifikat) und ›Ausdruck‹ (Signifikant), sondern projizierte eine zweite Unterscheidung – zwischen ›Substanz‹ und ›Form‹ – auf diesen Binarismus. Die vier Konzepte und vier Bereiche linguistischer Phänomene, die er somit etablierte – Substanz des Inhalts und Form des Inhalts, Substanz des Ausdrucks und Form des Ausdrucks –, können mit den Hauptanliegen der zeitgenössischen Theorie-Positionen in Verbindung gebracht werden. ›Substanz des Inhalts‹ ist eine Kommunikationsebene, auf der Eindrücke, Gedanken, Erinnerungen und Assoziationen noch nicht strukturiert sind; sie scheint Derridas Konzept der *›écriture‹* nahezukommen (und würde sicherlich die Sphäre des Imaginären beinhalten, die zuletzt erneute theoretische Betrachtung erfahren hat). ›Form des Inhalts‹ bezieht sich auf diejenigen Strukturen, die der Substanz des Inhalts Gestalt geben, und sind daher notwendige Bedingungen für jede Artikulation von Bedeutung; dies ist der Ort für die in Paul de Mans Werk analysierten rhetorischen Formen und für Foucaults Diskursbegriff. ›Substanz des Ausdrucks‹ deutet auf die

21 Ich folge der von Frederik Stjernfelt vorgeschlagenen Hjelmslev-Interpretation (und ihrer Applikation auf die zeitgenössische Theorieszene). Siehe Frederik Stjernfelt, »Hjemslev and the Form of Writing«, in: *Culture and Society* (1992).

physikalischen Dimensionen hin, aus denen Signifikante entstehen, wohingegen die Idee der ›Form des Ausdrucks‹ eine Anzahl von Strukturen abdeckt sowie – aufgrund ihrer Strukturen – identifizierbare Signifikante.

Es scheint fast trivial zu bemerken, dass die offensichtlichsten Referenzphänomene der ›Materialitäten der Kommunikation‹ zu den beiden Gebieten des ›Ausdrucks‹ gehören.* Die bedeutendere Einsicht, die unser Gebrauch von Hjelmslevs Konzepten bietet, ist jedoch, dass die gegenseitige Isolierung in den vier zuvor genannten Bereichen einen Wechsel in unserer zentralen Untersuchungsperspektive bewirkt. Da keines von ihnen unabhängig auf artikulierte Bedeutung hinweisen kann, obgleich jedes von ihnen die notwendigen Voraussetzungen für die Existenz von artikulierter Bedeutung mit sich bringt, reicht dieser Wechsel *von der Interpretation als der Identifikation von gegebenen Bedeutungsstrukturen zur Rekonstruktion derjenigen Prozesse, durch die die Strukturen der artikulierten Bedeutung überhaupt erst entstehen können.*[22] Eine erste, schematische Unterscheidung zwischen drei Stadien einer solchen Konstitution von Bedeutung ist sofort evident: Die Substanz des Inhalts muss eine Form annehmen, um zu einem potentiellen Inhalt/ Signifikat zu werden; die Substanz des Ausdrucks muss eine Form annehmen, um zu einem potentiellen Ausdruck/ Signifikant zu werden; und beide Seiten müssen miteinander verbunden werden, um zur artikulierten Bedeutung zu werden. Unter der Voraussetzung, dass keiner dieser vier Bereiche unabhängig Bedeutung konstituieren kann, würden sie *alle* einer Definition genügen, welche die ›Materialitäten der Kommunikation‹ als die Gesamtheit der Phänomene sieht, die zur Konstitution von Bedeutung beitragen, ohne selbst Bedeutung zu sein.[23] Somit wird offensichtlich, dass das, was die

* Jedoch nicht ausnahmslos. Neuere Theorien (und empirische Untersuchungen) über die Imagination als menschliches Vermögen sprechen sich für eine enge Verbindung zwischen dem Vorstellungsvermögen und körperlichen Funktionen aus. Siehe auch Andreas Bahr, »Imagination und Körperleben«, in: Gumbrecht/ Pfeiffer (Hg.), *Materialität der Kommunikation*, S. 680-702, a. a. O. (Anm. 8).

22 Für einen weiteren Konvergenzpunkt siehe Wellberys Einleitung zu Kittler, *Discourse Networks*, S. ix, a. a. O. (Anm. 5).

23 Siehe die programmatische Formel auf dem Umschlag von Gumbrecht/Pfeiffer, *Materialität der Kommunikation*, a. a. O. (Anm. 8): »›Materialität der Kommunikation‹ thematisieren heißt, nach den selbst nicht sinnhaften Voraussetzungen, dem Ort, den Trägern und den Modalitäten der Sinn-Genese zu fragen.«

›Materialitäten der Kommunikation‹ letztlich aufzeigen, nicht nur die Thematisierung bislang nicht thematisierter Phänomene bedeutet, sondern auch – und vor allem – einen Wechsel derjenigen Perspektive, mit der wir die Kommunikation beobachten.

Die Identifizierung dieser neuen Perspektive hilft uns zu erklären, warum, zumindest in einem deutschen Kontext, das Werk des Soziologen Niklas Luhmann einen besonders starken Einfluss auf die Abkehr von der Hermeneutik hatte. Ein entscheidender Zug in der Architektur von Luhmanns Theorie liegt in seiner Trennung von sozialen und psychischen Systemen (deren Definition ungefähr mit der klassischen philosophischen Auffassung von ›Bewusstsein‹ korrespondiert) als Sinn produzierenden Systemen* von jeder anderen Sorte System (z. B. Maschinen, Organismen). Nur in den Sinn produzierenden Systemen haben diejenigen Operationen, die zu den grundlegenden Elementen der Systeme zählen (›Denken‹ im psychischen System und ›Kommunikation‹ im sozialen System), den Status von Beobachtungen. Beobachtungen sind Operationen, die ein ›Bewusstsein‹ von anderen Operationen implizieren, welche anstelle derer, die tatsächlich stattgefunden haben, hätten stattfinden *können* – und es ist dieses ›Bewusstsein‹ einer Selektivität, die Luhmann ›Sinn‹ nennt. Demnach ist die inzwischen bekannte Frage, wie es überhaupt sein kann, dass psychische und soziale Systeme Bedeutung konstituieren, auch eine entscheidende Frage für Luhmanns Soziologie. Sein Beitrag zu diesem Band enthält vielleicht die komplexeste und sicherlich die deutlich konterintuitivste Antwort, die er bislang geboten hat.

* Aus Gründen der terminologischen Ökonomie innerhalb der Architektur seiner Theorie verwendet Luhmann das Wort ›Sinn‹ (und nicht ›Bedeutung‹, das dem englischen *meaning* näher kommt, wenn es auch nicht synonym dazu ist). Im Kontext dieses Artikels jedoch ist es, denke ich, legitim, eine Verbindung zwischen Luhmanns Konzept von ›Sinn‹ und dem, was ich als ›Bedeutung‹ [*meaning* im engl. Original, Anm. d. Ü.] bezeichne, herzustellen. Ich beziehe mich hier vor allem auf die Kapitel 2, 4 und 6 in Niklas Luhmann, *Soziale Systeme: Grundriß einer allgemeinen Theorie*, Frankfurt/M. 1984.

Micro-mapping: Materialitäten der Kommunikation

Im vorigen Abschnitt haben wir gesehen, dass es zwei verschiedene Konvergenzpunkte der in diesem Band präsentierten Essays gibt. Zunächst sind sie sowohl Symptom für als auch Teil einer Umorientierung in den Geisteswissenschaften, welche die ›Interpretation‹ als ihr zentrales Anliegen durch die ›Bedeutungskonstitution‹ ersetzt. Zweitens zollen sie solchen Phänomenen wie dem menschlichen Körper oder den physikalischen Eigenschaften der Signifikanten mehr Aufmerksamkeit als je zuvor in der Geschichte unserer akademischen Fächer. Letzten Endes sind diese beiden Anliegen nicht unverbunden. Anders als die Interpretation als Identifizierung von Bedeutung verpflichtet uns das Projekt der Analyse der Prozesse von Bedeutungskonstitution buchstäblich dazu, diejenigen ›nichtgeistigen‹ Phänomene in Betracht zu ziehen, die aus dem Themengebiet der Geisteswissenschaften bislang ausgeschlossen waren. Auf den folgenden, letzten Seiten möchte ich einige der konkreteren und spezifischeren Probleme aufzeigen, die sich aus ihrer vor kurzem erfolgten Einbeziehung ergeben.

Es scheint in der zeitgenössischen Theorieszene ein beliebtes Hilfsmittel zu sein, ›mit dem Unterschied anzufangen‹.[24] Anstatt die Komplexitätsgrade, unter denen gewisse Systeme sich unserer alltäglichen Beobachtung präsentieren, für gegeben zu halten, kann die Theorie ihre konstitutiven Elemente analytisch trennen, die erste Unwahrscheinlichkeit des Wechselspiels unter ihnen unterstreichen und somit die Frage nach den spezifischen Konditionen, die ein solches Wechselspiel – und die Komplexität des Systems als ihr Ergebnis – überhaupt erst ermöglichen, stellen. Gerade diese Perspektive erklärt das Interesse, das die Systemtheorie innerhalb des letzten Jahrzehnts an der Autopoiese (der Selbstkonstituierung und ihrem unabhängigen Funktionieren) von Systemen und an der Kopplung von autopoietischen Systemen entwickelt hat.[25] Was immer als eine Kondition erscheint, die solche Systemkopplungen

24 Siehe auch Niklas Luhmann, »Über Kreativität«, in: Hans Ulrich Gumbrecht (Hg.), *Kreativität – ein verbrauchter Begriff?*, München 1988, S. 13-20.

25 Für die zugänglichste Definition dieser (und anderer) biologischer Konzepte, die für die Systemtheorie wichtig geworden sind, siehe Humberto R. Maturana/ Francisco Varela, *Der Baum der Erkenntnis: Die biologischen Wurzeln des menschlichen Erkennens*, Bern 1987.

vereinfacht, kann als ihr *Resonanzpotential* beschrieben und weiter analysiert werden.[26] Die Artikel, die wir im Abschnitt »Sounds, Colors and Their Nonsemantic Functions« präsentieren, konzentrieren sich auf die Mittel und Wege, in denen physikalische Eigenschaften von Signifikanten Resonanz und Kopplung möglich machen, und auf die Entstehung von Bedeutung aus primären Kopplungsstrukturen, die noch keine Bedeutungs- und Observationsebenen beinhalten. Das Konzept der ›Kopplung‹ bezeichnet daher einen epistemologischen Bereich, in dem eine Anzahl bis dato unterthematisierter ›Hardware‹-Dimensionen von Kommunikation relevant werden. Dies *könnte* auch für Aspekte von biologischem und sozialem Geschlecht der Fall sein (wenngleich sie in diesem Band nicht behandelt werden – vielleicht auf Grund der Lage der *Gender Studies* in Deutschland). Ein weiterer Aspekt von Kopplung und Resonanz ist die *Geschwindigkeit*. Die Beziehung zwischen den Geschwindigkeitsgraden, die verschiedene Operationen in verschiedenen Systemen übernehmen, kann sich in ihrer Integration entweder als Verbesserung oder als Hindernis erweisen. Das, was wir einen ›Rhythmus‹ nennen, ist ein Geschwindigkeitsgrad, der die Kopplung vereinfacht.

Es scheint vielleicht überraschend, dass solche Überlegungen zur Kopplung und ihren Konditionen es uns erlauben, die Tendenz in der zeitgenössischen westlichen Philosophie, *Konzepte wie ›Handlung‹ und ›Subjektheit‹ zu problematisieren*, als ein weiteres Ergebnis des Prinzips ›mit einem Unterschied anzufangen‹ neu zu formulieren. Sie lassen das Subjekt aus einer spezifischen Kopplung zwischen psychischen Systemen und sozialen Systemen heraus entstehen – und eine solche Entstehung ist immer kontingent zu spezifischen Rahmenbedingungen, unter denen die Kopplungen stattfinden.[27] Luhmann ist so weit gegangen, ein politisches – oder

26 Siehe die Definition in Niklas Luhmann, *Ökologische Kommunikation*, Opladen 1986: »Der Begriff Resonanz weist darauf hin, dass Systeme nur nach Maßgabe ihrer eigenen Struktur auf Umweltereignisse reagieren können« (S. 269).

27 Die Phrase ›kontingent zu‹ bezieht sich in diesem Kontext auf Phänomene, deren Existenz nicht durch ihre bloße Möglichkeit garantiert wird. Siehe den Eintrag »Kontingenz«, in: Joachim Ritter/Karlfried Gründer, *Historisches Wörterbuch der Philosophie*, Bd. 6, Basel/Stuttgart 1976. Siehe auch David Wellbery, »Contingency«, in: Ann Clark Fehn/Ingeborg Hoestery/Maria Tatar, *Neverending Stories: Toward a Critical Narratology*, Princeton o. J., S. 337-357, der mit der

vielleicht eher ethisches – Argument für die Theorien zu präsentieren, das absichtlich einen transzendentalen Status der Subjektkategorie vermeidet. Ihm zufolge sind Theorien, soweit sie nicht auf einem ›transzendentalen Subjekt‹ basieren, unfähig, diejenigen universalen Behauptungen oder Obligationen zu formulieren, die so oft in ihrem Namen präsentiert – und so oft zur Legitimation von Totalitarismus missbraucht – wurden.[28] Was die Essays, die in diesem Band[29] unter dem Abschnitt »Media of Communication and Historical Thresholds« präsentiert werden, also verdeutlichen, sind Situationen, in denen Kopplungen zwischen menschlichen Körpern, psychischen Systemen und neuen Kommunikationstechnologien (vor allem der Druckpresse) spezifische Subjekteffekte produzieren. Mit dieser Perspektive divergieren sie von einer historiographischen Tradition, die technische Innovationen als von kollektiven Bedürfnissen motiviert und von subjektivem Genie ›erfunden‹ beschreibt. Anstatt diesen tief verwurzelten Glauben an eine instrumentale Beziehung zwischen dem Subjekt und verschiedenen Technologien* zu bestätigen, ermutigen sie uns, mit der Inversion dieses narrativen Musters zu experimentieren.

Das Subjekt aus einer Perspektive der Kontingenz zu betrachten erlaubt es uns, eine Beziehung zwischen dem dreidimensionalen Konzept von Zeit, das in der westlichen Kultur institutionalisiert ist, und dem Konzept von Handlung zu entdecken – und in Frage zu stellen. Solange wir uns die Zeit als eine Sequenz von Zeitpunkten vorstellen, die die Vergangenheit mit der Gegenwart verbinden, setzen wir voraus, dass die Beobachtungen, Handlungen und Ereignisse, die den aufeinanderfolgenden Momenten in diesem Kontinuum zugeschrieben werden, durch ein Prinzip der Kausa-

gleichermaßen starken und interessanten Behauptung endet, dass das »Reich der Kontingenz der Raum unserer Modernität« sei.

28 Siehe das Interview mit Franco Volpi in Niklas Luhmann, *Archimedes und wir: Interviews*, Berlin 1987, S. 156-166 und Luhmanns Vorwort zur englischen Übersetzung von *Soziale Systeme: Grundriß einer allgemeinen Theorie.*

29 Vgl. Anm. 1.

* Walter Benjamins berühmter Artikel »Das Kunstwerk im Zeitalter seiner technischen Reproduzierbarkeit« verlässt sich völlig – und sehr optimistisch – auf die Möglichkeit einer solchen Beziehung zwischen Subjekt und Technologie. Dies könnte einer der Gründe dafür sein, warum die meisten seiner Prophezeiungen sich als falsch erwiesen haben – und warum er eine solch ungebrochene Popularität in den Geisteswissenschaften genießt.

lität (wie ›sanft‹ auch immer) verknüpft sind.[30] Die ›Gesetze‹ einer solchen Kausalität zu verstehen scheint also eine Voraussetzung für die Möglichkeit des Subjekts zu sein, in seinem eigenen Umfeld Kontrolle über die Systeme auszuüben. Dies ist jedoch gerade die zentrale Hoffnung – oder die zentrale Illusion –, die im Konzept der ›Handlung‹ artikuliert wird. Es ist einer der bemerkenswerteren Konvergenzpunkte zwischen Dekonstruktion und Systemtheorie, dass beide eine solche Konstruktion von Zeit angreifen, zugleich mit den Konzepten von ›Subjekt‹ und ›Handlung‹. Statt als Zentren der Handlung thematisiert zu werden, werden autopoietische Systeme als solche betrachtet, die ihre Selbstreproduktion sowie eine Beziehung der Homeostase mit ihrem Umfeld unterhalten – gegen die ›Störungen‹, die in ihrem Umfeld erzeugt werden. Die Zeit wird also nicht länger als die Kontinuität einer Transformation oder einer Entwicklung betrachtet, sondern ausschließlich als Zusammenbruch in Selbstreproduktion und Homeostase. Die Beiträge zu diesem Buch, die im Abschnitt »Communication Systems and Their Discontents« zusammengefasst sind, diskutieren ein solches Konzept von Zeit und scheinen des Weiteren vorzuschlagen, dass Momente des Zusammenbruchs eine spezifische Gelegenheit zur Beobachtung und zur Analyse derjenigen Kopplungen bieten, die sie unterbrechen.

Das offenkundigste Manko der Debatten und Experimente, auf die wir uns unter dem Titel *Materialitäten der Kommunikation* beziehen, liegt derzeit in ihrer Unfähigkeit, den konzeptuellen Dualismus zwischen Psyche und Materie, Körper und Geist, Materialität und Bedeutung zu überwinden. Unter den Begriffen ›Materie‹, ›Körper‹ und ›Exteriorität/Materialität des Signifikanten‹ einen breiten Horizont von Phänomenen neu zu thematisieren ist nur ein erster Schritt hin zur Überwindung dieser Situation; und über Kopplungen zu sprechen, die ›Materialitäten‹ mit Phänomenen verknüpfen, die wir ›Psyche‹ (*spirit*), ›Geist‹ (*mind*) und ›Bedeutung‹ (*meaning*) nennen, erschwert nicht nur das Nachzeichnen der spezifischen Operationen ihrer Interaktionen eines jeden Falles, sondern könnte sogar zu einer ultimativen Erhaltung des Cartesianischen Dualismus beitragen. Die Idee der ›Verkörperung‹ in einer der Abschnittsüberschriften in unserem Band verweist auf eine

30 Siehe Niklas Luhmann, »Gleichzeitigkeit und Synchronisation«, in: *Soziologische Aufklärung*, Nr. 5: *Konstruktivistische Perspektiven* (1990), S. 95-130.

Anzahl von Essays, die eine andere Theorie und andere diskursive Strategien zur Überwindung dieser Erbschaft skizzieren. Trotz ihrer Anstrengungen, phänomenologische, freudianische und marxistische Theorien zu diesem Zweck zu entwickeln und zu erweitern, scheint es unwahrscheinlich, dass ohne eine Öffnung hin zum neuesten Stand der zeitgenössischen Wissenschaft ein entscheidender Fortschritt erzielt werden kann.

Aber, wie ich bereits in meinen einleitenden Bemerkungen erwähnte, wir könnten einer Illusion zum Opfer fallen, wenn wir uns die Substitution des konzeptionellen Repertoires und der Fragen, die als ›Theorie‹ auf uns zugekommen sind, vorstellen, ohne uns gleichzeitig ein Ende der ›Theorie‹ insgesamt zu denken. Vielleicht gefährden wir sogar die wichtigste Option, die der materialistische Zugang bietet, wenn wir von einer neuen Stabilität für erneuerte Konzepte in einem zukünftigen Theoriezeitalter träumen. Diese wichtigste Option könnte sehr wohl die Möglichkeit sein, die Welt unter einer *radikalen Perspektive der Kontingenz* zu betrachten – als eine Sphäre der extrem kurzlebigen Phänomene ohne stabile oder allgemeine Konzepte zu ihrer Beschreibung. Anstatt den Widerstand, den die ›Materialitäten der Kommunikation‹ unseren zeitgenössischen Konzepten und Theorien bieten, überwinden zu wollen, könnten wir von diesem Widerstand profitieren. Er könnte uns helfen, der Versuchung zu widerstehen, in Theorien und Diskurse zurückzufallen, die von solch totalitären Spektren wie der Kausalität, der Geschichtsphilosophie und dem transzendentalen Subjekt bewohnt werden.[31]

31 Godzich spricht von der »Mikrophysik der Geschichte« als »die eingebettete Dimension der Kontingenz enthüllend, welche die der Erfahrung und ihrer Beschreibung enthält, der nichtkausalen und nichtlinearen Art und Weise sehr ähnlich, in der die Autopoiese von Systemen in der Beschreibung, die derzeit von ihnen gegeben werden, stattfindet«. Siehe Wlad Godzich, »Figuring Out What Matters; or: The Microphysis of History«, in: Gumbrecht (Hg.), *Making Sense in Life and Literature*, S. vii-xvi, hier xv, a. a. O. (Anm. 5).
Ich möchte Helen Tartar von der *Stanford University Press* für ihre intellektuell unschätzbare – und konstant stimulierende – Hilfe bei der Konzeption dieses Essays danken.

2
Das Nicht-Hermeneutische
Skizze einer Genealogie[1]

In den letzten Jahren scheint es zu einer Mode – oder vielleicht sogar schon zu einer Gewohnheit – unter deutschen Literaturwissenschaftlern geworden zu sein, das Kompositum ›Tiefenhermeneutik‹ zu gebrauchen, wenn sie über ihre eigenen Interpretationen, über die gern so genannte ›Kunst der Interpretation‹ oder auch über die Bedingungen des Textauslegens im Allgemeinen und Besonderen sprechen. Bis vor kurzem war dieser Begriff streng für psychoanalytisches Interpretieren reserviert gewesen, das heißt für das Bemühen, jene Schichten von Sinn zu erschließen, welche per definitionem einem sprechenden oder schreibenden Subjekt, dessen Sprache Gegenstand der Interpretation wird, unzugänglich bleiben. Warum ist inzwischen, ohne dass sich an der Interpretationspraxis der Literaturwissenschaftler Entscheidendes verändert hätte, aus dem Namen ›Hermeneutik‹ der Name ›Tiefenhermeneutik‹ geworden? Die Antwort, um derentwillen ich diese ansonsten belanglose Veränderung einer Sprechkonvention erwähne, postuliert, dass Bezeichnungen immer dann emphatischer und komplexer werden, wenn Sprecher ihre traditionellen Gewissheiten hinsichtlich der Phänomene verlieren, auf die sie sich mit ihnen beziehen.

Damit bin ich auch schon beim Anliegen dieses Essays. Ich möchte Ihre Aufmerksamkeit auf eine ebenso tiefgreifende wie kaum bemerkte Umorientierung lenken, die sich derzeit in den Geisteswissenschaften (und vielleicht darüber hinaus im weiteren Rahmen der westlichen Kulturen) vollzieht. Im Zuge dieser Umorientierung scheint die Praxis des Interpretierens als Praxis der Identifikation und Übermittlung von Sinn ihre über lange Zeit fraglose Zentralstellung zu verlieren, während Fragen wie die nach den Bedingungen der Möglichkeit von Sinn (sowohl in der Form

1 Da die folgenden Seiten die erste Ausformulierung einer komplexen These sind, welche in diesem Kontext bestenfalls plausibel gemacht, aber gewiss nicht ›belegt‹ werden kann, verzichte ich auf den üblichen Apparat bibliografischer Verweise. Sie werden nachgeliefert in meinem Buch *Diesseits der Hermeneutik. Über die Produktion von Präsenz*, Frankfurt/M. 2004.

eines philosophischen Problems als auch in der Form spezifischer Aufgaben für Historiker) oder wie jene nach den sinnlichen (also gerade nicht auf Bedeutung und Erfahrung ausgerichteten) Dimensionen der Wahrnehmung in den Vordergrund treten. Genau auf solche das Identifizieren von Sinn (oder Bedeutung) gleichsam überbietende und unterbietende Interessenhorizonte ziele ich mit dem Suchbegriff des ›Nicht-Hermeneutischen‹. Ich nenne die neuen Fragen, um die es mir geht, ganz bewusst nicht ›antihermeneutisch‹, weil ich keinesfalls erwarte (oder auch nur wünsche), dass sie die Hermeneutik als Lehre des Identifizierens von Sinn je restlos verdrängen und ersetzen werden. Eher glaube ich die Emergenz einer im Verhältnis zum Interpretieren komplementären wissenschaftlichen und kulturellen Faszination zu beobachten, in deren Gegenwart freilich langfristig Geltungs- und Funktionsansprüche des Interpretierens zu relativieren und mithin zu präzisieren sein werden.

So eindeutig also das Ziel meiner Argumentation ein systematisches ist, so klar ist es doch andererseits ein historischer Weg, auf dem ich zu diesem Ziel zu gelangen versuche. Die kürzeste denkbare Beschreibung des Argumentationsgangs und seines Ziels liegt in der Behauptung, dass es erst dann möglich wird, das historische Ende der kulturellen und wissenschaftlichen Zentralstellung von Interpretation zu sehen und anzuerkennen, wenn es gelingt, einen historischen Beginn für diesen Status auszumachen. Vier (im Stil von Michel Foucault ›genealogisch‹ gereihte) Stufen werden den Weg des Arguments beschreiben. Ich beginne mit der These, dass sich erst in der frühen Neuzeit eine auf Interpretation als Praxis fundierte Lebensform herausgebildet hat, die wir (in Absetzung von jener Hermeneutik, welche Wilhelm Dilthey zufolge das ›Organon der Geisteswissenschaften‹ werden sollte) das ›hermeneutische Feld‹ nennen können. Nach einer raschen Karriere philosophischer und institutioneller Entfaltung gerät das hermeneutische Feld, so die zweite These, seit dem frühen 19. Jahrhundert in eine doppelte Krise: Da eine neue epistemologische Konfiguration die Standortbedingtheit und (als Teil dieser Standortbedingtheit) den Körper des Interpreten in den Blick bringt, wird die Objektivität des Interpretierens zu einem Problem und zugleich das Verhältnis zwischen der aus Konzepten konstituierten Erfahrung und der an Körper gebundenen Wahrnehmung zu einer offenen Frage. Die

Ideengeschichte des 19. Jahrhunderts in der westlichen Kultur, die sich als eine vielschichtige Auseinandersetzung mit dieser zweifachen Provokation beschreiben lässt, endet – so die dritte Phase der vorzuschlagenden Geschichte – mit einer doppelten Bifurkation. Ein intellektueller Habitus, dessen Innovation darin liegt, Wahrnehmung und Körperlichkeit gerade nicht mehr von Begrifflichkeit und Erfahrung abzuscheiden, tritt nun der Aufrechterhaltung ihrer Trennung gegenüber (erste Bifurkation), welche in der akademischen Welt schärfer denn je betrieben wird (zweite Bifurkation). Man unterscheidet seither zwischen Begriffskomplexen, die aus der Umsetzung von Wahrnehmung entstehen, und solchen, die aus der Umformung von Begriffen hervorgehen. Die Diskurse, welche der Wahrnehmung abgewonnen sind, heißen ›Naturwissenschaften‹, während sich die ›Geisteswissenschaften‹ um die ›philosophische Hermeneutik‹ als akademische Form der Transformation begrifflicher Erfahrung in immer neue Formen begrifflicher Erfahrung (und nichts anderes ist Interpretation) konstituieren. Man kann also behaupten, dass die ›philosophische Hermeneutik‹ als ›Organon der Geisteswissenschaften‹ im Lauf des 19. Jahrhunderts aus einer Krise des hermeneutischen Feldes als Lebensform hervorgeht.

Da die philosophische Hermeneutik einer Abtrennung von den Naturwissenschaften als Bedingung ihrer Möglichkeit bedarf, wirft unsere Ausgangs- und Schlussthese über das Ende der Zentralstellung von Interpretation innerhalb der Geisteswissenschaften zwei Fragen auf: Wird es angesichts dieser Verschiebung für die (ehemaligen?) Geisteswissenschaften heute möglich (und vielleicht notwendig), körpergebundene Wahrnehmung zu thematisieren? Ist der mittlerweile für viele Wissenschaftler ›unvordenklich‹ gewordene Binarismus ›Geisteswissenschaften vs. Naturwissenschaften‹ noch adäquat? Die vier Phasen meiner Argumentation benutzen wiederholt zwei zentrale Unterscheidungen: die Unterscheidung zwischen dem hermeneutischen Feld als einer Lebensform und der Hermeneutik als einer akademischen Sub-Disziplin und die Unterscheidung zwischen begriffsgebundener Erfahrung und körperfundierter Wahrnehmung. Indem wir beobachten, wie sich das Verhältnis von Wahrnehmung und Erfahrung historisch verändert, bringen wir den Phänomenbereich des Nicht-Hermeneutischen in den Blick.

Während zur Selbstreferenz-Figur ›Mensch‹ in der mittelalterlichen Kultur stets die Abhängigkeit von Gott als Schöpfer und die Zugehörigkeit zur gesamten Schöpfung als Kontext gehört, beginnt im Übergang zur frühen Neuzeit eine Einstellung hervorzutreten, in der sich Menschen als exzentrisch gegenüber der Welt verstehen. Genau diese Exzentrizität betonen wir, wenn wir von ›(früh)-neuzeitlicher Subjektivität‹ sprechen. Sie macht die nun den Menschen gegenüberliegende Welt zu einer Welt der Objekte, und sie bringt so, als erste für das hermeneutische Feld zentrale Struktur, das Subjekt-Objekt-Schema als Voraussetzung jeglichen Erkennens und jeglichen Wissens hervor. Erst in dieser Subjekt-Rolle sehen sich Menschen als – von göttlicher Offenbarung zunehmend unabhängige – Produzenten von Wissen über die Welt. Innerhalb des Subjekt-Objekt-Schemas werden die Körper der Menschen auf die Objekt-Seite verwiesen. Das neuzeitliche Subjekt präsentiert sich daher als eine körperlose, ›rein geistige‹ Instanz, was, wie feministische Philosophie überzeugend gezeigt hat, zur Bedingung der ideologischen Möglichkeit wird, für ein aus männlicher Perspektive konstituiertes Wissen über Jahrhunderte den Status geschlechtsneutraler ›Objektivität‹ zu beanspruchen. Die Eliminierung der Körper – und mithin der körpergebundenen Wahrnehmung – aus dem Teilbereich ›Kognition‹ innerhalb der frühneuzeitlichen Selbstreferenz des Menschen kann deshalb nun als Voraussetzung und Garantie für die Objektivität produzierten Wissens gelten. Ein solcher Begriff von ›Objektivität‹ war undenkbar innerhalb der mittelalterlichen Kosmologie, wo alles akzeptierte Wissen als von Gott gegeben angesehen und der menschliche Geist nicht in Unterscheidung vom menschlichen Körper gedacht wurde (wie etwa der Glaube an die leibliche Auferstehung der Toten beweist).

Die ihm gegenüberliegende Welt der Objekte ist für das neuzeitliche Subjekt Gegenstand von und permanente Herausforderung zur Wissensproduktion. Ohne einen kategorialen Unterschied zwischen jenen Bereichen zu machen, die wir als Vorläufer der Naturwissenschaften und als Vorläufer der Geisteswissenschaften ansehen, vollzieht sich solche Wissensproduktion als Interpretation, was bedeutet, dass sie einer vertikalen Achse folgt, welche die horizontale Achse ›Subjekt/Objekt‹ schneidet. Interpretation setzt an bei einer als ›bloß materiell‹ verstandenen Oberfläche der Objekte, um die Strukturen dieser Oberfläche als Bezeichnendes für ein in der Tiefe liegendes, aus Begriffen konstituiertes Bezeichnetes mit Wahrheits-Status zu entziffern. Ein solches Modell von Wissensproduktion als Durchdringung einer Oberfläche hin zur konzeptuellen Tiefe der Wahrheit ist verantwortlich für die Abwertung der Oberfläche der Dinge als ›bloß materiell‹, weil hier allein Konzepte (nicht körpergebundene Wahrnehmungen des Materiellen) als wahrheitsfähig gelten. Sobald die Tiefe der Begriffe erreicht ist, kann die Oberfläche des Bezeichnenden als unwichtig ausgeblendet werden. Der Kontrast zwischen der mittelalterlichen und der neuzeitlich-protestantischen Theologie der Eucharistie ist Teil und Beispiel für diese Umstellung auf ein Lesbar-Werden der Welt im Kontext des hermeneutischen Feldes. Während die Hostie für die Reformatoren nicht mehr ist denn ein Bezeichnendes, welches die Gläubigen interpretieren können als erinnernden Verweis auf die Wahrheit der in der Vergangenheit liegenden Abendmahlshandlung, vollzog sich nach mittelalterlichem Verständnis in der Wandlung eine Transformation der Substanz ›Brot‹ in die Substanz ›Leib Christi‹. Diese Transsubstantiation stellte zwar sozusagen eine kosmologische Ausnahme dar, weil sie als nicht von einer Transformation der Form ›Brot‹ begleitet gedacht wurde. Aber dennoch war die Form ›Brot‹ für mittelalterliche Theologie nicht das Bezeichnende einer auf die Vergangenheit bezogenen begrifflichen Wahrheit, sondern Medium für die Vergegenwärtigung der Substanz ›Leib Christi‹. Der Opferleib Gottes wurde nicht erinnert, sondern präsent gemacht.

Die Frage nun, warum das hermeneutische Feld und der neuzeitliche Habitus der Interpretation die für sie ›eigentliche‹ Schicht der begrifflichen Wahrheit in einer Topik der Tiefe lokalisieren,[2]

2 Auf den (etwa von Klaus Weimar) geltend gemachten Einwand, auch das Mittelalter habe (freilich nicht unter dem Namen ›Hermeneutik‹) eine Kultur der Interpretation mit entsprechender Topik gehabt, antworte ich – vorläufig – mit dem Verweis auf zwei zentrale Unterschiede. Es geht dem christlich-mittelalterlichen ›Interpretieren‹ – erstens – um eine Erschließung und Auslegung des von Gott geoffenbarten Wissens, weshalb der Mensch prinzipiell nicht die Position eines Subjekts der Wissensproduktion einnehmen kann. Zweitens bringt die vom Mittelalter favorisierte Topik von der einen zu erschließenden ›Kern‹ umgebenden ›Schale‹ grundsätzlich andere Konnotationsmöglichkeiten ins Spiel als die neuzeitliche Topik von ›materieller Oberfläche‹ und ›geistiger Tiefe‹.

eröffnet einen ebenso weiten wie ungewissen Horizont von Spekulationen. Man mag in der damit vorgegebenen spezifischen Gerichtetheit und ›Gewaltsamkeit‹ (wie Martin Heidegger im 20. Jahrhundert sagen wird) des Akts der Interpretation einen Beleg dafür sehen, dass die Praxis im hermeneutischen Feld sich tatsächlich nicht so geschlechtsneutral und objektiv vollzieht, wie es das neuzeitliche ›Lesen der Welt‹ postuliert. ›Tiefe‹ lässt sich aber auch mit ›Endgültigkeit‹ assoziieren und mit dem existentiellen Bedürfnis, via Interpretation einen ›Grund‹ zu erreichen, der eine sichere Basis für Verhalten und Handeln bietet. In ihrem Zusammenspiel jedenfalls weisen die Topik der Tiefe und das Subjekt-Objekt-Schema den aus der Wissensproduktion ausgeklammerten menschlichen Körpern eine neue doppelte Funktion zu. Das – körperlose – kognitive Subjekt kann zum einen den Körper benutzen, um unter ihm oder hinter ihm die Wahrheit seiner Intentionen und Strategien zu verbergen. Umgekehrt muss es aber auch auf den Körper (als Bezeichnendes oder als Instrument zur Produktion von Bezeichnendem) rekurrieren, wenn es darum geht, ›tiefe‹ Intentionen und Strategien zu artikulieren. Nicht zufällig durchläuft an der historischen Schwelle zur frühen Neuzeit der Begriff ›Ausdruck‹ in verschiedenen europäischen Sprachen eine rasche Karriere, in der er sich von einer bevorzugten Metapher zu einem konventionellen Prädikat für die Objektivierung von Begriffen und Wahrheiten entwickelt. Das Wort ›Ausdruck‹ scheint das Gefühl einer konstitutiven – geradezu ›schmerzhaften‹ – Schwierigkeit bei der Objektivierung ›tiefer‹ Wahrheit auf der Ebene materieller ›Oberfläche‹ zu konnotieren, vielleicht sogar das Gefühl von einer konstitutiven Defizienz solcher Objektivierung, welche dann ihrerseits Interpretation prinzipiell notwendig machte als ein Verfahren des Restituierens der auf der Oberfläche des Ausdrucks nie unversehrt erscheinenden Fülle tiefer konzeptueller Wahrheit.

Zwischen dem 15. und dem 18. Jahrhundert können wir eine Fülle von Konventionen und institutionellen Strukturen ausmachen, in denen sich das hermeneutische Feld zu einer dominierenden Alltagswirklichkeit konkretisiert. Im einundzwanzigsten Kapitel des *Principe* etwa begründet Niccolò Machiavelli seine Bewunderung für den kastilischen König Fernando de Aragón, in dem er die erste Verkörperung seiner Konzeption des Herrschers sieht, durch die Hervorhebung von dessen Fähigkeit, ›unter‹ Manifestationen von Religiosität und ›unter‹ der Geschwindigkeit von militärischen Aktionen seine machtpolitischen Ziele ›wie unter einem Mantel‹ zu verbergen. In der von ihnen eingerichteten Praxis der Inquisition begründen Fernando de Aragón und seine Frau und Mitregentin Isabel de Castilla Interpretation als ein Verfahren, das die Oberfläche der Körper durchdringt, um tiefe Wahrheiten – in der Ausdrucks-Form von Geständnissen – zum Vorschein zu zwingen. Paradoxerweise jedoch werden nicht allein die der Häresie verdächtigen Angeklagten zum Opfer dieser Institution. Die Inquisitoren müssen ihrerseits lernen, dass innerhalb der Prämissen des hermeneutischen Feldes keinem Ausdruck je der Status endgültiger Gewissheit zukommt. Auf diese Erfahrung reagieren sie mit der Relativierung der – vor allem unter Bedingungen der Folter – hervorgebrachten Geständnisse, ohne je zu einer Methode ihrer zweifelsfreien Validierung zu gelangen. Die Exekution der Angeklagten rechnet deshalb stets mit der Möglichkeit eines Rechtsirrtums, der freilich im Rahmen des christlichen Verständnisses unmittelbar nach dem Tod der Opfer durch göttliche Gerechtigkeit korrigiert würde. Zeitgleich verfestigt sich mit der Institutionalisierung des Buchdrucks die Überzeugung, dass die unter kognitiver Perspektive so ›unzuverlässigen‹ Körper nun aus den Prozessen der Produktion und Übermittlung von Wissen ausgeschlossen sind. Im Gegensatz zu Manuskripten weisen gedruckte Bücher keinerlei unmittelbare Spuren körperlicher Tätigkeit auf, und sie tragen deshalb entscheidend bei zum Heraufkommen eines Begriffes von ›Kommunikation‹ als einem rein geistigen Prozess. Schließlich korrespondiert die ›klassische‹ Episteme des 17. und 18. Jahrhunderts, wie sie Michel Foucault in *Les mots et les choses* beschrieben hat, mit einer Vorstellung des ›Wissens über die Welt‹, wie sie das hermeneutische Feld suggeriert. Die Schicht der Begriffe soll als Wahrheit jene objektive Struktur der Dinge darstellen, die in ihrer empirischen – oberflächlichen – Wirklichkeit immer nur unvollkommen erfasst werden kann. Doch während das Vertrauen und die Begeisterung der Aufklärer für Wörterbücher und Enzyklopädien ganz diesem Weltbild verpflichtet sind, stellen sich schon erste Zweifel gegenüber der Prämisse einer möglichen Isomorphie zwischen Wissen und Wirklichkeit ein. Das sind Zweifel an den Ergebnissen einer Form von Wissensproduktion, welche Wahrnehmung und Körper ausgeblendet hat.

Als Symptome dieser Krise können, um nur zwei Beispiele zu nennen, der frühe Materialismus und die Ausdifferenzierung der Ästhetik als Teilbereich der Philosophie gelten. Es ist das Hauptanliegen der Materialisten, die Möglichkeit einer Adäquanz zwischen der empirischen Wirklichkeit der Objektwelt und der begrifflichen Welterfahrung gegen den Zweifel zu verteidigen, dass durch die Beteiligung der körperlichen Wahrnehmung, die zwischen Objektwirklichkeit und Begriffswahrheit vermittelt, Verzerrungen der Darstellung eintreten könnten. So werden im Materialismus die Körper der Menschen wieder zu einem Thema des Nachdenkens über die Produktion von Wissen, obwohl seine philosophisch-programmatische Tendenz darin liegt, der Körper-Intervention gänzliche Folgenlosigkeit zu attestieren. Komplementär zu diesem Anliegen grenzt sich Ästhetik als ein Bereich der Welterfahrung aus, dessen besondere Modalitäten in einer bloßen Aufrechnung auf Begriffe verloren gehen müsste. Noch Kant zögert in der *Kritik der Urteilskraft*, dieses Hinausgehen über die begriffliche Erfahrung anders als negativ zu beschreiben. Ästhetische Urteile, so viel ist gewiss, sind nicht in Begriffen fundiert. Weit schwieriger aber ist es, das zu beschreiben, was die Begriffe ersetzt.

Zugleich sind Kants kritische Schriften die vielleicht eindrucksvollste Bestätigung für Foucaults These, dass sich an der Schwelle zwischen dem 18. und dem 19. Jahrhundert eine Episteme herausbildet (Foucault nennt diese Episteme ›*les sciences de l'homme*‹), in welcher der Mensch nicht mehr allein als Subjekt, sondern zugleich als Objekt der Wissensproduktion erscheint. Der Status des vom Menschen als Subjekt produzierten Wissens – der Objektivitätsanspruch dieses Wissens – hängt seither von den Ergebnissen einer Analyse ab, die den Menschen zum Objekt der Wissensproduktion macht, und wie schon der Materialismus des 18. Jahrhunderts bringt diese Analyse die Körper der Menschen, welche in einem ›blinden Fleck‹ des hermeneutischen Feldes verloren gewesen waren, zurück auf die Bildfläche des Nachdenkens über Kognition. Foucaults historische These, der wir hier folgen, lässt sich mit den Begriffen einer Unterscheidung zwischen dem ›Beobachter erster Ordnung‹ und dem ›Beobachter zweiter Ordnung‹ reformulieren, welche Niklas Luhmann seit einigen Jahren im Zusammenhang systematischer Argumentationen regelmäßig benutzt. Der Beobachter zweiter Ordnung (und prinzipiell jeder Beobachter einer höheren, im Verhältnis zum Beobachter einer niederen Stufe) beobachtet sich selbst beim Beobachten und wird so auf Bedingungen seines Beobachtens aufmerksam, welche der Beobachter erster (niederer) Ordnung nicht sehen konnte. Im konkreten Fall der Episteme des 19. Jahrhunderts sind dies der Körper und mit dem Körper die Positionalität des Beobachters erster Stufe, durch deren (Wieder-)Thematisierung der dem hermeneutischen Feld und dem Lesen der Welt inhärente Objektivitätsanspruch problematisch wird. Zugleich schlägt das Prädikat der Beobachter-Exzentrizität um in eine Struktur der Ambiguität. Denn für jeden Beobachter höherer Stufe liegt der beobachtete Beobachter innerhalb des Felds der Objekte, während der beobachtete Beobachter selbst sich als außerhalb des Felds der Objekte stehend voraussetzt – von der zweiten Beobachter-Ebene an allerdings im vollen Bewusstsein der Tatsache, dass er seinerseits von den Beobachtern nächsthöherer Stufen wieder dem Feld der Objekte zugeordnet wird.

Aus der Fülle von Folgen, welche diese epistemologische Transformation nach sich zieht, wollen wir uns auf drei Verschiebungen konzentrieren. Wenn – erstens – Formen des Wissens nun prinzipiell als abhängig von den Bedingungen ihrer Produktion gesehen werden, dann gibt es für jedes ›wirkliche‹ Phänomen eine potentiell unendliche Vielfalt von ›darstellenden‹ Wissenselementen. Man kann vermuten, dass die im späten 18. Jahrhundert einsetzende (von Reinhart Koselleck so genannte) ›Temporalisierung des Wissens‹ (bei Foucault erscheint sie als das neue Prinzip der ›historicité des êtres‹, welche das vorgängige Prinzip der ›représentabilité des êtres‹ problematisiert) der erfolgreichste Modus zur Verarbeitung dieser Proliferation von Darstellungen ist. Seither kann – zweitens – für kein einzelnes Wissenselement mehr geltend gemacht werden, dass es über alle Zeiten und Kontexte hinweg ein ›wirkliches‹ Phänomen adäquat repräsentiere. Historisierung ist, wie Hegel in der *Logik* anzudeuten scheint, eine Folge der dialektischen Weltsicht als multiperspektivischer Weltsicht, und das Prinzip der Dialektik löscht den überkommenen Objektivitätsanspruch der ›klassischen‹ frühneuzeitlichen Episteme. Sich gegenüber Phänomenen ›objektiv‹ verhalten kann seither den Versuch meinen, sie ›historisch zu verstehen‹. Indem – drittens schließlich – das Beobachten der sich selbst exzentrisch glaubenden Beobachter erster Ordnung deren Körper als Bedingung von Wissensproduktion und somit körperfundierte Wahrnehmung in den Blick bringt, stellt sich die Frage nach dem Verhältnis – nach der Komplementarität, Deckungsgleichheit, Diskrepanz – zwischen körpergebundener Wahrnehmung und in Begriffen gefasster Erfahrung. In den Vordergrund tritt damit vor allem die Differenz zwischen jener Wirkung von Begrifflichkeit, welche ›darzustellende‹ Bewegungen in semantischer Statik arretiert, und der Fähigkeit körperlicher Wahrnehmung, die Bewegtheit von Phänomenen zu registrieren, ohne sie stillzulegen.

Epistemologie-Geschichte der westlichen Kultur im 19. Jahrhundert lässt sich als eine Folge von – insgesamt scheiternden – Versuchen darstellen, solche Interferenzen und Störungen im Funktionieren des hermeneutischen Feldes zu neutralisieren und so die ihm eigene Form und Gewissheit der Welterfahrung zu retten. In den Romanen Balzacs etwa, denen ihre Zeitgenossen noch nicht das programmatische Epitheton ›realistisch‹ gegeben hatten, stößt der Leser immer wieder auf Protagonisten, welche – beinahe – an der Schwierigkeit verzweifeln, eine letztgültige Sicht der gesellschaftlichen Welt zu erlangen. In den meisten Fällen endet die Handlung aber doch mit der tröstlichen – wenn auch fiktionalen – Vergewisserung, dass diese Möglichkeit noch nicht ganz verloren sei. Die Voraussetzungen für das Erlangen solcher Objektivität variieren: Manchmal scheint sie die Belohnung für vorbildliche Moral zu sein, in anderen Fällen erschließt sie sich ganz einfach einem Blick aus erhöhter räumlicher Position. Stendhal neigt dazu, die Fähigkeit des Weltverstehens mit der Zugehörigkeit zu bestimmten Nationen oder sozialen Klassen zu assoziieren. Aber selbst für heroische Subjekte der Kognition ist der Anspruch, Wahrheit zu besitzen, nicht mehr ohne weiteres ein existentieller Grund für erfolgreiches, wirklichkeitsveränderndes Handeln. Weltschmerz und *ennui* werden zu Stimmungen derer, welche sich in die Einsicht gefunden haben, dass Wissen eben nicht notwendig Macht ist.

Wenn die Photographie, deren wichtigste naturwissenschaftliche und technische Voraussetzungen offenbar schon im 18. Jahrhundert gegeben waren, erst um 1830 zu einem Verfahren der Wirklichkeitsdokumentation wird, so legt das die Vermutung eines Zusammenhangs mit der gleichzeitigen epistemologischen Krise nahe. Denn was das neue Medium verspricht, ist eine unmittelbare Abbildung der Welt auf der Filmplatte, eine Abbildung, welche Interferenzen der menschlichen Wahrnehmung und Körper ausschließt. Bald schon erweist sich jedoch diese Hoffnung als trügerisch. Jedes individuelle photographische Bild zeigt unvermeidlich Spuren der kontingenten Umstände seiner Herstellung – ob das nun der Aufnahmewinkel ist, die untypische momentane Geste einer porträtierten Person oder ein Mangel im Filmmaterial. Bis zur Mitte des Jahrhunderts setzt sich in der Malerei wie in der Literatur die Tendenz durch, gerade solche Banalität des Kontingenten als Wirklichkeits-Garantie eines neues Typs zu sehen, welcher nun auch tatsächlich den Namen ›Realismus‹ trägt. Gerade weil die Weltsichten und Diskurse der Protagonisten in Flauberts *Madame Bovary* nie konvergieren, gerade weil Autor und Erzähler dem Leser keine zentrale Weltsicht mehr anbieten, gilt dieser Roman als wirklichkeitsnah; gerade weil er die Ereignisse der Revolution von 1848 immer aus der Distanz des denkbar unpassendsten Zusammenhangs sieht, kommt Frédéric Moreau, dem Helden der *Education sentimentale*, der Rang eines durchschnittlichen und ebendeshalb objektiven Zeitzeugen zu.

Solche Verschiebungen der Prämissen und Kriterien, unter denen Wirklichkeit und Wahrheit erfahren werden, zeigen eine Erosion tragender Strukturen des hermeneutischen Felds im epistemologischen Klima des 19. Jahrhunderts an. Literarische, philosophische und künstlerische Innovationen konvergieren in einer Problematisierung seiner vertikalen Achse, für welche die sinnliche Oberfläche der Dinge nur ein Zugang und die Materialität der Sprache nur ein Bezeichnendes im Verhältnis zu der eigentlich bedeutsamen Schicht der begrifflichen Wahrheit gewesen waren. Was sich in den ›symbolistisch‹ genannten Gedichten von Lyrikern wie Verlaine, Rimbaud oder Mallarmé vollzieht, ist hingegen eine – oft zusätzlich als poetologisches Programm vorgetragene – Aufwertung der Textoberfläche. Rimbauds dichterische Spekulation über die Farben der Vokale oder Mallarmés Konzentration auf das Layout des gedruckten Textes weisen der akustischen und visuellen Wahrnehmung einen neuen Stellenwert zu, der nicht mehr in der Ermöglichung von Textbedeutung aufgeht – und im Moment ihrer Erschließung gelöscht wird. Friedrich Nietzsches aggressives Lob von Oberflächlichkeit, Buchstäblichkeit und Philologie, das stets auf Kosten des in existentielle Tiefen drängenden Willens zur

Wahrheit geht, und seine Begeisterung für die Erfahrungsmodalität des dionysischen Rausches als Gegenpol zur Exzentrizität und Körperlosigkeit des kognitiven Subjekts lassen sich als Parallelbewegungen des philosophischen Diskurses lesen. Umgekehrt befrachtet Richard Wagners kompositorische Praxis der Programm-Musik ein Medium mit Funktionen der Bedeutungsartikulation, dessen ästhetischer Wert traditionell allein von der Sinnlichkeit der Wahrnehmung abhing. So befinden sich um 1890 die epistemologischen Grenzen und die Verhaltensmuster, welche sich in der Ausbildung des hermeneutischen Feldes institutionalisiert hatten, in einer gleitenden Bewegung der Auflösung.

Psychophysik vs. Dualismus der Wissenschaften

Grammophon und Film sind Medien, in deren spezifischen Funktionen jene Simultanität von Erfahrung und Wahrnehmung technische Wirklichkeit wird, von deren Unmöglichkeit der epistemologische Druck auf das hermeneutische Feld ausgegangen war. Wenn die Implikationen dieser Formel auch zu teleologisch und zu intentional sind, als dass man sie im Kontext einer ›genealogischen Skizze‹ ohne weiteres stehen lassen könnte, so legt unsere Retrospektive doch zumindest den Eindruck nahe, dass in Grammophon und Film ein Begehren seine Erfüllung findet, welches als blindes Begehren die treibende Kraft hinter den im vorausgehenden Abschnitt beschriebenen Umschichtungen war. Grammophon und Film machen erstmals die Speicherung und Zirkulation von Wahrnehmung möglich, ohne dass diese an den Preis der Eliminierung von wahrnehmenden Körpern und an die Stillstellung wahrgenommener Bewegung in Begriffen gebunden ist. Friedrich Kittler hat die Wirkungen dieser Dispositive, in denen seit der Zeit um 1900 die Körperlichkeit von Wahrnehmung und die Psychologie von Erfahrung zusammengeführt werden, unter dem Namen ›Psychophysik‹ historisch analysiert. In der zeitgenössischen Philosophie lassen sich vielerorts – aber ohne die vereinende Klammer eines überindividuellen intellektuellen Programms – konvergierende Versuche identifizieren, Modelle der Vermittlung zwischen Körperlichkeit und Erfahrung, Begrifflichkeit und Wahrnehmung zu entwerfen. Schon der Titel von Henri Bergsons 1896 erschienenem Buch *Matière et mémoire. Essai sur la relation du corps et l'esprit* macht deutlich, dass diese Analyse der Funktionsmechanismen des Gedächtnisses motiviert ist von dem für die phänomenologische Philosophie konstitutiven Interesse an den Modalitäten der Vermittlung zwischen körperlicher und geistiger Existenz.[3] In seinen Reflexionen zur *Philosophie der Sozialität* entwickelt George Herbert Mead den Gedanken, dass Imagination zurückgeht auf eine frühe Phase in der Evolution des Menschen, wo Fernwahrnehmung Vorstellungsbilder (›*imagery*‹) von unsichtbaren Objekten der Wahrnehmung auslöste, welche ihrerseits unmittelbar in Muskelbewegung umgesetzt wurden. Begriffe hingegen sollen auf die evolutionär spätere Fähigkeit zurückgehen, diese Bilder zu interpretieren, und die Möglichkeit mit sich bringen, die Unmittelbarkeit ausgelöster Flucht – oder Aggressionsbewegung – zu suspendieren. Diesem intellektuellen Kontext der Psychophysik sind auch und vor allem die Vorstudien zu Sigmund Freuds im Jahr 1900 publizierter Traumdeutung zuzuordnen. Denn hier verfolgt Freud noch die später zunehmend im Begriff der ›Triebe‹ neutralisierte Frage, wie die Emergenz von Bewusstseinsinhalten aus physiologischen Vorgängen zu denken sei.

Es ist freilich kein Zufall, dass im Kontext der Universität – zumal der deutschen Universität – Denker wie Bergson, Mead oder Freud lange Zeit marginal geblieben sind oder gar als unseriös galten. Denn eben in jenen letzten Jahrzehnten des 19. Jahrhunderts, als die vertikale Achse des hermeneutischen Feldes, als die Dichotomie zwischen der ›bloß materiellen Oberfläche‹ und der ›begrifflichen Tiefe‹ im Denken der Psychophysik kollabierte und als (denken wir an Freud) die horizontale Achse des hermeneutischen Feldes, die Exzentrizität des beobachtenden Subjekts gegenüber der Welt der Objekte, zunehmend in Frage gestellt wurde, etablierte sich in der akademischen Welt der diskursive und institutionelle Dualismus zwischen den Geisteswissenschaften und den Naturwissenschaften. Bis in die alltagswirklichen Details

3 Diese Beobachtung lässt sich verallgemeinern zu der wissenschaftsgeschichtlichen These, dass Phasen besonders intensiver Beschäftigung mit dem Phänomen des Gedächtnisses – wie etwa das 16. und 17. Jahrhundert oder unsere eigene Gegenwart – stets in dem Bemühen begründet sind, dualistische Modelle der Körper-Geist-Beziehung zu überwinden.

kollegialer Beziehungen lässt sich verfolgen, wie das Programm von Wilhelm Diltheys 1883 zuerst erschienener *Einleitung in die Geisteswissenschaften* motiviert war durch den Druck, welchen die gründerzeitlichen Naturwissenschaften auf interpretierende Formen der Welterfahrung ausübten.[4] Man kann die Erfindung des Disziplinenverbunds der Geisteswissenschaft als einer ›Erfahrungswissenschaft der geistigen Erscheinungen‹, die auf das Verstehen der ›geschichtlichen Seelenvorgänge‹ konzentriert und in der Hermeneutik als Kunstlehre der Interpretation fundiert ist, als Rettung des hermeneutischen Feldes um den Preis einer doppelten Isolierung ansehen. Als Wissenschaft ist dieser Typ der Welterfahrung abgesondert vom Alltag, und als Geisteswissenschaft befreite er sich innerhalb der akademischen Welt von dem Druck (oder aus entgegengesetzter Perspektive: bringt er sich um die Möglichkeit), sein eigenes Erfahrungswissen mit den Weltbeobachtungen der Naturwissenschaften zu vermitteln.

Vierundvierzig Jahre nach Diltheys *Einleitung in die Geisteswissenschaften* erreichte die akademische Apotheose und Restituierung des hermeneutischen Feldes ihren kaum überbietbaren Höhepunkt in Martin Heideggers *Sein und Zeit*. Denn während Dilthey für die Hermeneutik als Kunstlehre des Verstehens eine Zentralstellung innerhalb einer Gruppe wissenschaftlicher Disziplinen gefordert hatte, machte Heidegger das Verstehen zu einer zentralen Voraussetzung menschlicher Existenz schlechthin. Als In-der-Welt-Sein stößt Dasein auf die Gegenstände der Welt schon immer als ›zuhandene‹, das heißt: als hin auf einen möglichen Gebrauch interpretierte. Entgegen der gängigen Prämisse, dass die Dinge primär wahrgenommen und erst sekundär durch Deutung zu Gegenständen der Erfahrung werden, spricht Heidegger von der Anstrengung, die es kostet, das existentiell primär ›Zuhandene‹ in die Distanz und Neutralität des uninterpretierten ›Vorhandenen‹ zu bringen. Im Kontext von Heideggers fundamentalontologischen Überlegungen scheinen auch Elemente der hermeneutischen Topik von Oberfläche und Tiefe wiederzukehren. Unter dem Seienden in seiner alltagswirklichen Faktizität ist das Sein verborgen, welches

4 Ich greife hier Thesen eines Vortrags auf, den Bernhard Siegert im März 1994 an der Stanford University anlässlich eines Kolloquiums zum Thema »Beyond Dualism: Epistemological Convergences between the Sciences and the Humanities?« gehalten hat.

die wesentlichen Prädikate des traditionellen Wahrheitsbegriffs übernimmt. Wahrheit wird definiert als ›entborgenes Sein‹. Jene Instanz des hermeneutischen Feldes aber, die zumindest in *Sein und Zeit* entscheidenden Modifikationen unterliegt, ist die Rolle des Menschen als exzentrisches Subjekt der Erkenntnis. Nicht nur kann solche Exzentrizität innerhalb der existentiellen Grundsituation des In-der-Welt-Seins nicht gedacht werden. Das Entbergen der Wahrheit erscheint nun auch nicht mehr als Akt des eine Oberfläche durchdringenden Subjekts, sondern als ein Erscheinen, als ein Sich-Entbergen des Seins selbst, auf das hin der Mensch ›gestimmt‹ und in ›Gelassenheit‹ vorbereitet sein kann, ohne dass freilich das Sich-Entbergen je von menschlicher Initiative oder von menschlichem Willen zu erzwingen wäre.[5]

Jenseits des Dualismus?

Am Beginn dieser ›genealogischen Skizze‹ war die nicht nur rhetorische Frage gestanden, ob sich in der gegenwärtigen Praxis der Geisteswissenschaften Anhaltspunkte für die Vermutung ausmachen lassen, dass jene doppelte Isolation zunehmend problematisch wird, um deren Preis die Rettung des hermeneutischen Feldes durch seine akademische Nobilitierung gelungen war. Außerhalb des akademischen Alltags hat man sich ohnehin seit langem so mühelos auf Wirklichkeiten aus bewegten Bildern eingestellt, dass sich die traditionellen Forderungen nach einer Kompatibilisierung von Wahrnehmung und Erfahrung und nach einer Übersetzung des Wahrgenommenen in Begriffe kaum mehr stellen. Der Habitus eines beständigen Oszillierens zwischen den Polen Wahrnehmung und Erfahrung ist zu einer Normalität geworden, mit der Vorstellungen von einer Dominanz der einen oder der anderen Seite (oder auch die Erwartung eines Zum-Abschluss-Kommens dieses Oszillations-Prozesses) geschwunden sind. Unter den außerakademischen Reaktionen auf akademische Praxis scheint sich dar-

5 Im Blick auf jene geisteswissenschaftliche Praxis ›unserer‹ Gegenwart, die sich unter Berufung auf die Hermeneutik Hans-Georg Gadamers – zumindest indirekt – immer auch von Heidegger herleitet, scheint mir die Frage angebracht, ob sie nicht häufig unter der Hand eine Restituierung des exzentrischen Erkenntnissubjekts in der Rolle des Subjekts der Interpretation vollzieht.

über hinaus – zumindest in den Vereinigten Staaten[6] – derzeit eine Präferenz für jene Formen von Interdisziplinarität durchzusetzen, welche die Distanz zwischen den Naturwissenschaften und den Geisteswissenschaften zu überbrücken suchen – oder sogar aggressiv ignorieren. Niklas Luhmann hat das Verhältnis zwischen den beiden Grundformen akademischen Denkens so beschrieben, dass ihre Differenz ein Fundament von Gemeinsamkeit voraussetzt. Naturwissenschaften und Geisteswissenschaften analysieren und beschreiben, wie Systeme mit ihnen auferlegter Außenkomplexität umgehen. Naturwissenschaften und Geisteswissenschaften gehen gemeinsam davon aus, dass sich das Abarbeiten von Außenkomplexität durch Selektion aus einem stets überreichen Angebot von Möglichkeiten vollzieht. Ihre Differenz liegt darin, dass sich die Naturwissenschaften auf Selektionsvorgänge spezialisieren, die den Status von ›Operationen‹ haben, während der Gegenstandsbereich der Geisteswissenschaften von ›Beobachtungen‹ konstituiert ist. Die Naturwissenschaften beobachten Operationen, und das heißt: Selektionsvorgänge ohne Selbstreferenz, Selektionsvorgänge ohne Sinn-Dimension, Selektionsvorgänge ohne Bewusstsein von den durch die Selektion ausgeschlossenen Möglichkeiten. Die Geisteswissenschaften hingegen beobachten Beobachtungen, und das heißt: Selektionsvorgänge mit Selbstreferenz, Selektionsvorgänge mit Sinn-Dimension, Selektionsvorgänge, die sich im Bewusstsein der von ihnen ausgeschlossenen Möglichkeiten vollziehen. Indem sie Systeme beobachten, produzieren die Naturwissenschaften ebenso wie die Geisteswissenschaften Sinn. Aber die Naturwissenschaften produzieren Sinn im Bezug auf Systeme, die selbst keine Sinn-Dimension haben, während die Geisteswissenschaften Sinn über immer schon selbst Sinn produzierende Systeme konstituieren.

Diese Typisierung könnte kaum von Niklas Luhmann stammen, wenn sie auf eine Bewertung oder gar auf die Intention einer Veränderung gängiger Praxis abgestellt wäre. Hinzu kommt, dass Luhmann gegenüber den Naturwissenschaften wie gegenüber den Geisteswissenschaften – vielleicht nicht ganz ohne Ironie – aus

6 Ich mache diese Einschränkung nicht im Sinn einer impliziten Wertung, sondern nur deshalb, weil mir die jüngsten Tendenzen der amerikanischen Wissenschaftsberichterstattung und Wissenschaftsförderung vertrauter sind als ihre europäischen Äquivalente.

der – vielleicht epistemologisch gar nicht mehr zeitgemäßen – ›dritten Position‹ des Sozialwissenschaftlers spricht. Dennoch könnten es der Luhmann'schen Charakterisierung ähnliche Einschätzungen der geisteswissenschaftlichen Interpretation als ›Sinnbildung über Sinnbildung‹ gewesen sein, welche das Gefühl einer tautologischen Praxis, das Gefühl einer Überfülle der Sinnproduktion im Interpretieren geweckt haben. Darin läge dann eine Erklärung für eine gegenwärtig sich vollziehende Verschiebung der Interessen im traditionellen institutionellen Rahmen der Geisteswissenschaften. Sie lassen Akte der Identifizierung und Übermittlung von Sinn hinter sich und beginnen Fragen nach den Bedingungen der Möglichkeit von Sinn zu stellen – sowohl auf transzendentaler als auch auf historischer Ebene. Bei meinen Versuchen, Grundlinien dieses neuen intellektuellen Feldes nachzuziehen, hat mir der Rückgriff auf eine doppelte Begriffsunterscheidung des dänischen Sprachphilosophen Leo Hjelmslev zu einem – gewiss vorläufigen – Eindruck von Klarheit verholfen.[7] Hjelmslev kombiniert die traditionelle Opposition zwischen Bezeichnendem (›Ausdruck‹) und Bezeichnetem (›Inhalt‹) mit der Opposition zwischen ›Substanz‹ und ›Form‹ und generiert so ein konzeptuelles Quadrat aus den vier Begriffen ›Inhaltssubstanz‹ und ›Inhaltsform‹, ›Ausdruckssubstanz‹ und ›Ausdrucksform‹. ›Inhaltssubstanz‹ sind Bewusstseinsinhalte, die noch nicht strukturiert sind, während ›Inhaltsformen‹ aus einem Prozess der Gestaltgebung über Inhaltssubstanzen hervorgehen – ohne auf der anderen Seite schon auf der Ebene einer Sprache oder eines anderen Mediums artikuliert zu sein. Ausdruckssubstanz sind all jene Materialien und Dispositive, die benutzt werden können, um Botschaften wahrnehmbar zu machen, während Ausdrucksformen aus Ausdruckssubstanz modellierte Elemente und Repertoires von sprachlichen und medialen Codes sind. In ihrem Zusammenspiel konstituieren diese vier Begriffe eine komplexe Version des klassischen (Saussure'schen) Zeichenbegriffs, doch die innovativen Reflexions- und Forschungsansätze in den Geisteswissenschaften sind gerade dadurch charakterisiert, dass sie sich auf je einzelne der von den vier Begriffen umschriebenen Felder konzentrieren. Das derzeit

7 Mit der Verwendung von Hjelmslevs Begriffen verbinde ich weder den Anspruch auf einen den Intentionen dieses Autors gegenüber adäquaten Gebrauch noch die These (oder ihre Ablehnung), dass Hjelmslevs Denken die gegenwärtige epistemologische Dynamik innerhalb der Geisteswissenschaften vorweggenommen hätte.

besonders intensive Interesse am Phänomen der Imagination etwa oder das für die Dekonstruktion zentrale Konzept der *différance* visieren den Bereich der Inhaltssubstanz an. Diskursanalyse, aber auch die von Paul de Man entwickelten Begriffe von ›Allegorie‹ und ›Theorie‹ beziehen sich ausschließlich auf Inhaltsformen. Jene Untersuchungen, welche – zuweilen hinter dem programmatischen Titel ›Materialität der Kommunikation‹ – die menschlichen Körper und die Medientechnologien thematisieren, lassen sich unter dem Begriff der ›Ausdruckssubstanz‹ subsumieren, während unter anderen von Friedrich Kittler angeregte Untersuchungen Ausdrucksformen und Systeme von Ausdrucksformen ins Spiel bringen. Statt aber nun diese zweifellos zentrifugale Bewegung verschiedener Interessenrichtungen zu beklagen, geht es mir – erstens – darum, zu unterstreichen, dass durch sie neue Formen interdisziplinärer Arbeit (auf der ›Ausdrucks‹-Seite: vor allem zwischen Geisteswissenschaften und Naturwissenschaften) eröffnet werden. Zweitens – und vor allem – aber will ich zeigen, dass erst diese Trennung der Forschungsfelder eine Serie von Fragen generiert, welche gemeinsam das Problem der Bedingungen der Möglichkeit von Sinn umschreiben. Unter welchen Bedingungen kann Inhaltssubstanz zu Inhaltsform werden?

Unter welchen Bedingungen kristallisiert sich Ausdruckssubstanz zu Ausdrucksformen? Unter welchen Bedingungen schließlich gehen Inhaltsformen und Ausdrucksformen jene Art der Koppelung ein, die wir meinen, wenn wir von ›Zeichen‹ reden? Dieser Versuch, Beobachtungen über die gegenwärtige geisteswissenschaftliche Praxis hochzurechnen zu einem – naturgemäß vagen – Projekt für zukünftige Forschungen, legt die These nahe, dass der Begriff der Koppelung und vor allem das Phänomen der Emergenz von Form in Zukunft Gegenstände eines sich intensivierenden Interesses werden könnten. Genau hier nun hat sich in meiner eigenen Arbeit eine ebenso überraschende wie signifikante Schnittstelle mit einem Vorhaben ergeben, das ursprünglich ein Gegengewicht zu abstrakten Reflexionen über die epistemologische Situation der Gegenwart bilden sollte. Umso interessanter scheint mir die beobachtete Konvergenz zu sein.

Jenes andere Projekt[8] verfolgt die Frage, warum heute bestimm-

8 Es wäre ohne die philosophische Ermutigung meines Freundes Wolfgang Welsch kaum auf die Strecke ernsthafter Arbeit gekommen.

te Sportarten – und ich habe als Paradigma *American Football* gewählt[9] – im Stadion und über die Medien solch unerhörte (und immer noch steigende) Massen von Zuschauern faszinieren und unterhalten. Meine Arbeit thematisiert vorerst – im traditionellen Analyse-Habitus philosophischer Ästhetik – ausschließlich die sich auf dem Spielfeld entwickelnden Vorgänge. Sie hat zu der These geführt, dass Football – entgegen der Tendenz allzu geistreicher intellektueller Deutungen – von Spielern und Zuschauern nicht als ›Ausdruck‹ erfahren wird. Die Spielzüge sind nichts als sie selbst, sie verweisen nicht auf einen ›außerhalb‹ des Spiels liegenden oder gar ›unter ihm‹ zu erschließenden Sinn. Im Gegensatz zu einer solchen interpretierenden Perspektive jedoch erweist sich eine Richtung der Beschreibung ästhetischer Erfahrung für den Football als besonders fruchtbar, welche ausgerechnet zwei ›Väter der Hermeneutik‹, Heidegger und Gadamer, ausgebildet haben. Heidegger wie Gadamer betonen, dass die Spezifik der ästhetischen Erfahrungsform darin liege, nicht primär das Ergebnis, sondern den Prozess des Sich-Entbergens von Sein zu vergegenwärtigen. Diese Definition legt nun in der Tat eine Assoziation mit den Spielzügen des American Football nahe, in denen die Strategien und Bewegungen der offensiven Partei auf die Ermöglichung der Emergenz von Form und die Strategien und Bewegungen der defensiven Partei auf die Verhinderung der Emergenz von Form ausgerichtet sind. Als ein Potential von Form steht die Aufstellung der offensiven Spieler vor jedem Spielzug der Aufstellung der defensiven Spieler als einem die Möglichkeit von Form bedrohenden Potential von Entropie gegenüber. Was die Faszination dieses Sports aber im eigentlichen Sinn zu einer Modalität der ästhetischen Erfahrung macht, ist die Tatsache, dass Form – wenn sie sich denn in einem Spielzug entfaltet – immer nur Form in Bewegung sein kann. Sie lässt sich zwar in Spielerbesprechungen durch Kreidezeichnungen fixieren und planen und in retrospektiven Analysen erinnern, aber während eines Spiels wird Form immer nur als Wirklichkeit eines Seins aufscheinen, das

9 Der pragmatische Grund für diese Wahl liegt in der meine optimistischsten Erwartungen bei weitem überbietenden Unterstützung durch das *Athletic Department* der Stanford University. Hinzu kommt der Eindruck, dass die Strategie und die Konstruktion von Spielzügen in keiner anderen mir bekannten Mannschaftssportart einen vergleichbaren Grad von rationaler Durchdringung und daher von Analysierbarkeit erreicht hat wie im *American Football.*

schon nicht mehr gegenwärtig ist, sobald ein erfolgreicher Spielzug zum Abschluss kommt. Die beinahe ›unheimliche‹ Konvergenz, um die es mir hier geht, ist natürlich jene zwischen dem neuen geisteswissenschaftlichen Interesse am Thema der Emergenz von Form und dem Prozess des Emergierens von Form als Bezugspunkt der Sportfaszination. Weitere Motive von philosophischem Interesse werden sich, hoffe ich, im Kontext des Football-Projekts ausarbeiten lassen – so der ambivalente Status der sich vollziehenden Spielzüge zwischen Operation und Beobachtung oder der Kontrast zwischen der Gegenwärtigkeit des Spielzugs als Ereignis und jenen Momenten, in denen das Spielfeld entweder leer oder (unmittelbar vor jedem Spielzug) von gespannt ihre Bewegung zurückhaltenden Spielern besetzt ist.

Aber nichts wird mich dazu bewegen, von American Football als einem ›Ausdruck‹ oder einem ›Bild‹ gegenwärtiger Gesellschaft und gegenwärtiger Epistemologie zu reden.

Teil 4
Präsenzen

I

Zehn kurze Überlegungen zu Institutionen und Re/Präsentation

1.

Trotz einiger terminologischer Unterschiede konvergieren verschiedene Genealogien innerhalb der europäischen soziologischen Tradition darin, Institutionen als Gebilde zu definieren, die aus unterschiedlichen Verhaltensmustern (oder unterschiedlichen Aktionsstrukturen) bestehen, die wechselseitig angepasst sind. Zu sagen, unterschiedliche Verhaltensmuster (oder Aktionsstrukturen) wären ›wechselseitig angepasst‹, bedeutet einfach, dass sie einander voraussetzen. ›Grüßen‹ zum Beispiel ist nicht nur eine mehr oder minder automatisierte (oder ›habitualisierte‹) Abfolge von Körperbewegungen, die ich mit ein paar Wörtern verbinde; ›grüßen‹ setzt voraus, dass eine andere Person eine ähnliche (oder komplementäre) Sequenz von automatisierten Körperbewegungen und Wörtern ausführt und dass die andere Person wiederum erwartet, dass ich genau das tue, was ich tue; sie erwartet sogar, dass ich von ihr erwarte, dass sie tut, was sie tut. Dieser ›Spiegeleffekt‹ ist innerhalb von Institutionen natürlich potentiell endlos.

2.

Müssen Institutionen doppelte *Repräsentationen* sein? Brauchen Institutionen Wörter oder andere Zeichen, die es uns als Signifikante erlauben, auf sie in ihrer Abwesenheit hinzuweisen, d. h. Wörter und Zeichen, die es uns erlauben, auf sie als Signifikate hinzuweisen, sei es in ihrer räumlichen Abwesenheit oder dann, wenn sie gerade nicht dargestellt werden? Die erste Antwort auf diese Frage ist, dass Institutionen Repräsentationen (im soeben beschriebenen Sinn des Wortes) ebenso sehr oder ebenso wenig benötigen wie jedes andere potentielle Referenzobjekt. Wenn man darüber nachdenkt, könnte man sogar zu dem Schluss kommen, dass Institutionen im Allgemeinen Repräsentationen in geringerem Maße benötigen als einige andere Objekttypen, da die Existenz einer Institution kaum je davon abhängt, dass sie eine Repräsentation besitzt. Darüber hinaus entwickelt jede Kultur eine Anzahl von Institutionen, welche diejenigen, die ›darin‹ leben, meist übersehen, weil sie sie für ›spontan‹ oder ›natürlich‹ halten statt für sozial geformtes Verhalten. Denken Sie in diesem Kontext an die verschiedenen Formen und Verhaltensweisen des Flirts, die die verschiedenen europäischen Kulturen entwickelt haben, denken Sie an die verschiedenen, geschlechtsspezifischen, akzeptablen oder inakzeptablen Strategien des ›Eroberns‹ eines Geschlechtspartners. Nur von außerhalb einer jeden individuellen Referenzkultur können wir erleben, wie spezifisch eine jede dieser Formen ist. Für einige Institutionen mag es über die Tatsache hinaus, dass sie nicht erkennen, wie sozial geformt sie sind, tatsächlich essentiell wichtig oder notwendig sein, jede Art von Repräsentation aktiv zu vermeiden und zurückzuweisen (oder den Gebrauch von Repräsentationen in Bezug auf sie selbst zu minimieren). Dies trifft offensichtlich auch auf die Mittel und Wege zu, anhand derer sich Spione, die zu dem gleichen Geheimdienst gehören, gegenseitig erkennen können; es ist ebenso ausschlaggebend für militärische Strategien oder für das *Playbook* eines Teams im amerikanischen Football.

3.

Alles ändert sich jedoch, wenn wir unter Re-Präsentation (und der Bindestrich ist Absicht) Hilfsmittel oder Verhaltensformen verstehen, die statt auf das, was abwesend ist (oder abwesend sein könnte), hinzuweisen, das, was sonst abwesend wäre, wieder anwesend (im räumlichen Sinne des Wortes), wieder greifbar machen könnten. Für gläubige Katholiken ist die Eucharistie so ein ›Hilfsmittel‹, denn sie macht Christi Körper und Blut, die vor zweitausend Jahren seine irdische Existenz ausmachten, ›wirklich anwesend‹ (greifbar und sogar essbar). Auf einem weniger esoterischen Level ist eine Vorladung zu Gericht eine Möglichkeit, jemanden präsent zu machen (man könnte hier das Wort ›Präsentifikation‹ verwenden), wie auch die Verpflichtung eines Sportlers (oder des Körpers eines Sportlers), an einem sportlichen Wettkampf teilzunehmen, oder die Präsenz eines Sängers auf der Opernbühne. Während in unserem konventionellen Verständnis der Körper eines Sängers auf der Opernbühne auch (und sogar primär) als ein Signifikant angesehen wird, der das Konzept eines ›Charakters‹ (also z. B. ›Tristan‹ oder ›Rigoletto‹) repräsentiert, weist er doch immer und unweigerlich auf seine eigene materielle Präsenz hin – eine Funktion, die im Falle eines Sportlers offensichtlicher ist (denn man käme in Schwierigkeiten, sollte man erklären, wofür dessen Körper ein Signifikant sein sollte). In diesem Sinne beschrieb der Philosoph Martin Seel gewisse Anstrengungen und Inszenierungen als Momente der »betonten Gegenwärtigkeit«.

4.

Warum finden wir es so viel schwieriger, über ›Re-Präsentation‹ (das ›Wieder-präsent-Machen‹ und/oder die Intensivierung der bereits existierenden Präsenz) zu sprechen als über ›Repräsentation‹ (durch einen Signifikanten auf das Abwesende hinzuweisen)? Die Antwort kann ganz offensichtlich nicht sein, dass die eine dieser Modalitäten in unserer Kultur öfter vorkommt als die andere – obwohl dies dazu verlocken könnte zu erklären, dass ›Re-Präsentation‹ archaischer zu sein scheint und uns daher abwegiger vorkommt als ›Repräsentation‹. Als mögliche Antwort würde ich daher eher vorschlagen, dass erstens *jedes kulturelle Phänomen* Elemente (oder Aspekte) sowohl der Repräsentation als auch der Re-Präsentation enthält (in unterschiedlichen Konfigurationen und wahrscheinlich auch in unterschiedlichen Proportionen). Dennoch war die Repräsentation (ohne Bindestrich) seit der massiven Institutionalisierung des Cartesianischen Gedankens im 17. und 18. Jahrhundert die bevorzugte Modalität *innerhalb des Selbstbildes, innerhalb der Selbstreferenz der westlichen Kultur*. Es ist kein Zufall, dass die Moderne mit der protestantischen Neudefinition der Eucharistie von einem ›Hilfsmittel‹ begann, das ›Gottes wirkliche Anwesenheit‹ in einer ›Repräsentation‹ von Christi letztem Abendmahl mit seinen Jüngern dargestellt hat. Seither brachten (mehr oder weniger inoffiziell) die Eucharistie und die Transsubstantiation als ihr Hauptakt diejenigen katholischen Theologen, die unbedingt modern sein wollten, in Verlegenheit, und im Prinzip gilt Ähnliches für sämtliche Re-Präsentationsphänomene innerhalb des Selbstbildes der modernen westlichen Kultur. Solche Re-Präsentationsphänomene existieren seither in den Nischen unserer Kultur, die, obwohl sie oft enorm populär sind, nicht kulturell kanonisiert werden können (dies ist beim Sport nach wie vor der Fall); oder sie gedeihen unter dem Deckmantel einer offiziellen Selbstreferenz, die Re-Präsentationsphänomene unter einem Diskurs der Repräsentation subsumiert (wenn wir über eine Opernproduktion sprechen, wird normalerweise sehr viel eher Bezug auf die Inszenierung des Librettos genommen als auf die Lautstärke der Stimmen und die Choreographie der Körper auf der Bühne).

5.

Um für unsere kritische Sprache gegen die Übermacht eines Cartesianischen Tons in der Selbstreferenz der westlichen Kultur Aspekte der Re-Präsentation wiederherzustellen, habe ich eine (sehr) binäre *Typologie* vorgeschlagen, *die zwischen ›Repräsentationskultur‹ und ›Präsenzkultur‹ unterscheidet* (›Subjektkultur‹ kontra ›Präsenzkultur‹). Innerhalb der so streng binären Logik dieser Typologie werden die Konzepte, die für gewöhnlich den Präsenz-Pol umschrieben, ungefähr ebenso schief aristotelisch sein wie die, die konventionell als Repräsentationsparadigma gebraucht werden, cartesianisch sind. Bevor ich sieben Unterscheidungen zwischen Subjektkultur und Präsenzkultur einführe (und die Liste ist natürlich offen), scheint es angemessen (wenngleich zugegebenermaßen tautologisch), wieder einmal darauf zu bestehen, dass von keinem dieser Pole angenommen wird, er könne je als ›reine‹ oder ›komplette‹ Realisierung in einer Kultur, einem kulturellen Objekt oder einer historischen Epoche existieren. Aus genau diesem Grunde wäre es interessant, der Frage nachzugehen, ob es eine historische Fluktuation in der Distribution der Subjekt- bzw. Präsenzkomponente kultureller Objekte geben kann (oder geben könnte). Es scheint jedenfalls durchaus plausibel anzunehmen, dass dies in jedem individuellen Fall und jeder individuellen Situation eine Frage von relativer Präponderanz sein wird. Die Selbstreferenz der Subjektkulturen (oder Repräsentationskulturen), um mit unserer kurzen Typologie zu beginnen, ist auf Bewusstsein (auf das cartesianische *res cogitans*, das inhaltsgleich ist mit unserem Konzept eines ›Subjekts‹) zentriert, und das bedeutet, dass sie von sich selbst als einem Bereich denken können, in dem verschiedene Intentionen miteinander wetteifern oder konvergieren. In Präsenzkulturen ist dagegen der Körper (als Beispiel für die ›*res extensa*‹) das zentrale Element. Bewusstsein oder Subjektheit begreifen sich zweitens als exzentrisch in Bezug auf die Gegenstandswelt, wohingegen die Präsenzkultur ihr Kernelement, den menschlichen Körper, als internen Bestandteil einer Kosmologie versteht. Die exzentrische Position (die Beobachterposition), die das Subjekt in einer Repräsentationskultur innehat, ist drittens die Position, von der aus es die Welt *interpretiert.* Interpretation wird normalerweise innerhalb einer vertikalen Typologie gedacht: Das Subjekt (oder der Blick des Subjekts) penetriert die ›materielle Oberfläche‹, die von der Gegenstandswelt geboten wird; und es erreicht dann eine ›geistige Tiefe‹, eine Bedeutung, ein Signifikat. In einer Repräsentationskultur dreht sich alles um diese Bedeutung; sobald eine Bedeutung erkannt wurde, verliert die materielle Oberfläche des weltlichen Objekts jede Geltung (sie verbleibt im Status ›bloßer‹ Signifikante). Im Gegensatz dazu sind Körper und ihre Bewegungen in einer Präsenzkultur *Teil der normalen Ordnung* (des normalen Rhythmus), die die Kosmologie, zu der sie gehören, konstituieren (man könnte also sagen, dass es in einer Präsenzkultur keine Alternative zu – und keine individuelle Ausnahme von – dem Bereich der Institutionen gibt). Viertens ist die Interpretation offensichtlich das, was wir in einer Subjektkultur die Wissensproduktion nennen, und wir halten es für erwiesen, dass jedes legitime, jedes intellektuell akzeptable Wissen subjektproduziert sein muss. In einer Präsenzkultur entsteht Wissen (wenn Wissen überhaupt als notwendig betrachtet wird) durch *Offenbarung*; durch göttliche Offenbarung (d. h. durch einen göttlichen Akt) oder durch Selbstoffenbarung (Heideggers ›Enthüllung des Seienden‹!) der Objekte der Welt. In einer Subjektkultur wird fünftens Wissen zur Basis für Projekte und Intentionen, die *Welt zu transformieren.* Gerade von diesem Blickwinkel der Entwicklung und Umsetzung solcher Projekte (oder Intentionen) aus übernimmt das Subjekt eine handelnde Rolle. Ein solcher Wille zur Wandlung und zur Transformation ist in Präsenzkulturen nicht üblich. Alles, was Menschen innerhalb einer Präsenzkultur ›tun‹ können (abgesehen davon, die Bewegungen der gegebenen kosmologischen Ordnung auszuführen), ist, gewisse kosmologische Mechanismen zu nutzen (deren Strukturen offenbart worden sein müssen), um abwesende Objekte materiell gegenwärtig zu machen oder materiell gegenwärtige Objekte zu entfernen (aus der Subjektkultur heraus wird so etwas als ›Zauberei‹ bezeichnet). Da es Zeit braucht, die Projekte der Weltumwandlung auszuführen, ist *Zeit* in der Tat sechstens die dominante Dimension innerhalb von Subjektkulturen, und Veränderung wird als normal erachtet. In Präsenzkulturen wird jede Veränderung für einen Mangel an Ordnung gehalten (oder sogar für ein Symptom von Unordnung), und *Raum* konstituiert sich als die dominante Dimension um den Körper als Kernelement herum. Schließlich könnte man als eine Institution der Subjektkulturen noch die Parlamentsdebatten nennen, also Debatten, die idealerweise individuelle Intentionen zu kollektiven Projekten konvergieren lassen. Ein gegenteiliges Beispiel für Präsenzkulturen wäre die Eucharistie, also die Produktion der wirklichen Anwesenheit dessen, was eigentlich für transzendental gehalten wird.

6.

Es ist also klar, dass das *Zeichenkonzept*, das zu Repräsentationskulturen (oder Subjektkulturen) passt, ein (für uns) klassisches Konzept ist, das mit dem Namen von Ferdinand de Saussure in Verbindung gebracht wird. Abwesende Objekte und Konzepte (also ›das Signifikat‹ – und die problematische Zweideutigkeit zwischen Konzepten und Bezugsobjekten ist hier notorisch) können durch verbale oder bildliche Signifikante evoziert werden (man könnte sogar sagen: substituiert werden). Jedes Signifikat kann mit Hilfe von Signifikanten evoziert werden – aber nicht jedes Signifikat benötigt eine solche Repräsentation. Das Zeichenkonzept, das einem Akt wie der Eucharistie zugrunde liegt, ist ein grundsätzlich anderes. Es unterscheidet zwischen Substanz (als etwas, das greifbar ist, Präsenz konstituiert und daher Raum beansprucht) und Form, d.h. dem, was zu jeder gegebenen Zeit der Substanz eine bestimmte Gestalt verleiht und somit eine Wahrnehmung dieser Substanz ermöglicht. Christi Körper und sein Blut sollen in der Gestalt von Brot und Wein wahrgenommen werden können, und die Tatsache, dass Brot und Wein keinerlei Ähnlichkeit mit dem göttlichen Körper und dem göttlichen Blut haben, scheint einer

Präsenzkultur weiter keine Probleme zu bereiten (dies wird, denke ich, in Hölderlins Gedicht über das Motiv von *Brot und Wein* verdeutlicht). Während in einer Subjektkultur das Signifikat nicht immer repräsentiert zu werden braucht (wir haben ähnliche Fälle in Bezug auf Institutionalisierung in Abschnitt 2 diskutiert), kann die Substanz (d. h. das, was in einer Präsenzkultur wirklich von Bedeutung ist) nicht ohne eine Form existieren. Wenn wir also Institutionen aus der Perspektive einer Präsenzkultur diskutieren, müssen wir unvermeidlich ihre Artikulation in der Dimension des Raumes in Betracht ziehen. Mit anderen Worten: Präsenzkulturen können Bedeutung nicht ohne Verkörperung verstehen.

7.

Inzwischen sollte klar geworden sein, dass, aus der Perspektive einer Subjektkultur betrachtet, Institutionen als eine Koordination von (oder als Kompromiss zwischen) unterschiedlichen Intentionen und den daraus folgenden Verhaltensstrukturen, wie sie typischerweise mit verschiedenen Handlungsrollen verbunden sind, angesehen werden können. Was wir ein *Spiel* nennen, besteht also aus einer Ansammlung von Rollen und Verhaltensstrukturen, wobei die Handelnden kein (oder kaum ein) Bewusstsein der Intentionen haben, die zu ihren Rollen oder ihrem Verhalten gehören. Im Spiel kompensieren klar abgegrenzte, eindeutig bestimmte Regeln diesen Mangel an Intentionen. Solche Regeln bieten in Spielen einen Entwurf zur Koordination der verschiedenen Verhaltensstrukturen, die in nichtspielerischen Interaktionen Schritt für Schritt aus den Intentionen der Handelnden hergeleitet werden können. Präsenzkulturen unterscheiden nicht zwischen spielerischen und ernsthaften Interaktionen, denn sie kennen dieses Vertrauen auf Intentionen (und ihre Ernsthaftigkeit) nicht, deren Abwesenheit innerhalb einer Subjektkultur die Besonderheit des Spiels ausmacht. Das bedeutet aber auch, dass Regeln, dass Choreographien, die die Bewegungen von Körpern im Raum koordinieren, innerhalb von Präsenzkulturen von essentieller Bedeutung für jede Form von Institution und Interaktion sind. Aus diesem Grund scheinen uns Präsenzkulturen auch im Allgemeinen deutlich ›theatralischer‹, deutlich ›ritualistischer‹ als Subjektkulturen.

8.

Aus der Perspektive einer Präsenzkultur leuchtet ein, dass Macht das Potential ist, mit Körpern Räume zu besetzen (oder zu blockieren). Da Institutionen innerhalb der Dimension einer Präsenzkultur nicht gedacht werden können, ohne ihre Artikulation im Raum in Betracht zu ziehen, folgt daraus, dass es keine Institutionen ohne einen indirekten Anspruch auf Macht geben kann. Gewalt kann dann als Macht in Ausübung definiert werden, also als die Besetzung (oder Blockierung) von Räumen gegen den Widerstand von anderen Körpern. Da Präsenzkulturen jede Art von Veränderung als eine Störung ihrer Kosmologien betrachten, ist die Legitimität von Macht immer mit der Besetzung verbunden, die zeitlich weiter zurückreicht als jeder konkurrierende Anspruch (oder die auch nur vorgeben kann, die ›Ursprüngliche‹ zu sein). Subjektkulturen haben keine wirklich anderen Konzeptionen von Macht hervorgebracht, aber so cartesianisch, wie sie sind, ist ihnen diese Dimension unvermeidlich unbehaglich. Das erklärt auch, warum die stärkste Nation der Welt während der neunziger Jahre gleich zweimal Krieg geführt hat und dabei das Unmögliche behauptete, nämlich keinerlei Absicht zu haben, fremde Territorien zu besetzen. Selbst die ökonomische Macht versucht heutzutage, sich unsichtbar zu machen: Silicon Valley ist im Vergleich zu den Sitzen der zweiten Industrialisierung ein unspektakulärer, zuweilen sogar bukolischer Raum (oder sollte man so weit gehen zu sagen, dass die scheinbar groteske wachsende Dominanz der ökonomischen über die politische Macht – der Kapitalismus hat noch stets Marx' Prognosen erfüllt – eine Konsequenz der wachsenden Dominanz der Subjektkultur über die Präsenzkultur in der Selbstreferenz unserer Welt ist?). Präsenzkulturen schwelgen dagegen in den Geprängen der Macht. Es ist tatsächlich schwer, sich einer ihrer Manifestationen zu erinnern, die diesen Aspekt nicht zur Schau stellte.

9.

Eine weitere Unterscheidung, die für soziologische Theorien der Institutionalisierung sogar noch kanonischer ist als die Unterscheidung zwischen ›ernsthaften‹ und ›spielerischen‹ Interaktionen, ist die Unterscheidung zwischen dem privaten und dem öffentlichen Raum. Die Privatsphäre ist nicht nur der soziale Raum von Familienleben, Freizeitaktivitäten etc., er beinhaltet auch all jene Interaktionen, die wir – ohne jede Verletzung des Rechts – als exklusiv auf individuellen Interessen und Intentionen basierend erachten können. Es war Jürgen Habermas, der vor inzwischen mehr als dreißig Jahren das schöne – und seither auch klassische – Paradoxon formulierte, dass man, um im öffentlichen Raum (wo Fragen von allgemeinem Interesse debattiert und entschieden werden) partizipieren zu dürfen, um ein im öffentlichen Raum Handelnder zu werden, seine individuellen Interessen einschränken und, wie man im 18. Jahrhundert gesagt hätte, stattdessen der Stimme der menschlichen Natur lauschen muss. Für die Institutionen, die speziell der Diskussion von ›öffentlichen‹ Angelegenheiten gewidmet sind, werden Abgeordnete gewählt, deren Rollen ungefähr dem eines Signifikants entsprechen in Bezug auf jenes Segment der Population, für das sie als ›Signifikat‹ stehen. Wieder einmal kann jedoch eine Unterscheidung, die aus einer Subjektkultur stammt, nämlich die zwischen dem öffentlichen und dem privaten Raum, aus der Perspektive einer Präsenzkultur nicht plausibel gemacht werden. Es gibt zwei konvergierende Gründe für diese Unmöglichkeit: Bezüglich der Privatsphäre schaffen Präsenzkulturen keinerlei Voraussetzungen für die Individualität von Interessen und Intentionen, die eine Privatsphäre verlangt. Für den öffentlichen Raum setzen Präsenzkulturen voraus, dass immer schon klar ist, welches Verhalten dem Allgemeinwohl dient (nämlich ein Verhalten, das der kosmologischen Ordnung entspricht). Das war vielleicht auch das Problem, das den Debatten innerhalb der deutschen Öffentlichkeit vor der Konstruktion des Holocaust-Mahnmals in Berlin zugrunde lag. Die Diskussionen waren auf einen Konsens, einen Kompromiss zwischen verschiedenen Gruppen und ihren divergierenden Projekten hin ausgerichtet, und dementsprechend schien die implizite Idee des aufzustellenden Monuments die eines Symbols zu sein, das eine allen genehme Idee ausdrückt. Peter Eisenmanns Konzeption für das Holocaust-Mahnmal jedoch, auf die sich die Diskussionen einige Jahre lang konzentrierte und die sich überraschenderweise tatsächlich durchsetzen konnte, ist der (präsenzkulturellen) Dimension eines Raumes, der ein öffentliches Ritual inszeniert (es vielleicht sogar aufzwingt), näher als dem (subjektkulturellen)

Paradigma der Expression einer Idee. Und vielleicht muss gesagt werden, dass das, was hier auf dem Spiel stand, eher die (vielleicht unmögliche) Hoffnung auf Gerechtigkeit war, auf Gerechtigkeit – und die Hoffnung auf die Möglichkeit der Erlösung – in einer kosmologischen Dimension, als die Vereinbarungen für einen Konsens zwischen verschiedenen deutschen Meinungen über (!) und Reaktionen auf (!) den Holocaust.

10.

Wie kann ich erklären – und vielleicht rechtfertigen –, dass dieser Text oft (wenn nicht durchgängig) in einen quasi-ontologischen Ton verfallen ist, in den Ton eines ›real existierenden‹ Unterschieds zwischen Subjektkultur und Präsenzkultur, wo ich doch damit begonnen hatte, dass ich behauptet habe, ein solcher Kontrast existierte in einer kulturellen oder historischen Realität gar nicht und ein jedes kulturelles Phänomen besäße sowohl Präsenz- als auch Subjektkomponenten? Diese *Unterscheidung existiert sehr wohl*, wie wir gesehen haben, auf einem Level der Selbstreferenz/Selbstbeschreibung verschiedener Kulturen, und wenn man sich auf schriftliche Quellen verlassen muss, wozu wir in unserer Rolle als Kulturhistoriker gezwungen sind, ist es nicht immer einfach (und manchmal wahrscheinlich einfach unmöglich) diesen Level zu überschreiten oder zu umgehen. Während wir also annehmen können, dass die Menschen, die im alten Mesopotamien lebten, etwas Ähnliches zu dem erlebten, was wir ›individuelle Absichten‹ nennen, mag es durchaus unmöglich sein, diese Dimension in den Dokumenten, die uns aus jener Zeit überliefert sind, wiederzufinden. Es könnte durchaus ebenso unmöglich sein, wie eine politische Macht des 21. Jahrhunderts anzutreffen, die öffentlich in einem selbstreferentiellen Diskurs über ihre ›Macht‹ spricht. Aber so, wie ich unseren Beruf verstehe, sollte es – mindestens – der Ehrgeiz eines Historikers sein, über die institutionalisierte Selbstbeschreibung der verschiedenen Kulturen hinaus Einsichten zu gewinnen. Und zu diesem Zwecke könnte es, unter vielen anderen intellektuellen Strategien, gut sein, eine Unterscheidung zwischen Re-Präsentation und Repräsentation zu treffen.

2
Rhythmus und Sinn[1]

für UE –
aus gegebenem Anlass

1.

Es macht der Literaturwissenschaft kein Problem, den Begriff ›Rhythmus‹ mit der Literatur *und* mit dem Körper zu assoziieren. Roman Jakobsons berühmte Bestimmung der ›poetischen Funktion‹ als Projektion des Prinzips »der Äquivalenz von der Achse der Selektion auf die Achse der Kombination«[2] etwa lenkte in der Hoch-Zeit der ›Literarizitäts‹-Definition die Aufmerksamkeit auf Phänomene wie Assonanz und Rhythmus, die dann nicht selten (wohl in allzu großzügiger Auslegung von Jakobsons Vorschlag) als Anhaltspunkte für den Gebrauch eines *metahistorischen Literaturbegriffs* benutzt wurden. Auf der anderen Seite haben Jahrzehnte der *Oral-poetry*-Forschung jener vorwissenschaftlichen Erfahrung wissenschaftliche Würde verliehen, nach der jene unter den ›literarisch‹ genannten Textarten, zu deren konstitutiven Merkmalen Formen der ›gebundenen Sprache‹ gehören, in besonderer (genetischer oder pragmatischer) Affinität zu Kommunikationssituationen stehen, welche sich in *körperlicher Kopräsenz* der Kommu-

1 Niklas Luhmann hat mich darauf aufmerksam gemacht, dass der Begriff ›Sinn‹ in der (auf den folgenden Seiten mehrfach – wenn auch nicht ausschließlich – benutzten) systemtheoretischen Terminologie ›differenzlos‹ verwendet wird, so dass vor diesem Hintergrund meine Titelformulierung nicht – wie intendiert – ein Spannungsverhältnis zwischen ›Rhythmus‹ und ›Sinn‹ bezeichnen könne. Statt ›Rhythmus und Sinn‹ schlägt Luhmann ›Rhythmus und Referenz‹ vor. Daran stört *mich* der – latente – Bezug zum linguistischen ›Referenz‹-Begriff. Vielleicht wäre ›Rhythmus und Semantik‹ der unverfänglichste Titel gewesen. – Ich habe mich am Ende für die Beibehaltung von ›Rhythmus und Sinn‹ entschieden, weil das Konzept ›Sinn‹ m. E. stärker als ›Referenz‹ oder ›Semantik‹ die geisteswissenschaftliche Obsession konnotiert, die ›Sinnhaftigkeit‹ jeglicher Phänomene zu unterstellen.

2 Roman Jakobson, »Linguistik und Poetik«, in: ders., *Poetik. Ausgewählte Aufsätze 1921-1971*, hg. v. Elmar Holenstein und Tarcisius Schelbert, Frankfurt/M. 1979, S. 83-121.

nikationspartner vollziehen. Mit seinem Entwurf einer ›Poetik der Stimme‹ hat Paul Zumthor[3] diese Forschungsrichtung auf ein neues Reflexionsniveau gebracht, womit deutlich wurde, wie viele der auf schriftliche Textualität bezogenen Grundbegriffe der Literaturwissenschaft einer grundlegenden Revision bedürften, wenn sie zur Beschreibung ›mündlicher Poesie‹ angewandt werden sollten.

Wenn man sich aber nicht mit einer Auflistung einzelner (mehr oder weniger kanonisierter) Aussagen der Literaturwissenschaft zum Thema ›Rhythmus‹ zufriedengeben will, sondern die Frage stellt, ob sich diese Positionen in Richtung auf eine ›Theorie gebundener Sprache‹ zur Konvergenz bringen lassen, gerät man in eine Zone der Ratlosigkeit: Das Phänomen ›Rhythmus‹ ist unter (beinahe) beliebig vielen Frageperspektiven zu einem beliebigen (und mithin wertlosen) Lösungs-Angebot geworden. Man hat, wie wir sahen, mit ›Rhythmus‹ als spezifizierendem Merkmal ›Literatur‹ definiert und ›Rhythmus‹ als Indiz für eine besondere Nähe zwischen ›Text‹ und ›Körper‹ bewertet. Die Gewohnheit, über die Frequenz bestimmter rhythmischer Muster ›literarhistorische Epochen‹ abzugrenzen, hat mit den ›Verslehren auf historischer Grundlage‹ sogar eine eigene Subgattung literaturgeschichtlicher Darstellung hervorgebracht. Im Zeitalter der ›Linguistisierung der Literaturwissenschaft‹ schließlich galt es unter dem Leitbegriff der ›überstrukturierten Textkonstitution‹[4] als ausgemacht, dass der Rhythmus als ein Verfahren in lyrischen Texten eingesetzt werde, um deren scheinbar konstitutive semantische Inkohärenz – ›auf Umwegen‹ sozusagen – in semantische Prägnanz zu überführen. Solche Ratlosigkeit der Literaturwissenschaftler und solche (von ihr ermöglichte und sie zugleich verdrängende) Beliebigkeit der Problemlösungen halte ich für ein Symptom und für eine Folge des Sachverhalts, dass (seit einigen Jahrhunderten zumindest) das, was wir ›*westliche Kultur*‹ nennen, *sich selbst als einen ausnahmslos in der Dimension der ›Re-Präsentation‹ (des ›Sinns‹, der ›Semantik‹) konstituierten Phänomenkomplex beschreibt.* Deshalb vollzieht sich – etwas pauschal formuliert – die Integration von Phänomenen ohne primäre Repräsentations-Dimension (wie jenen des Rhythmus) in

3 Paul Zumthor, *Introduction à la poésie orale*, Paris 1983.

4 Zur Definition vgl. Jürgen Link, »Das lyrische Gedicht als Paradigma des überstrukturierten Textes«, in: *Funkkolleg Literatur. Studienbegleitbrief* 4 (1976), S. 36-67, hier 53.

die kulturelle Selbstreferenz über den Versuch, ihnen eine Repräsentations-Funktion zuzuschreiben. Die Theorie ›überstrukturierter Textkonstitution‹ ist dafür ein besonders anschauliches Beispiel.

Gegenstimmen sind in der Wissenschaft erst während der letzten Jahre aufgekommen. So hat Zumthor – eher beiläufig – angemerkt, dass die Körperbewegungen von Sängern und Tänzern nicht dem Ausdruck ihrer Individualität, sondern der Strukturierung ihres Verhaltens[5] dienen. Genau in diese Richtung zielt die auf den folgenden Seiten zu entfaltende Argumentation. Ich möchte zeigen, dass es eine *konstitutive Spannung zwischen den Phänomenen des ›Rhythmus‹ und der Dimension des ›Sinns‹* gibt, um anhand dieses Falls – etwa im Sinne Zumthors – für eine Erweiterung des Repertoires unserer wissenschaftlichen Beschreibungsdiskurse zu plädieren. Selbstverständlich kommt wissenschaftliche Beschreibung nicht ohne Semantik und die Dimension der Repräsentation aus. Aber das bedeutet noch nicht – und darum geht es –, dass alle Phänomene, die Gegenstand solcher wissenschaftlicher Beschreibung werden, selbst Beschreibungen sind und mithin unter der Frage präsentiert werden müssten, was sie ›bedeuten‹ oder gar ›sagen wollen‹.

Weil also anlässlich der Beschreibungs-Schwierigkeiten der Literaturwissenschaft mit dem Phänomen ›Rhythmus‹ auf ein übergreifendes Problem der kulturwissenschaftlichen Diskurse verwiesen werden soll, bleiben einige der Differenzierungen und Themen ausgeblendet, zu denen die literaturwissenschaftliche Reflexion gegenüber ›Rhythmus‹ üblicherweise Anlass gibt – und jedenfalls Anlass geben kann. So gehe ich nicht auf die Unterscheidung zwischen sprachlichen Rhythmen und ›Metren‹ als in bestimmten kulturellen Kontexten kanonisierten Rhythmen ein; ebenso wenig auf die Frage, warum bestimmte Rhythmen und Metren in bestimmten Epochen und kulturellen Bereichen dominieren (wobei sogleich eingestanden werden kann, dass die Argumentation dieses Artikels nicht mehr als ein erster Schritt sein wird, um die Frage nach dem Zusammenhang zwischen Epochen/kulturellen Bereichen und Rhythmen/Metren in eine beantwortbare Frage zu überführen). Für eine Erörterung des (auch für die Naturwissenschaftler noch weitgehend ungeklärten) Zusammenhangs zwischen Physiologie

5 Zumthor, *Introduction*, S. 195, a. a. O. (Anm. 3).

und Rhythmus fehlt mir als Kulturwissenschaftler ohnehin die Kompetenz, während die (etwa aus dekonstruktivistischer Perspektive zu stellende) Frage nach Sonderformen der Präsenz von Rhythmus in Graphem-Sequenzen komplizierte Vorüberlegungen forderte, für die hier kein Raum ist. Was ich (halbwegs) darstellen könnte, wäre die Geschichte der poetologischen Domestizierung des Phänomens ›Rhythmus‹ unter der Dominanz der Sinn-Dimension (etwa seit der *Poetik* des Aristoteles) – aber auch das ergäbe eine eigene/andere Abhandlung.

Wir setzen mit der Argumentation bei jenem Befund ein, welcher der Endpunkt einer solchen Geschichte wäre, nämlich bei dem Anspruch der Poetologie und der Literaturwissenschaft, dass sie ›Rhythmus‹ und ›Sinn‹ konzeptuell harmonisieren könne. Die *Strategie zur Entwicklung des Gegenbeweises* wird der Versuch sein, jene drei Funktionen zu erklären, welche die poetologische Tradition wie das Alltagswissen dem sprachlichen Rhythmus (übrigens meist in Vereinzelung) zuschreiben:

- die *gedächtnisstützende Funktion* (sprachliche Äußerungen in rhythmischer Form können leichter erinnert werden),
- die *affektive Funktion* (rhythmische Sprache weckt häufig Affekte – bei hinreichend langem Gebrauch kann sie bis zur Trance führen),
- die *koordinative Funktion* (der simultane Gebrauch rhythmischer Sprache erleichtert die Koordinierung der Körperbewegungen von verschiedenen Individuen, lässt sie – metaphorisch gesprochen – zu einem ›Kollektivsubjekt‹ werden).

Aus der Ausrichtung meiner Argumentationsstrategie an der Erklärung dieser drei Rhythmus-Funktionen folgt allerdings nicht eine entsprechende Argumentationsstruktur. Ich werde mich vielmehr im folgenden Abschnitt (2) zunächst um die Entwicklung einer *Definition des Begriffs ›Rhythmus‹* auf phänomenologischer Grundlage bemühen, um anschließend (3) zwei *Theorie-Angebote* einzuführen (die ›Philosophie der Sozialität‹ von George Herbert Mead und die ›Biologie der Kognition‹ von Humberto R. Maturana), die geeignet sind, je verschiedene Rhythmus-Funktionen in verschiedener Weise zu erklären. Danach werde ich abschließend (4) – kurz – auf das generelle Problem einer anstehenden *Differenzierung der wissenschaftlichen Beschreibungsdiskurse* zurückkommen.

2.

Rhythmus ist das Gelingen von Form unter der (erschwerenden) Bedingung von Zeitlichkeit. Dieser Definitionsvorschlag entspricht (was eine interessante Illustration, aber selbstverständlich keine ›Bestätigung‹ auf systematischer Ebene ist) dem Fazit, das der französische Linguist Émile Benveniste am Ende einer Studie zum Gebrauch des Wortes ῥυθμός im Altgriechischen zog: »Wenn man von den Kontexten seines Vorkommens ausgeht, dann bezeichnet dieses Wort die Form im Augenblick ihrer Verkörperung durch Veränderliches, Bewegliches, Fließendes – die Form all jener Stoffe, die keine organische Konsistenz haben: Sie entspricht dem *pattern* eines instabilen Elements [...].«[6] Aber warum sind Zeitlichkeit und Nicht-Konsistenz ›erschwerende Bedingungen‹ für das Gelingen von Form?

Um einen Ausgangspunkt zur Beantwortung dieser Frage zu gewinnen, greifen wir auf einen weiteren Definitionsvorschlag – diesmal den Begriff ›*Form*‹ betreffend – zurück: »Form ist unausgesprochene Selbstreferenz. Dadurch, dass die Selbstreferenz gewissermaßen stillstellt, kann sie zeigen, dass ein Problem gelöst ist. Sie bezieht sich auf den Kontext, der das Problem stellt, und zugleich auf sich selbst. Sie präsentiert Selbstverschiedenheit und Selbstidentität aneinander.«[7] Was es bedeutet, dass Form *zugleich* Selbstreferenz und Fremdreferenz ist, wird deutlich an dem Sachverhalt, dass man Formen visuell durch Umriss-Linien vergegenwärtigt, welche die Grenzen zwischen Phänomenen, die Form haben, und ihren Umwelten beschreiben, also zugleich an diesen Phänomenen und ihren Umwelten teilhaben. In klassisch-phänomenologischer Sprache verweist man auf denselben Sachverhalt, wenn man sagt, dass Themen nur vor dem Hintergrund von Horizonten existieren. Sobald wir uns nun (dem Rhythmus in) der gesprochenen Sprache wieder zuwenden, können wir erkennen, dass die Form eines einzelnen Lautes nur vor einem solchen Hintergrund – dem seiner

6 Émile Benveniste, »La notion du ›rhytme‹ dans son expression linguistique«, in: ders., *Problèmes de linguistique générale* (1951), Paris 1966, S. 327-335, hier 333.

7 Niklas Luhmann, »Das Kunstwerk und die Selbstreproduktion der Kunst«, in: Hans Ulrich Gumbrecht/Karl Ludwig Pfeiffer (Hg.), *Stil. Geschichten und Funktionen eines kulturwissenschaftlichen Diskurselements,* Frankfurt/M. 1986, S. 620-672, hier 629 f.

(lautlichen) Umwelt – aufscheint: zwischen dem Nachhallen des vorausgehenden Lautes in der Retention und der Vorwegnahme des folgenden Lautes in der Protention.

Zeitlichkeit als eine das Gelingen von Form erschwerende Bedingung taucht erst beim Übergang von einem einzelnen Laut zu einer Sequenz von Lauten (zu einer Äußerung) auf. Da die einzelnen Laute, welche eine Äußerung konstituieren, untereinander je verschiedene Formen haben, ist es nicht selbstverständlich, dass die Gesamtheit der Laute einer Äußerung (vor dem Hintergrund anderer Äußerungen als ihrer Umwelt/ihrem Horizont) als ›geformt‹ erlebt wird. Dieses Problem taucht nicht etwa nur beim Übergang von Einzellauten zu Lautsequenzen/Äußerungen auf, sondern bei all jenen Phänomenen, die Husserl ›Zeitobjekte im speziellen Sinn‹ nennt: »Unter *Zeitobjekten* im *speziellen Sinn* verstehen wir Objekte, die nicht nur Einheiten in der Zeit, sondern die Zeitextension auch in sich enthalten. Wenn ein Ton erklingt, so kann meine objektivierende Auffassung sich den Ton, welcher da dauert und verklingt, zum Gegenstand machen, und doch nicht die Dauer des Tons oder den Ton in seiner Dauer. Dieser als solcher ist ein Zeitobjekt.«[8]

Die Frage heißt also: Wie können ›Zeitobjekte im speziellen Sinn‹ eine Form (als Simultaneität von Selbstreferenz und Fremdreferenz) erlangen, welche nicht durch die jeweilige Verschiedenheit der Einheiten von Selbstreferenz und Fremdreferenz in den sie konstituierenden Elementen (den einzelnen Lauten) zunichtegemacht wird? All jene Phänomene, die wir ›Rhythmus‹ nennen, lassen sich als Lösungen ebendieses Problems betrachten. Im Fall der gesprochenen Sprache liegt Rhythmus in der Wiederkehr von (beliebigen) Sequenzen begleitender Laut-Qualitäten. Das sind in den europäischen Sprachen entweder Sequenzen von betonten und unbetonten Silben oder Sequenzen von langen und kurzen Silben. Was in der Poetologie ›*Versfüße*‹ heißt, sind Minimal-Einheiten der Formgebung gesprochener Sprache als ›Zeitobjekt im speziellen Sinn‹. Da sie ohne spezifische Aufmerksamkeitszuwendung selbst von ungeübten Hörern als Form erlebt werden (wenn auch nur von

8 Edmund Husserl, »Die Vorlesungen über das innere Zeitbewußtsein aus dem Jahre 1905«, in: ders., *Husserliana. Edmund Husserl – Gesammelte Werke*, hg. v. Ulrich Melle, Den Haag 1960-2008, Bd. 10: *Zur Phänomenologie des inneren Zeitbewußtseins (1893-1917)*, hg. v. Rudolf Boehm, Den Haag 1966, S. 23.

geübten Hörern in ihrer Formspezifik identifiziert), nehme ich an, dass Versfüße als Formen ein Sonderfall von jenem unwillkürlichen Erinnern und jener unwillkürlichen Antizipation sind, die Husserl mit dem Begriffspaar ›Retention‹/›Protention‹ bezeichnete. Auf der komplexeren Ebene des (aus mehreren Versfüßen konstituierten) *Verses* und – noch deutlicher – auf der Ebene von *Strophen* bedarf es offenbar schon nichtwillkürlicher Akte der Erinnerung und der Vorwegnahme, um eine Vers- oder Strophen-Form zu erleben. Vermutlich wirken der Reim (am Versende) und der Reimwechsel (zwischen den Strophen) als Signale, welche solche Akte der Erinnerung und der Antizipation auslösen und mithin die Identifikation von Formen ermöglichen.

Freilich ist nicht jegliches Gelingen von Form in der Zeitlichkeit der (gesprochenen oder geschriebenen) Sprache ›Rhythmus‹. Sequenzen von Wörtern und Sätzen können auch auf *semantischer Ebene* zum Erleben mehr oder weniger prägnanter Formen führen. Doch dazu bedarf es nicht der Rekurrenz bestimmter untergeordneter Sinn-Muster, weil Sinn *nicht* zu den ›Zeitphänomenen im speziellen Sinn‹ gehört. Eine Sinngestalt kann konzipiert sein, bevor ihre Artikulation in der Zeitlichkeit (gesprochener oder geschriebener Sprache) einsetzt, und sie kann retrospektiv von einem Hörer oder Leser ganz unabhängig vom Vorkommen jeglicher Rekurrenz-Phänomene erinnert werden. Komplizierter scheint der Zusammenhang zwischen Zeitlichkeit und Klangfarbe/Klanghöhe zu sein. Die Rekurrenz bestimmter Klangfarben/Klanghöhen lässt sich an bestimmten Stellen eines rhythmischen Musters (als Alliteration, Assonanz oder Reim) erwarten. Wenn sich jedoch an allen Stellen eines rhythmischen Musters die Rekurrenz von betonten/unbetonten oder langen/kurzen Silben mit der Rekurrenz von Klanghöhe/Klangfarbe verbindet, so wirkt diese Konkomitanz störend.

Sozusagen als ›Nebenprodukt‹ unseres Definitionsvorschlags zum Begriff ›Rhythmus‹ (und seiner Erläuterung) können wir nun bereits eine Erklärung für die *gedächtnisstützende* Funktion rhythmischer Sprache formulieren. Wenn man sich an eine Sequenz nicht rhythmisch geformter Sprache erinnern will, so ist dies allein in *polythetischer* Weise möglich,[9] nämlich nur dadurch, dass man

9 Vgl. Alfred Schütz, *Der sinnhafte Aufbau der sozialen Welt. Eine Einführung in die verstehende Soziologie* (1932), Wien 1960, S. 71 f.

sich sukzessiv die einzelnen Laute, Wörter, Sätze der zu erinnernden Äußerung vergegenwärtigt. Beim Erinnern rhythmisch geformter Sprache jedoch hat man die »Möglichkeit, das vielstrangig Bewusste in ein schlicht in einem Strang Bewusstes zu verwandeln«. Das rhythmische Muster, welches der sprachlichen Äußerung ihre spezifische Form gibt, kann dann – sozusagen ›metonymisch‹ – für deren primär in Zeitlichkeit entfaltete Komplexität stehen. Und der erinnerte Rhythmus gibt für die erinnernde Reproduktion jener Sprachsequenz eine Gestalt vor, welche die Menge der Silben, Wörter und Sätze, aus denen jeweils zu reproduzierende Teil-Einheiten selegiert werden können, drastisch reduziert.

3.

Bevor wir nun vor dem Hintergrund der im vorausgehenden Abschnitt entwickelten Rhythmus-Definition die ›Philosophie der Sozialität‹ von George Herbert Mead und die ›Biologie der Kognition‹ von Humberto R. Maturana heranziehen, um weitere Erklärungen für verschiedene Funktionen des Phänomens ›Rhythmus‹ zu finden, wollen wir anhand des folgenden, eng auf eine primäre Ebene der Beobachtung bezogenen Schemas einige der bei der Produktion und Rezeption von rhythmischer Sprache auftretenden Verhaltensformen aufzeichnen und aufeinander zuordnen:

	Sprecher		*Hörer*
1.1	Konzipieren einer semantischen Form		/
1.2	Polythetische Produktion einer Äußerung durch die Stimme (begleitet von auditiver Wahrnehmung)		Polythetische Rezeption einer Äußerung durch auditive Wahrnehmung
1.3	Monothetische Konstitution einer Form in der Wahrnehmung der eigenen Stimme (›Rhythmus‹)		Monothetische Konstitution einer Form in der Wahrnehmung der fremden Stimme (›Rhythmus‹)

	Sprecher		*Hörer*
1.4 ⇅	Monothetische Konstitution einer Bewegungsform aus der kinästhetischen Empfindung der eigenen Sprechorgane, der eigenen Gehörorgane, des eigenen Körpers (›Rhythmus‹)	⇆	Monothetische Konstitution einer Bewegungsform aus der kinästhetischen Empfindung der eigenen Gehörorgane, des eigenen Körpers (›Rhythmus‹)
2.	Zweite Konstituierung der semantischen Form		Erste Konstituierung der semantischen Form

Ebene 1.1: Das Konzipieren einer semantischen Form kann (aber muss nicht) der Artikulation gesprochener Sprache vorausgehen. Sie ist jedenfalls als Konzipieren einer semantischen Form, die dem Inhalt der noch nicht artikulierten Äußerung entspricht, nur dem Sprecher möglich.

Ebene 1.2: Der Sprecher bringt mit seiner Stimme polythetisch die Sequenz der die Äußerung konstituierenden Laute hervor und hört dabei die von ihm produzierten Laute. Der Hörer nimmt simultan die Sequenz dieser Laute auditiv wahr.

Ebene 1.3: Sprecher und Hörer identifizieren Muster von Lautqualitäten, welche die eigene/fremde Stimme hervorbringt, als Form der Äußerung (›Rhythmus‹). Diese Form ist monothetisch erfassbar.

Ebene 1.4: Wahrnehmung des eigenen Körpers (›kinästhetische Empfindung‹) als Organ der Lautproduktion/Lautrezeption (Sprecher) und der Lautrezeption (Hörer). Wenn die produzierte/rezipierte Lautsequenz Form hat (›rhythmisch‹ ist), dann hat auch das Objekt der kinästhetischen Empfindung Form. Rhythmus/Form werden also auf der perzeptiven (1.3) *und* auf der kinästhetischen Ebene (1.4) erlebt.

Ebene 2: Mit der Produktion/Rezeption der Lautsequenz ist die Konstituierung einer semantischen Gestalt (durch ›passive Synthese‹ oder durch ›aktive Synthese‹) verbunden, welche für den Produzenten im Normalfall eine ›Zweit-Konstituierung‹ und für den Rezipienten jedenfalls eine ›Erst-Konstituierung‹ ist.

Koordinierungsfunktion: Sie ergibt sich aus der Identität der in der kinästhetischen Empfindung des Sprechers und in der kinästhetischen Empfindung des Hörers konstituierten Formen. Sprecher und Hörer werden sozusagen ›zu einem Subjekt‹.

Affektive Funktion: Sie kann beschrieben werden als eine spezifische Nähe/Koppelung zwischen der Konstituierung semantischer Formen und der kinästhetischen Empfindung von Bewegungsformen. Anders formuliert: ›Affektivität‹ wird definierbar als die Unfähigkeit/Unmöglichkeit, die Konstitution semantischer Formen vom Empfinden des eigenen Körpers abzusetzen.

In seiner Abhandlung *Die Philosophie der Sozialität*[10] entwarf George Herbert Mead ein evolutionsgeschichtliches Modell zur Erklärung des Zusammenspiels jener Ebenen menschlichen Verhaltens, denen die Ebenen 1.2, 2 und 1.4 entsprechen. Bei den Urmenschen, so Mead, hätten die verschiedenen Formen der Distanzwahrnehmung (1.2) je verschiedene Formen der Vorstellung (2) – Mead verwendet hier das Prädikat *imagery* – von körpernaher Wahrnehmung ausgelöst – etwa Vorstellungen vom Reißen einer Beute oder vom Verletztwerden des eigenen Körpers. Diese Vorstellungen hätten sich unmittelbar mit je bestimmten unwillkürlichen Körperbewegungen (1.4) – etwa des Angriffs oder der Flucht – verbunden. Schließlich seien die drei Verhaltensebenen für die Urmenschen noch nicht in die Zeithorizonte von ›Gegenwart‹ und ›Zukunft‹ aufgefaltet gewesen und hätten sich demnach in Simultaneität vollzogen.

Auf jener Evolutionsstufe, wo die Phänomene der Zivilisation einsetzten, seien an die Stelle wenig konturierter Vorstellungen (›imagery‹) von körpernahen Wahrnehmungen (2) konturierte Begriffe getreten, mit deren Hilfe sich – nun als zukünftig erlebte – Gefahren oder Verhaltensmöglichkeiten hätten antizipieren lassen. Nach Mead ist der zivilisierte Mensch gerade durch die Fähigkeit ausgezeichnet, die von solchen Antizipationen stimulierten Körperbewegungen zu unterdrücken, aufzuschieben (1.4.). Er könne sie – je nach Ergebnis der Antizipation – gezielt einsetzen oder unterlassen. Deutlich wird hier – gegenüber der Hypothese von den Urmenschen – neben der qualitativ je differierenden Besetzung der Ebenen 2 und 1.4 die Annahme einer *Sukzession der Verhal-*

10 George Herbert Mead, »Die Philosophie der Sozialität« (1932), in: ders., *Philosophie der Sozialität. Aufsätze zur Erkenntnisanthropologie*, Frankfurt/M. 1969, S. 229-327, insbesondere 280 ff.

tensformen auf den drei thematisierten Ebenen, die sich von ihrer Simultaneität im vorgeschichtlichen Stadium unterscheidet.

Die Kombination von Meads Hypothese mit unserer Definition des Begriffs ›Rhythmus‹ legt nun einen Gedankengang nahe, in dem die Wirkung des Rhythmus wie ein ›Zurückgespielt-Werden‹ menschlichen Verhaltens aus dem zivilisatorischen Stadium in das Stadium der Vorgeschichte aussieht. Denn wenn – bei der Wahrnehmung von Rhythmus – der Gegenstand der Fremd- und Distanzwahrnehmung ebenso Formqualität hat (1.3) wie die kinästhetische Empfindung des eigenen Körpers (1.4), wenn folglich Wahrnehmung und Empfindung auf beiden Ebenen monothetisch erfasst werden können, dann können Fremdwahrnehmung und kinästhetisches Empfinden wechselseitig in eine Beziehung des Bezeichnet-Werdens eintreten. Diese Beziehung aber hebt das zwischen ihnen beim zivilisierten Menschen normalerweise bestehende Verhältnis der Sukzession auf, um es in die Simultaneität von Bezeichnendem und Bezeichnetem – eben zurückzuspielen. Deshalb wird das Unterdrücken der stimulierten Körperbewegungen in dem Maß schwerer (bis unmöglich), weicht die Prägnanz der Begriffe den schwach konturierten und körpernahen Vorstellungen (*imagery*) in dem Maß, wie sich Fernwahrnehmung und Körperempfinden auf die rhythmische Form einstellen.

	Vorgeschichte	*Zivilisation*	
simultan {	Distanzwahrnehmung (1.2) Vorstellung (›imagery‹) von körpernaher Wahrnehmung (2) Stimulieren von Körperbewegung (1.4)	Distanzwahrnehmung (1.2) Begriffliche Antizipation von möglicher Wahrnehmung (2) Stimulieren von Körperbewegung, die unterdrückt werden kann (1.4)	} *sukzessiv*
⟵ Wirkung des Rhythmus ⟵			

Diese Kombination der phänomenologischen Rhythmus-Definition mit dem aus Meads entwicklungsgeschichtlicher Hypothese gewonnenen Modell entspricht erstaunlich genau unserem Erleben der Wirkung des Rhythmus als einer Umformung von ›hellem Bewusstheit‹ in Zustände, deren Grenzwert die ›Trance‹ ist. Damit lässt sich die affektive Funktion des Rhythmus erklären (und in diesem Kontext auch seine imaginationsstimulierende Wirkung). Zum Verstehen der verhaltenskoordinierenden Funktion des Rhythmus trägt das Modell jedoch *nicht* bei.

Im Kontext von Humberto R. Maturanas Biologie der Kognition erscheinen die affektive Funktion und die verhaltenskoordinierende Funktion des Rhythmus als Folgen spezifischer *Koppelungen*. Die verhaltenskoordinierende Funktion müsste sich als spezifische Form der Koppelung zwischen zwei oder mehr Personen (›Organismen‹) beschreiben lassen (v. a. auf Ebene 1.4), die affektive Funktion als eine spezifische Form der Koppelung zwischen Körper(-Empfinden) und Bewusstsein (Ebenen 1.4 und 2). Eine *(strukturelle) Koppelung* zwischen System (a) und System (b) liegt nach Maturana (vgl. 1976/1982, S. 244) dann vor, wenn sich System (a) in der Umwelt von System (b) und System (b) in der Umwelt von System (a) befinden; wenn System (a) auf jede Zustandsveränderung in System (b) reagiert (und umgekehrt); wenn System (a) mithin auch auf jede Zustandsveränderung in System (b) reagiert, die durch eine eigene Zustandsveränderung von System (a) bedingt ist – und umgekehrt (wenn beide Systeme also mittelbar – auf ihre eigenen Zustandsveränderungen reagieren). Zwischen strukturell gekoppelten Systemen entstehen *konsensuelle Bereiche*, an die, sobald sie konstituiert sind, verschiedene und weitere Systeme angeschlossen werden können.

Jene Phänomene, die wir ›Sprache(n)‹ nennen, sind nach Maturana ›konsensuelle Bereiche zweiter Ordnung‹:

> »Wenn die Organismen, die in einem konsensuellen Bereich operieren, in rekursiver Weise durch interne Zustände beeinflußt werden können, die durch ihre konsensuellen Interaktionen erzeugt werden, und wenn sie die durch diese rekursiven Interaktionen erzeugten Verhaltensweisen als Bestandteile ihres Verhaltens in ihren konsensuellen Bereich einbeziehen können, dann wird Konsensualität zweiter Ordnung hergestellt, aus deren Perspektive das konsensuelle Verhalten erster Ordnung operational eine Beschreibung der Umstände darstellt, die es auslösen. Für die Herstellung dieser Konsensualität zweiter Ordnung (und folglich für das Auftreten der rekursiven Operationen des Konsensus über Konsensus), die zur rekursiven Anwendung von Beschreibungen auf Beschreibungen führt, ist es jedoch notwendig, daß alle Prozesse der wechselseitigen Beeinflussung, die Beschreibung eingeschlossen, im selben Bereich stattfinden.«[11]

11 Humberto R. Maturana, »Biologie der Sprache. Die Epistemologie der Realität«,

Entscheidend für die Definition konsensueller Bereiche zweiter Ordnung ist die Beobachtung, dass hier die durch rekursive Interaktionen zwischen Organismen zuallererst erzeugten Verhaltensweisen in die Interaktion einbezogen werden. Denn erst damit werden konsensuelle Bereiche zweiter Ordnung ›produktiv‹, erzeugen, wie wir es etwa von der Sprache erwarten, ständig neue Bestandteile ihrer selbst.[12] Aufgrund solcher Produktivität ihrer Interaktionen und der stets neuen Reaktionen auf die produzierten neuen Bestandteile ihres konsensuellen Bereichs gewinnen die über einen konsensuellen Bereich zweiter Ordnung verbundenen Organismen den Status von ›*Beobachtern*‹.[13] Beobachter setzen Unterschiede zunächst zwischen sich und jenen Organismen, mit denen sie gekoppelt sind – und diese Unterschiede sind das, was wir – als Elemente von Sprachen – ›semantische Beschreibungen‹ nennen können: »Immer wenn ein Beobachter die Interaktionen zwischen zwei oder mehreren Organismen so beschreibt, als würde die Bedeutung, die er den Interaktionen zuschreibt, den Verlauf dieser Interaktionen bestimmen, gibt der Beobachter eine semantische Beschreibung.«[14]

In *konsensuellen Bereichen erster Ordnung* hingegen erlangen die gekoppelten Organismen nicht den Status von ›Beobachtern‹. Die Interaktionen erzeugen hier keine neuen Elemente ihrer selbst und verfügen nicht über eine Ebene der ›semantischen Beschreibung‹. Wenn wir Sprachen als konsensuelle Bereiche zweiter Ordnung definieren können, so bilden etwa die wechselseitigen Koppelungen zwischen Maschinen oder Organen des menschlichen Körpers (zumindest: im Regelfall) konsensuelle Bereiche erster Ordnung. Auch die Phänomene des *Rhythmus* wollen wir den konsensuellen Bereichen erster Ordnung zuschreiben, weil die sie charakterisierende Rekurrenz von Verhaltens-Sequenzen (von Laut-Sequenzen im Fall rhythmischer Sprache) dem Kriterium der Nicht-Produktivität entspricht (während nicht-gebundene Sprache solche Rekurrenz nicht aufweist). Wenn das, was wir ›Rhythmus‹ nennen, aber prinzipiell in konsensuellen Bereichen erster Ordnung auftritt,

in: ders., *Erkennen. Die Organisation und Verkörperung von Wirklichkeit* (1972), Braunschweig 1982, S. 236-271, hier 257.

12 Vgl. ebd., S. 2.

13 Vgl. ebd.

14 Ders./Francisco J. Varela, *Der Baum der Erkenntnis. Die biologischen Wurzeln des menschlichen Erkennens*, Bern/München 1987, S. 210.

dann verfügt ›Rhythmus‹ auch nicht über eine Ebene semantischer Beschreibung, und die über Rhythmus verbundenen Organismen haben nicht den Status von Beobachtern. Die drei Funktionen von Rhythmus, nach denen wir fragen, ließen sich dann jeweils durch das Wegfallen von Unterscheidungen erklären, die in konsensuellen Bereichen zweiter Ordnung durch semantische Beschreibungen erzeugt werden. Die *verhaltenskoordinierende* Funktion erscheint so als die Absenz einer Unterscheidung zwischen den gekoppelten Organismen in deren Selbstreferenz; die *affektive Funktion* als Wegfallen einer Unterscheidung zwischen Körper-Empfindung und Sinn-Konstitution (oder genauer: als – dem konsensuellen Bereich erster Ordnung entsprechende – Absenz von Körperempfindung und Sinn-Konstitution); die *gedächtnisstützende Funktion* als Wegfallen jener Unterscheidungen, durch die Zeitdimensionen konstituiert werden, welche ihrerseits erst der Anlass für die ›zeit-überbrückende‹ Leistung des Gedächtnisses sind. Die im Anschluss an Mead angenommene Affinität zwischen ›Rhythmus‹ und ›*Imagination*‹ folgte dann aus einem spezifischen ›Zwischenstatus‹ gebundener Sprache. Als ›Sprache‹ käme ihr der Status eines konsensuellen Bereichs zweiter Ordnung zu, in dem semantische Beschreibungen (›Bedeutungen‹) konstituiert werden; als ›Rhythmus‹ hätte gebundene Sprache aber zugleich den Status eines konsensuellen Bereichs erster Ordnung (ohne eine Ebene semantischer Beschreibung). Der besondere Status der Imagination zwischen Körperbewegung und Bedeutung (vgl. Andreas Bahr in diesem Band[15]) entspräche dem Changieren gebundener Sprache zwischen der Ebene konsensueller Bereiche erster Ordnung und der Ebene konsensueller Bereiche zweiter Ordnung.

4.

Unser Rekurs auf die Theorie-Vorgaben von Maturanas Biologie der Kognition hat nicht nur Erklärungen für die mit dem Phänomen ›rhythmischer Sprache‹ verbundenen Funktionen erbracht. Er hat auch – implizit – klargemacht, woher die enormen Schwie-

15 Gemeint ist der Beitrag »Imagination und Körperleben«, in: Hans Ulrich Gumbrecht/Karl Ludwig Pfeiffer (Hg.), *Materialität der Kommunikation*, Frankfurt/M. 1988, S. 680-702 [Anm. d. Hg.].

rigkeiten und Verwirrungen bei der (poetologischen und wissenschaftlichen) Beschreibung des Phänomens ›gebundene Sprache‹ kommen.

Wissenschaftliche Diskurse konstituieren sich – selbstredend – in konsensuellen Bereichen zweiter Ordnung, sie sind also – in der Terminologie von Maturana/Varela – komplexe Konfigurationen aus semantischen Beschreibungen. Dieser Sachverhalt darf jedoch nicht dazu verleiten, für alle in wissenschaftlicher Sprache angenommenen Koppelungen (auch für Koppelungen/Interaktionen zwischen Organismen, die wir ›Menschen‹ nennen) anzunehmen, dass sie selbst der Definition konsensueller Bereiche zweiter Ordnung entsprächen. Dies wird stets und problemlos in der naturwissenschaftlichen Beschreibung von Koppelungen zwischen menschlichen Organen berücksichtigt. Es gibt jedoch Phänomene – und zu ihnen gehört rhythmisch strukturierte (›gebundene‹) Sprache –, die zwischen dem Phänomenstatus konsensueller Bereiche erster Ordnung (›Rhythmus‹) und dem Phänomenstatus konsensueller Bereiche zweiter Ordnung (›Sprache‹) stehen. In der westlichen Reflexions- und Wissenschaftstradition ist ihre Teil-Zugehörigkeit zum Phänomenstatus der konsensuellen Bereiche erster Ordnung mit zunehmender Konsequenz ausgeblendet worden. Nichts anderes bedeutet die poetologische Unterwerfung der Phänomene des ›Rhythmus‹ unter die Dimension der Repräsentation (der semantischen Beschreibung/der konsensuellen Bereiche zweiter Ordnung).

Auf der Basis dieser Überlegungen können wir nun die in Abschnitt (3) entwickelte Definition des Phänomens ›Rhythmus‹ reformulieren. Wenn wir dort ›Rhythmus‹ als Lösung des Problems dargestellt haben, Form unter den erschwerenden Bedingungen von Zeitlichkeit zu konstituieren, so wird nun klar, dass ›Zeitlichkeit‹ als ›erschwerende Bedingung‹ nicht mehr als eine Folge der Projektion von Unterscheidungen (semantischen Beschreibungen) zwischen ›Gegenwart‹, ›Vergangenheit‹ und ›Zukunft‹ ist, wie sie nur ein konsensueller Bereich zweiter Ordnung hervorbringt. Phänomene des ›Rhythmus‹, die dem Typus konsensueller Bereiche erster Ordnung zuzuordnen sind, weisen aber ›selbst‹ solche Unterscheidungen, und mithin die Dimension der Zeitlichkeit, nicht auf. ›Rhythmus‹ muss sich also eigentlich nicht gegen Zeitlichkeit durchsetzen; unser Eindruck, dass es sich so verhalte, ist eine Folge der inadäquaten Bemühung, das Phänomen ›Rhythmus‹

ausschließlich als Phänomen auf der Ebene konsensueller Bereiche zweiter Ordnung zu beschreiben.

Bei der Definition rhythmisch geformter (›gebundener‹) Sprache stieß die Formulierung vom ›Gelingen der Form gegen die erschwerende Bedingung von Zeitlichkeit‹ auf das für rhythmisch geformte (›gebundene‹) Sprache konstitutive Changieren, die Interferenz zwischen der Phänomenebene konsensueller Bereiche erster Ordnung (›Rhythmus‹) und konsensueller Bereiche zweiter Ordnung (›Sprache‹). Aus dem Gesagten sieht man, dass eine wissenschaftliche Beschreibung rhythmisch geformter (›gebundener‹) Sprache diese Interferenz als *Spannung* thematisieren sollte, statt sie mit Theoremen wie jenem von der ›Überstrukturiertheit lyrischer Texte‹ (durch die Unterwerfung des Phänomens ›Rhythmus‹ unter die Dimension der Repräsentation) zu harmonisieren.

So gesehen ist das Problem der (›geistes‹-)wissenschaftlichen Beschreibung rhythmischer Sprache ein paradigmatischer Fall. Anhand der Differenz zwischen der hier entwickelten Beschreibung (die eine Spannung von ›Rhythmus‹ und ›Sprache‹, eine Interferenz von ›konsensuellem Bereich erster Ordnung‹ und ›konsensuellem Bereich zweiter Ordnung‹ betont) und den herkömmlichen poetologischen oder literaturwissenschaftlichen Beschreibungen (die das Phänomen ›Rhythmus‹ in die Dimension der ›Repräsentation‹ einzupassen suchen) wird deutlich, dass hinter der Thematisierung von ›Materialitäten der Kommunikation‹ das Bedürfnis steht, mit den Diskursen der Kulturwissenschaften auch jene Schichten und Formen menschlicher Interaktion erreichen zu können, in denen die über Interaktion verbundenen Interaktionspartner *nicht* den Status von ›Beobachtern‹ haben. Ebendeshalb sind durch den Suchbegriff ›Materialitäten der Kommunikation‹ mehrere Phänomenkomplexe erfasst worden, in denen sich – wie bei rhythmischer Sprache – konsensuelle Bereiche erster Ordnung und konsensuelle Bereiche zweiter Ordnung überlagern. Dies ist – neben der rhythmischen Sprache – auch bei der Imagination, bei den Affekten oder bei Gewalt der Fall. Man wird auf die Herausforderung solcher neu konstituierter Themen zunächst mit einer Erweiterung und Differenzierung des Repertoires von Beschreibungsdiskursen reagieren, wobei eine solche Erweiterung um die Möglichkeit der Beschreibung von Phänomenen, die konsensuellen Bereichen erster Ordnung zuzuordnen sind, auch als Beitrag zur Überwindung des Dualismus zwischen Naturwissenschaften und Geisteswissenschaften wirksam werden könnte.

Doch mit der wechselseitigen Abhebung zweier verschiedener Phänomen-Schichten und dem Aufklären von bisher unvermeidlichen Beschreibungs-Problemen ist noch nicht alles getan. Eine Herausforderung für die Zukunft könnte gerade in der Aufgabe liegen, nun auch die Interferenzen zwischen solchen Schichten – zum Beispiel im Fall der ›rhythmischen Sprache‹: zwischen ›Rhythmus‹ und ›Sprache/Sinn‹ – zu beschreiben und zu erklären.

3
Wahrnehmung versus Erfahrung oder die schnellen Bilder und ihre Interpretationsresistenz[1]

Wir haben uns daran gewöhnt, das Verhältnis zwischen Bild und Reflexion (das Verhältnis zwischen den Bildern und den Begriffen, als dem Medium der Reflexion) mit einem Hauch dialektischer Melodramatik zu denken – die freilich stets zu einem *happy ending* führt. Meistens geht man dabei aus von einer Spannung zwischen Bild und Reflexion. Das Bild spricht die Sinne an, weshalb Bilder dem Referenzhorizont der philosophischen Ästhetik zugeordnet werden. Reflexion hingegen vollzieht sich in Begriffen, in jenen Elementen also, welche Sprache und Rede konstituieren. Ästhetische Erfahrung wiederum ist nicht begrifflich vermittelte Erfahrung und bringt so die Rede zum Verstummen. Aber mit diesem Schweigen[2] können wir uns nur schwer abfinden. Deshalb vor allem scheint sich die Überzeugung durchgesetzt zu haben, dass ästhetische Erfahrung als sinnliche Erfahrung trotz allem am Ende – und vielleicht gerade dann, wenn ihre Inkommensurabilität mit Begrifflichkeit zuvor explizit anerkannt worden ist – von Sprache einzuholen sei. Der Diskurs, in dem das geschehen soll, heißt Interpretation.

1 Die meisten der kultur- und mediengeschichtlichen Thesen in diesem Text gehen zurück auf ein Graduate Seminar zum Thema »Practices and Theories of Recording 1820-1940«, das ich mit meinem Freund Tim Lenoir vom *History of Science*-Programm im Herbst 1991 an der Stanford University gehalten habe. – Einen mit diesen Thesen konvergierenden Entwurf zur Epistemologie-Geschichte habe ich in einem Vortrag unter dem Titel »Die Tiefe der hermeneutischen Lebensform und die Leichtigkeit der Systemtheorie« bei einem Autorenkolloquium über das Werk von Niklas Luhmann zur Diskussion gestellt, das zum Anlass seiner Emeritierung im Februar 1993 am Zentrum für interdisziplinäre Forschung der Universität Bielefeld stattfand. Ich danke Niklas Luhmann und Dirk Baecker für ihre Einwände und Anregungen.

2 Die Assoziation der ästhetischen Erfahrung mit dem Verstummen der Rede stammt aus dem jüngsten Buch von Luiz Costa Lima, *Limites da voz*, Bd. 1, Rio de Janeiro 1993, S. 136 (eine englische Version ist 1996 unter dem Titel *The Limits of Voice: Montaigne, Schlegel, Kafka* bei der Stanford University Press erschienen).

Solche Rettung der Möglichkeit von Rede durch Interpretation möchte ich auf den folgenden Seiten mit vor allem historischen Argumenten problematisieren. Allerdings werde ich mit dem Historisieren nicht so weit gehen, dass ich behaupte, diese Rettung sei aufgrund veränderter Erfahrungsbedingungen heute nicht mehr möglich. Vielmehr beginne ich mit der Annahme einer prinzipiellen Heteronomie von Sinnlichkeit und begrifflich vermittelter Reflexion und werde dann – bescheidener– zu zeigen versuchen, dass das, was sich aufgrund veränderter Erfahrungsbedingungen heute immer weniger aufrechterhalten lässt, nur die Illusion von der Aufhebung ihrer grundsätzlichen Inkompatibilität ist.[3] Wenn man in diesem Zusammenhang (terminologisch vielleicht etwas arbiträr, aber mit dem Effekt höherer Transparenz des zu entfaltenden Arguments) das Prädikat ›Wahrnehmung‹ für die Seite der Sinnlichkeit reserviert und das Prädikat ›Erfahrung‹ für die Seite der Begriffe und der Reflexion, dann lässt sich als Symptom für die Veränderung, um die es hier geht, auf den Eindruck verweisen, dass in unseren Reaktionen auf gegenwärtige Alltagswelten die Erfahrung gegenüber der Wahrnehmung an Boden zu verlieren scheint. Auf diesen Eindruck haben die Philosophen natürlich schon längst reagiert. Jean-François Lyotard etwa behauptet, dass das, was Kant als die Besonderheit des ästhetischen Urteils identifiziert hatte, nämlich das Urteilen ohne möglichen Rekurs auf eine Basis von Kategorien und Begriffen, heute die Situation des Urteilens schlechthin

3 Die Genealogie und die Bedeutung dieser Inkompatibilität für die epistemologische Situation unserer Gegenwart versuche ich in meinem Buch *Diesseits der Hermeneutik. Über die Produktion von Präsenz,* Frankfurt/M. 2004 zu analysieren. Mit der These von der Inkompatibilität zwischen Sinnlichkeit/Wahrnehmung und Begriffen/Erfahrung wird auf den Sachverhalt verwiesen, dass es so etwas wie eine ›adäquate Übersetzung‹ von Sinneswahrnehmungen in Begriffe nicht geben kann. Selbstverständlich stimme ich Martin Seels auf der Münsteraner Tagung gemachten Einwänden zu, dass (erstens) dieser Sachverhalt seit Jahrhunderten zu den Prämissen westlicher Philosophie gehört und dass man ihn (zweitens) nicht gegen die Notwendigkeit der Bemühung kehren sollte, individuelle wie kollektive Orientierung und Verständigung in der Sprache zu suchen. Ausgangspunkt meiner Argumentation ist deshalb nicht eine Infragestellung dieser Notwendigkeit, sondern der Verdacht, dass der breite philosophische Konsens, von dem Verständigungsanstrengungen vor allem unter dem Namen der ›Hermeneutik‹ getragen werden, zu einer Unterschätzung (wenn nicht gar zu einer Verdrängung) der Bedeutung jener Unmöglichkeit einer ›adäquaten Übersetzung‹ von Wahrnehmungen in Erfahrung geführt hat.

geworden sei,[4] um dann – ganz entgegen dem gängigen Verdacht, er feiere eine ›Ästhetisierung der Welt‹ – zu betonen, dass dies in einer Situation geschieht, angesichts deren Komplexität das Bedürfnis nach begrifflich vermitteltem, ›rationalem‹ Urteilen dringlicher ist als je zuvor. Sonst kaum des Paktierens mit Lyotard verdächtig, hat Ferdinand Fellmann den – aus der Perspektive unseres Interesses komplementären – Versuch unternommen, im Anschluss an Dilthey das menschliche Bewusstsein als nicht durch Begriffe, sondern durch Bilder konstituiertes zu beschreiben[5] (ohne dass ihm dabei an einer Historisierung oder gar an einer politischen Applikation dieser These gelegen war).

Gerade um die historische Dimension aber wird es mir auf den folgenden Seiten gehen, so dass die Differenz zwischen meiner These und Positionen wie denen von Lyotard oder Fellmann vor allem in einer anderen Setzung des argumentativen Schwerpunktes liegt. Ich behaupte, dass die Annahme einer prinzipiellen Berechenbarkeit zwischen der Wahrnehmung und den Begriffen in eine Krise geriet, weil es dem westlichen Denken bis heute nicht gelungen ist, auf eine epistemologische Verschiebung zu reagieren, die sich seit der Wende vom 18. zum 19. Jahrhundert abzeichnete und deren Wirkungen durch den Einfluss der seither entstandenen Medientechniken erheblich verschärft worden sind. Um diesen in den vergangenen zweihundert Jahren eingetretenen Wandel unserer Wissensstrukturen beschreiben zu können, werde ich zunächst jenes epistemologische Paradigma charakterisieren, welches bis um etwa 1800 – und seit der frühen Neuzeit – Denken und Erfahrungsbildung im Westen geprägt hatte. Dieses Paradigma nenne ich das hermeneutische Feld, und ich sehe es gegründet auf die Position eines Beobachters erster Ordnung.[6]

4 Diese These stand im Zentrum eines Seminars, das Lyotard im Sommersemester 1988 am Graduiertenkolleg »Kommunikationsformen als Lebensformen« der Universität-Gesamthochschule Siegen gehalten hat. Vgl. zum historischen und systematischen Hintergrund Jean-François Lyotard, *Le Différend*, Paris 1983, S. 189 ff. und ders., *Leçons sur l'analytique du sublime*, Paris 1991, S. 61 ff.

5 Vgl. Ferdinand Fellmann, *Symbolischer Pragmatismus. Hermeneutik nach Dilthey*, Reinbek 1991, insbesondere S. 65 ff.

6 Unter der Vielzahl von Publikationen, die in Deutschland an die wachsende Bedeutung des Beobachter-Begriffs im Werk von Luhmann angeschlossen haben, sind besonders aufschlussreich die Aufsätze von Niklas Luhmann, Humberto Maturana, Mikio Namiki, Volker Redder und Francisco Varela, in: dies. (Hg.), *Beobachter. Konvergenz der Erkenntnistheorien?*, München 1990.

Der darauf folgende Abschnitt beginnt mit der These vom Heraufkommen einer Beobachterposition zweiter Ordnung um 1800 und konzentriert sich dann vor allem auf verschiedene Formen des Realismus und auf die Geschichte neuer Kommunikationsmedien im 19. Jahrhundert als den letztlich fehlschlagenden Versuch, die Folgen der mit dem Komplexerwerden der Beobachterposition entstehenden epistemologischen Krise aufzufangen. Stattdessen haben seit dem Ende des 19. Jahrhunderts – und bis dahin führen meine Überlegungen – vor allem die Kommunikationsmedien der schnellen Bilder den bis dahin eher vagen Eindruck von der Problematisierung einer Denk- und Erfahrungsform in die Divergenz zwischen einer Welt der Wahrnehmung und einer Welt der Erfahrung überführt. Noch unsere epistemologische Gegenwart wird von diesem Problembewusstsein beunruhigt.

Natürlich kann man einer auf so viele verschiedene Diskursebenen anspielenden und so weite historische Strecken umfassenden Argumentation den Vorwurf machen (oder vielleicht darf man ihn ihr gar nicht ersparen), über die Maßen des Verantwortbaren hinaus spekulativ zu sein. Von bestimmten Standards historischer Dokumentation, die ›eigentlich‹ zu berücksichtigen wären, will ich in diesem Zusammenhang lieber gar nicht reden, denn ihnen könnte man wohl nicht einmal mit einem Buch erheblichen Umfangs genügen. Was aber spricht dann für einen Entwurf wie diesen (oder; um noch bescheidener zu sein, für einen solchen Versuch)? Vielleicht vor allem die Tatsache, dass es kaum möglich ist, so verschiedene Dimensionen wie Epistemologie und Technik, Erfahrung und Wahrnehmung in einem Verhältnis komplexer Wechselwirkung zu sehen, wenn die akademisch-zünftigen Evidenz-Kriterien und Dokumentations-Pflichten beachtet werden. Sollte man aber wirklich das Risiko der Spekulation so sehr fürchten, dass es am Ende das Denken solcher Zusammenhänge verhindert?

Erfahrung im hermeneutischen Feld

Jener intellektuelle Habitus, den die europäische Philosophie vor allem im 19. Jahrhundert unter dem Titel ›Hermeneutik‹ analysiert und kanonisiert hat, war als ein historisch spezifisches Verhältnis des Menschen zur Welt schon weit früher zu einer stabilen Konfiguration geworden – nämlich in der Zeit des Übergangs von der mittelalterlichen zur frühneuzeitlichen Kultur. Ich werde dieses Welt-Verhältnis (in Unterscheidung von der akademischen Teildisziplin der ›philosophischen Hermeneutik‹) ›hermeneutisches Feld‹ nennen und durch den Verweis auf vier zentrale Implikationen umschreiben.

Die *erste* strukturelle Voraussetzung für die Genese des hermeneutischen Felds ist das Exzentrisch-Werden des Menschen gegenüber der Welt. Im mittelalterlichen Weltbild hatte sich der Mensch als Teil einer Schöpfung gesehen, außerhalb derer allein Gott – als ihr Schöpfer – stand. Auf diese Exzentrizität des Menschen spielen wir an, wenn wir von ›frühneuzeitlicher Subjektivität‹ reden, und nur aus der Beobachterposition eines solchen exzentrischen Subjekts wird die Welt zu einer ›Welt der Objekte‹. Das hermeneutische Feld ist die Sphäre des Subjekt-Objekt-Paradigmas.

Das Subjekt-Objekt-Paradigma weist *zweitens* die menschlichen Körper der Seite der Objekte zu. Deshalb ist das Subjekt körperlos und geschlechtslos, und deshalb kann es nicht Bezugspunkt sinnlicher Wahrnehmung sein. Dementgegen hatte noch die mittelalterliche Theologie den menschlichen Geist und den menschlichen Körper als Einheit gedacht. Diese Prämisse ist ein wesentlicher Grund für die von uns erfahrene Fremdheit des Mittelalters. Mit solcher Alterität kämpfte die protestantische Theologie in ihren Reformulierungen der Transsubstantiationslehre, aber auch in ihrer Auseinandersetzung mit Theologemen wie denen der leiblichen Auferstehung von den Toten oder der leiblichen Aufnahme Mariens in den Himmel.

Drittens beobachtet das Subjekt die Welt der Objekte, indem es eine Unterscheidung einführt, deren Absenz in der mittelalterlichen Kultur es so schwer für uns macht, jenen kulturellen Habitus nachzuvollziehen, den man ›mittelalterlichen Symbolrealismus‹ genannt hat. Es ist die Unterscheidung zwischen einer ›bloß‹ materiellen Oberfläche der Dinge und einer spirituellen Tiefe. Weil diese Tiefe als eine Sphäre der Konzepte gedacht wird und den Status eines Orts der Wahrheit annimmt, entsteht die existentielle Notwendigkeit, die dingliche Oberfläche zu durchdringen, um der Wahrheit innezuwerden. Dieses Durchdringen ist die eine Seite des Akts der ›Interpretation‹, welcher sich im Gewahrwerden der konzeptuellen Tiefe als seiner anderen Seite erfüllt. Erst durch die Unterscheidung zwischen der spirituellen Tiefe und jener materiellen Oberfläche, welche als bloße Voraussetzung für die Möglichkeit von Erfahrung selbst bedeutungslos bleibt, wird die Sphäre des Subjekts zum hermeneutischen Feld. Diese Unterscheidung hat man in einer schier unendlichen Zahl von Variationen beschrieben, deren heute bekannteste die linguistische Dichotomie zwischen dem Signifikanten und dem Signifikat ist.

Als Teil der dem Beobachter-Subjekt gegenüberstehenden Welt und mithin als Objekt der Interpretation kommt *viertens* der menschliche Körper innerhalb des hermeneutischen Feldes unter zwei Perspektiven in den Blick. Wenn Körper und Geist nicht mehr als Einheit gedacht werden, lassen sich – erstens – Gedanken, Konzepte und Wahrheiten hinter dem Körper verbergen. Dann kann es nötig werden, den Körper – interpretierend[7] – zu durchdringen, um Geheimnisse als Wahrheiten zu entdecken. Aber selbst wenn sich das Subjekt nicht hinter einen Körper zurückzieht, ist es – zweitens – mit der Unmöglichkeit konfrontiert, die Wahrheit seiner Gedanken durch Vermittlung des Körpers – unter Benutzung der Stimme oder der Hand – vollständig zu artikulieren. Genau auf diese Schwierigkeit spielt die ursprünglich metaphorische Bedeutung des Wortes ›Ausdruck‹ an, deren Erstbelege auf das Ende des Mittelalters zurückgehen.[8] Erst unter der Voraussetzung einer solch prinzipiellen Unzulänglichkeit des Sich-Ausdrückens wird Interpretation ihrerseits zu einer existentiellen Notwendigkeit. Sie soll jenen Sinn, der im Ausdruck nie vollständig bewahrt werden kann, für die Kommunikation unter Subjekten retten.

Hinsichtlich der Frage nach den historischen Voraussetzungen für die Emergenz des hermeneutischen Feldes und des Subjekts als Beobachter erster Ordnung müssen wir uns – falls das überhaupt eine Frage mit einer möglichen Antwort ist – darauf beschränken, nur kurz zwei Richtungen einschlägiger Hypothesenbildung zu

7 Als Interpretation in diesem konkreten Sinn stand die Praxis der Inquisition seit dem späten 15. Jahrhundert in enger historischer Beziehung zur Genese frühneuzeitlicher Subjektivität. Vgl. Claudia Krülls-Hepermann, *Die Unwahrscheinlichkeit neuzeitlicher Subjektivität. Spanische Schäferromane des späten 16. und des frühen 17. Jahrhunderts*, Frankfurt/M. 1990, S. 4-55.

8 Vgl. Hans Ulrich Gumbrecht, *Stimme als Form. Zur Topik lyrischer Selbstinszenierung im vierzehnten und fünfzehnten Jahrhundert*, in: Wolf-Dieter Stempel (Hg.), *Musique naturele. Interpretationen zur französischen Lyrik des Spätmittelalters*, München 1995, S. 15-40.

erwähnen. Wenn das Subjekt als Agent und Zentrum der Sinnbildung in Erscheinung trat, so ermöglichte es diese Konfiguration – im Gegensatz zur christlichen Kosmologie, für die der Sinn aller Phänomene als im Schöpfungsakt ein für alle Mal gegeben galt –, Sinnbildung als Prozess einer Wissens-Akkumulation aufzufassen. Das war zu einem Anliegen und zu einem Legitimationsproblem vor allem der entstehenden Naturwissenschaften geworden. Denn mit der Institutionalisierung des Buchdrucks hatte die Faszination der Produktion und Mehrung von Wissen die traditionelle Obsession der Bewahrung eines von Gott geoffenbarten Bestands an Wissen fast unversehens abgelöst.[9] Die Körperlosigkeit und die Spiritualität des Subjekts hingegen mag zu tun gehabt haben mit der sich im gleichen mediengeschichtlichen Kontext vollziehenden Umstellung von der – eine Kopräsenz der Körper voraussetzenden – Interaktion auf Kommunikation, welche ihrerseits die Körper auf die Seite der Umwelt verschob. Wenn die gedruckten Texte im Gegensatz zu den Manuskripten alle Spuren der an ihrer Produktion beteiligten Körper ausschlossen und wenn zugleich die damals entstehende Figur der Autorschaft ein enges Konstitutionsverhältnis zwischen Subjekt und Text postulierte, so beförderte diese Konfiguration die Tendenz, das Subjekt unter Ausblendung des Körpers zu denken.

Im Kontext unseres Versuchs, das hermeneutische Feld durch solche Thesen zur Rekonstruktion seiner Genese und durch Postulat (mindestens: der Möglichkeit) seines Endes zu historisieren, tritt das Zeitalter der Aufklärung als Höhepunkt seiner Entfaltung und unangefochtenen Geltung hervor. Die Aufklärung war jene Epoche, welche die Unterscheidung zwischen der Oberfläche der Dinge und ihrer konzeptuellen Tiefe zu dem (von Foucault »klassische Episteme« genannten[10]) Gedanken einer Isomorphie zwischen der Welt der Phänomene und der Struktur des Wissens über die Phänomene entwickelte. Aus dieser Perspektive wird verständlich,

9 Diese Beobachtung spielt eine zentrale Rolle in den kulturgeschichtlichen Skizzen von Niklas Luhmann. Vgl. etwa: *Das Kunstwerk und die Selbstreproduktion der Kunst*, in: Hans Ulrich Gumbrecht/Karl Ludwig Pfeiffer (Hg.), *Stil. Geschichten und Funktionen eines kulturwissenschaftlichen Diskurselements*, Frankfurt/M. 1986, S. 620-672, hier 633 f.

10 Ihre ausführlichste Beschreibung findet sich in Michel Foucault, *Les mots et les choses*, Paris 1966, S. 60 ff.

warum Wörterbüchern und Enzyklopädien im 18. Jahrhundert – um es anachronistisch zu formulieren – eine ›ontologische‹ Funktion zugedacht wurde, für die D'Alemberts und Diderots gefalteter Aufriss des Wissens im ersten Band der *Encyclopédie ou dictionnaire raisonné des sciences, des arts et des métiers* der berühmteste Beleg ist. Entmythisierung als intellektuelles Programm der Aufklärung war getragen von dem Vorsatz, all jene Wissensbestände definitiv zu eliminieren und zu ersetzen, die noch nicht in Subjekt-Erfahrung fundiert waren. Auf dieses Projekt schließlich war die Erwartung gegründet, dass die fortschreitende (und nur zögernd als unabschließbar gedachte) Mehrung des Wissens soziale Wohlfahrt und Gerechtigkeit befördern werde. Hier liegen die Anfänge des ›utopischen‹ und des ›wissenschaftlichen‹, aber nie wirklich ›real‹ gewordenen Sozialismus.

Den in diesem Zusammenhang schon vor 1800 üblich gewordenen Vorbehalt, dass allein ›vorurteilsfreie‹ oder ›unentfremdete‹ Subjekt-Erfahrung die Wahrheit des neuen Wissens garantiere, können wir als ein – der höchsten Entfaltung des hermeneutischen Feldes zeitgleiches – Anzeichen für jene Zweifel an der ›Objektivität des Subjekts‹ auffassen, welche die Epistemologie im 19. Jahrhundert destabilisieren sollten. Dasselbe gilt für die Ausdifferenzierung der Teildisziplin ›philosophische Ästhetik‹, mit der sich eine neue Aufmerksamkeit für sinnliche Wahrnehmung in Unterscheidung von begrifflich artikulierter Erfahrung manifestierte. Schließlich war auch der Materialismus des 18. Jahrhunderts fasziniert von der körperlichen Mechanik der Sinneswahrnehmung. Aber noch thematisierten die Materialisten das menschliche Auge und das menschliche Ohr ausschließlich unter dem erklärten Ziel, sich von der Möglichkeit einer Adäquanz im Verhältnis der über die Sinnesorgane verbundenen Pole ›Wirklichkeit‹ und ›Wissen‹ zu überzeugen.

Unübersehbarkeit der Körper

Solche Selbst-Überzeugung wurde während des 19. Jahrhunderts zu einer zunehmend mühsamen und prekären Selbst-Überredung. Die historischen Quellen machen deutlich, dass bei diesem Prozess Veränderungen in der Epistemologie, der Wirtschaft und der

Sozialstruktur, aber auch in der Technik und in den Symbolsystemen mit einer Komplexität zusammengespielt haben, welche die Annahme jeglicher Priorität oder gar Kausalität ausschließt. Statt jene umgreifende Transformation des Weltbildes (in einer der anspruchsvollen klassischen Bedeutungen des Wortes) zu verstehen, kann man sie wohl nur *illustrieren und dokumentieren* – und dabei lässt sich Foucaults historischer Begriff von der ›Episteme des 19. Jahrhunderts‹ mit Luhmanns systematischem Begriff des ›Beobachters zweiter Ordnung‹ zur Konvergenz bringen.

Im Unterschied zum Subjekt-Objekt-Paradigma, auf dem als Basis sich das hermeneutische Feld konstituiert hatte, lag die Besonderheit der ›Wissenschaften vom Menschen‹ als Episteme des 19. Jahrhunderts in der Doppelrolle, die dem Menschen als Subjekt und als Objekt der Beobachtung zugewiesen wurde. Diese historische Konfiguration entspricht der Definition des Beobachters zweiter Ordnung, der sich selbst beim Beobachten (als Beobachter erster Ordnung) beobachtet und in dessen Gesichtsfeld deshalb die blinden Flecken der ersten Beobachter-Ebene treten. Zu ihnen hatte die Ausblendung des menschlichen Körpers als Instrument der Welt-Wahrnehmung und der Welt-Erfahrung gehört. Seit dem frühen 19. Jahrhundert wirkte deshalb die neue Aufmerksamkeit für die Rolle des Körpers als eine problematisierende Interferenz gegenüber dem Prinzip von der ›Darstellbarkeit der Welt‹, welches die Möglichkeit einer Adäquanz zwischen Welt und Welterfahrung garantiert hatte. Für die Ausbildung der Einsicht, dass die Welt nur durch die Vermittlung und unter den spezifischen Bedingungen der menschlichen Körper wahrgenommen und erfahren werden konnte, gibt es vielfache Anzeichen. Wenn man etwa darauf verzichtet, die Entdeckung der ›Geschichtlichkeit der Phänomene‹ seit dem späten 18. Jahrhundert als Entdeckung einer transzendentalen Wahrheit zu feiern, dann eröffnet sich eine Perspektive, unter der die historische Dimension und ihre narrativen Modelle[11] als Raum einer Verarbeitung der Instabilität von Erfahrung in Variabilität von Erfahrung erscheinen. Dazu komplementär wurden gewisse Prinzipien von bezeichnenderweise: körperbedingter Dynamik extrapoliert, welche diese beständige Veränderung der Phänomene erklären sollten: Zu ihnen gehörten ein transzendentaler Begriff des

11 Das brillante Standardwerk zu diesem Thema: Hayden White, *Metahistory. The Historical Imagination in Nineteenth-Century Europe*, Baltimore 1973.

›Lebens‹ oder der *vis vitalis* in der Biologie und ein neues Konzept der ›Arbeit‹ in den erst jetzt langsam entstehenden Disziplinen der Nationalökonomie und der Soziologie.[12] Langfristig noch folgenreicher war aber der sich herausbildende Habitus, zwischen zwei Perspektiven, Ebenen und Prinzipien des menschlichen Welt-Verhältnisses zu unterscheiden: zwischen der körpergebundenen Wahrnehmung und der sich in Begriffen vollziehenden Erfahrung. Natürlich war diese Unterscheidung noch nicht synonym mit dem Postulat einer Inkommensurabilität zwischen Wahrnehmung und Erfahrung, aber sie implizierte doch schon die Herausforderung, die nun voneinander abgehobenen Ebenen der Wahrnehmung und der Erfahrung in ein Verhältnis zu setzen. Mit anderen Worten: Die Zeit der selbstverständlichen Gleichsetzung der Erfahrung des körperlosen Subjekts mit der objektiven Erfahrung war zu Ende gegangen.

Der mit der Aufhebung dieser Selbstverständlichkeit hervortretende Zweifel an der Möglichkeit objektiver Erfahrung – als einer den Gegenständen der Welt adäquaten Erfahrung – hielt Philosophie, Kunst und Literatur seit dem frühen 19. Jahrhundert in Bann. Es gehört zu den Merkmalen jenes Typs von Realismus, den die Literaturhistoriker vor allem mit den Romanen Honoré de Balzacs assoziieren, bei ihren Lesern zunächst Skepsis nicht nur gegenüber der Erfahrbarkeit einer kosmologischen Ordnung, sondern – allgemeiner und radikaler – gegenüber der Existenz einer solchen Ordnung zu wecken. Von dieser am Beginn ihrer fiktionalen Handlung regelmäßig eintretenden Krise führen jene Romane dann zur Veranschaulichung der Überzeugung, dass sich die Ordnung der Welt mindestens jenen Beobachtern offenbart, die es verstehen, eine bestimmte – wahrheitsenthüllende – Perspektive zu gewinnen. Das kann – im elementarsten Fall – der Blick auf die Welt von einem erhöhten Ort im Raum sein, und das ist – im häufigsten und trivialsten Fall – die Diskursebene eines allwissend-auktorialen Erzählers. Häufig bleibt das Privileg der objektiven Weltsicht aber auch als eine Art von Offenbarung jenen Protagonisten als Belohnung vorbehalten, deren Verhalten den moralischen Idealen des jeweiligen Autors entspricht.[13]

12 Foucault, *Les mots et les choses*, S. 229 (zur Krise der Darstellbarkeit von Welt), S. 262 ff. (zu den Begriffen ›Leben‹, ›Arbeit‹ und ›Sprache‹), a. a. O. (Anm. 10).

13 Vgl. als Hintergrund zu dieser kurzen Charakterisierung des frühen Realismus

Die Tatsache, dass die entscheidende naturwissenschaftliche Voraussetzung für die sich nach 1800 rasch vollziehenden Entwicklungsschritte hin zur Photographie schon 1727 mit der Entdeckung der Lichtempfindlichkeit von Silbersalzen gemacht worden war, legt es nahe, auch sie mit der durch die Emergenz des Beobachters zweiter Ordnung provozierten epistemologischen Krise zu assoziieren.[14] War die Problemlösungsstrategie des frühen literarischen Realismus eine Unterscheidung zwischen adäquaten und inadäquaten Beobachterperspektiven gewesen, so hing das noch selbstgewissere Objektivitätsversprechen der Photographie von der Eliminierung des eben entdeckten Beobachters und seines Körpers ab.[15] Unter ebendieser Bedingung, so glaubte man, müssten sich die Gestalt und die Ordnung der Dinge direkt auf der photographischen Platte niederschlagen. Ganz entgegen solchen Erwartungen jedoch setzte sich bald die Erfahrung durch, dass weder die der Idealität der Begriffe entsprechenden Idealformen der Dinge noch die Objektivität ihrer Beziehungen je auf den Photographien sichtbar werden. Vielmehr waren die neuen Bilder unausweichlich von den kontingenten Elementen ihres Entstehungsaugenblicks – des Augenblicks der photographischen Aufnahme – geprägt, so unausweichlich in der Tat, dass ein seit etwa 1840 sich abzeichnender neuer Typ von Realismus in Malerei und Literatur nun gerade aus der Betonung von Kontingenz bei der Darstellung der Welt hervorging. In diesem Kontext tauchten die ersten Belege für eine programmatische Verwendung des Prädikats ›Realismus‹ auf – und zwar zunächst in Bezug auf neue Techniken der Malerei.[16] Bilder wie die von Cour-

die Essays von Charles Grivel, »Die Identitätsakte bei Balzac. Prolegomena zu einer allgemeinen Theorie des Gesichts«; Hans Ulrich Gumbrecht/Jürgen E. Müller, »Sinnbildung als Sicherung der Lebenswelt. Ein Beitrag zur funktionsgeschichtlichen Situierung der realistischen Literatur am Beispiel von Balzacs Erzählung ›La Bourse‹«; Rainer Warning, »Chaos und Kosmos. Kontingenzbewältigung in der Comédie humaine«, alle drei in: Hans Ulrich Gumbrecht/Karlheinz Stierle/Rainer Warning (Hg.), *Honoré de Balzac*, München 1980, S. 93-142; 339-390, 9-56.

14 Diese These hat Tim Lenoir in unserem gemeinsamen Seminar zur »Geschichte der Aufzeichnungstechniken« im Herbst 1991 vorgetragen.

15 Vgl. zu den juristischen Folgen dieser (vermeintlichen) Substitution des menschlichen Beobachters durch die Kamera Gerhard Plumpe, *Der tote Blick. Zum Diskurs der Photographie in der Zeit des Realismus*, München 1990.

16 Vgl. zur Geschichte von ›Realismus‹ als literaturkritischem Begriff Helmut Pfeif-

bet oder Menzel können wir ›wahrnehmungsorientiert‹ nennen, weil sie ein neues Sehen lehrten, dessen verfremdende Wirkung darin lag, nicht mehr an der Suche nach idealen Gegenständen oder wahrheitserschließenden Perspektiven orientiert zu sein.[17] Die Maler begannen, die Konturen der Dinge zu verwischen und ihre Blickwinkel so zu konstruieren, dass sich die Gestalt von Themen und Motiven gegen sie durchsetzen mussten. Widerständigkeit gegenüber einem durch Begriffe vororientierten Bild der Wirklichkeit wurde nun zu einem Symptom für Wirklichkeitsnähe.[18]

Genau diese Spannung zwischen Wirklichkeitswahrnehmung und Begrifflichkeit inszenierte Gustave Flaubert in seinen Romanen. Doch im Gegensatz zu den realistischen Malern seiner Zeit war Flauberts Methode nicht die Problematisierung, sondern die ironische Reproduktion von Diskursen und Konzepten.[19] Emma Bovary geht an der Immunität ihrer aus romantischer Literatur gespeisten Tagträume gegenüber der Wirklichkeit zu Grunde; für Frédéric Moreau, den keine Trivialität scheuenden Helden der *Education sentimentale*, bleiben die Szenen der Revolution von 1848 ein verwirrendes Chaos, und seine Liebesepisoden sind nichts als die immer neuen Projektionen schaler Erwartungsschemata; Bouvards und Pécuchets Torstellungen von Wissenschaft und Fortschritt schließlich setzen das Freundespaar auf Distanz zu jeglichem produktiven Erkennen. Als Voraussetzung für seine Schreib-Praxis hatte Flaubert im *Dictionnaire des idées recues* ein Repertoire von Elementen des bürgerlichen Alltagswissens mit geradezu empirischer Akribie gesammelt.

Die Manifestationen dieses zweiten Typs von Realismus wirken

fer, *Roman und historischer Kontext. Strukturen und Funktionen des französischen Romans um 1857*, München 1984, S. 100 ff.

17 Vgl. zum Motiv des ›neuen Sehens‹ unter dem Theorie-Stichwort ›Aisthesis‹ Hans Robert Jauß, *Ästhetische Erfahrung und literarische Hermeneutik*, Frankfurt/M. 1982, S. 125 ff.

18 Das entspricht dem anhand der Literatur des 19. Jahrhunderts illustrierten »Wirklichkeitsbegriff der erfahrenen Widerständigkeit des Gegebenen« in Hans Blumenbergs klassischem Essay »Wirklichkeitsbegriff und Möglichkeit des Romans«, in: Hans Robert Jauß (Hg.), *Poetik und Hermeneutik*, Bd. 1, München 1964, S. 9-27, hier 24 f.

19 Vgl. zum philosophiegeschichtlichen Ort von Flauberts Werk Franz Koppe, *Literarische Versachlichung. Zum Dilemma der neueren Literatur zwischen Mythos und Szientismus. Paradigmen: Voltaire, Flaubert, Robbe-Grillet*, München 1977, S. 53 ff.

im Blick auf die zeitgenössische Krise der Epistemologie immer dann weit weniger eindrucksvoll, wenn sie der Kontingenz von Perspektiven und Diskursen die Möglichkeit einer ›wirklichkeitsadäquaten‹ Weltsicht entgegenstellen – wie etwa den Ideologiebegriff von Karl Marx. Denn die historische Signifikanz des zweiten Realismus-Typs liegt gerade darin, dass er keine Auswege aus der Wirklichkeitsferne und aus der Beobachterabhängigkeit der Diskurse mehr suggeriert. In seiner berühmten Definition des realistischen Romans hatte Stendhal schon um 1830 auf diese Erfahrung mit der Metapher von einer *beweglichen* Beobachtung reagiert, die nur vielfache Aspekte – nicht aber ein stabiles Bild – der Wirklichkeit reflektieren kann: »Un roman est un miroir qui se promène sur une grande route. Tantôt il reflète à vos yeux l'azur des cieux, tantôt la fange des bourbiers de la route.«[20]

Während die verschiedenen Typen des Realismus (und des Naturalismus) im 19. Jahrhundert noch mit immer neuen Varianten die nun als Spannungsverhältnis entdeckte Beziehung zwischen der Welt und den beobachterabhängigen Formen und Medien ihrer Darstellung durchspielten, bildete sich schon ein Spektrum von künstlerischen Formen heraus, in denen auch die im hermeneutischen Feld stets stabile Verweisungsstruktur zwischen den ›bloß materiellen‹ Signifikanten und den ›eigentlich relevanten‹ Signifikaten aus dem Gleichgewicht geriet. Weil sich Fälle solcher Destabilisierung sowohl auf der Signifikanten-Seite wie auf der Seite der Signifikate ereigneten, kann man sie – allgemein und mit einer Krisen-Metapher aus der Wirtschaft – als *sign-deregulation* charakterisieren. In diesen Zusammenhang gehört Richard Wagners ›Programm-Musik‹ als der Versuch, den nach tradiertem Verständnis ›bloß wahrnehmbaren‹ Klängen dekodierbare Bedeutungen zu geben. Wie ein Gegenpol zur Programm-Musik wirkt im selben Spektrum historischer Phänomene die Poetik des literarischen Symbolismus aufgrund ihrer Tendenz, die Aufmerksamkeit der Leser auf jene sinnlichen Qualitäten zu lenken, mit denen sprachliche Signifikanten ihre konventionell bedeutungstragende Funktion überschreiten. Das konnte – wie etwa bei Mallarmé – das Layout des gedruckten Textes sein, aber ebenso die selbst noch in stiller

20 Aus dem neunundvierzigsten Kapitel von *Le rouge et le noir*, zit. n. Hugo Friedrich, *Drei Klassiker des französischen Romans. Stendhal, Balzac, Flaubert*, Frankfurt/M. 1961, S. 15 f.

Lektüre realisierte Klanglichkeit und Rhythmik eines Gedichts, und gewiss war *sign-deregulation* auch der motivierende Kontext für Rimbauds lyrische Spekulationen über die Farben der Vokale. Schließlich ermöglicht es unsere historische Perspektive, Friedrich Nietzsches Werk als den philosophischen Horizont solcher Verschiebungen zu lesen. Nietzsches Polemik gegen den »Willen zur Wahrheit« problematisiert die hermeneutische Dimension der begrifflichen Tiefe; ihre Kehrseite, das Philologen-Lob für Buchstäblichkeit oder die Begeisterung für die sinnlichen Qualitäten von Maske und Tanz, wertet die Oberfläche auf. Wo aber das Gesicht hinter der Maske nicht mehr sichtbar wird und der Tanz nichts mehr auszudrücken braucht, kollabiert die auf der Abhebung der Signifikate von den Signifikanten begründete Struktur des hermeneutischen Feldes.

Der Kollaps des hermeneutischen Feldes vollzog sich in chronologischer Simultaneität zu der akademisch so folgenreichen Entfaltung der Hermeneutik zu einer philosophischen Methodologie in den Schriften von Wilhelm Dilthey. Ich will diesen Befund auf die These zuspitzen, dass die Hermeneutik – und mit ihr ein auf Interpretation begründetes Verhältnis des Subjekts zur Welt der Objekte – angesichts genau jener historischen Situation für den begrenzten Raum der akademischen Institution gerettet und zum Organon der Geisteswissenschaften hypostasiert wurde, in der die meisten anderen sozialen Teilsysteme (vor allem die Technik, die Wirtschaft und die Kunst) dem Subjekt-Objekt-Paradigma eine tiefer greifende Transformation auferlegten. So gesehen forderte die hier erreichte Ausdifferenzierung und Autonomie der Geisteswissenschaften, welche sie freisetzte gegenüber dem von den Naturwissenschaften ausgehenden Erfolgsdruck, einen hohen Preis: Er lag in einer Epistemologie, welche die Geisteswissenschaften von ihren gesellschaftlichen Umwelten isolierte. Ferdinand Fellmanns (bereits eingangs kurz erwähnte) neue Dilthey-Lektüre verpflichtet uns allerdings zu einer Revision – oder positiver: zu einer Komplexifizierung – dieser Behauptung. Denn wenn man Fellmanns Sicht zustimmt, nach der im Zentrum von Diltheys Philosophieren die Bemühung um ein Konzept des menschlichen Bewusstseins als eines von Bildern konstituierten Bewusstseins steht,[21] dann liegt

21 Fellmann, *Symbolischer Pragmatismus*, a.a.O. (Anm. 5).

es nahe, in der Entwicklung dieses Motivs weniger einen Akt intellektueller Rettung als eine Reaktion auf die epistemologischen Verschiebungen des 19. Jahrhunderts zu sehen. Aber vielleicht ist die für den Zusammenhang unserer Argumentation entscheidende Schwelle gar nicht von diesem Unterschied zwischen begriffskonstituiertem und bildkonstituiertem Bewusstsein markiert, sondern von dem Kontrast zwischen statischen und bewegten Bildern als Bewusstseinsinhalten. Denn erst die bewegten Bilder entzogen sich endgültig dem Habitus der Interpretation – und mithin den geisteswissenschaftlichen Methodologien –, weil die Statik der für die Interpretation unerlässlichen Begriffe nicht mehr der Instabilität bewegter Bilder gerecht zu werden vermag.[22]

Wahrnehmung von Bewegung

Die bewegten Bilder des Mediums ›Film‹ kamen der Vorstellung von nicht begrifflich strukturierten Bewusstseinsinhalten denkbar nahe. Da jedoch die Bilder des Films nicht – wie die Bilder der Imagination – im Bewusstsein entstehen, sondern zunächst von der Wahrnehmung erfasst und an das Bewusstsein vermittelt werden müssen, lässt sich das Problem, das zu lösen war, bevor bewegte Bilder technisch produzierbar und damit auch rezipierbar wurden, durch die Frage umschreiben, wie etwas bewegt sein und zugleich eine wahrnehmbare Form haben kann. Die Antwort liegt in der Einsicht, dass allein in rhythmisch arrangierten Bild-Sequenzen Bewegung und Form konvergieren – mit anderen Worten: ›Rhythmus‹ ist unser Begriff für die ›Zeitobjekten im speziellen Sinn‹ eigene Formqualität.[23] Technisch würde das Problem der Erzeugung

22 Die Folgen der Verschiebung von der Sprache hin zu den (bewegten) Bildern als dominantem Kommunikationsmedium diskutiert aus der Perspektive der Philosophie Wlad Godzich, »Vom Paradox der Sprache zur Dissonanz des Bildes«, in: Hans Ulrich Gumbrecht/Karl Ludwig Pfeiffer (Hg.), *Paradoxien, Dissonanzen, Zusammenbrüche. Situationen offener Epistemologie*, Frankfurt/M. 1991, S. 747-758.

23 Der Begriff der ›Zeitobjekte im speziellen Sinn‹ stammt von Edmund Husserl, *Husserliana. Edmund Husserl – Gesammelte Werke*, hg. v. Ulrich Melle, Den Haag 1960-2008, Bd. 10: *Zur Phänomenologie des inneren Zeitbewußtseins (1893-1917)*, hg. v. Rudolf Boehm, Den Haag 1966, S. 23.– Vgl. zur Definition von ›Rhythmus‹ Hans Ulrich Gumbrecht, »Rhythmus und Sinn«, in diesem Band, S. 223-

von Rhythmus durch die Perforation des Filmmaterials gelöst, welche die Koppelung der Bilder an den Rhythmus von Maschinen ermöglichte. Bis heute sind der Rhythmus des Filmtransports wie der Rhythmus der Konstitution von Zeilen auf dem Fernsehbildschirm unerlässliche (obwohl kaum je erwähnte) Voraussetzungen für die Wahrnehmung technisch produzierter bewegter Bilder geblieben.

Henri Bergson freilich verweigerte dem frühen Film als Antwort auf die Frage nach der Möglichkeit technischer Produktion von bewegten Bildern seinen philosophischen Segen.[24] Er stieß sich an dem an sich trivialen Umstand, dass das Filmmaterial selbst nichts anderes ist als eine Serie statischer Bilder – denn statische Bilder ließen sich nicht unter seinem Begriff der *durée* als Sphäre einer weder von Zahlen messbaren noch von Begriffen oder Konturen umschreibbaren Zeitlichkeit und Bewegtheit subsumieren. Gewiss wird man – auf systematischer Ebene – Gilles Deleuze zustimmen, der Bergsons Kritik die Erfahrung entgegenhält, dass trotz der Statik der Bilder auf der Filmrolle die Zuschauer einer Filmprojektion bewegte Bilder (»*images-mouvement*«) wahrnehmen – und zwar bewegte Bilder genau im Sinne von Bergsons *durée*-Konzept. Dennoch ist – historisch gesehen – mit Bergsons Einspruch gegen die phänomenologische Legitimität des Films ein medienpragmatisch höchst folgenreicher Aspekt, nämlich ebendie Einsicht in die Inkommensurabilität zwischen den bewegten Bildern und der Statik der Begriffe, in Vergessenheit geraten (oder vielleicht sogar: verdrängt worden?). Berücksichtigt man aber dieses Element aus Bergsons Polemik, dann erscheint die technische Innovation des Films als Beginn des Übergangs von einer Welt der Erfahrung zu einer Welt der Wahrnehmung. Niklas Luhmanns These, nach der im Medium des Films zum ersten Mal Bewegung Teil von Information und mithin Gegenstand von Kommunikation wird,[25] kann

239 und zur historischen Konjunktur des Themas ›Rhythmus‹ um die Jahrhundertwende Michael Golston, »›Im Anfang war der Rhythmus‹. Rhythmic Incubations in Discourses of Mind, Body, and Race from 1850-1944«, in: *Stanford Humanities Review Special Supplement* (1996) ⟨http://www.stanford.edu/group/SHR/5-supp/text/golston.html⟩, letzter Zugriff 6. Juni 2011.

24 Vgl. zum historischen Ort und zur Kritik von Bergsons Polemik gegen die »illusion cinématographique« Gilles Deleuze, *Cinéma 1. L'image-mouvement*, Paris 1983, S. 9 ff.

25 Niklas Luhmann, »Modes of Communication and Society«, in: ders., *Essays on Self-Reference*, New York 1990, S. 99-106, insbesondere 102 f.

man deshalb dahingehend ergänzen, dass solche Information nicht mehr von Begriffen transportiert werden kann.

Eine erstaunliche Vielfalt konvergierender intellektueller Projekte an der Wende vom 19. zum 20. Jahrhundert macht den Vorschlag plausibel, die 1895 beginnende Geschichte des Films als die medien- und technikgeschichtliche Variation einer langfristigen Transformation der westlichen Epistemologie anzusehen. Im Zentrum dieser Fokussierung stehen philosophisch ambitionierte Beschreibungen von vorkonzeptuellen Schichten des Bewusstseins. Das ist das Anliegen von Bergsons Ausarbeitung des *durée*-Begriffes[26] und der entscheidende epistemologische Durchbruch in Freuds Buch zur Traumdeutung.[27] Gleichzeitig, aber in einem von Bergson und Freud denkbar weit entfernten intellektuellen und institutionellen Kontext, entwarf George Herbert Mead eine Theorie der Vorstellungskraft, der zufolge Bilder der Vorstellung unmittelbar von Umwelt-Wahrnehmungen ausgelöst werden und ihrerseits unmittelbar Innervationen und mithin Muskelbewegungen (als Reaktionen der Aggression oder der Flucht) auslösen. Die Verarbeitung der Wahrnehmungen und der Vorstellungsbilder durch Begriffe weist Mead dann einer höheren Evolutionsstufe des Menschen zu. Allein mit ihr assoziiert er die Möglichkeit, von Umweltwahrnehmungen ausgelöste Körper-Impulse reflexiv zu kontrollieren.[28]

Aber auch die Kunst und die Literatur jener Zeit nahmen das komplexe Motiv des Zusammenhangs zwischen der vorbegriffli-

26 Vor allem im zweiten Kapitel von *Essai sur les données immédiates de la conscience*, Paris 1889. – Natürlich ist in diesem Zusammenhang auch Husserl zu nennen, der etwa in seinen Schriften *Zur Phänomenologie des inneren Zeitbewußtseins* wiederholt das »Bildbewusstsein« thematisiert. Im Gegensatz vor allem zu Freud und Mead scheinen allerdings im Vordergrund von Husserls Interesse solche Bewusstseinsinhalte und Bewusstseinsstrukturen gestanden zu haben, die sich begrifflich verrechnen lassen.

27 *Die Traumdeutung* ist im Jahr 1900 in Wien, aber »in Wirklichkeit bereits im November 1899« erschienen. Vgl. »Vorbemerkung der Redaktion« zu der Ausgabe im Fischer Taschenbuch Verlag, Frankfurt/M. 1961, S. 5. Dass Freuds Methode – trotz ihrer Konzentration auf die vorbegrifflichen Schichten des Bewusstseins – an den Strukturen des hermeneutischen Feldes orientiert war, zeigt u. a. die Topik der Metaphern im Motto seines Buches: »*Flectere si nequeo superos, acheronta movebo*«.

28 Vgl. George Herbert Mead, »Die Philosophie der Sozialität«, in: ders., *Philosophie der Sozialität. Aufsätze zur Erkenntnisanthropologie*, Frankfurt/M. 1969, S. 229-324, hier 306 ff.

chen Wahrnehmung und der Bewegtheit der wahrgenommenen Welt in ihre Programme und in ihre Praxis auf – oft sogar unter explizitem Bezug auf die Schriften von Autoren wie Nietzsche, Bergson oder Freud. Zu Recht hat man deshalb den Surrealismus als die (manchmal obsessive) Inszenierung einer Defiguration und Erosion der Gestalthaftigkeit von Bedeutungen charakterisiert. Zugleich vollzog sich im Surrealismus eine Umstellung von der weltdarstellenden Funktion der Kunst und Literatur hin zur Funktion der Produktion von Ereignissen als Emblemen der Kontingenz. Nur wenig später transformierten dann Autoren wie Italo Svevo oder James Joyce im Bewusstseinsstrom-Roman ein zentrales Motiv aus der Psychoanalyse und der Phänomenologie in eine Diskursform, welche permanent bemüht sein musste, ihre unvermeidlich begriffliche Verfasstheit zu unterlaufen und zu löschen.

Auf der anderen Seite standen in der intellektuellen Szene des frühen 20. Jahrhunderts philosophische Positionen, welche sich gerade aus dem Widerstand gegen die Verflüssigung der Begriffe in bewegte Bilder und gegen die Verflachung der Erfahrung in Wahrnehmung konstituierten.[29] So war es eine Prämisse für die Wissenssoziologie, wie sie sich ausgehend von der Phänomenologie seit Mitte der zwanziger Jahre in den Schriften von Max Scheler, Karl Mannheim und Alfred Schütz ausbildete, dass die Frage nach der Adäquanz oder nach der Wahrheit von Welterfahrung obsolet geworden war. Statt sich jedoch vom Kollaps des Subjekt-Objekt-Paradigmas intellektuell lähmen zu lassen, konzentrierten sich die Wissenssoziologen – nicht mehr auf die Wirklichkeit ›selbst‹, sondern – auf Prozesse der gesellschaftlichen Konstruktion von Wirklichkeiten durch Begriffe und Wissenselemente.[30] Hier liegt die

29 Die Intensität des Interesses an vorbegrifflichen Schichten des Bewusstseins einerseits und andererseits die Rückkehr zu Sprache und Begrifflichkeit (in vollem Bewusstsein ihrer ›Inadäquanz gegenüber der Wirklichkeit‹) lassen sich als zwei divergierende Typen der Reaktion auf eine sich in der zweiten Hälfte des 19. Jahrhunderts durchsetzende ›zweite Entmythisierung‹ darstellen, die eine Entmythisierung des Entmythisierungs-Programms der Aufklärung war. Vgl. Hans Ulrich Gumbrecht, *Déconstruction deconstructed. Transformationen französischer Logozentrismuskritik in der amerikanischen Literaturwissenschaft*, in: *Philosophische Rundschau* 33 (1986), S. 1-35.

30 Im Hinblick auf unsere These von der Inkompatibilität zwischen Bewegung (bewegten Bildern) und statischer Begrifflichkeit ist es bemerkenswert, dass Alfred Schütz – unter Rückgriff auf Bergsons Konzept der *durée* und auf Husserls

intellektuelle Vorgeschichte des heute so populären Konstruktivismus. Weit stärker als bei den frühen Wissenssoziologen waren die Reaktionen auf den Verlust der epistemologischen Tiefendimensionen der Konzepte und der Wahrheit unter den Denkern der konservativen Revolution von existentiellen Besorgnissen motiviert. Sie kämpften um die Wiedergewinnung eines sicheren Grundes für Wertungen und Handlungen – oft im vollen Bewusstsein von der Unmöglichkeit der Erfüllung solcher intellektuellen und existentiellen Sehnsucht. Deshalb näherte sich die philosophische Architektonik von Heideggers *Sein und Zeit* mit der Unterscheidung zwischen dem Seienden und dem Sein dem für das hermeneutische Feld konstitutiven Binarismus von der Oberfläche der Dinge und der ihre Wahrheit bergenden Tiefe, und deshalb rückten die Akte des Verstehens und des Auslegens ins Zentrum von Heideggers Analyse des menschlichen Daseins.[31] Zugleich aber beantwortete er die umfassendste Frage seines Hauptwerks, die Frage nach dem Sinn des Seins, mit einer spezifischen Ausarbeitung des Begriffs ›Zeitlichkeit‹ – und das heißt unter einer Perspektive, wie sie vor der Krise des Subjekt-Objekt-Paradigmas und vor der Destabilisierung des Welt-Begriffs als Objekt-Begriff wohl kaum denkbar gewesen wäre. Es sei der Sinn des Seins, liest man erstaunlicherweise bei diesem Führer der konservativen Revolution, »sich selbst die ererbte Möglichkeit überliefernd, die eigene Geworfenheit [zu] übernehmen und augenblicklich [zu] sein für ›seine Zeit‹«.[32]

Während die Intellektuellen an solchen Versuchen zur Rettung der Erfahrung, des Verstehens und der Werte arbeiteten, schritt im Alltag die Umstellung auf eine Welt körperzentrierter Wahrnehmung fort. Als eines unter zahllosen Symptomen für diese Verschiebung kann man auf den damals – vor allem, aber nicht ausschließlich – von faschistischen Politikern so häufig benutzten Begriff des ›Menschenmaterials‹ verweisen.[33] Zu ›Menschenmaterial‹ reduzier-

Konzept der ›Zeitobjekte im speziellen Sinn‹ – zwischen ›Handeln‹ als ›polythetischem‹ Vollzug und ›Handlung‹ als einer in Retention und Protention ›monothetisch‹ erfassbaren Sinneinheit unterschieden hat. Vgl. *Der sinnhafte Aufbau der sozialen Welt. Eine Einleitung in die verstehende Soziologie*, Wien 1932, S. 43 ff. (›Die Konstitution des sinnhaften Erlebnisses in der je eigenen Dauer‹).

31 Vgl. Martin Heidegger, *Sein und Zeit*, Tübingen 1927, insbesondere Paragraf 31 f.

32 Ebd., Paragraf 74, hier S. 385.

33 In einem gemeinsam mit Jeffrey Schnapp und mir gehaltenen Graduate-Seminar zum Thema ›Cultural and Technological Incubations of Fascism‹ (Stanford,

te menschliche Existenz waren Körper, deren Umweltsensibilität allein die Koppelung an den Rhythmus anderer Körper und an den Rhythmus der Maschinen – das heißt: die Integration der Körper in Systeme höherer Komplexität – zu ermöglichen hatte. Der einer intelligenten Maschine untergeordnete und mit dieser Maschine auf Vernichtung und Selbst-Vernichtung disponierte Körper des Kamikaze-Piloten war das Emblem für diese Konfiguration.

Noch die epistemologische Situation der Gegenwart scheint von der Bifurkation zwischen einer Sphäre der Begrifflichkeit, der Statik der Sprache, und einer Sphäre der Wahrnehmung, der Bewegung des Körpers, beherrscht zu sein, wie sie sich in den Manifestationen unserer Kultur seit dem frühen 19. Jahrhundert abgezeichnet hat. Noch immer setzen wir uns voller Leidensmut einem kulturpessimistischen Diskurs aus, der die geistige Tiefe der Bücher und das diese Tiefe erschließende geduldige Verstehen wie eine Monstranz des Guten, Wahren und Schönen gegen die Flachheit der Bildschirme und gegen die behänden Bewegungen der an sie gehefteten Augen hält. Aber wahrscheinlich beruhen diese gut gemeinten Sorgen auf viel zu radikalen Prämissen: auf dem Postulat etwa, dass die restlose Überführung aller Wahrnehmungen in Begriffe eine existentielle Notwendigkeit sei, auf der Erwartung, dass langfristig die Dimension der Wahrnehmung jene der Erfahrung und der Reflexion gänzlich verdrängen werde, und auf der Befürchtung schließlich, dass die Okkupierung des individuellen Bewusstseins von Bildern, die nicht dort entstanden sind, unvermeidlich in Situationen absoluter Fremdbestimmtheit enden müsse.[34] All diese Schreckensbilder implizieren die doppelte Voraussetzung, dass man – erstens – nur entweder in der Sphäre der Erfahrung oder in der Sphäre der Wahrnehmung leben könne und dass es – zweitens – selbstverständlich besser sei, allein in der Sphäre der Erfahrung zu leben.

Vielleicht ist aber gerade ein Oszillieren zwischen Erfahren und Wahrnehmen jene lebhafte Existenzform und jene agile Form des

Winter 1992/93) hat Tim Lenoir gezeigt, wie während der ersten Jahrzehnte des 20. Jahrhunderts die im Begriff des ›Menschenmaterials‹ artikulierte Reduktion der menschlichen Existenz die Integration der Körper in neue Strukturen von industriellen und militärischen Systemen ermöglichte.

34 Allein in dieser Behauptung stimme ich Godzich, »Vom Paradox der Sprache«, S. 757, a. a. O. (Anm. 22) nicht zu.

Denkens, in deren Vollzug wir den Bannkreis des hermeneutischen Feldes und seines akademischen Nachlebens endlich verlassen können. Trotz aller kritisch gerunzelten Stirnfalten gibt es ja heute nicht nur eine Generation von Teenagern, die mit Computerspielen aufgewachsen ist und dennoch beginnt, Plato zu lesen, sondern auch wohletablierte Theorie-Formen und viel bewunderte Theorie-Heroen, denen diese Oszillation mühelos gelingt. Jacques Derrida setzt in seinem Spiel der Dekonstruktion stets an bei scheinbar stabilen Bedeutungskonfigurationen – um sie in die Dynamik der *différance* und in die Sinnlichkeit der Schrift zu überführen. Niklas Luhmann besteht – umgekehrt – zunächst darauf, dass wirklich nur das ist, was geschieht, und dass sich alles, was geschieht, in gleichzeitigen Operationen ohne Sinn-Dimension vollzieht – um dann diese Wirklichkeit zu beobachten und ihr im Beobachten Begriffe abzugewinnen.[35]

Einmal in Bewegung gesetzt, kommen solche intellektuellen Oszillationen nicht mehr von selbst zum Stillstand. Mit anderen Worten: Es ist nun wirklich Zeit, die Illusion abzulegen, dass sich Wahrnehmungen je vollständig durch Begriffe und Reflexionen werden einholen lassen. Statt darauf zu vertrauen, ans Ende zu gelangen, muss man einfach aufhören können.

35 Der hier umschriebene Wirklichkeitsbegriff gehörte zu den Themen eines Kolloquiums, das Niklas Luhmann im März 1993 in Stanford gehalten hat. Vgl. auch: Niklas Luhmann, »Gleichzeitigkeit und Synchronisation«, in: ders., *Soziologische Aufklärung*, Bd. 5: *Konstruktivistische Perspektiven*, Opladen 1990, S. 95-130, hier insbesondere 98 ff.

4
Die Schönheit des Mannschaftssports: American Football im Stadion und im Fernsehen

I.

Die Welt, die wir wahrnehmen, präsentiert sich zunehmend als eine Welt bewegter Bilder.[1] Wir neigen dazu, diese Erfahrung vor allem mit den bewegten Bildern von Film und Fernsehen zu assoziieren, und diese Verbindung führt gewöhnlich – zumindest unter Intellektuellen – zur Klage über die Technologisierung unseres Lebens, die sich im Laufe der letzten hundert Jahre vollzogen hat. Nur wenige Autoren fragen sich, warum bewegte Bilder auf irgendeine Art und Weise schlechter oder gefährlicher sein sollen als die statischen Bilder der Malerei oder der Photographie. Noch weniger ziehen sie eine andere, ebenfalls wesentlich verschärfte Modalität der Wahrnehmung der Welt als eines Kontinuums von bewegten Bildern in Betracht, nämlich die Situation des bewegten Beobachters. Durch die Fenster von Eisenbahnwaggons,[2] Autos und auch Flugzeugen erscheint die Welt als bewegte Welt, und es ist kein Zufall, dass die bahnbrechendste naturwissenschaftliche Entdeckung dieses Jahrhunderts die von der Warte eines sich in Bewegung befindenden Zuges aus vollzogene Weltwahrnehmung als ein zentrales Beispiel anführt.[3] Während es keine empirischen Anzeichen gibt, die der Tatsache widersprächen, dass sich der Anteil bewegter Bilder in unserer gesamten Weltauffassung vergrößert, trifft jedoch gleichzeitig auch zu, dass das sogenannte ›Leben‹ von Anfang an als in Bewegung gesehen, gehört und gefühlt worden sein muss.

1 Dazu Wlad Godzich, »Language, Images, and the Postmodern Predicament«, in: Hans Ulrich Gumbrecht/Karl Ludwig Pfeiffer (Hg.), *Materialities of Communication*, Stanford 1994, S. 355-370. [Anm. d. Ü.: Godzichs Ausdruck *floating images* bezieht sich auf die ständige Veränderung und die inhärente Wechselhaftigkeit dieser Bilder, ihre Tendenz, sich schon im nächsten Augenblick in andere Bilder zu verwandeln.]

2 Dazu Wolfgang Schivelbusch, *Geschichte der Eisenbahnreise. Zur Industrialisierung von Raum und Zeit im 19. Jahrhundert*, Frankfurt/M. 1979, insbesondere S. 51-66.

3 Albert Einstein, *Über die spezielle und die allgemeine Relativitätstheorie* (1917), Braunschweig 1988, insbesondere S. 8 ff.

Sollten wir daher nicht einräumen, dass die Proportion beweglicher Bilder unverändert geblieben ist, zumindest innerhalb des zentralen Bereichs unserer Wahrnehmung?

Genau von diesem Punkt nimmt mein Aufsatz seinen Ausgang. Im Gegensatz zur These von der Stabilität der Proportion bewegter Bilder innerhalb des ›Lebens‹ gehe ich davon aus, dass die Verschiedenartigkeit und Quantität von Ritualen, die zum ausdrücklichen und ausschließlichen Zweck, menschliche Körper in Bewegung zur Schau zu stellen, inszeniert werden, in den letzten Jahrzehnten deutlich zugenommen hat. Solche Rituale präsentieren menschliche Körper unter den einschränkenden Bedingungen vielfältiger Regelkataloge, die oft Effekte einer Körper-Grammatikalisierung erzeugen (eine beschränkte Zahl von Regeln produziert eine Unendlichkeit von Formen, die alle gewisse Grundzüge teilen).[4] Die meisten dieser Rituale werden von unserem Alltagsbegriff ›Sport‹ abgedeckt, und obwohl wir zu der Annahme neigen, dass Sport (oder ein Äquivalent) seit dem Beginn menschlicher Geselligkeit existierte,[5] stellt unsere gegenwärtige Epoche ohne Zweifel einen Kulminationspunkt dar, sowohl was die Zeit betrifft, die darauf verwendet wird, Sportveranstaltungen anzusehen, als auch in Bezug auf die finanziellen Aspekte des Sports.[6] Während die meisten Humanwissenschaftler ohne Zögern einräumen würden, dass diese intensivierte Rolle des Sports ein wichtiges Symptom zum Verständnis gegenwärtiger Gesellschaften ist, würden sie aber auch darauf bestehen, dass der Sport als Symptom in diesem Sinne nur als ein Symptom kulturellen Verfalls gelesen werden kann. Ein derartiges weitverbreitetes und institutionalisiertes Vorurteil mag der Grund dafür sein, warum – wenn überhaupt – nur so wenige Gelehrte ernsthaft die Frage gestellt haben, was denn den Sport für so viele unserer Zeitgenossen so besonders attraktiv macht. »Ernst-

4 Die Idee einer »Grammatikalisierung des Spiels« stammt von Renate Lachmann.

5 Diese Annahme ist problematisch, vor allem wenn man die besondere institutionelle Struktur dessen in Betracht zieht, was in den letzten zweihundert Jahren in der westlichen Kultur mit dem Namen ›Sport‹ versehen wurde.

6 Dennoch bestehen Spezialisten darauf, dass die Wichtigkeit des Sports innerhalb unserer Volkswirtschaften oft überbewertet wird. Dazu Roger G. Nohl, »Economic Perspectives on the Athlete's Body«, in: Hans Ulrich Gumbrecht/Ted Leland/Rick Schavone/Jeffrey Schnapp (Hg.), *The Athlete's Body, Stanford Humanities Review* 6.2 (1998) 〈http://www.stanford.edu/group/SHR/6-2/html/noll.html〉, letzter Zugriff 6. Juni 2011.

haft« sage ich, um auf eine intellektuelle Einstellung hinzuweisen, die nicht nur Fragen stellt, um Raum für schon fertige Antworten zu schaffen, denn wir alle haben natürlich schon unzählige Male gelesen und gehört, dass Sport entweder verachtenswert (ein Ventil für versteckte Aggressionen, eine Kompensation für unverarbeitete Frustrationen, ein Katalysator des Nationalismus usw.) oder dass er eine fabelhafte Sache ist (weil er der Gesundheit zuträglich ist, den Charakter formt, Freundschaft fördert usw.). Wenn wir aber wirklich an einer Antwort auf die Frage nach der Anziehungskraft des Sports interessiert sind, stellen wir sehr bald fest, dass alle diese leicht greifbaren ›Lösungen‹ tatsächlich an der Sache vorbeigehen (genau gesprochen: an der unbekannten Sache), die den Sport so faszinierend macht, sogar für diejenigen, die weder selbst sportlich aktiv sind noch in der Hoffnung auf den Sieg eines bestimmten Athleten oder einer Mannschaft mitfiebern. Gerade diese Frage nach der Faszination des Sports, die Beteiligung und Identifikation, aktive sportliche Betätigung und Zuschauen zusammenbringt, ist das umfassende, komplexe und, wie ich behaupte, ungelöste Problem, das ich auf den folgenden Seiten in Angriff nehmen möchte.[7]

In Bezug auf meine Hauptfrage wird ein anderes Thema sekundär, obwohl es in jüngster Zeit seinen gegenwärtig hell leuchtenden intellektuellen Glanz auf das akademische Aschenputtel Sport ergossen hat. Ich spiele hier auf die Präsenz und die Rolle des Sports in den Bildschirmmedien an. Dieses Thema möchte ich vorerst aufschieben, da ich erstens glaube, dass der große Raum, der dem Sport auf den Fernsehbildschirmen zugestanden wird, bloß seine zunehmende Wichtigkeit unter den Gegenständen unserer unmittelbaren Wahrnehmung widerspiegelt. Zweitens argumentiere ich, dass die Frage nach der Faszination von Sportübertragungen nur dann angeschnitten werden kann, wenn eine Lösung zum allgemeineren Problem gegeben ist.

7 Dieser Aufsatz stellt ein frühes Stadium meiner Arbeit an zwei sich thematisch ergänzenden Büchern dar: *Diesseits der Hermeneutik. Über Produktion von Präsenz*, Frankfurt/M. 2004 und *Lob des Sports*, Frankfurt/M. 2005.

2.

Aus mehreren Gründen kann meine Hauptfrage, die umfassende Frage nach den Gründen der Anziehungskraft des Sports, als zur philosophischen Subdisziplin Ästhetik gehörig identifiziert werden. Allerdings gibt es eine potentielle Begründung für diese Zuordnung, die ich explizit ausschließen möchte, nämlich die ›gute Absicht‹, das kulturelle Ansehen des Sports zu verbessern. Ich hänge nicht dem Glauben an, dass Kulturphänomene notwendigerweise attraktiver werden, wenn man sie mit einer akademischen Aura umgibt. So ist etwa die in der Sekundarschule oder am Gymnasium gelehrte Literatur weit davon entfernt, immer diejenige zu sein, die wir am meisten schätzen. Und nichts ist auf peinlichere Weise herablassend als ein akademischer Segen, der einem ›unverdient vernachlässigten‹ Phänomen zuteil wird. Außerdem, denke ich, verdienen wir Akademiker dafür Kritik, dass wir den Sport so lange einfach übersehen haben – und nicht der Sport, dessen Vertreter sich normalerweise keinen Deut um ihre akademische Würdigung scheren. Mein Argument beruht auf der Feststellung, dass die Anziehungskraft des Sports ein ästhetisches Phänomen ist; erstens weil sie normalerweise nicht von einer offensichtlichen und bewussten Absicht geleitet wird. In der Tat ist diese Anziehung ›interesselos‹, ganz in dem Sinn, den Kant diesem Begriff in der *Kritik der Urteilskraft* gibt.[8] Zweitens und gleichfalls im Geist von Kants kanonischer Beschreibung der ästhetischen Erfahrung: Es ist typisch, dass das Zuschauen bei Sportveranstaltungen nicht zu irgendwelchen Einsichten führt. Auch kann es nicht durch Begriffe und Kategorien in seinem ganzen Umfang beschrieben und bewertet werden. Es ist wahr, dass bei vielen Typen athletischer Betätigungen die Anerkennung der Leistung Zeit- und Raummessungen voraussetzt; es ist wahr, dass wir Tore und ›*Touchdowns*‹ zählen, um Sieg, Unentschieden und Niederlage zu bestimmen; es ist wahr, dass in einigen Disziplinen, zum Beispiel beim Eiskunstlauf und beim Geräteturnen, Kampfrichter jede Darbietung mit Hilfe einer komplexen numerischen Skala bewerten. Dennoch wissen wir alle, dass der am höchsten springende Athlet nicht immer den besten Stil hat; dass

8 Meine Hauptquelle für das begriffliche Repertoire und die Geschichte der Ästhetik ist Joachim Ritter, »Ästhetik, ästhetisch«, in: ders. (Hg.), *Historisches Wörterbuch der Philosophie*, Bd. 1, Basel 1971, S. 555-580.

manche Siege unserer Lieblingsmannschaften uns enthusiastischer stimmen und stolzer machen als andere; und dass wir als Zuschauer natürlich in höchstem Maße vom Urteil der Turmspring- und Eislaufrichter abweichen können. Die Komponente der Eleganz und Grazie, jene Komponente, die uns ›glücklich und stolz‹ macht, mag, je nach den unterschiedlichen Regeln unterschiedlicher Sportarten, mehr oder weniger im Hinblick auf den Sieg zählen, aber es gibt wahrscheinlich keine Sportart, in der Eleganz und Grazie keinen Einfluss auf die Anerkennung der Zuschauer haben. Einer der Gründe, warum ich mich bei der Erörterung der Frage nach der Schönheit des Sports auf Mannschaftssportarten konzentriere, ist daher, dass den Zuschauern Eleganz hier wichtiger zu sein scheint als etwa in Leichtathletikwettbewerben, während andererseits Mannschaftssportarten sich ihres eigenen ästhetischen Wertes weniger bewusst sind als zum Beispiel das Geräteturnen. Mit anderen Worten: Zuschauer werden größtenteils darin übereinstimmen, ob sie ein Spiel oder einen einzelnen Spielzug schön finden oder nicht – aber sie werden gleichzeitig Schwierigkeiten haben, zu erklären, warum sie auf die eine oder andere Weise reagieren.

3.

Die Hauptthese meines Aufsatzes ist, dass wir nicht einmal annähernd zu einer Lösung unseres Problems kommen werden, solange wir den Sport als ein Phänomen, das zum Universum der Mimesis gehört, zu verstehen suchen, das heißt als eine Darstellung, als einen an ein Signifikat geknüpften Signifikanten oder, aus umgekehrter Perspektive, als etwas, das interpretiert, gelesen und entziffert werden muss. Es gibt eine gewisse (nicht einmal halbwegs seriöse) intellektuelle Tradition, verschiedene Mannschaftssportarten als Allegorien zu verstehen. Baseball soll die Nostalgie für ein ländliches Amerika ausdrücken. Fußball, heißt es, bringe den Existenzkampf junger Proletarier zum Vorschein. American Football wird interpretiert als eine Inszenierung des kapitalistischen (oder imperialistischen) Drangs nach Expansion. Während ich natürlich niemanden davon abhalten will, mit Sportveranstaltungen auf solch interpretative Weisen zu verfahren, frage ich mich, ob irgendjemand, der bei Sinnen ist (vor allem berufstätige Personen mit vollen Terminkalendern), mehrere Stunden opfern und Eintrittskarten zum Preis von bis zu mehreren hundert Dollars bezahlen würde, nur um eine Allegorie des ländlichen Amerika oder des habgierigen Kapitalismus zu sehen.

Sport ist nicht – zumindest nicht in erster Linie – Darstellung. So einfach diese Beobachtung sein mag, so konstituiert sie doch das spezifische philosophische Interesse jeglicher Untersuchung, die dem Anklang, den der Sport beim Publikum findet, nachgeht. Denn die meisten kulturellen Phänomene, mit denen wir uns in den Geisteswissenschaften normalerweise beschäftigen, stellen sich als mimetische dar (oder wir glauben es wenigstens). Aus diesem Grund haben die Geisteswissenschaften im Umgang mit den Modalitäten und Techniken der Darstellung ein hochkarätiges Instrumentarium entwickelt. Ihre interpretative Kompetenz beruht auf einem breiten Repertoire von speziellen Begriffen wie Mimesis, Allegorie, Symbol, Simulation/Simulakrum, Fälschung, Verkörperung, Mimikry usw. Auf der anderen Seite dagegen, der Seite des Nicht-Darstellenden und des Nicht-Hermeneutischen,[9] ist der Mangel an kritischen Begriffen so radikal, dass man daran zweifeln mag, ob nicht-darstellende Phänomene überhaupt in unserer Kultur existieren. Selbst wenn diese Frage tatsächlich unbeantwortet geblieben wäre (aber ich habe mich schon für die Option des nicht-darstellenden Sports entschieden), würde sie die philosophisch interessante Verpflichtung implizieren, die Suche nach etwas Nicht-Mimetischem so weit wie möglich zu treiben und zu versuchen, ›das Andere der Mimesis‹ zu denken. Dies ist das philosophische Terrain, das ich hier erkunden möchte, und dies ist das Problem, welches das Potential hat, eine Diskussion des Sports selbst für diejenigen der Mühe wert zu machen, die kein Primärinteresse am Sport haben.

Doch müssen wir nicht einwenden, dass Literatur und Kunst des Modernismus, zumindest in den europäischen Manifestationen,[10]

9 Vgl. meinen Aufsatz »Das Nicht-Hermeneutische. Skizze einer Genealogie«, in diesem Band, S. 190-209.

10 Zum Unterschied zwischen europäischem/nordamerikanischem Modernismus und einer ›randständigeren‹ (lateinamerikanischen) Version siehe Hans Ulrich Gumbrecht, »›Objektiver Humor‹. Sobre Hegel, Borges y el lugar histórico de la novela latinoamericana«, in: *Orbis Tertius. Revista de Teoria y Critica Literaria* 1 (1996), S. 49-65. Zu dem Begriff und den historischen Umständen der sogenann-

uns schon mit einer weiten Bandbreite nicht-darstellender Phänomene versorgt haben? Natürlich trifft es zu, dass abstrakte Malerei (vor allem Malerei im Sinne des deutschen Begriffs ›gegenstandslos‹) *per definitionem* nicht-darstellend ist. Jedoch müssen wir aus historischer Perspektive darauf bestehen, dass ihre Abstraktheit aus dem Willen entsprang, eine überwältigend darstellungsorientierte Tradition in Kunst und Literatur in Frage zu stellen – bis hin zu dem Punkt, wo sie den Zusammenbruch dieser Tradition provozierte. Mit anderen Worten: Trotz ihrer ›revolutionären‹ Gesten setzten die sogenannten ›historischen Avantgarden‹ immer die Prinzipien von Darstellung und Hermeneutik als ihren primären Bezugsrahmen, und dies mag wohl auch der Grund dafür sein, dass ihr Stil so eigentümlich steril geworden ist, seitdem die ursprüngliche Provokation zur kanonisierten Konvention geworden ist. Vielleicht ist es möglich, den Unterschied zwischen der Provokation der historischen Avantgarden und unserem eigenen Interesse an der Bestimmung des Anderen der Mimesis auf der Grundlage von Wolfgang Isers Vorschlag zu beschreiben, Mimesis als einen Emergenzprozess anzusehen.[11] Wenn wir Isers Punkt akzeptieren, dass die Emergenz von Mimesis als historischer Prozess von einer wachsenden Selbstbewusstheit bezüglich der Konstruiertheit jeglichen Typs von Darstellung konstituiert wird, dann können wir eine Übereinstimmung zwischen unserer Suche nach ›dem Anderen der Mimesis‹ und den zwei zeitgenössischen Phänomenen postulieren, mit denen Iser seine Betrachtung zur Emergenz von Mimesis schließt. Diese Phänomene sind das Simulakrum (›Phantomreferenz‹) als kultureller Habitus und die Ersetzung der akademischeren Frage nach dem Grund (in unserem spezifischen Kontext: die Ersetzung der Frage nach Referenz) durch eine Emergenzerzählung, welche die Frage nach ihrem eigenen Ursprung und Grund offenlassen muss. In diesem Kontext mögen der Surrealismus, der Dadaismus

ten »Krise der Repräsentation« siehe Kerstin Behnke, »Krise der Repräsentation«, in: Joachim Ritter/Karlfried Gründer, *Historisches Wörterbuch der Philosophie*, Bd. 8, Basel 1992, S. 846-853.

11 Wolfgang Iser, »Mimesis/Emergenz«, in: Andreas Kablitz/Gerhard Neumann (Hg.), *Mimesis und Simulation*, Freiburg i. B. 1998, S. 669-684. Mit einer überraschend hegelianisch anmutenden Geste gebraucht Iser den Begriff ›Emergenz‹ sowohl für die Beschreibung eines historischen Prozesses, der die westliche Praxis der Mimesis hervorbrachte, als auch für eine systematischere Analyse dieser Praxis.

und andere verwandte Bewegungen als die Ankündigung des Abschieds vom Darstellungsparadigma erscheinen, während unsere Frage, die Frage nach der Emergenz von etwas, das Interpretation abweist, der dazu komplementäre Beginn von etwas epistemologisch Neuem sein könnte.

4.

Was aber könnte ›das Andere der Mimesis‹ sein? Im Prinzip gibt diese Frage einer unendlichen Anzahl von Erscheinungen Raum, die vorgestellt werden können oder auf die man hinweisen kann (wenn wir sie nur so leicht identifizieren könnten). Eine mögliche Antwort, die ich hier auf der Grundlage des Mannschaftssports entwickeln möchte, führt die ›Produktion von Präsenz‹ als eine elementare Geste ein, welche in letzter Zeit, ohne auf die zeitgenössische westliche Kultur beschränkt zu sein, den Formen, Genres und Ritualen der Darstellung viel Raum abgenommen zu haben scheint. In diesem Zusammenhang bezieht sich der Begriff ›Präsenz‹ vor allem auf die Dimension des Raumes. Abgeleitet vom lateinischen Verb *producere* (›vorführen‹) bedeutet ›Präsenz produzieren‹, Dinge in Reichweite zu rücken, so dass sie berührt werden können. Ein offensichtlicher Bezug zur weiteren Illustration der Produktion von Präsenz innerhalb der westlichen Kultur ist das mittelalterliche (und bis zum heutigen Tag katholische) Verständnis, dass die Eucharistie die ›reale Präsenz‹ von Christi Leib und Blut schaffe. Aus anthropologischer Perspektive ist die Wandlung[12] als zentrales Ereignis jeder Messe ein magischer Akt, weil sie materielle Gegenstände in räumliche Nähe zaubern soll. Sobald (geglaubt wird, dass) Christi Leib und Blut präsent sind, kann ihre körperliche Aneignung durch die Gläubigen im Akt der Kommunion stattfinden. Dieser Akt ist ein Akt der Theophagie, der durch den magischen Akt der Wandlung ermöglicht wird. In unserem Kontext ist es vor allem wichtig zu verstehen, dass nach der alten christlichen Tradition das Brot und der Wein, die sichtbar auf dem Altar liegen, nicht Signifikanten sind und dass Christi Leib und

12 Dazu der Artikel »Transsubstantiation«, in: *New Catholic Encyclopedia*, Bd. 5, New York 1967, S. 605.

Blut nicht die Rolle der Signifikate spielen.[13] Normalerweise bezeichnet ein Signifikat einen räumlich nicht präsenten Gegenstand; Christi Leib und Blut dagegen werden als durch den Vorgang der Wandlung substantiell (›wirklich‹) gegenwärtig gedacht. Die in der mittelalterlichen Theologie benutzten Begriffe für Brot und Wein sind ›*species*‹, ›*accidens*‹ und ›*forme*‹, wobei Letzterer durch seine Entsprechung zur Substanz von Christi Leib und Blut das aristotelische Paradigma von ›Substanz und Form‹ erfüllt. Nach Aristoteles hat eine Form ohne Substanz keine Existenz, und eine Substanz kann in keinem Augenblick ihrer Existenz ohne eine bestimmte Form sein. Anstatt Signifikanten zu sein, fungieren Brot und Wein daher als jene materiellen Bezugsgegenstände, die für jede Art von Magie notwendig sind. Ohne die materielle Präsenz von Formen in diesem Sinn (doch müssen die Formen nicht notwendigerweise Brot und Wein sein) können Christi Leib und Christi Blut nicht präsent werden.

Der Kontrast zwischen der Phänomenologie der modernen und der mittelalterlichen Bühne[14] bietet interessante Parallelen zur Unterscheidung zwischen dem mimetisch orientierten Paradigma von ›Signifikant/Signifikat‹ und dem Paradigma ›Form/Substanz‹, das auf die Produktion von Präsenz ausgerichtet ist. Während mittelalterliche Inszenierungen, wie heutige Sportereignisse, nicht notwendigerweise eine absolute Trennung zwischen dem Raum der Schauspieler und dem des Publikums verfügten (Dialoge zwischen beiden Seiten waren üblich, und wir wissen, dass die Schauspieler oft den körperlichen Kontakt mit dem Publikum suchten), verlässt sich das moderne Theater auf den Vorhang – genauer und paradoxer: auf den gehobenen Vorhang – als die Grenze, die weder in die eine noch die andere Richtung überschritten werden darf. Tatsäch-

13 Die Festlegung von Brot und Wein auf Signifikanten für Christi Leib und Blut (und die daran anschließende Umformung der Eucharistiefeier in einen Akt des Andenkens) stammt aus der Reformationstheologie. Der entscheidende Schritt in diesem Prozess war die Übersetzung von Jesu Worten beim letzten Abendmahl »*Hoc est enim corpus meum*« durch »Das bedeutet: ›mein Leib‹«.

14 Die folgenden Bemerkungen sind zu einem großen Teil von vier Forschungskolloquien zum mittelalterlichen Theater inspiriert, die zwischen 1991 und 1996 von einer amerikanisch-französisch-deutschen Forschungsgruppe organisiert wurden. Vgl. meinen Aufsatz »Für eine Erfindung des mittelalterlichen Theaters aus der Perspektive der frühen Neuzeit«, in: Johannes Janota u.a. (Hg.), *Festschrift für Walter Hang und Burghart Wachinger*, Bd. 2, Tübingen 1992, S. 827-848.

lich ist der gehobene Vorhang das Äquivalent der Leinwand oder des Bildschirms in zeitgenössischen visuellen Medien, insofern als er die Schauspieler sich so verhalten lässt, als ob sie die Präsenz des Publikums nicht wahrnehmen würden. Gleichzeitig verpflichtet der Vorhang die Zuschauer dazu, die Effekte ihrer eigenen körperlichen Präsenz so komplett wie nur möglich zu unterdrücken: Sie sitzen im Dunkeln und müssen strengste Stille bewahren. Auf der modernen Bühne haben die Körper der Schauspieler den Status von materiellen Signifikanten, die Charaktere von abwesenden oder erfundenen (d. h. nicht anderweitig verkörperten) Individuen als ihr Signifikat repräsentieren. Dagegen war für die mittelalterliche Bühne (und vielleicht nicht nur für die Bühne innerhalb der mittelalterlichen Kultur) die individuelle Identität von Charakteren nicht von Belang. Schauspieler trugen oft entindividualisierende Masken. Sie verkörperten gewisse soziale und kosmologische Typen (›der Engel‹, ›der Heilige‹, ›der König‹, ›der Ritter‹, ›die Jungfrau‹, ›die Witwe‹ usw.) und machten sie dadurch wirklich und präsent. Ebenso ist der Körper des Athleten im Wettkampf eine Inkarnation einer gewissen physischen und/oder strategischen Funktion. Er ›ist‹ ein Stürmer oder Verteidiger, ein Sprinter oder Geher – und nichts anderes.[15] Da Körper auf der modernen Bühne den Status von Signifikanten haben, wird es die Aufgabe der Zuschauer, das Signifikat, für welches sie stehen, zu entziffern. Das moderne Theater schreibt seinem Publikum also eine hermeneutische Position zu. Es muss mittels Induktion die durch die Bewegungen der Körper der Schauspieler und durch die Worte, die sie sprechen, ›gemeinten‹ individuellen Charaktere identifizieren und konstruieren. Was wir den Plot eines Stücks nennen, die Form, Länge und Einheit der Bühnenhandlung, scheint von der Aufgabe geformt und begrenzt, ausreichende – aber niemals übermäßige – visuelle und verbale Materialien als Bezugsebene für die hermeneutischen Bemühun-

15 In den meisten Mannschaftssportarten wiesen die Nummern auf der Spieleruniform traditionellerweise auf solche Funktionen hin. Zum Beispiel gehörte im Fußball die Nummer 9 zum Mittelstürmer, die Nummer 1 war für den Torwart reserviert; die Nummer 16 im American Football konnte nur ein Quarterback sein usw. Heutzutage scheint eine Neuorientierung hin zu einer willkürlichen Vergabe dieser Nummern stattzufinden. Selbst die Namen auf den Spieleruniformen beziehen sich nicht auf die Individualität ihres Charakters. Eher weist ein Name wie ›Michael Jordan‹ auf ein individuelles (und, in diesem besonderen Fall, hyperbolisches) physisches Potential.

gen des Publikums bereitzustellen. Wenn wir dagegen oft die Unmöglichkeit erfahren, Geschichten in den Texten des mittelalterlichen ›Theaters‹ zu sehen und zu verstehen, erklärt sich dies aus der einfachen Tatsache, dass die meisten von ihnen tatsächlich keinen Plot im modernen Sinn haben. Es ist plausibel anzunehmen, dass viele (vor allem spätmittelalterliche) Theatertexte ausschließlich die Funktion von Choreographien hatten, die Präsenz herstellten und danach wieder abbauten, ohne genau zu beschreiben, was genau mit dieser Präsenz zu tun sei. Aus ähnlichen Gründen fehlt auch Sportveranstaltungen der Typ von inhaltsbezogener Einheit und von semantischer Entwicklung, den wir von modernen Theaterstücken erwarten. Unter anderem erklärt das Fehlen eines Plots, der für Struktur sorgen würde, warum die Regeln der meisten sportlichen Wettkämpfe und Spiele eine Vorschrift zur willkürlichen Begrenzung ihrer Dauer enthalten. Ein Eishockey-Spiel dauert dreimal 20 Minuten, und ein American-Football-Spiel besteht aus vier Teilen von je 15 Minuten; ein Sprint geht, zum Beispiel, über 200 oder 100 Meter, während jeder Wettkämpfer im Weitsprung genau sechs Versuche hat. Der Vorschlag, dass zum Beispiel ein einzelner Sprintwettbewerb über 270 Meter gehen sollte, weil dieses Format den Zieleinlauf dramatischer machen würde, scheint absurd. Die Dimension ›Form des Inhalts‹ und die Gestaltung eines Plots gehören zu den Ritualen der Darstellung. Andererseits haben Plots keine Funktion im Kontext von Inszenierungen, die ausschließlich auf die Produktion von Präsenz gerichtet sind.

5.

So weit habe ich gezeigt, dass die Formel ›Produktion von Präsenz‹ auf kulturelle Phänomene verweist, die nicht unter die Rubrik von ›Mimesis‹ und ›Darstellung‹ fallen; ich habe behauptet, dass diese Formel unter anderem auf die Interaktion von Athleten und Zuschauern bei Sportveranstaltungen zutrifft; und ich habe die Hypothese formuliert, dass die zunehmende Bedeutung von Sportveranstaltungen möglicherweise Teil einer größeren Verschiebung innerhalb der gegenwärtigen Kultur ist, hin zu einer Umwelt, die vorwiegend von bewegten Bildern konstituiert wird. Doch läuft mein Argument nicht fast naiv gegen ein Tabu an, mit dem die gegenwärtige Philosophie, vor allem die Dekonstruktion, jeglichen Glauben an die Möglichkeit ›realer Präsenz‹ umstellt hat?[16] Was Jacques Derrida betrifft, ergibt sich eine erste Entgegnung, die gegen diesen Einwand vorgebracht werden kann – in anderen Worten, eine Legitimierung meiner Position –, wenn man den Präsenzbegriff, den er kritisiert, genauer unter die Lupe nimmt.[17] Denn Derridas Argument hat wenig, wenn überhaupt etwas, mit jenem auf räumlicher Nähe beruhenden Begriff von Präsenz zu tun, den ich im vorausgehenden Abschnitt zu umschreiben versuchte. Stattdessen wendet er sich gegen die Idee geistiger Selbst-Präsenz (im Sinne von Selbst-Reflexivität), welche Ansprüche auf Selbst-Transparenz und die Totalisierung von Bedeutung einschließt (d.h. die Illusion, dass die ›gesamte Bedeutung eines Textes‹, was auch immer sie sei, zu jedem Zeitpunkt der Lektüre präsent sein könne). Eine derartige Konzeption von Selbst-Präsenz ist, nach Derrida, ein Erbe des westlichen ›Logozentrismus‹, das Resultat einer habituellen Privilegierung gesprochener Sprache gegenüber geschriebener Sprache als Modell menschlichen Denkens. Die Möglichkeit, unsere eigene Stimme zu hören, während wir sprechen, nährt die Illusion der Selbst-Präsenz, und das Verhallen der von unserer Stimme erzeugten Laute schafft die Illusion, dass Sprache ein immaterielles Phänomen sei. Die dekonstruktive Kritik dieser Immaterialitätsillusion führt zu einem Interesse an der ›Materialität‹ (oder an der ›Exteriorität‹) von Sprache, und es ist dieses Interesse an der Exteriorität von Sprache, welches, weit davon entfernt, Distanz zwischen der Dekonstruktion und meinem eigenen räumlich orientierten Präsenzbegriff[18] zu schaffen, eher eine Affinität andeutet.

16 Eine ausführlichere Version desselben Arguments findet sich in meinem Aufsatz »Form Without Matter vs. Form as Event«, in: *Modern Language Notes* 111 (1996), S. 578-592. In seinem Buch *Beyond Interpretation. The Meaning of Hermeneutics for Philosophy*, Stanford 1997 diskutiert Gianni Vattimo die Frage, ob eine solche Rückkehr zu einer (mehr oder weniger) ontologischen Weltsicht in der gegenwärtigen intellektuellen Situation wünschenswert und möglich ist.

17 Mein primärer Bezugspunkt ist Jacques Derrida, »Form and Meaning: A Note on the Phenomenology of Language«, in: ders., *Speech and Phenomena, and Other Essays on Husserl's Theory of Signs*, Evanston 1973, S. 107-128.

18 Dieses Motiv wird in Derridas früherem Werk regelmäßig berührt (aber nie voll entwickelt). Für eine eindrückliche systematische Darstellung siehe David Wellbery, »The Exteriority of Writing«, in: *Stanford Literature Review* 9 (1992), S. 11-23.

Mit größerem Nachdruck als Derrida selbst hat David Wellbery einige Folgerungen aus dem – sonst weitgehend vergessenen – dekonstruktivistischen Motiv der ›Exteriorität‹ entwickelt. Im Rahmen eines Gedankenexperiments fragt Wellbery nach den Erfahrungsebenen, die von einem nicht-hermeneutischen Blick auf eine beschriebene Seite erzeugt werden, das heißt von einem Blick, der nicht versucht einen ›Text‹ zu entziffern und seine ›Bedeutung‹ zu entdecken. Zunächst wird ein solcher Blick die Materialität der auf dieser Seite gezeichneten Formen (d. h. die Materialität dessen, was ein interpretativer Blick als Signifikanten identifiziert) nicht übersehen können – während wir mit ziemlicher Regelmäßigkeit diese Materialität vergessen, sobald wir glauben, die Bedeutung von Signifikanten verstanden zu haben. Die Verteilung dieser Signifikanten über die Seite wird zufallsbedingt scheinen, und deshalb gibt es eine nahezu unendliche Anzahl von Sequenzen, nach denen man all diese verschiedenen Formen visualisieren könnte. Ein nicht-interpretativer Blick würde die mehr oder weniger komplexen Konfigurationen, die von diesen Formen auf der Seite konstituiert werden, als je einzigartig erfahren. Wenn wir dagegen im Hinblick auf Bedeutung lesen und die Signifikanten als etwas zu Entzifferndes akzeptieren, dann identifizieren wir Signifikantensequenzen, die uns zur gleichen Bedeutung zu führen scheinen, als ›den gleichen Text‹ – selbst wenn diese Signifikanten in verschiedenen Medien und Materialitäten ausgeführt sind. Wir übersehen die Einzigartigkeit der Signifikantenkonfiguration, weil unter diesen Umständen allein die semantische Dimension von Belang ist. Ein handschriftlicher Text, ein gedruckter Text und ein in Stein geritzter Text können als »das Gleiche« erscheinen, während sie alle für einen nicht-hermeneutischen Blick einzigartig ausschauen würden. In ähnlicher Weise kann ein Trainer oder analytisch eingestellter Zuschauer auf der Grundlage von sogenannten *playbooks*[19] die Gleichheit gewisser Spielzüge feststellen, die von verschiedenen Mannschaften ausgeführt werden; während für den leidenschaftlich engagierten Fan dagegen ›der gleiche Spielzug‹ nicht der glei-

19 [Anm. d. Ü.: *Playbooks* sind einer Partitur oder Choreographie vergleichbar, die der Trainer und seine Assistenten erstellen und in Mannschaftssitzungen mittels Diagrammen erläutern. Auf diese Weise erarbeitet sich eine Football-Mannschaft ein Repertoire von Spielzügen, die bestimmte Spielsituationen oder Strategien eines bestimmten Gegners antizipieren.]

che ist, wenn er von der eigenen und wenn er von der gegnerischen Mannschaft gespielt wird (und auch bei Sonnenschein und im Regen ist er nicht derselbe). Die Formen auf einer Seite (und die Körperbewegungen auf einem Spielfeld) werden als zufällig und unwesentlich, als akzidentiell, wahrgenommen (hier liegt eine interessante semantische Konvergenz mit dem Begriff *accidens*, der in der mittelalterlichen Theologie der Eucharistie synonym mit ›Form‹ und *species* ist). Dass die Formen als akzidentiell erscheinen, bedeutet, es kann nie erwartet werden, dass sie in der gleichen Konfiguration wiedererscheinen, in der sie sich in jedem einzelnen Augenblick präsentieren. Ein nicht-hermeneutischer Blick lässt in der Tat solche Erwartungen nicht zu, da er den auf der Seite wahrgenommenen Formen keine Funktionen (zum Beispiel eine Bedeutungsfunktion) zuschreibt – und nur eine solche Funktion würde die Formen auf der Seite auf andere, vorhersagbare Verhaltens- und Handlungsmuster beziehen. Zusammengenommen ermöglichen diese vom nicht-hermeneutischen Blick erzeugten Erfahrungsebenen weitere Kombinationen und Assoziationen. Wenn wir die nicht-hermeneutischen Aspekte von Einzigartigkeit und Materialität betonen (ohne damit die beiden anderen Aspekte unbedingt zu eliminieren), dann beginnen wir in Richtung auf den Begriff ›Form‹ zu denken. Wenn wir dagegen ›Kontingenz‹ und ›Akzidentialität‹ betonen, denken wir in Richtung auf den Begriff ›Ereignis‹. Vielleicht ist die Konvergenz eines Ereignis-Effekts und einer verkörperten Form genau das, was wir ›Präsenz‹ nennen.

Ich werde nun mein Spiel mit den nicht-hermeneutischen Begriffen unterbrechen – denn es hat uns schon weit über den philosophischen Punkt, um den es mir ging, hinausgeführt. Wir haben nicht nur gesehen, dass der räumlich orientierte Begriff von Präsenz nicht unbedingt mit der Kritik (eines anderen Begriffs) von Präsenz in der Dekonstruktion in Konflikt tritt. Das Experiment mit einem an Exteriorität orientierten (d.h. einem dekonstruktiven, einem nicht-hermeneutischen) Blick auf eine beschriebene Seite hat uns überzeugt, dass die Dekonstruktion tatsächlich die Dimensionen von ›Form‹ und ›Ereignishaftigkeit‹ privilegiert und damit einen nicht-reflexiven Begriff von Präsenz eher fördert als ausschließt. Was noch als eine einigermaßen bedenkliche Induktion erscheinen mag, solange wir uns ausschließlich auf das Werk Derridas konzentrieren, ist seit der Veröffentlichung von Jean Nancys Buch *The Birth of Presence* ausdrücklich zu einem Teil des dekonstruktiven Korpus geworden. Bei dem Versuch, eine Alternative zu der von der Dekonstruktion so treffend kritisierten Gewohnheit darzulegen, feste Bedeutungen zu identifizieren, weist Nancy auf den zunehmenden Wunsch nach Präsenz von Sein und nach Absenz von Sein hin, der in der gegenwärtigen kulturellen und intellektuellen Situation den Platz des ›Lesens der Welt‹ einnimmt: »Präsenz selbst ist Geburt, das Kommen, welches sich selbst auslöscht und sich selbst zurückbringt. [...] Nur diese Geburt, diese ›Gebürtigkeit‹, die nicht eine Signifikation ist, sondern ein Zur-Welt-Kommen der Welt. Ein Augenblick tritt ein, wenn man nichts anderes mehr als Wut fühlen kann, eine absolute Wut, gegen so viele Diskurse, so viele Texte, die keine andere Sorge haben, als etwas mehr Sinn zu machen, delikate Signifikationsarbeiten zu verbessern oder zu perfektionieren. Wenn ich hier von Geburt spreche, werde ich deshalb nicht versuchen, sie in einen weiteren Sinnzuwachs zu überführen. Ich werde sie eher, falls dies möglich ist, als den Mangel an ›Bedeutung‹, der sie ›ist‹, belassen.«[20] Wenn es kein Zufall ist, dass uns diese Argumentation an den theologischen Begriff der ›realen Präsenz‹ erinnert, muss ein entscheidender Punkt unterstrichen werden. Nach Nancys Ansicht wissen wir heute, dass unser Wunsch nach Präsenz nie ganz erfüllt werden wird. Wir können daher die Art und Weise, in der wir uns auf diese Präsenz, die nie vollständige Präsenz sein wird, beziehen, als ›sentimentalisch‹ beschreiben. Was wir als Unmöglichkeit voller Präsenz erfahren, ist ein fortlaufendes Oszillieren zwischen der Entstehung von Präsenz (daher der Titel von Nancys Buch) und dem Verschwinden von Präsenz. Der primär räumliche Präsenzbegriff erfährt so eine Temporalisierung. Mit der Betonung dieses nichtreflexiven, gleichermaßen räumlichen und zeitlichen Präsenzbegriffs kommt allmählich ein komplexes Netz philosophischer Bezüge zum Vorschein, und innerhalb dieses Netzes können wir überraschende Annäherungen zwischen der Dekonstruktion und anderen intellektuellen Positionen entdecken. Michael Taussigs Neubearbeitung der Mimesis-Kategorie führt zum Beispiel nicht zurück zum Darstellungsparadigma, sondern konzentriert sich auf Begriffe der ›Verkörperung‹ und des ›Magischen‹.[21] Bei einer Rei-

20 Jean-Luc Nancy, *The Birth to Presence*, Stanford 1993, S. 5.

21 Vgl. Michael Taussig, *Mimesis and Alterity. A Particular History of the Senses*, New York 1993.

he von mimetischen Handlungen leihen Menschen, nach Taussig, ihre Körper abwesenden Körpern und abwesenden Dingen mit dem Ziel, deren Präsenz heraufzubeschwören. Für den Anthropologen Victor Turner konstituiert ein neues Interesse an Performanz als Prozess (und ›Performanz als Prozess‹ ist nichts anderes als die temporalisierte Präsenz im Raum) den Fluchtpunkt aller zeitgenössischen Verschiebungen in unserem kulturellen Verhalten und in unseren intellektuellen Interessen: »eine wichtige Bewegung hin zu einer Erforschung von Prozessen [findet statt], aber nicht als Beispiel der Unterwerfung unter oder Herleitung von normativen Modellen, seien sie etischer oder emischer Art, sondern als Performanzen [...]. Im modernen Bewusstsein waren Erkenntnis, Idee, Rationalität vorherrschend. In der postmodernen Wende ist Erkenntnis nicht entthront, aber sie hat jetzt ihren Platz auf gleicher Ebene mit dem Willen und dem Affekt.«[22]

6.

Nach dieser längeren philosophischen Schleife, gedacht als Klarstellung des epistemologischen Status meines Aufsatzes, kehre ich nun zu seiner zentralen Fragestellung zurück. Wie können wir die Anziehungskraft – die ästhetische Anziehungskraft – erklären, mit welcher der Sport die Begeisterung von Milliarden von Zuschauern in heutigen Gesellschaften auf sich zu ziehen vermag? Da es wohl schon klar geworden sein dürfte, dass die Antwort darauf in einer weiteren Ausarbeitung der Begriffe ›Form‹ und ›Ereignis‹ und der Effekte, die bei ihrem Zusammentreffen entstehen, liegt, können wir nun den analytischen Plan für die Fortsetzung unseres Arguments genauer angeben. Wir werden beschreiben müssen, wie die Struktur einer Mannschaftssportart Präsenz als das Ereignis von Form produziert.

Die Sportart, auf deren Phänomenologie ich mich zu diesem

22 Victor Turner, *The Anthropology of Performance*, New York 1986, S. 80. In diesem Zusammenhang könnte man auch auf das Interesse des verstorbenen Paul Zumthor an den performativen Aspekten mittelalterlicher Kultur hinweisen, vor allem auf seine nachdrücklichen Hinweise auf Phänomene, die sich auf Stimme, Körper und Präsenz beziehen.

Zweck konzentrieren möchte, ist American Football.[23] In Anbetracht der kulturellen Exzentrizität dieses Sports (etwa im Vergleich zu Fußball oder Basketball) erscheint dies gewiss nicht als die naheliegendste Wahl. Praktische Aspekte spielten eine Rolle bei meiner Entscheidung, vor allem die Möglichkeit, als akademischer Autor Zugang zur Welt des College-Footballs zu finden.[24] Aus systematischer Perspektive waren jedoch zwei andere Gründe entscheidend. Erstens sind die Strategie und das, was man die ›Spielkultur‹ des American Football nennen könnte, Gegenstände komplexer Planung durch ein Kader von Trainern, und sie sind daher in hoher Differenzierung begrifflich gefasst (im American Football gibt es für individuelle Intuition viel weniger Raum als etwa im Fußball oder im Eishockey). Dieser Aspekt legt nahe, dass American Football sich eher zu einer Analyse mittels höchst abstrakter und verallgemeinerter Kategorien eignet. Außerdem werden die Regeln des American Football, genauso wie die Regeln aller anderen nordamerikanischen Sportarten, die auf ein Massenpublikum ausgerichtet sind, fortlaufend verfeinert, um die Möglichkeiten der Zuschauerbeteiligung zu verbessern und zu intensivieren. Wir können deshalb sicher sein, dass die Verbindung zwischen einem Spiel, das von diesen Regeln geformt wird, und der Zuschauerbegeisterung so eng wie nur möglich ist.

Meine Analyse wird nicht so detailliert sein, dass sie eine gute Kenntnis der Regeln des American Football voraussetzte, ganz zu schweigen von Finessen und gehobener Sachkenntnis. Trotzdem werde ich jene Grundregeln und -prinzipien des Spiels darlegen, von denen ich denke, dass sie für die Produktion von Form, Ereignis und Präsenz entscheidend sind.

Erstens: Im Unterschied zu den meisten anderen Mannschaftssportarten gibt American Football dem Zuschauer die Möglichkeit, in jedem Moment des Spiels klar zwischen der Mannschaft, die in Angriffsposition ist, und der Mannschaft, die in defensiver Position ist, zu unterscheiden. Die angreifende Mannschaft ist in ›Ballbesitz‹. Ihre Aufgabe ist es, den Ball in aufeinander folgenden Spielzügen in die Endzone (die ungefähre Entsprechung zum ›Tor‹ im Fußball) der verteidigenden Mannschaft zu befördern. Wenn

23 Vgl. dazu auch Gumbrecht, *Lob des Sports*, a. a. O. (Anm. 7).

24 Ich schulde dem *Department of Athletics and Recreation* an der Stanford University und seinem Direktor, Ted Leland, großen Dank.

der Ball die Endzone der verteidigenden Mannschaft erreicht, heißt dies ›Touchdown‹, und die Anzahl von Touchdowns entscheidet natürlich über Sieg oder Niederlage (es gibt Ausnahmen, die wir aber in diesem Zusammenhang nicht zu erörtern brauchen). Die ausschließliche Aufgabe der verteidigenden Mannschaft ist es, die Vorwärtsbewegung des Balles durch die angreifende Mannschaft zu verunmöglichen. Wenn wir davon ausgehen, dass die Spielzüge der angreifenden Mannschaft Formen konstituieren, dann können wir die Aufgabe der angreifenden Mannschaft als Negentropie definieren – während Entropie die Aufgabe der verteidigenden Mannschaft ist.

Zweitens: Die angreifende Mannschaft bleibt so lange in Ballbesitz, wie es ihr gelingt, den Ball in höchstens vier Spielzügen zehn Yards in Richtung Endzone der verteidigenden Mannschaft zu transportieren. Einzelne Spielzüge innerhalb einer solchen Gruppe von vier (oder weniger) Spielzügen können dabei durchaus zu einer Situation ohne Zugewinn an Yards oder gar zu einem Verlust von Yards führen. Mit anderen Worten: Innerhalb einer Gruppe von vier (oder weniger) Spielzügen können sehr erfolgreiche Spielzüge gescheiterte oder weniger erfolgreiche Spielzüge aufwiegen.

Drittens: Der Quarterback ist jener Angriffsspieler, der seiner Mannschaft die Strategie für jeden Spielzug mitteilt. Er hat grundsätzlich drei Möglichkeiten, den Ball zu bewegen. Er kann den Ball einem Spieler seiner Mannschaft, der sich in der Nähe oder sogar in der Endzone der verteidigenden Mannschaft befindet, zuwerfen (falls der Spieler, auf den der Quarterback zielte, den Ball nicht zu fangen vermag, beginnt der nächste Spielzug an dem Ort, von dem der vorausgehende Spielzug ausging; falls ein Spieler der gegnerischen Mannschaft den Ball fängt, dreht sich die Rollenverteilung zwischen angreifender und verteidigender Mannschaft sofort um). Der Quarterback kann den Ball auch einem Spieler, der nahe bei ihm steht, übergeben; dieser wird dann versuchen, mit dem Ball in Richtung Endzone der verteidigenden Mannschaft zu rennen. Anstatt den Ball an einen anderen Spieler abzugeben, kann endlich der Quarterback auch den Entschluss fassen, selbst mit dem Ball zu rennen. Jeder Spielzug beginnt auf jener Höhe des Spielfelds, wo der Spieler in Ballbesitz am Schluss des vorhergehenden Spielzugs von einem Verteidiger gestoppt wurde oder wo er die Seitenlinie des Spielfelds überschritt (d. h. wo ein Spieler mit ihm ins ›Aus‹ lief).

Viertens: Jedem Spielzug geht eine Situation voraus, in der beide Mannschaften einander bewegungslos gegenüberstehen. Um einen Spielzug in Gang zu bringen, spielt der vor dem Quarterback stehende Angriffsspieler (der sogenannte ›Center‹) zwischen seinen Beinen den Ball hindurch zum Quarterback. Während der bewegungslosen Sekunden, die jedem Spielzug vorausgehen, versucht der Quarterback, die Positionen der verteidigenden gegnerischen Spieler als einen Hinweis auf die von ihnen gewählte Strategie zu analysieren.[25] Der Quarterback hat fünfzehn Sekunden, um diese Analyse vorzunehmen und den Center einen Spielzug in Gang bringen zu lassen. Wenn der Center innerhalb dieser fünfzehn Sekunden keinen Spielzug beginnt oder wenn irgendein anderer Spieler sich vorwärtsbewegt, bevor der Spielzug begonnen hat, findet der zur Ausführung anstehende Spielzug nicht statt. In diesem Fall verliert die angreifende Mannschaft einen der vier Versuche, die sie hat, um den Ball mindestens zehn Yards vorwärtszubewegen.

7.

Ich möchte jetzt aus einer Reihe unterschiedlicher Perspektiven die Berührungspunkte zwischen den Vorgängen auf dem Footballfeld und der Wahrnehmung der Zuschauer untersuchen. Obwohl unsere Analyse zwischen drei verschiedenen Aspekten des Spiels unterscheiden wird, muss nicht besonders erwähnt werden, dass die Football-Begeisterung auf dem Aufeinandertreffen von und der Wechselwirkung zwischen diesen Aspekten beruht. Ich beginne damit, dass ich mein Augenmerk auf das Stadion als den von den Spielvorgängen besetzten Raum richte. Dieser Raum – und seine innere Zeit – sind von Raum und Zeit der sie umgebenden Alltagswelt abgegrenzt. Für das Spiel zählt nur, dass, zum Beispiel, nur noch zwei Minuten Spielzeit im vierten Viertel übrig sind – ob dies um 15.43 Uhr der Fall ist oder um 11.02 Uhr, hat keinerlei Bedeutung. Die Tore des Stadions werden nur wenige Stunden vor Spielbeginn geöffnet, und sie werden noch schneller wenige Stunden nach dem Spiel geschlossen. Wir wissen, dass das Stadion zwischen den Spie-

25 In diesem ›Lesen‹ der anderen Mannschaft, wie Kenner es nennen, liegt ein relativ isoliertes, aber klar erkennbares hermeneutisches Element des American Football.

len ein leerer Raum ist, ein Raum, in dem sich nichts ereignet, ein ungebrauchter Raum, obwohl Stadien oft in städtischen Gegenden stehen, wo die Immobilienpreise schon seit langem Firmen dazu zwingen, Hochhäuser zu bauen.[26] Aufgrund welchen Zwecks kann sich der Sport die wirtschaftliche Ausnahme leisten, diesen Raum größtenteils ungenutzt zu lassen? Meine These lautet, dass der Kontrast zwischen dem leeren Feld und dem von der Football-›Action‹ vereinnahmten Feld das inszeniert, was Jean-François Lyotard einmal als die elementarste ontische Erfahrung beschrieben hat,[27] nämlich die Erfahrung, dass etwas sich ereignet und dass etwas ›da ist‹ – im Gegensatz zum Nichts. Lyotard verdeutlicht seine These mit dem Hinweis auf den Buchstaben ›y‹ im französischen Ausdruck ›*il y a*‹. Als deiktisches Partikel ist dieses ›y‹ ein offener Bezug auf ›etwas, das da ist‹, auf etwas, das einen Raum einnimmt – im Gegensatz zum Nichts. Diese elementare Erfahrung stellt sich auf verschiedenen Ebenen bei einem Football-Spiel ein. Ich erwähnte bereits den allgemeinen Unterschied zwischen der Leere des Stadions während der Woche und dem von Spiel-›Action‹ und Zuschauern erfüllten Stadion. Der analoge Unterschied wird konkretisiert, wenn die Spieler der beiden Mannschaften zum Aufwärmen auf das Feld laufen. Sie kehren in die Kabinen zurück, sie lassen das Feld wiederum leer zurück. Sie begeben sich auf das Spielfeld, um das Spiel zu beginnen. Mit häufigen und langen Pausen, den sogenannten ›Time-outs‹, während deren das Spielfeld leer bleibt, betonen alle professionellen Mannschaftssportarten in Nordamerika diese Komponente ihrer Selbstinszenierung – und am deutlichsten geschieht dies im American Football. Denn im American Football gibt es eine weitere Version dieses Kontrastes und dieser Erfahrung in den Sekunden, die jedem Spielzug vorausgehen. Die zweimal elf unbeweglichen Spieler, die einander gegenüberstehen, sind das Gegenteil des schnellen, komplexen und oft gewalttätigen Geschehens, das allen Erwartungen gemäß folgen wird. Was aber diesem Kontrast eine besondere dramatische Spannung verleiht, ist die

26 Es ist interessant, in diesem Zusammenhang darauf hinzuweisen, dass sich die während der Woche abgehaltenen Trainingsstunden der Mannschaft schon seit langem aus den Stadien verlagert haben, was zur nahezu perfekten Isolation des Stadions beiträgt.

27 Nämlich in einem an der Universität-Gesamthochschule Siegen im Frühjahr 1988 abgehaltenen Seminar (»Suppléments au différend«).

schon erwähnte Möglichkeit, dass nichts geschieht, welche dann eintritt, wenn einer der Spieler sich regt, bevor der Center und der Quarterback den Spielzug in Gang gebracht haben oder wenn der Center und der Quarterback den Spielzug zu spät beginnen. In diesen Fällen folgt auf die extreme Anspannung der Spieler und der Zuschauer nichts im Hinblick auf das Spiel Bedeutendes, nämlich ein Moment der Entspannung, der sich vergleichsweise trivial ausnimmt, weil die Spieler weder in Aktion sind noch im Zustand höchster und bewegungsloser Konzentration. Wie reagieren wir Zuschauer auf diese vielfältigen Inszenierungen der elementaren ontischen Erfahrung? Sicherlich nicht mit philosophischen Überlegungen, trotz der elementaren philosophischen Terminologie, die ich hier benutze. Was die Konzentration der Menge auf das leere Spielfeld und die unbeweglichen Spieler, im Verbund mit der Erwartung, dass etwas geschehen wird, hervorbringen kann, ist ein weit offener und besonders intensiver Zustand von Gewahrsein. Anstatt auf einen bestimmten Brennpunkt konzentriert zu sein, sind wir aber in einer Situation, in der wir nie vorwegnehmen können, wo genau was genau geschehen wird. Wir wissen nur, dass sich eine komplexe Vielfalt von Bewegungen simultan ereignen wird – falls sich überhaupt etwas ereignet.

Es ist daher unmittelbar plausibel zu sagen, dass jeder erfolgreich durchgeführte offensive Spielzug eine Form produziert. Immerhin versuchen auch Trainer, den Spielern Spielzüge beizubringen, indem sie ihre Form auf eine Tafel zeichnen. Sobald diese Spielzüge sich aber ereignen, sind sie verkörperte Formen und Formen-in-Bewegung. Aus dieser Perspektive bin ich an zwei unterschiedlichen Definitionen von ›Form‹ interessiert. Eine davon beschreibt Form als eine Bewegung, deren Gerichtetheit man fortgesetzt sehen möchte.[28] Die andere – von Niklas Luhmann[29] – bestimmt Form als die Simultaneität von Selbstreferenz und Fremdreferenz. Luhmanns Definition kann am Beispiel eines Kreises, den wir auf ein

28 Ich zitiere hier den Beitrag des Musikologen und Stanforder Kollegen Carol Berger zu einer gemeinsamen Sitzung des Seminars »Philosophies of Form«, gehalten im Herbstquartal 1994/95.

29 Niklas Luhmann, »Das Kunstwerk und die Selbstreproduktion der Kunst«, in: Hans Ulrich Gumbrecht/Karl Ludwig Pfeiffer (Hg.), *Stil. Geschichten und Funktionen eines kulturwissenschaftlichen Diskurselements*, Frankfurt/M. 1986, S. 620-672, insbesondere S. 628-632.

Blatt Papier zeichnen, dargestellt werden. Die Linie, die der Kreis ›ist‹, trennt den Raum innerhalb vom Raum außerhalb des Kreises. Daraus ersehen wir, dass jede Form eine selbstreferentielle Komponente beinhaltet – aber es bedeutet auch, dass Selbstreferenz ein derart allgemeines Kriterium ist, dass wir nicht hoffen können, mit seiner Hilfe den besonderen Charakter von Formen zu erfassen, die von einem Football-Spiel erzeugt werden.[30] Was die von einem Spiel produzierte Form so interessant macht, ist tatsächlich ihre Konvergenz mit der Dimension der Ereignishaftigkeit. Die Form eines erfolgreichen Spielzugs (und Spielzüge-als-Form sind immer Angriffsspielzüge) hat die Eigenschaft eines Ereignisses. Dies zunächst deshalb, weil der Spielzug Negentropie ist, die der ständigen Bedrohung durch Entropie, wie sie von der Verteidigung verkörpert wird, aufgezwungen wird. Aus einer mehr empirisch ausgerichteten Perspektive heißt dies auch, dass wir, während wir vor jedem Spielzug hoffen (oder befürchten), dass eine Form entsteht, doch nie sicher sein können, dass dies tatsächlich geschieht. Zweitens gilt, dass die Zuschauer normalerweise die Wahrnehmung eines Spielzugs als Form nicht auf den Idealtyp dieser Form beziehen – wie er etwa in den Strategiesitzungen von Trainer und Spielern dargestellt und besprochen wird. Die meisten Zuschauer sehen die Form eines Spielzugs als reines Oberflächenphänomen – als ob sie eine ›beschriebene Seite‹ sähen, ohne zu versuchen, die Buchstaben zu entziffern –, und das bedeutet, dass sie den Spielzug von seinem Archetypen losgelöst in seiner unberechenbaren Einzigartigkeit sehen. Hierin liegt eine weitere Konnotation von Ereignishaftigkeit. Endlich ist die Form eines Spielzugs temporalisierte Form. Sie entsteht aus dem Zusammenspiel der Spieler untereinander und mit dem Ball, und sie löst sich auf, ohne dass sie sich je in einem stabilen Zustand verfestigte. Keine einzelne Fotografie könnte je die Einzigartigkeit eines Spielzugs als Form-in-Bewegung erfassen. In Husserls Terminologie wäre ein Spielzug ein Zeit-Objekt im eigentlichen Sinne.[31] Es ist bemerkenswert, dass unsere Beschreibung der Form eines Spielzugs gemeinsam mit der Wahrnehmung einer

30 Dies ist meine vorläufige Antwort auf eine kritische Frage von David Wellbery.

31 Vgl. Edmund Husserl, »Die Vorlesungen über das innere Zeitbewußtsein aus dem Jahre 1905«, in: ders., *Husserliana. Edmund Husserl – Gesammelte Werke*, hg. v. Ulrich Melle, Den Haag 1960–2008, Bd. 10: *Zur Phänomenologie des inneren Zeitbewußtseins (1893–1917)*, hg. v. Rudolf Boehm, Den Haag 1966, S. 23.

ontischen Komponente in der Inszenierung des Sports mit Heideggers Definition der ästhetischen Erfahrung zusammenfällt: »*Dann ist die Kunst ein Werden und Geschehen der Wahrheit.* Dann entsteht Wahrheit aus dem Nichts? In der Tat, wenn mit dem Nichts das bloße Nichts des Seienden gemeint und wenn dabei das Seiende als jenes gewöhnlich Vorhandene vorgestellt ist [...].«[32] Wenn wir ›Wahrheit‹ durch ›Form‹ ersetzen, stimmt Heideggers Charakterisierung der ästhetischen Erfahrung exakt mit unserer vorausgehenden Beschreibung des Spielzugs aus der Perspektive der Form-als-Ereignis überein. Von besonderer Wichtigkeit ist in diesem Zusammenhang die Verbindung von ästhetischer Erfahrung und der Dimension der Emergenz. Die Anziehungskraft ästhetischer Erfahrung liegt vielleicht in der Möglichkeit, Form – oder Wahrheit – im Prozess ihrer Entstehung wahrzunehmen, im Gegensatz zu Form oder Wahrheit im Zustand eines dauerhaften ›Objekts‹. Wir können daher sagen, dass die Ereignishaftigkeit der in einem Football produzierten Formen und die Besonderheit ästhetischer Erfahrung das bezeugen, was der theologische Diskurs ›Epiphanie‹ nennt. Genauer gesagt, die Epiphanie von etwas Substantiellem, nicht bloß die Emergenz einer Idee.

Bisher haben wir das Spiel aus dem makroskopischen Blickwinkel des leeren oder handlungserfüllten Raums des Stadions (im Gegensatz zur Außenwelt) sowie aus dem mikroskopischen Blickwinkel des individuellen Spielzugs analysiert. Es gibt aber noch eine dritte Perspektive – eine Perspektive, die uns auf eine zwischen Stadionraum und Spielzug vermittelnde Ebene führt. Dies ist die Ebene des ›*drive*‹, das heißt einer kontinuierlichen Abfolge von Spielzügen, bei denen es der angreifenden Mannschaft gelingt, weit genug vorzustoßen, um in Ballbesitz zu bleiben. Um den *drive* als zusammengesetztes Phänomen zu beschreiben, werde ich Kants Unterscheidung zwischen ›Zweck‹ und ›Finalität‹ verwenden. Der Unterschied zwischen Zweck und Finalität ist ein relativer Unterschied. Wir können auch sagen, dass die Beziehung der beiden

32 Martin Heidegger, »Der Ursprung des Kunstwerkes«, in: ders., Gesamtausgabe, hg. v. Hermann Heidegger, Frankfurt/M. 1975–2010, Bd. 5: *Holzwege (1935–1946)*, hg. v. Friedrich-Wilhelm von Herrmann, Frankfurt/M. [6]1980, S. 7-68, hier 57-58. Eine ähnliche Definition findet sich in: Hans-Georg Gadamer, *Wahrheit und Methode. Grundzüge einer philosophischen Hermeneutik*, Tübingen [2]1965, S. 94, 115-122.

Terme immer eine Beziehung der Unterordnung der Finalität unter einen Zweck ist. Wenn ›Finalität‹ das Ziel einer individuellen Handlung ist, dann ist der ›Zweck‹ der umfassendere Bezugsrahmen, der einer Anzahl von Handlungen ein gemeinsames Ziel verleiht und der dadurch auch die Funktionalität ihres Zusammenwirkens bestimmt. Wir können also jede Bewegung jedes einzelnen Spielers während jedes einzelnen Spielzugs als eine Finalität ansehen, die dazu ausersehen ist, zu einem erfolgreichen Spielzug beizutragen. Aus der Perspektive des *drive* wird jeder Spielzug zu einer Finalität, die dem Zweck des *drive* untergeordnet ist (oder, genauer gesagt, dem Zweck, ›den *drive* am Leben zu erhalten‹). Aber der *drive* ist wiederum eine Finalität in Bezug auf den Zweck, einen *touchdown* zu erzielen. Und entsprechend ist der *touchdown* eine Finalität, die erlangt werden muss, um den Sieg einer Mannschaft zu ermöglichen. An dieser Stelle ist es entscheidend zu verstehen, dass der Sieg innerhalb der Phänomenologie des Spiels und aus der Perspektive der Zuschauer ein letzter und äußerster Zweck ist. Für professionelle Spieler mag der Sieg nichts weiter sein als eine Finalität in Bezug auf den Zweck, reich und berühmt zu werden. Innerhalb der Logik des Spiels jedoch gibt es keinen höheren Zweck, dem der Sieg untergeordnet werden könnte. Ganz egal wie glücklich ein Zuschauer sein mag über den Sieg seiner Mannschaft, es gibt keine Möglichkeit, diesen Sieg außerhalb des Stadions in etwas Gewinnbringendes zu verwandeln. Die Kluft, die den Sieg als Zweck von allen praktischen Zielen in unserem Alltagsleben trennt, macht das aus, was Mikhail Bachtin als die ›Insularität‹ des Spiels beschrieben hat.[33] Diese Insularität, die von der Dynamik und vom Spiel erzeugt wird, bestärkt wiederum die schon erwähnte Isolation des Raumes und der Zeit des Stadions von dem Raum und der Zeit der Alltagswelt. Die Konvergenz der Insularität des Stadions und der Insularität des Spiels maximiert meines Erachtens die Konzentration auf die Geschehnisse, die sich auf dem Spielfeld ereignen. Gleichzeitig verbietet diese Kluft zwischen Spiel und Alltagswelt jegliche Semantisierung, jegliche ›Anwendung‹ (im hermeneutischen Sinn des Wortes) des Spiels auf das Leben. Das Spiel ist weder eine Allegorie auf die Alltagswelt, noch kann es in eine einem Alltagszweck dienende Finalität umgewandelt werden.

33 Mikhail Bachtin, *Rabelais and his World*, Cambridge, Mass. 1968, S. 96.

Das Spiel ist, was es ist: die Inszenierung einer Spannung zwischen nichts und etwas, welches, wann immer etwas (und nicht nichts) sich ereignet, entweder, wenn die Verteidigung die Oberhand behält, Entropie oder, wenn der Angriff Erfolg hat, Negentropie als die Epiphanie von Form produziert.

Wir wissen, dass Rituale und Spektakel mit einer solchen Struktur oft eine berauschende Wirkung auf die Zuschauer haben, sehr im Sinne von Nietzsches berühmter Beschreibung des dionysischen Prinzips in der *Geburt der Tragödie*. Da es mir an psychologischer Kompetenz mangelt, werde ich gar nicht erst zu erklären versuchen, warum dieser besondere Typus von Spektakel diese besondere Wirkung hervorbringt. Alles, was ich zur Lösung des Problems beizutragen habe, ist die eindrucksvolle und bündige Formulierung eines berühmten Athleten, der einmal das Zuschauen beim Sport und auch das Ausüben des Sports als »Verlorensein in konzentrierter Intensität« beschrieben hat.[34] Vielleicht meint diese ›konzentrierte Intensität‹ (und Nietzsches ›Rausch‹) nichts anderes als jenes weit offene Gewahrsein und jene ausschließliche Konzentration, welche der Sport hervorzurufen vermag. Vielleicht fühlte sich der Athlet in dieser Intensität ›verloren‹, weil sie durch die Isolation von unseren Alltagswelten zustande kommt. Und vielleicht ist es genau der elementare Charakter dessen, auf das wir unsere Aufmerksamkeit richten, nämlich die Spannung zwischen nichts und etwas und die Spannung zwischen Entropie und Negentropie, der die Ausschließlichkeit unserer Konzentration verlangt.[35]

34 Der Schwimmer Pablo Morales, Olympiasieger 1984 und 1992, anlässlich eines vom *Department of Athletics* und vom *Department of Comparative Literature* im Mai 1995 organisierten Kolloquiums an der Stanford University.

35 Rainer Warning fragte mich, wie sich meine eigene Analyse des American Football zu Roger Callois' Analyse menschlichen Spiels verhält (siehe Callois, *Les jeux et les hommes. Le masque et le vertige*, Paris 1958). Callois beschreibt eine historische Wandlung von einer Art des Spiels, die auf ›Simulation‹ und ›Rausch‹ beruht, hin zu einer Art, die auf dem ›Agon‹ und der ›Zufälligkeit‹ beruht. Während es offensichtlich ist, dass ›Simulation‹, als eine Kategorie der Darstellung, zum Hauptpunkt meines Arguments (›das Spiel ist, was es ist‹) in scharfem Gegensatz steht, und während ich den Aspekt des ›Agons‹ einklammere, teile ich Callois' Interesse an den Komponenten ›Rausch‹ und ›Zufälligkeit‹. Der Begriff der ›Zufälligkeit‹ scheint gut mit meinem Versuch zusammenzugehen, den ereignishaften Charakter des Spiels als Epiphanie der Form zu unterstreichen. Was aber den ›Rausch‹ betrifft, stimme ich mit Callois' ausschließlichem Gebrauch dieses Begriffs als Attribut einer vergangenen Phase in der Geschichte mensch-

8.

Wegen der Hervorhebung des Stadions als Schauplatz des Spiels habe ich bislang keinen deutlichen Unterschied zwischen der Erfahrung des Spiels im Stadion und der Erfahrung des Spiels vor dem Fernseher gemacht. Anstatt medienspezifisch zu sein, war mein Interesse vor allem ein allgemeines Interesse an der Art und Weise, wie eine Umwelt von fließenden Bildern unsere Aufmerksamkeit unterhält, ohne aber den Status einer Darstellung zu haben. Wenn ich nun einige Unterschiede zwischen der Erfahrung im Stadion und derjenigen vor dem Bildschirm erörtere, soll dies nicht den Status meiner bisherigen Analysen als für den Mannschaftssport im Allgemeinen geltend in Frage stellen. Es müsste schon deutlich geworden sein, warum ich nicht daran interessiert sein kann, die übliche Unterscheidung zwischen der Erfahrung im Stadion als ›ursprünglicher Erfahrung‹ und der Bildschirmerfahrung als ›bloßer Darstellung‹ aufrechtzuerhalten.[36] Anstelle solcher binärer Unterscheidungen interessiert mich im folgenden Abschnitt eine weitere Ausdehnung der bislang entwickelten Argumentation. Es geht um die Frage, wie die Erfahrung im Stadion und die Bildschirmerfahrung auf je verschiedene Weise die Grunderfahrung von Mannschaftssport als Bilder-in-Bewegung differenzieren und mithin komplexer machen.

Die Fernsehübertragung besteht aus Bildern, die aus einer Vielzahl von Blickwinkeln aufgenommen werden. Worauf diese Vielzahl von Blickwinkeln vor allem abzielt, das ist der Wert der ›vollständigen Abdeckung‹ des Geschehens. Zuschauer am Bildschirm erwarten, dass ihnen kein wichtiges Detail des Spiels entgeht. Außerdem schaffen die aus verschiedenen Blickwinkeln aufgenommene Bilderfolge und die Kommentare der Fernsehkommentatoren zumindest teilweise eine ›aktive Synthese‹, nämlich eine widerspruchsfreie Integration von verschiedenen Eindrücken. Der Zuschauer im Stadion muss selbst zu einer solchen Vereinigung kommen – wenn er nicht gar ganz darauf verzichtet, indem er ein-

lichen Spiels nicht überein. Zeitgenössische Sportveranstaltungen haben meines Erachtens oft sehr deutlich berauschende Wirkungen auf die Zuschauer.

36 Sosehr ich selbst die Erfahrung im Stadion bevorzuge, ist mir klar, dass andere Fans plausible Gründe dafür angeben können, warum sie mehr an Sportübertragungen interessiert sind.

fach die aufeinanderfolgenden Eindrücke auf sich einwirken lässt (dies wäre das, was die phänomenologische Terminologie als ›passive Synthese‹ definiert). Die räumliche Position des Zuschauers im Stadion ist konstant. Während die Fernsehübertragung ständig zwischen Nahaufnahmen des Spiels und Aufnahmen aus größerer Entfernung hin- und herschaltet, erlebt der Zuschauer im Stadion das Spiel als Bewegung auf seinen Körper zu oder von seinem Körper weg. Dies intensiviert nicht nur die Erfahrung des Spiels als eine Abfolge von Ereignissen-im-Raum, sondern es betont auch den zur Erfahrung im Stadion gehörigen Zustand von weit offenem Gewahrsein und von Erregbarkeit, den ich schon erwähnt habe. Denn ohne die Möglichkeit, jedes Detail von jedem Spielzug in Zeitlupe wiederholen zu können, befindet sich der Zuschauer im Stadion ständig in der Furcht, dass er irgendeinen wichtigen Teil des Spielgeschehens verpassen könnte.

Dadurch, dass die Fernsehübertragung eine Ebene aktiver Synthese erreicht, produziert sie Bedeutung. Wenn Bedeutung das Erfahren des Kontrasts zwischen dem ist, was thematisiert wird (oder: was sich tatsächlich ereignet), und dem, was im Hintergrund bleibt (was sich ereignen könnte, ohne dass es sich tatsächlich ereignet), dann können wir statistische und biographische Informationen, Vergleiche mit anderen Mannschaften und Spielern und sogar Wiederholungen in Zeitlupe als bedeutungproduzierende Mittel verstehen. Zusammen mit dem klassischen Bildschirmeffekt, der suggeriert, dass alles, was auf einem Bildschirm erscheint, auf einen ›ursprünglichen‹ und abwesenden Referenten verweist, umgibt die aktive Synthese der Fernsehübertragung das Spiel mit einem narrativen Halo, wobei ich aber nicht glaube, dass es je zu dem Punkt kommt, wo das Spiel in etwas vollständig Narratives verwandelt wird. Was ich als die Inszenierung einer doppelten ontischen Erfahrung beschrieben habe (etwas vs. nichts, Negentropie vs. Entropie), bleibt im Zentrum einer Fernsehübertragung, obwohl es zutrifft, dass die Bedingungen der Erfahrung im Stadion auf radikalere und ausschließlichere Weise zusammenzuwirken scheinen, um diese beiden Kontraste herauszustreichen.

Wie ich bereits erwähnte, sieht ein Zuschauer im Stadion während eines Time-outs nichts als das leere Spielfeld. Daher wird zumindest ein Teil seiner Aufmerksamkeit von dem Wunsch absorbiert, dass die Spieler sich wieder aufs Spielfeld begeben sollen und dass das Spiel fortgesetzt werden soll. Die Spannung dieser Situation ist für die Zuschauer am Bildschirm abgeschwächt. Egal wie langweilig sie die Werbung finden mögen, die während der Timeouts auf dem Bildschirm erscheint, sie sind nie mit irgendeiner Art von Leere konfrontiert. Für den Zuschauer im Stadion ist es, gerade weil es ihm nicht erlaubt ist, sich aufs Spiel zu begeben (dies ist der partielle Bildschirmeffekt des Stadions), wichtig zu wissen, dass die Spieler den Lärm, den die Menge erzeugt, wahrnehmen und sich oft auf ihn verlassen. In der Tat ermuntern Football-Spieler die Menge häufig dazu, vor Beginn eines wichtigen Spielzugs ›Lärm zu machen‹. Aus relativ komplizierten technischen Gründen hat dies – im besonderen Fall des American Football – manchmal einen beachtlichen Einfluss auf die Spielentwicklung. Noch wichtiger ist es, dass die physische Präsenz der Zuschauer im Stadion sie zu einem aktiven Teil der ontischen Inszenierung macht, die ich beschrieben habe. Ihre Körper verwandeln das leere in ein volles, wimmelndes Stadion. Sie nehmen den Großteil jenes isolierten Stadionraums ein, der während der Woche ein leerer Raum ist. Aus diesem Grunde kann man argumentieren, dass in genau diesem Sinn die Fernsehübertragung und ein hoher Grad von Zuschauerbeteiligung zur zeitgenössischen Phänomenologie großer Sportanlässe gehören. Mit Sicherheit tragen Fernsehübertragung und hohe Zuschauerbeteiligung zur positiven Erregung von Spielern und Zuschauern bei. Da das Spiel auf dem Bildschirm von einem narrativen Halo umgeben ist, ist es aber auch wahr, dass die ›Beteiligung‹ und die ›Präsenz‹ der Fernsehzuschauer mit einem Gefühl von Distanz durchzogene ›Beteiligung‹ und ›Präsenz‹ sind. Diese ›gemischte‹ Umwelt ist ohne Zweifel jene Modalität von Präsenz, die in unserem jetzigen kulturellen Moment bestimmend ist.

9.

In allen Teilen meiner Argumentation habe ich versucht, die These zu verdeutlichen und komplexer zu machen, dass unsere zeitgenössische kulturelle Umwelt hauptsächlich eine Umwelt fließender Bilder ist[37] und dass diese fließenden Bilder variierende Präsenzef-

37 Die meisten meiner Äußerungen zur »Produktion von Präsenz« und zur »Epiphanie der Form« in der zeitgenössischen Kultur könnten auch auf die Musik

fekte produzieren. Bisher bin ich noch nicht ganz schlüssig geworden, welchen Status die Analyse des American Football in diesem Zusammenhang einnehmen könnte. Eine Möglichkeit wäre, dass das Hauptresultat meiner Analyse, nämlich die Beschreibung des American Football als Inszenierung der Epiphanie der Form, auf alle anderen Rituale und kulturellen Formen angewendet werden kann, die unter dem Term ›Produktion von Präsenz‹ zusammengefasst werden. Möglicherweise aber ist die Epiphanie der Form ein viel spezifischeres Phänomen – und das hieße, dass wir auf verwandte, aber dennoch verschiedene Wirkungen unter verschiedenen Modalitäten und Bedingungen der Inszenierung zu achten hätten. Was alle Spielarten der Präsenzproduktion zusammenhält, sind einerseits die immer wiederkehrenden Komponenten der räumlichen Nähe und der Dingheit und andererseits ihre allgemeine Distanz gegenüber der Dimension ›Darstellung‹ sowie auch das Zurückweisen von Interpretation. Ich glaube, es ist nicht übertrieben zu sagen, dass jemand, der sich dem Sport in hermeneutischer Absicht nähert, sich daran kaum so zu erfreuen vermag wie etwa an einem Buch; und er wird auch nicht jene konzentrierte Intensität erfahren, welche Sportveranstaltungen in jenen Personen hervorrufen können, die sich einer Interpretation des Geschehens enthalten.

Und wie stehen die Humanwissenschaften, als ein Netz von verschiedenen akademischen Disziplinen, zu den Ritualen der Produktion von Präsenz? Wenn wir die Humanwissenschaften im deutschen Sinne als ›Geisteswissenschaften‹ verstehen und wenn dies in Übereinstimmung mit Dilthey besagt, dass diese Disziplinen in der Interpretation als ihrer Grundpraxis ihren Mittelpunkt haben, dann kommen wir zum – ziemlich vernichtenden – Schluss einer Unangemessenheit zwischen den kulturellen Phänomenen der Produktion von Präsenz und den analytischen Werkzeugen, die uns die Humanwissenschaften bieten. Glücklicherweise wissen wir aber, dass die Humanwissenschaften besonders in den vergangenen zwei Jahrzehnten sich mit Erfolg ein komplexeres Repertoire von Methoden und Begriffen erarbeitet haben.[38] Immerhin hat der

angewendet werden. Aus einem strikt quantitativen Gesichtspunkt betrachtet, gibt es gute Gründe anzunehmen, dass wir der Musik, ähnlich wie dem Sport, nie mehr ausgesetzt waren als heutzutage.

38 Dazu mein Aufsatz »A Farewell to Interpretation«, in: Gumbrecht/Pfeiffer (Hg.),

vorliegende Aufsatz versucht, die Annahmen, die ein interpretativer Zugang notwendigerweise voraussetzen muss, zu hinterfragen, nämlich vor allem die Sichtweise, welche die Grenzen der Kultur als die Grenzen der Darstellung und der Interpretation sieht. Das Hauptresultat meiner Reflexion bestätigt vielleicht Wolfgang Isers Ansicht, dass wir uns auf ein neues intellektuelles Paradigma zubewegen, welches uns Dinge unter der Rubrik von ›Emergenz‹ sehen lässt – und welches von Darstellung und Interpretation wegführt. Wie wird diese Verschiebung von der Identifizierung von Bedeutung hin zu einer Beschreibung von Emergenzprozessen unser berufliches Alltagsleben verändern? In der hermeneutischen Elementarschule haben wir gelernt, dass Interpretation eine Übung ist, die eine unendliche Anzahl von Variationen gegenüber jedem einzelnen kulturellen Artefakt erzeugen kann. Das Gleiche gilt wahrscheinlich für die Beschreibung von Emergenzprozessen nicht. Anstatt uns in unendlichen Variationen zu ergehen, muss unsere Anstrengung der Richtigkeit solcher Beschreibungen gelten.

Aus dem amerikanischen Englisch von Peter Gilgen

Materialities of Communication, S. 389-402, insbesondere S. 396-399, a. a. O. (Anm. 1).

5
Präsenz-Spuren
Über Gebärden in der Mythographie und die Zeitresistenz des Mythos

Außerhalb der historischen Welten ihres Ursprungs haben das narrative Potential der Mythen und die Formen, in denen sie sich artikulieren, die Faszinationskraft von *special effects*. Denn was wir heute – meist im Blick auf visuelle Medien – *special effects* nennen, geht hervor aus der Spannung und der Fusion zwischen den immanenten Logiken unserer eigenen Alltagskultur und spezifischen Gegenständen unserer Erfahrung, denen differente kulturelle Logiken eingeschrieben sind. Anzunehmen, dass Menschen (unter besonderen Umständen jedenfalls) fliegen können, so wie ›Batman‹, oder sich in eine andere Materie als die ihres Körpers verwandeln, so wie der ›Terminator‹; das widerspricht zwar der Logik unseres eigenen Alltags, aber gewiss nicht der Logik aller Alltagswelten, in denen Menschen je zusammengelebt haben. Dass zum Beispiel das Brot und der Wein der Eucharistie der Leib und das Blut Christi ›sein‹ (und nicht nur ›bedeuten‹) sollen, war offenbar nicht inplausibel angesichts eines im Mittelalter dominierenden Symbolbegriffs, der Form und Substanz aneinanderkoppelte, während dieselbe Vorstellung in der Neuzeit zur intellektuellen Provokation eines *special effect* wurde, der die Grenze zwischen Alltag und Religion tiefer werden ließ. Je nahtloser sie eingepasst sind in ihren heteronomen Alltagswelten, desto unwiderstehlicher ziehen *special effects* unsere Aufmerksamkeit auf sich.

Mythen und die Mythographie teilen sicher nicht die Alltags-Prämissen unserer Gegenwart – aber sie entsprechen auch nicht den kulturellen Logiken des Mittelalters. Denn der Kultur-Typ, dem wir die Mythen verdanken, ist vom Mittelalter und von unserer Gegenwart in je verschiedener Hinsicht verschieden. Genau darum, um die Unterscheidung zwischen zwei verschiedenen Alteritätsverhältnissen zum Mythos, geht es vor allem in diesem Aufsatz. Ich möchte die Doppelfrage nach dem je spezifischen Heteronomie-Status der Mythen in der gegenwärtigen und in der mittelalterlichen Kultur unter das Vorzeichen einer bestimmten These stellen und anhand zweier mit dem Mythos verbundener Phänomen-Typen verfolgen. Die von mir vorausgesetzte (und natürlich noch ausführlicher zu erläuternde) These heißt, dass Mythen vor allem in Kulturen entstehen, welche auf die Produktion von räumlichen Relationen der Präsenz (und nicht, wie die Gegenwartskultur: auf die Produktion von Bedeutung) zentriert sind.[1] Die Spuren solcher Präsenz, die ich verfolgen möchte, sind einmal jene sprachlichen, stilistischen oder diskursiven Merkmale des Mythos (ihr Status ist noch kaum geklärt), auf die sich Kulturwissenschaftler vor allem in den zwanziger Jahren des vergangenen Jahrhunderts mit dem Begriff der ›Gebärde‹ bezogen, und zum anderen die historische Überlebensfähigkeit (die ›Zeitresistenz‹) des narrativen Potentials von Mythen.

Der Parcours meiner Argumentation ist denkbar einfach. Ich werde im ersten Teil Begriffe zusammenstellen zum Verständnis der Beziehung zwischen Mythen und dem, was ich für ihr kulturelles Ursprungsmilieu halte. Dabei gehe ich aus von den Thesen dreier großer Theoretiker des Mythos, *Ernst Cassirer*, *André Jolles* und *Hans Blumenberg* (1), neben die ich dann meine eigene typologische Unterscheidung zwischen ›Präsenz-Kultur‹ und ›Bedeutungs-Kultur‹ stelle (2). Diese Unterscheidung wird erprobt und illustriert in der Analyse eines einschlägigen Textes: *Genesis* 22,1-22,19, das ist die Episode von der Opferung des Isaak (3). Auf solch dreifacher Grundlage werde ich schließlich Antworten auf die drei bereits formulierten Leitfragen vorschlagen (4): auf die Frage nach einer Definition der »Sprachgebärde« des Mythos, auf die Frage nach den Gründen für seine ›Zeitresistenz‹ und schließlich auf die Frage nach den je verschiedenen Alteritäten des Mythos gegenüber der Kultur des Mittelalters und gegenüber der Kultur unserer Gegenwart.

1.

Der im Dezember 1924 abgeschlossene, dem ›mythischen Denken‹ gewidmete zweite Teil von Ernst Cassirers *Philosophie der symbolischen Formen* lässt sich heute durchaus als eine Theorie – oder mindestens doch: als eine Illustration des Begriffs – der ›Präsenz-

1 Vgl. zum Präsenz-Begriff und seinen Implikationen mein Buch *Diesseits der Hermeneutik. Über Produktion von Präsenz*, Frankfurt/M. 2004.

Kultur‹ lesen. Das gilt vor allem deshalb, weil Cassirer immer wieder betont, dass die Mythen selbst, aber auch all das, was in ihrer Kultur als ›Repräsentation‹ zu identifizieren wir geneigt sind, dort eben gerade nicht den Status einer ›Repräsentation‹ von Wirklichkeit haben, sondern als Teil eines Ritus selbst Wirklichkeit sind:

»Wo wir ein Verhältnis der bloßen »Repräsentation« sehen, da besteht für den Mythos, sofern er von seiner Grund- und Urform noch nicht abgewichen und von seiner Ursprünglichkeit noch nicht abgefallen ist, [...] ein Verhältnis realer Identität. Das »Bild« stellt die »Sache« nicht dar – es ist die Sache; es vertritt sie nicht nur, sondern es wirkt gleich ihr, so daß es sie in ihrer unmittelbaren Gegenwart ersetzt. Man kann es demgemäß geradezu als ein Kennzeichen des mythischen Denkens bezeichnen, daß ihm die Kategorie des ›Ideellen‹ fehlt, und daß es daher, wo immer ihm ein rein Bedeutungsmäßiges entgegentritt, dieses Bedeutungsmäßige, um es überhaupt zu fassen, in ein Dingliches, in ein Seinsartiges umsetzen muss. [...] Es ist mit Recht betont worden, daß im Verhältnis von Mythos und Ritus der Ritus das Frühere, der Mythos das Spätere ist. Statt das rituelle Tun aus dem Glaubensinhalt, als einen bloßen Vorstellungsinhalt, zu erklären, müssen wir vielmehr den umgekehrten Weg einschlagen: Wir müssen das, was am Mythos der theoretischen Vorstellungswelt angehört, was an ihm bloßer Bericht oder geglaubte Erzählung ist, als eine mittelbare Deutung desjenigen verstehen, was unmittelbar im Tun des Menschen und in seinem Willen und Affekt lebendig ist. So gefaßt aber haben alle Riten ursprünglich keinen bloß ›allegorischen‹, nachbildenden, darstellenden, sondern durchaus realen Sinn: Sie sind in die Realität des Wirkens derart eingewoben, daß sie einen unentbehrlichen Bestandteil von ihr bilden.«[2]

Entscheidend für die Sicht vom ›präsenzkulturellen‹ Ursprung des Mythos ist Cassirers Verweis auf das Ausbleiben der Dimension des ›Ideellen‹ in der mythischen Welt (das heißt: das Ausbleiben einer ausschließlich aus Sinn oder Bedeutung konstituierten Dimension). Da der Mythos die Deutung, wie Cassirer schreibt, von »im Tun und im Willen der Menschen lebendigen Affekten« sei und als solche vom Ritus nicht abzutrennen, können wir umgekehrt die Herkunft des Mythos nur verstehen, wenn wir ihn als Teil jenes Wirklichkeitsvollzugs auffassen, als der ein jeder Ritus existiert. Es gehöre dann, sagt Cassirer weiter, als ein Alteritätsmoment zu jenem rituell-mythologischen Wirklichkeitsvollzug, dass für ihn Se-

2 Ernst Cassirer, *Philosophie der symbolischen Formen*, Bd. 2: *Das mythische Denken*, Darmstadt 1977, S. 5, 51.

quentialität identisch mit Kausalität sei. Was immer später kommt, gilt als durch das Frühere bedingt,[3] und zwar ohne Alternative und mithin auch ohne die Möglichkeit jener Art von Reaktion, die wir heute ›kritisch‹ nennen würden.[4] Eine der kulturellen Techniken, in denen sich solch absolute Kasualität verwirklicht, ist die Magie, die wir längst unvermeidlich als einen *special effect* erleben (und mithin entrealisieren). In der Magie wird die Präsenz gewisser Gegenstände – unvermeidlich – die Präsenz gewisser anderer Gegenstände heraufbeschwören oder – ebenso unvermeidlich – zu ihrem Verschwinden im Raum führen.

Ob Cassirers *Philosophie der symbolischen Formen* dem Literaturwissenschaftler André Jolles bekannt war und ob sie Einfluss genommen hat auf Jolles' 1930 veröffentlichtes (offenbar aus Vorlesungsmitschriften entstandenes) Buch *Einfache Formen,* wissen wir nicht. Die Affinitäten und Konvergenzen könnten jedenfalls auch dann kaum intensiver sein, wenn die beiden Autoren aktiv zusammengearbeitet hätten – was definitiv nicht der biographische Fall war.[5] Dass sich Jolles' Interesse an »der Mythe« (wie er den Mythos nannte) zunächst – wie bei allen der neun ›einfachen Formen‹, die er untersucht, und stärker als je bei Cassirer – auf die sprachliche Gestalt ›der Mythe‹ konzentriert, genauer: auf ihre »Sprachgebärde«, ist für einen Literaturwissenschaftler nicht überraschend. In der Rezeption von Jolles' Buch allerdings ist eine andere Argumentationslinie des Mythos-Kapitels stärker beachtet worden als die Frage nach der »Sprachgebärde« – was damit zusammenhängen mag, dass dieser heute vielleicht wieder interessant erscheinende Begriff über lange Jahrzehnte wohl eine zu starke Konnotation aus der expressionistischen Ästhetik der zwanziger Jahre zu tragen schien. Auf Zustimmung ist jedenfalls in der Welt der literaturwissenschaftlichen Hermeneutik vor allem die These gestoßen, dass der Mythos »eine Antwort« sei, welche die Imagination so weit

3 Ebd., S. 59.

4 Ebd., S. 47.

5 André Jolles, *Einfache Formen. Legende, Sage, Mythe, Rätsel, Spruch, Kasus, Memorabile, Märchen, Witz* (1930), Tübingen [5]1974, S. 91-125 (Mythe). Die offenbar dramatische Lebensgeschichte des früh zur nationalsozialistischen Ideologie übergelaufenen holländischen Intellektuellen und Leipziger Professors André Jolles ist noch kaum untersucht. Vgl. erste Ansätze bei Walter Thys, »André Jolles 1874-1946«, in: *Yearbook of Comparative and General Literature* 13 (1964), S. 41-48.

über die Frage hinausführe, auf die sie reagiert, dass die primäre Frage »getilgt« werde.[6] Ich möchte auf diesen Gedanken später zurückkommen, aber hier schon anmerken, dass bei Jolles unklar bleibt, wie jene Frage entstanden und motiviert sein soll, auf die der Mythos angeblich antwortet. Zur »Sprachgebärde« des Mythos hingegen hat Jolles eine in ihrer Vielschichtigkeit schon beinahe exuberant zu nennende These entwickelt. Zunächst identifiziert er eine spezifische »Geistesbeschäftigung«, die der einfachen Form des Mythos entsprechen soll: »in der Mythe wird ein Gegenstand von seiner Beschaffenheit aus Schöpfung«.[7] Den Prozess der Entstehung eines komplexen Gegenstands aus den Elementen seiner »Beschaffenheit« – wir würden heute wohl von ›Emergenz‹ sprechen – nennt Jolles »ein Geschehen«, und ebendie Vergegenwärtigung von Geschehen – von Emergenz – »in diesem Sinne bestimmt die Sprachgebärde der Mythe«.[8] Bei aller Vielfalt seiner stets tentativen – aber stets auch besonders anschaulichen – Formulierungen vermeidet es Jolles konsequent, vom Mythos als einer Form der Darstellung zu sprechen. Demzufolge liegt der entscheidende Punkt seiner Konvergenz mit Cassirers Theorie genau in einer Sicht vom Mythos als Vollzug von Geschehen – oder, vorsichtiger formuliert, im Vermeiden von Begriffen, aus denen man auf ein mimetisches Verhältnis zwischen »Geschehen« und »Mythe« schließen müsste. Noch einmal: »in der Mythe wird ein Gegenstand von seiner Beschaffenheit aus Schöpfung«. So gesehen rückt der Mythos auch bei Jolles in die Nähe des Ritus als institutioneller Form und der Magie als kultureller Technik. Und diese beiden Aspekte – der Ritus als Choreographie und die sprachliche Kompaktheit magischer Formeln – machen es schließlich plausibel, dass Jolles dem Mythos darüber hinaus die Qualität der »Bündigkeit« zuspricht.[9]

In der ein halbes Jahrhundert später formulierten Mythos-Konzeption von Hans Blumenberg finden wir zwar eine Reihe der zentralen Motive und Begriffe wieder, auf die wir bei Cassirer und Jolles gestoßen sind, doch rücken diese Elemente nun in eine grundsätzlich verschiedene Vorstellung von der Struktur und

6 Jolles, *Einfache Formen*, S. 113, a. a. O. (Anm. 5).
7 Ebd., S. 101.
8 Ebd., S. 114.
9 Ebd., S. 110.

Pragmatik der mythologischen Rede ein.[10] Entscheidend für Blumenberg ist der – vor allem aus rezeptionshistorischer Perspektive naheliegende – Gedanke einer Spannung und Komplementarität zwischen »Terror« und »Spiel«. Die Funktion des Mythos soll sich primär darin bewähren, dass das von ihm vergegenwärtigte Geschehen seine Rezipienten ›in Schranken weist‹, das bedeutet: auf bestimmte Formen und Grenzen des Verhaltens festlegt. Dieser Aspekt mag an Jolles' These erinnern, dass die narrative Kraft des Mythos als Antwort die Frage »tilgt«, auf die er reagiert. Zugleich aber sieht Blumenberg im Mythos die Möglichkeit angelegt, ebenden Effekt des Terrors durch spielerischen Umgang mit seinem Inhalt und seiner Sprache immer wieder zu distanzieren. In Blumenbergs Theorie folgt aus der Spiel-Dimension die Frage, ob es je möglich sein kann, »einen Mythos zuende zu bringen«[11] und sich so von seiner Terror-Wirkung zu befreien. Dies aber ist eine mögliche Version der traditionellen Frage nach der Zeitresistenz des Mythos (oder seinem historischen Überlebenspotential), welche ihm ja erst die Möglichkeit gibt, wie ein *special effect* in Kulturen hineinzuragen, die grundsätzlich verschieden von seinen Entstehungskontexten sind. Als eine Bedingung solcher Rezeption nennt Blumenberg die »gesättigte Anschaulichkeit«[12] der mythischen Rede und legt damit als weitere Konvergenz zu Jolles eine Assoziation mit dem Begriff der *Bündigkeit* des Mythos nahe. Was mythologische Rede so zeitresistent macht, könnte man weiter spekulieren, ist ihre semantische Substanz, eine Substanz, welche offenbar eher als ein mimetisches Verhältnis zur Wirklichkeit noch einmal ein Verständnis vom Mythos als Geschehen und Teil von Wirklichkeit nahelegt.

10 Ausgangspunkt von Blumenbergs Theorie war sein Beitrag zum vierten Kolloquium der Forschungsgruppe ›Poetik und Hermeneutik‹, welcher den Titel und die Diskussionen des einschlägigen Sammelbands bestimmte: »Wirklichkeitsbegriff und Wirkungspotential des Mythos«, in: Manfred Fuhrmann (Hg.), *Poetik und Hermeneutik*, Bd. 4: *Terror und Spiel. Probleme der Mythenrezeption*, München 1971, S. 11-66. Die – auch geschichtsphilosophisch – ausgearbeitete Version derselben Mythos-Konzeption ist das Buch: Hans Blumenberg, *Arbeit am Mythos*, Frankfurt/M. 1979.

11 Vgl. Blumenberg, »Wirklichkeitsbegriff und Wirkungspotential des Mythos«, S. 31, a. a. O. (Anm. 10).

12 Ebd., S. 39.

2.

Wenn ich nun – wie einleitend angekündigt – auf Autoren des Kalibers von Cassirer, Jolles und Blumenberg eine Vorstellung meines eigenen Vorschlags zur typologischen Unterscheidung zwischen ›Präsenzkultur‹ und ›Bedeutungskultur‹ folgen lasse, so bedarf diese Fortsetzung einer – möglichst starken – Begründung. Sie liegt in dem Eindruck, dass jene Begriffe aus dem Panorama der klassischen Mythos-Theorien, welche uns heute am intensivsten interessieren (»Sprachgebärde« etwa oder »Ritus«, »Bündigkeit« und »Terror«), nicht in wünschenswerter Komplexität entfaltet werden können, solange wir uns mit der seit Dilthey alternativlosen Festschreibung geisteswissenschaftlicher Analysen auf den Akt der Interpretation – und zwar auf den Akt der Interpretation im strikten Verständnis einer Sinnzuweisung – zufriedengeben. In diese Richtung verweist ja auch Cassirers Intuition, nach der dem »mythischen Denken die Kategorie des Ideellen« fehlen soll. Als Gegenpol – oder besser: als spannungsvolle Ergänzung – zur ausschließlichen Dominanz von Interpretation und Hermeneutik, welche ein Teil und eine Folge der seit Heidegger ›metaphysisch‹ genannten Denk-Tradition ist, schlage ich die Ausdifferenzierung eines Begriffes von ›Präsenz‹ vor, der sich auf unser räumliches Verhältnis zu den Dingen der Welt, das heißt: auf ihre Berührbarkeit und somit auch auf die Möglichkeit beziehen soll, dass die Dinge der Welt – in ihrer und durch ihre Substanz – unsere Körper affizieren. Wichtigste Anregung für die damit aufgegebene begriffliche Arbeit war Heideggers Konzeption des »Wahrheitsgeschehens« als »Selbst-Entbergung von Sein«, wobei mir ein Hermeneutik-konformes Verständnis von »Sein« als »Bedeutung« oder »Sinn« ausgeschlossen schien.[13]

Trotz des Komplexitätsgewinns für geisteswissenschaftliche Analysen, den solche Arbeit in Aussicht stellt, vermute ich, dass ausschlaggebend im Hinblick auf das Interesse an ›Präsenz‹ unser – außerwissenschaftlicher – kultureller Kontext ist. Dramatisch verstärkt durch die medientechnischen Entwicklungen des vergangenen Jahrhunderts hat der ›metaphysische‹ (oder ›cartesianische‹) Charakter bestimmter Alltagswelten in der Gegenwart wohl einen Vollkommenheitsgrad erreicht, der ein Umschlagen ins Gegenteil –

13 Das dritte Kapitel von *Diesseits der Hermeneutik* (vgl. Anm. 1) enthält eine ausführliche, eben diese Position begründende Heidegger-Exegese.

konkreter: ein massives Bedürfnis nach Präsenz – motiviert. Eben in dieser Situation ist uns – gegen den Strich des alltäglichen Cartesianismus – wieder bewusst geworden, was eine nur zu selbstverständliche Komponente unserer Praxis ist. Wir reagieren unvermeidlich auf alle Dinge der Welt in zwei Dimensionen, via Sinn-Zuschreibung und durch die Herstellung einer räumlichen Beziehung zwischen diesen Dingen und unserem Körper. Die Tatsache jedoch, dass wir innerhalb unserer Gegenwartskultur dazu tendieren, die Präsenz-Komponente dieses Doppelverhältnisses einzuklammern und uns ausschließlich auf Akte der Sinnzuschreibung festzulegen, macht die gegenwärtige Kultur zu – einem extremen – Fall von ›Bedeutungskultur‹. Natürlich kann man sich entsprechende Entwicklungen prinzipiell auch in Richtung der ›Präsenzkultur‹ vorstellen. Historisch konkrete Fälle ›reiner Präsenzkultur‹ oder ›reiner Bedeutungskultur‹ jedoch kann es natürlich nicht geben. Was ich – in einer Serie von einschlägigen acht Kontrasten – vorstellen möchte, sind jedenfalls idealtypische Begriffs-Register, die sich zu den komplexen Begriffen von ›Bedeutungskultur‹ und ›Präsenzkultur‹ zusammenfügen und uns helfen sollen, historisch spezifische Phänomene und Situationen zu analysieren.[14]

Dominante Selbstreferenzen des Menschen sind unter dem Typus der ›Bedeutungskultur‹ – ganz im Sinn von Descartes' ›Cogito‹ – Konzepte wie ›Geist‹ und ›Bewusstsein‹, während der menschliche Körper der dem Subjekt als rein spiritueller Selbstreferenz gegenüberliegenden ›Welt der Dinge‹ zugeschlagen wird. Auf diese Konstellation bezieht sich im wörtlichen Sinn der schon mehrfach benutzte Begriff von ›Metaphysik‹ und setzt sich von der ›Präsenzkultur‹ ab, wo natürlich der Körper im Zentrum menschlicher Selbstreferenz steht. Damit ist – zweitens – impliziert, dass der von den Dingen der Welt umgebene Körper in der ›Präsenzkultur‹ als Teil der göttlichen Schöpfung aufzufassen ist, und zwar noch einmal im Gegensatz zur cartesianischen Selbstreferenz des Menschen, die als Subjekt aus ontologisch zwingenden Gründen exzentrisch gegenüber der Welt der Dinge bleiben muss. Drittens ist die Interpretation der Dinge der Welt und somit das Hervorbringen von Wissen über die Welt so zentral für die Rolle des gegen-

14 Vgl. dazu – etwas ausführlicher als auf den folgenden Seiten – meinen Text: »Zehn kurze Überlegungen zu Institutionen und Re/Präsentation«, in diesem Band, S. 213-222.

über der Welt exzentrischen Subjekts in der ›Bedeutungskultur‹, dass daraus seit dem Zeitalter der Aufklärung die Prämisse von der ausschließlichen Legitimität Subjekt-produzierten Wissens geworden ist. Subjekt-produziertes Wissen aber wird zur notwendigen Grundlage für Handlungsmotivationen, das heißt von Projekten zur Transformation der Welt. Dagegen hängt Wissen in der ›Präsenzkultur‹ von Ereignissen der Offenbarung ab (oder genereller: von Ereignissen der Selbstentbergung der Welt), welche außerhalb menschlicher Verfügung stehen und daher nicht selten die Furcht vor dem Verlust von Wissen zu einer Obsession anschwellen lassen.

›Bedeutungskulturen‹, hier liegt ein vierter Kontrast, erfahren die Welt als ein vor dem Subjekt liegendes Bild[15] aus Begriffen und auf diese Begriffe (als ›Signifikate‹) beziehen sich Wörter in ihrer Materialität als ›Signifikanten‹. Daraus folgt, dass zu ›Bedeutungskulturen‹ jener Typus des Zeichen-Konzepts gehört, an den wir uns seit Ferdinand de Saussure fast ohne Alternative gewöhnt haben. Angemessener für eine ›Präsenzkultur‹ ist aber der aristotelische Zeichenbegriff, welcher Substanz mit Form kombiniert, und zwar ›Substanz‹ als das, was Raum einnimmt, und ›Form‹ als jene Dimension, welche die Substanz erst wahrnehmbar macht. Dem aristotelischen Zeichenkonzept zufolge kann es in der ›Präsenzkultur‹ nicht so etwas wie eine reine Sphäre der Bedeutung oder des Sinns geben, was erklärt, warum hier jeder Gebrauch von Sprache ein Vollzug von Wirklichkeit und also Geschehen ist – in den meisten Fällen sogar ein in seinen Formen bereits festgelegtes Geschehen, also ein Ritual. Dominante Dimension von ›Präsenzkulturen‹ ist deshalb – fünftens – der Raum, wie er sich um jeden (substantiellen) Gegenstand konstituiert, während zusammen mit Geist, Bewusstsein und Handeln als Zentralbegriffen der ›Bedeutungskultur‹ die Dimension der Zeit im Vordergrund steht. Wenn wir nun – sechstens – als ›Gewalt‹ das Einnehmen oder Blockieren von Räumen mit Körpern definieren, so wird deutlich, dass für die ›Präsenzkultur‹ Ereignisse und Rituale der Gewalt zentral sein müssen. ›Bedeutungskulturen‹ hingegen spielen manifeste Gewalt in (meist

15 Ich greife erneut einen Gedanken von Martin Heidegger auf: »Die Zeit des Weltbilds« (1938), in: ders., Gesamtausgabe, hg. v. Hermann Heidegger, Frankfurt 1975–2010, Bd. 5: *Holzwege (1935–1946)*, hg. v. Friedrich-Wilhelm von Herrmann, Frankfurt/M. 1994, S. 75-114.

unsichtbare) Gewalt-Potentiale über, welche sie ›Macht‹ nennen und im Gegensatz zur Gewalt als prinzipiell legitim ansehen.

Wenn Weltinterpretationen des Subjekts in der ›Bedeutungskultur‹ zur Voraussetzung für Projekte der Weltveränderung durch Handeln werden können und wenn es andererseits zur menschlichen Selbstreferenz in der ›Präsenzkultur‹ gehört, Teil einer kosmologischen Ordnung zu sein, dann folgt daraus – siebtens –, dass einzig in der ›Bedeutungskultur‹ der Begriff des Ereignisses konstitutiv mit einem Moment von Überraschung verbunden ist. Ihr Äquivalent in der ›Präsenzkultur‹ bezieht sich zwar auch auf Momente der Veränderung, aber dort handelt es sich um Momente kosmologisch erwartbarer Veränderung. Gibt es aber – achtens – in der ›Präsenzkultur‹ nicht die auf Ziele der Weltveränderung hin orientierte Dimension des ernsthaften Handelns, so schließt dies auch die für eine ›Bedeutungskultur‹ so zentrale Modalität des Handelns ohne klare Motivation aus, die wir ›Spiel‹ (und in einem abgeleiteten Sinn: ›Fiktion‹) nennen. Sucht man in der ›Präsenzkultur‹ nach einem Äquivalent des Spiels – oder mindestens nach einer Struktur, die unter anderen Vorzeichen jener des Spiels nahekommt –, so bietet sich am ehesten die Vorstellung von der ›verkehrten Welt‹ an, als Vorstellung von der Kehrseite einer als existierend vorausgesetzten Weltordnung.

3.

Wenden wir uns nun der alttestamentarischen Episode vom Opfer Abrahams zu, um einige Aspekte des Begriffs von ›Präsenzkultur‹ zu illustrieren. Vorab sollte ich wohl noch einmal betonen, dass keine historisch spezifische Kultur – nicht die Kultur des Alten Testaments und schon gar nicht die Kultur des Mittelalters – im Sinn einer Konkretisation voll und ganz der Konzeption unseres Idealtyps entspricht. Gewiss, wir gehen von der Annahme aus, dass die Kultur des Alten Testaments dem Typ der ›Präsenzkultur‹ erheblich näher stand als etwa die Kultur unserer Gegenwart. Aus dieser Distanz entsteht ja genau der *special effect*, welchen Mythos und Mythographie in modernen Kulturen hervorbringen können. Aber man kann natürlich trotzdem fragen, ob nicht schon die – im Falle des Alten Testaments gegebene – Verschriftlichung eines Mythos in

Mythographie diesen Mythos auf entscheidende Distanz vom Habitus der ›Präsenzkultur‹ rückt. Wie lässt sich – wenn überhaupt – die Dimension von Text und Schriftlichkeit mit der typologischen Vorgabe in Einklang bringen, dass dominante menschliche Selbstreferenz in der ›Präsenzkultur‹ der menschliche Körper ist? Diese Frage genau möchte ich auf zwei Ebenen, auf der Ebene des Inhalts und auf der Ebene der historisch spezifischen Funktion (›Pragmatik‹), in der alttestamentarischen Episode verfolgen, die ich nun zunächst – weil es auf den Wortlaut ankommt – ohne Kürzungen wiedergeben möchte:

Das Opfer Abrahams

Nach diesen Ereignissen stellte Gott Abraham auf die Probe und sagte zu ihm: »Abraham!« Dieser antwortete: »Hier bin ich!« Er sprach: »Nimm deinen Sohn, den einzigen, den du liebhast, den Isaak, und gehe in das Land Morija und bringe ihn dort auf einem der Berge, den ich dir bezeichnen werde, als Brandopfer dar!« Abraham stand früh am andern Morgen auf, sattelte seinen Esel, nahm zwei Knechte mit sich und seinen Sohn Isaak. Nachdem er Holz zum Brandopfer gespalten hatte, brach er auf und begab sich nach dem Ort, den ihm Gott genannt hatte. Am dritten Tag erhob Abraham seine Augen und sah den Ort von ferne. Da sagte Abraham zu den Knechten: »Bleibt mit dem Esel hier! Ich und der Junge wollen dorthin gehen, um anzubeten, dann kommen wir zu euch zurück.« Darauf nahm Abraham das Holz zum Brandopfer und lud es seinem Sohne Isaak auf, er aber nahm das Feuer und das Messer in seine Hand. So gingen sie beide miteinander. Da sprach Isaak zu Abraham, seinem Vater: »Mein Vater!« Er antwortete: »Ja, mein Sohn!« Der sagte: »Siehe, da ist das Feuer und das Holz, wo ist denn das Lamm zum Brandopfer?« Abraham erwiderte: »Gott wird sich das Lamm zum Brandopfer schon ersehen, mein Sohn.« So schritten sie beide zusammen weiter. Als sie an den Ort kamen, den Gott bezeichnet hatte, baute Abraham den Altar, schichtete das Holz auf, band seinen Sohn und legte ihn auf den Altar, oben auf das Holz. Dann streckte Abraham seine Hand aus, nahm das Messer, um seinen Sohn zu schlachten. Da rief der Engel Jahwes vom Himmel her zu ihm und sprach: »Abraham, Abraham!« Er antwortete: »Hier bin ich!« Da sprach er: »Strecke deine Hand nicht nach dem Jungen aus und tu ihm nichts zuleide. Denn nun weiß ich, daß du Gott fürchtest und mir deinen einzigen Sohn nicht vorenthalten hast.« Als Abraham seine Augen erhob, sah er einen Widder, der sich mit seinen Hörnern im Dickicht verfangen hatte. Abraham ging hin, nahm den Widder und brachte ihn an Stelle seines Sohnes zum Brandopfer dar. Abraham nannte diesen Ort »Jahwe sieht«. So daß man noch heute sagt: »Auf dem Berge, wo Jahwe vorsieht.« Darauf rief der Engel Jahwes Abraham zum zweiten Male vom Himmel her zu und sprach: »Ich schwöre bei mir selbst, – Spruch Jahwes –, weil du dies getan und mir deinen einzigen Sohn nicht vorenthalten hast, will ich dich reichlich segnen. Ich werde deine Nachkommenschaft zahlreich machen wie die Sterne des Himmels und wie den Sand am Gestade des Meeres; deine Nachkommen sollen das Tor ihrer Feinde besetzen. Durch deine Nachkommen sollen alle Völker der Erde gesegnet werden, weil du auf meine Stimme gehört hast.« Abraham kehrte zu seinen Knechten zurück. Sie brachen auf und gingen zusammen nach Beerscheba. Und Abraham blieb in Beerscheba.[16]

Nicht zu übersehen ist, wie der jeweilige Selbstbezug und die wechselseitigen Beziehungen zwischen den Protagonisten in diesem Text primär in der Dimension des Körpers artikuliert sind. Abraham, der Vater, ist als Vater derjenige, der über den Körper und mithin das Leben seines Sohnes Isaak verfügen kann. Dass er dieses Recht besitzt, wird nicht nur nicht in Frage gestellt, sondern ist eine notwendige Voraussetzung der Geschichte. Und dasselbe Recht gilt auch unter weniger dramatischen Bedingungen als denen des zentralen Opfer-Moments: Vorher schon hat Isaak, der Sohn, auf Befehl seines Vaters das Holz für das Opferfeuer auf den Berg getragen, und später wird Isaak, als potentieller Opfer-Körper, durch einen Widder als Opfertier ersetzt werden.

Als Teil der göttlichen Schöpfung unterwirft sich Abraham bedingungslos dem Willen und dem Befehl Jahwes. Die Bewährung dieser bedingungslosen Unterordnung ist das zentrale Motiv im Mythos von Abrahams Opfer. Gegenüber der Welt und dem Willen seines Gottes bezieht Abraham nie die exzentrische Position eines autonom handelnden Subjekts. Abraham interpretiert seinen Gott nicht und entwickelt keine Strategien des Handelns, mit denen ihm zu begegnen wäre. Aus neuzeitlicher Perspektive mag eine psychologisierende Lektüre des Dialogs zwischen Abraham und Isaak im vierten Absatz des zitierten Texts naheliegen: so als klinge in Isaaks Frage nach dem nicht vorhandenen Opfertier eine Ahnung von seinem Schicksal an, während der Vater es nicht übers Herz brächte, den Sohn in die volle Wahrheit und Konsequenz des göttlichen Befehls einzuweihen. Dagegen lässt sich aber – ›prä-

16 Ich zitiere nach der folgenden deutschen Ausgabe des Alten und Neuen Testaments: *Die Bibel. Die Heilige Schrift des Alten und Neuen Bundes. Vollständige deutsche Ausgabe*, Freiburg [4]1966, S. 19.

senzkulturell‹ – die Auffassung wenden, dass es in der Gegenwart eines jeden Handlungsschrittes allein darauf ankommt, vollkommen konform mit und ganz aufgehoben in dem Willen Gottes zu sein, was alle Sorge über die Zukunft – selbst über die unmittelbare Zukunft – suspendiert. Abraham verbirgt dem Isaak die Zukunft nicht aus subjektiv empfundener Vorsicht oder aus Mitleid. Vielmehr geht er davon aus, dass jede Zukunft – auch die allernächste – allein in der Hand Gottes liegt. Darin genau muss die Bedeutung des Namens liegen, den Abraham dem Berg als potentieller Opferstätte gibt: »wo Jahwe vorsieht«.

Im vorletzten Absatz des Textes, das heißt: in der abschließenden Rede Jahwes durch seinen Engel, wird nachvollziehbar, dass die Pragmatik und Funktion der Episode ursprünglich wohl nicht – jedenfalls nicht primär – die einer Darstellung (oder ›Repräsentation‹) des erzählten Geschehens gewesen sein kann. Der Text muss als Parcours eines Ritus fungiert haben, welcher den Juden den Nachvollzug, die Vergegenwärtigung und also die Erneuerung ihres Bundes mit Jahwe ermöglichte. Anders formuliert: Jede Lektüre und jedes Vernehmen dieses Textes waren ein Gegenwärtig-Machen des Geschehens, welches zum Bund des Alten Testaments geführt hatte und damit seine neue Besiegelung – so wie beispielsweise jeder Gebrauch rechtlicher Formeln das Rechtssystem, dessen Teil sie sind, zugleich bestätigt und stärkt. Während nun diese Pragmatik des Mythos den zeitlichen Abstand zwischen der Welt des Abraham und dem Moment jeder Erneuerung des Bundes aufhebt, wird die räumliche Dimension vielfach betont und vielschichtig profiliert. Nicht allein, weil das Geschehen an einen spezifischen Ort in der Geographie des Alten Testaments gebunden ist. Auffällig ist ja auch und vor allem, dass jede Rede Gottes zu Abraham mit einer Vokativ-Form einsetzt, welche nach Abraham im Raum zu suchen scheint. Deshalb muss seine erste Antwort lauten: »Hier bin ich!« Vor allem aber vollzieht sich das Geschehen des Mythos wesentlich durch Bewegungen der Protagonisten im Raum. Abraham, Isaak und die Knechte brauchen drei Tage, bis ihnen die von Jahwe bestimmte Opferstelle in Sicht kommt. Dann ersteigen Vater und Sohn den Berg, auf dem sich der zentrale Moment und der Wendepunkt des Geschehens ereignen werden. Techniken der räumlichen Inszenierung, ja der Dramatisierung von Erzählhandlungen sind uns natürlich sehr wohl und vielfältig vertraut, und sie sind beileibe nicht auf den Topos (›Topos‹ im doppelten Sinn dieses Wortes) des Berges beschränkt. Neben dem Berg, auf dem – allein – im *Rolandslied* Zaragoza liegt, die Stadt der heidnischen Antagonisten Karls des Großen, und neben dem Stein, auf dem der spätere Heilige Gregorius Buße tut, gibt es auch Gesten der Enge und der räumlichen Beschränkung, die häufig mit Situationen apokalyptischen Endspiels verbunden sind – nirgends eindrucksvoller und mit bedrückenderer Wirkung als im zweiten Teil des *Nibelungenlieds.*[17]

In einer Welt mit massiven räumlichen Konturen, wo Protagonisten als Körper vorhanden sind und nicht über die autonomen Reaktionen ihres Bewusstseins, kann Gewalt nicht unter einem Tabu stehen. Dass ein Vater das Messer zur rituellen Opfer-Abschlachtung des Sohnes erhebt, ist – so viel wissen wir aus Frühgeschichte und Anthropologie – nicht unter allen kulturellen Bedingungen ein Skandal. Zu so etwas wie einer Zumutung für Abraham wird Gottes Befehl erst unter der (im Text ja sehr explizit werdenden) Bedingung, dass Isaak Abrahams einziger Sohn ist und dass angesichts des fortgeschrittenen Alters von Abraham und Sara alle Hoffnung auf weitere Nachkommenschaft ausgeschlossen sein muss. Nicht vor allem die Liebe zu seinem Sohn ordnet Abraham dem Befehl Jahwes unter, sondern seinen Stolz auf die Gründung und Erhaltung einer genealogischen Linie. Doch wenn schon die Geste des über Isaak erhobenen Messers in der Ursprungswelt des Textes nicht skandalös wirkte, dann können wir auch vermuten, dass die rettende Intervention »im letzten Moment« durch Jahwes Engel wohl kein überraschendes Text-Ereignis war. Denn gegenüber dem Willen – und vielleicht können wir sogar sagen: gegenüber den Launen – des einen Gottes gibt es keine Dimension mehr oder weniger plausible Erwartungen, was also auch Überraschung als Kehrseite solcher Erwartungen ausschließt. Ebenso wenig sollten wir Dimensionen wie das Didaktische, das Fiktionale oder gar das Ästhetische in unsere Bemühung um ein historisches Verständnis dieses Textes einbeziehen. Denn sie alle setzen ja (in je verschiedenen Weisen) die Distanz einer Subjektposition gegenüber der Welt voraus, während dieser Text nach seiner Ursprungsbestimmung wohl einfach das Geschehen vergegenwärtigte, verwirklichte und verstärkte, welches nach dem Alten Testament zum Bund zwischen

17 Vgl. Jan-Dirk Müller, *Spielregeln für den Untergang. Die Welt des Nibelungenlieds*, Tübingen 1998, S. 297-344 (Räume).

Jahwe und Israel geführt hatte. Natürlich haben wir uns – schon seit dem Beginn der christlichen Ära – so weit von diesem primären Kontext entfernt, dass beispielsweise eine Lektüre der Episode vom ›Opfer Abrahams‹ als Psychodrama zwischen Vater und Sohn durchaus denkbar ist.[18] Aber um den Horizont solcher in den verschiedenen Nachwehen gegebenen Rezeptions-Möglichkeiten ging es uns ja nicht. Ich wollte allein zeigen, dass sich in *Genesis* 22 ff. – trotz des historischen und kulturellen Abstands, der den Text vom primären Kontext der Episode trennt – noch immer jene Spuren von Präsenz nachweisen lassen, welche den Mythen heute die Wirkung von *special effects* geben.

4.

Unsere ›präsenzkulturell‹ justierte Lektüre hat gewiss die Plausibilität von Ernst Cassirers Vorschlag verstärkt, Mythen in Hinblick auf Rituale zu sehen, die ihr Kontext waren und deren uns greifbare Fragmente sie heute sein können. Aber auch für André Jolles' These, nach der »in der Mythe ein Gegenstand von seiner Beschaffenheit aus Schöpfung« wird,[19] ist *Genesis* 22 ff. eine geradezu ideale Illustration. Hingegen hat die andere Hauptthese von Jolles, nach der sich im Mythos »dem Menschen eine Welt aus Frage und Antwort erschafft«, durch unsere Beschäftigung mit einem Textbeispiel wohl eher an Überzeugungskraft verloren – jedenfalls was den Ursprungskontext von *Genesis* 22 ff. angeht. Denn wenn es auch zutrifft, dass Mythen im Lauf der Zeit zu intellektuellen Räumen werden können, wo Fragen über die bestehende Welt zu formulieren und zu beantworten sind, setzt doch der Akt solcher Fragen über die Welt eine Exzentrizität und Distanz des Fragenden zur Welt voraus, wie sie zumindest im Idealtypus der ›Präsenzkultur‹ einfach nicht angelegt ist.

Faszinierend – aber auch eigenartig unbestimmt – bleibt aber weiterhin der Begriff der sprachlichen ›Gebärde‹, wie er sich bei der Analyse von Mythographie und beim Nachdenken über Phänomene des Mythischen beinahe unwiderstehlich aufzudrängen scheint.

18 Vgl. zum historisch problematischen Status solcher ›Psychologisierung‹ ebd., S. 201 ff.

19 Jolles, *Einfache Formen*, S. 101, a. a. O. (Anm. 5).

Natürlich würde die naive Frage: »Was ›ist‹ eine sprachliche Gebärde?« beliebig viele und beliebig weit divergierende Antworten produzieren. Aber auch eine Antwort auf die bescheidenere Frage: »Was meint Autor X, wenn er von ›Gebärde‹ spricht?«, ist wohl nicht möglich, weil sich keiner unserer Vorgänger auf eine ausführliche Klärung oder gar eine Definition dieses Begriffs eingelassen hat. Was uns bleibt, ist der Versuch, jene – offenbar semantisch nie ganz erfasste – Intuition zu benennen und zugleich etwas zu erhellen, welches mit dem Wort ›Sprachgebärde‹ verbunden gewesen sein muss. Diese Intuition, vermute ich, konvergiert mit zwei anderen – ebenso unterbestimmten – Begriffen, die uns bei der Diskussion einiger klassischer Mythentheorien begegnet waren: Ich meine die Begriffe »Bündigkeit« (Jolles) und »gesättigte Anschaulichkeit« (Blumenberg). Was in ihnen zur Sprache kommt, ist ein Eindruck von textuellen Inhaltsdimensionen, die besonders konturiert, besonders stark motiviert und mithin wohl auch weniger verrückbar zu sein scheinen, als dies sonst bei sprachlich evoziertem Weltbezug der Fall ist. Mein Vorschlag zum Gebrauch des Begriffs ›Sprachgebärde‹ läuft deshalb – erstens – auf eine Assoziation mit ebenjenem Eindruck semantischer Konturiertheit hinaus. Zweitens und vor allem aber postuliert er, dass Sprachgebärden hervorgehen aus der Konvergenz zwischen einer Semantik, welche menschliches Dasein als eingeordnet in eine feste Weltordnung erscheinen lässt, und einer Pragmatik, welche die entsprechenden Texte zu funktionierenden Teilen der semantisch evozierten Weltordnung macht. *Genesis* 22 ff. ›beschreibt‹ im Sinne dieser semantisch pragmatischen Konvergenz den Ursprung des Bundes zwischen Jahwe und Israel und wird dabei zugleich zu einem Medium, in dem das den Bund begründende Geschehen immer neu ›vollzogen‹ werden kann. Ganz ähnlich beschwören Zaubersprüche, um nur ein weiteres Beispiel ›gebärdenhafter‹ Sprache zu nennen, Veränderungen im Rahmen von Weltordnungen herauf, die sie zugleich beschreiben.[20]

20 Vgl. meinen Aufsatz: »744: Foundation by Bishop Boniface, of a Monastery at Fulda, where, around the Middle of the Tenth Century, Two Germanic Charms were Written on an Empty Page in a Codex with Sacramental Texts. Charms in Germanic and Old High German Literature«, in: David Wellbery (Hg.), *New History of German Literature*, Cambridge, Mass. 2004 (Nachdruck unter anderem Titel in: Wulf Oesterreicher (Hg.), *Zeit und Text. Festschrift für Wolf-Dieter Stempel*, München 2004).

Was nun das theoretische Motiv von der ›Zeitresistenz‹ der Mythen angeht, so lässt sich natürlich aus der Reflexion über einen einzigen Text, auch wenn es sich dabei um einen besonders alten und eminenten Text handelt, kein definitiver Aufschluss gewinnen. Zugleich ist es ausgeschlossen, im gegebenen Rahmen unserer Überlegungen die Rezeptionsgeschichte wenigstens eines Mythos exemplarisch aufzurollen. Aber immerhin gibt uns der Begriff der ›Präsenzkultur‹ Anlass zur Skepsis gegenüber der These Blumenbergs, welche die Überlebensfähigkeit der Mythen aus dem Zusammenspiel von »Terror und Spiel« erklären will. Skepsis ist zum einen natürlich angebracht, weil die Komponente des Terrors, das heißt: die Komponente der Verpflichtung auf bestimmte Verhaltensformen durch Androhung von Strafen und Katastrophen, sollte sie denn je existiert haben, für die Mythenrezeption in neuzeitlicher Umwelt ganz erheblich abgenommen haben muss. Trotz aller ›Reaktualisierungsbemühungen‹ heutiger Theater- und Filmregisseure glaubt ja wohl niemand, dass Ödipus deshalb noch immer in unserem kulturellen Gedächtnis lebt, weil die Geschichte von seinem Schicksal weiterhin kollektives und individuelles Verhalten in die Schranken weise. Darüber hinaus – und vor allem – aber sind Zweifel gegenüber der Vermutung anzumelden, dass die Möglichkeit einer Distanzierung vom Terror durch Spiel schon in der ›präsenzkulturellen‹ Ursprungswelt des Mythos angelegt war. Bestimmte Kulturen der Vergangenheit mögen ihren polytheistischen Himmel weniger ernst genommen haben, als wir uns das gemeinhin – meist in schlechter Erinnerung an gewisse monotheistische Exzesse – vorstellen; aber es ist unwahrscheinlich, dass sie zwischen dem Ernst des Terrors und der Gelöstheit des Spiels mit einer Prägnanz unterscheiden konnten, welche es ihnen erlaubt hätte, Terror und Spiel als Polaritäten funktionieren zu lassen. Wie anders aber lässt sich die unübersehbare Zeitresistenz des Mythos – oder theologisch formuliert: sein Kerygma, seine anhaltende Faszinations- und Sagkraft – erklären, wenn wir Blumenbergs These nicht übernehmen wollen? Vielleicht sollten wir noch einmal auf jene Spuren von Präsenz rekurrieren, die den Mythen als eine Mitgift ihrer Ursprungskontexte eingeschrieben sind. Denn plausibel ist der Gedanke, dass solche Präsenz-Spuren in dem Maß zu einem Gegenstand der Sehnsucht geworden sein könnten, wie sich unser moderner Alltag in eine fast vollkommen ›bedeutungskulturelle‹

Umwelt verwandelt hat. In der Tat sind wir heute ja nicht etwa an einer Distanzierung von Mythen interessiert oder gar daran, sie ›zu Ende zu erzählen‹, sondern wollen eher das Potential ihrer *special effects* in denkbar großer Intensität zur Entfaltung bringen.

Genau die These über den Hintergrund unserer Faszination durch Mythen legt schließlich die Vermutung nahe, dass Mythen der mittelalterlichen Kultur zugleich näher und ferner waren als heute. Sie waren ihr näher, weil ›präsenzkulturelle‹ Elemente und Strukturen im Mittelalter gewiss eine sichtbarere Rolle spielten als zu irgendeinem Zeitpunkt der Neuzeit. Zugleich aber waren Mythen dem Mittelalter ferner als unserer Gegenwart, weil ihre Möglichkeit, als *special effects* zu wirken, dort vergleichsweise eingeschränkt gewesen sein muss. Vielleicht wäre es lohnend, mit der These vom Mittelalter als dem Ausnahmefall eines ausbalancierten Verhältnisses zwischen Präsenz- und ›Bedeutungskultur‹ zu experimentieren. Die frühneuzeitliche Geschichte der christlichen Theologie lässt uns annehmen, dass die Eucharistie, der zentrale Ritus des Mittelalters, zugleich als ein Heraufbeschwören der Realpräsenz Gottes erlebt wurde und als zeichenhafte Erinnerung an die Fleischwerdung Gottes. Die im mittelalterlichen Alltag so allgegenwärtigen Heiligen waren zugleich allegorische Figuren zur Veranschaulichung von Tugendbegriffen und wurden als magische Helfer angerufen.[21] Höfische Literatur war die komplexe Allegorie einer bestimmten Adelsethik, deren Lektüre aber doch stets zum Vollzug ebendieser Ethik als Lebensform wurde. Die Präsenzspuren der Mythen, sollten wir also annehmen, waren den Menschen im Mittelalter wohl kaum mehr restlos vertraut, aber sie waren ihnen auch noch nicht unvertraut genug, um so faszinierend zu wirken wie in der Kultur unserer Gegenwart.

21 Vgl. meinen Aufsatz: »Faszinationstyp Hagiographie – ein historisches Experiment zur Gattungstheorie«, in: Christoph Cormeau (Hg.), *Deutsche Literatur im Mittelalter. Kontakte und Perspektiven. Hugo Kuhn zum Gedenken*, Stuttgart 1979, S. 37-84.

6
Präsenz. Gelassenheit
Über Federico García Lorcas Poeta en Nueva York *und die Schwierigkeit, heute eine Ästhetik zu denken*

So schnell beinahe, wie die Aktienkurse in unserer Zeit fallen (oder auch steigen) können, vergilbt das Interesse an manchen Debatten zu einem bloßen Interesse an ihrer Geschichtlichkeit. Unter diese abrupt vergilbten Debatten hat sich jüngst auch die Diskussion über die Definition der Begriffe ›Moderne‹ und ›Postmoderne‹ eingereiht, und über die Frage, ob es billig und recht sei, ›modern‹ oder ›postmodern‹ zu sein. So plötzlich ist die Leidenschaft verschwunden, mit der man ein Jahrzehnt lang Postmoderne gegen Moderne und Moderne gegen Postmoderne gehalten hat, dass erst jetzt, wo die Hitze des Gefechts verfliegt, offenbar wird, wie viele der potentiell mit dieser Debatte verbundenen Fragen am Ende von ihr unaffiziert geblieben sind. Dazu gehört, behaupte ich, die Frage, was heute als ästhetisch belangvoll gelten könne.

Trotz aller Rede von (post)moderner Literatur, (post)moderner Malerei, (post)moderner Architektur oder (post)modernem Stil ist die Frage nach dem ästhetisch Belangvollen wohl deshalb so ins Hintertreffen geraten, weil es in der Moderne/Postmoderne-Diskussion vor allem um Legitimationsdiskurse für das politische Handeln ging. Wer sich der Moderne, dem Projekt der Moderne oder (in seiner vollen begrifflichen Pracht) dem unabgeschlossenen Projekt der Modernisierung verschrieb (und mithin SPD wählte), der nahm trotz mancherlei Anfechtungen in Anspruch, die Summe der in der Zeit zu beobachtenden Veränderungen des gesellschaftlichen und sogar des individuellen Lebens als Verbesserung seiner Qualität (›Fortschritt‹) bilanzieren zu können, solch beständiger Verbesserung eine (zumindest vage) Unvermeidlichkeit (›Notwendigkeit‹) zuzuschreiben, sie mit Vernunft und oder Rationalität als normativem Stil des Handelns zu assoziieren und diesen Handlungsstil am Ende in der Dichotomie und der Distanz zwischen dem handelnden Menschen als ›Subjekt‹ und der Welt als ›Objekt‹ zu fundieren (oder auch jeglichen Fortschritt zu verbinden mit der Möglichkeit die Subjekt-Objekt-Dichotomie und mithin den Anspruch einer wie immer gearteten Erfahrbarkeit der Welt aufrechtzuerhalten).

Eben wo es um die politischen Legitimationstitel ›Vernunft‹ und ›Rationalität‹ ging, wurden all jene, welche sich dem Chronotop ›Geschichtlichkeit‹ und seiner ›rationalen‹ Auffüllung nicht gleich als einer transzendentalen Bedingung des Lebens unterwerfen wollten, dann auch mit einem politischen Anathem als ›neokonservativ‹ verdonnert (das heißt als ›postmodern‹: als an ein mögliches Ende des Fortschritts glaubend). Was die ›Postmodernen‹ auf der anderen Seite an politischen Vorschlägen einbrachten, war von denen der ›Modernen‹ gar nicht einmal so verschieden (auch sie wählten vor allem SPD – denn die echten Yuppies beteiligten sich ja nicht an der Diskussion), nur behaupteten die Postmodernen, einen eher romantischen Kulturgestus adaptierend, dass sie die Dinge so sahen, wie sie sie sahen, weil sie der Meinung waren, dass die Geschichte ans Ende gekommen, das Subjekt gestorben, Rationalität als eine logozentrische Schimäre entlarvt worden sei.

Unglücklicherweise, muss man wohl sagen, und eher oberflächlichen Begriffskonvergenzen aufsitzend, hatten sich die Champions der Moderne, was die Kunst anging (falls sie sich um solche Belange überhaupt kümmerten), mit Haut und Haar den Avantgarden und der Hochmoderne des Jahrhundertbeginns verschrieben. Ich sage ›unglücklicherweise‹, weil die Modernisten im Prinzip ja auf die (unbegrenzte) Fortsetzbarkeit von Bewegungen der positiven Veränderung setzten, während sich die ›historischen Avantgardisten‹ – trotz allen Aufbruchgetöses – eher als die Vollstrecker des Endes einer nicht mehr fortsetzbaren kulturellen Praxis sahen, und ich meine hier natürlich die Praxis der Welterfahrung und der Weltrepräsentation. Eben weil sie Erfahrung, Erfassung und Darstellung der Welt nicht mehr für möglich hielten, brachen etwa die Surrealisten mit dem Prinzip von Literatur und Kunst als Mimesis – und waren gerührt über den kleinen Wagemut, mit dem sie fürderhin Nonsens-Texte schrieben und gegenstandslose Bilder malten. So wurden denn ausgerechnet die Avantgardisten und Hochmodernen zu getreuen Vollstreckern der hegelschen Prognose vom ›Ende der Kunstperiode‹ – und dagegen ist angesichts der unbestrittenen Qualität ihrer Texte und Bilder auch gar nichts einzuwenden. Unglücklich war allein die Assoziierung ihrer Ästhetik des nicht zu überbietenden Endes mit einer politischen Programmatik des nicht aufzuhaltenden Fortschritts. Denn wie oft kann man ›neu‹ überrascht sein und hocherfreut angesichts der Tatsache, dass es wirklich möglich ist, Worte zu reihen, ohne dass sich diese Worte zu semantischen Gestalten fügen, oder dass man Bilder aus bloßen Farben und Formen malen kann?

Nicht auf all ihren Schauplätzen freilich war die Moderne/Postmoderne-Debatte so schwach wie auf der Bühne der Ästhetik. Vielleicht kann man sogar sagen, dass sie derart rasch und schmerzlos verschwand, weil sie am Ende neue Figuren und Leitbilder menschlicher Selbstreferenz hervorbrachte, die erfolgreich vermittelten zwischen den dramatischen Alternativen der Ausgangssituation, das heißt: zwischen dem gänzlich selbsttransparenten und sich zur vollkommenen Weltkontrolle berufenden ›Subjekt der Moderne‹ und dem ›Tod des Subjekts‹. Obwohl er von den Projektverwaltern der Moderne meist als besonders gefährlicher Postmoderner identifiziert worden war, hat sich, wie ich meine, besonders Jean-François Lyotard um solche Vermittlung verdient gemacht. Als er zuerst die Parole vom ›Ende der großen Erzählungen‹ ausgab, war damit ja nicht gemeint, dass man Geschichte oder Philosophie nicht mehr schreiben könne oder solle, sondern nur eine Warnung gegen allzu schnelle und allzu abstrakte Pauschalisierungen ausgesprochen. Ähnlich empfahl Lyotards philosophisches Hauptwerk *Der Widerstreit* beileibe nicht den Rückzug aus allen ethischen oder politischen Diskussionen und Formen des Engagements; es stellte nur klar, dass es keine Garantie, ja vielleicht nicht einmal eine Hoffnung auf eindeutige Lösungen in solchen Debatten geben könne. Und eben weil diese Positionen so plausibel wirken, weil wir Formeln wie Subjekt-Sein-mit-weniger-Bizeps oder Schwaches-Denken-ohne-Aussetzen-des-Denkens ohne weiteres mit gängigen intellektuellen Einschätzungen unserer Gegenwart assoziieren, lassen sich inzwischen aus der Moderne/Postmoderne-Debatte eben keine Funken mehr schlagen.

Nicht viel anders sieht es in den Debatten um die Epistemologie der Gegenwart aus. Als – reichlich verspätete – Reaktion auf den Verlust der Welt im Status der stets gewissen Referenz und des Objekts immer wachsender Erfahrung traten in den siebziger und achtziger Jahren allerlei radikale Discount- und Trivialkonstruktivismen auf, welche – sosehr sich auch manche unter ihnen um ordentliche Rationalität bemühten – allesamt doch von dem leicht (oder schwer) verruchten Flair des Postmodernen umgeben waren. Das galt vor allen dort, wo sich Reaktionen auf diese Lage mit existentialistischen Stirnfurchen à la française vortragen ließen, wo man das, was die Naiven für ›Wirklichkeit‹ hielten, als ein Netz von Simulationen durchschauen und Simulationen, die ja eigentlich nicht ›wirklich‹ waren, etwa als ›Hyper-Realitäten‹ verkaufen konnte. Manche falschen Philosophen (aber wer sind die richtigen Philosophen?) gingen so weit, ›Simulation‹ (was immer genau sie damit meinten) mit ›Fiktion‹ und ›Fiktion‹ mit ›Ästhetik‹ gleichzusetzen, womit sie in die beneidenswerte Lage gelangten, die vermeintliche Wirklichkeit als Ornament entlarven und die Welt als ästhetisierte anklagen zu können.

Wenn immer aus solchen Fehlschlüssen der Anspruch auf eine ›Aktualität der Ästhetik‹ abgeleitet wurde, war die geforderte Aktualität natürlich nichts als eine intellektuelle Peinlichkeit – dankenswerterweise aber auch eine nur vorübergehende Peinlichkeit. Denn mittlerweile diskutiert man ja kaum noch Alternativen zum epistemologischen Pragmatismus, welcher allen Handlungssubjekten, die ihre Potenzphantasien gedämpft haben, eine adäquate epistemologische Umwelt bietet. Niemand kann es sich heute noch leisten, über die Unerreichbarkeit der ›wirklichen Wirklichkeit‹ zu lamentieren (manche schlagen vor, als undramatisches Zeichen der Anerkennung dieses Verlusts den mit allzu nostalgischen Reminiszenzen beladenen Begriff der ›Wahrheit‹ aufzugeben) – aber auch auf der anderen Seite behauptet niemand im Ernst, dass die multiplen Wirklichkeiten, die wir ausarbeiten können, nicht doch auf eine gemeinsame Welt als Referenz Bezug nähmen. Das ist eine wenig spektakuläre, undramatische, Geduld fordernde, eben ›pragmatische‹ Lage, eine Lage auch, die nichts Spezifisches hergibt für Fragen der Ästhetik.

Und wie verhält sich die/das Postmoderne zur Dekonstruktion, und die Dekonstruktion zur Möglichkeit einer Ästhetik der Gegenwart? Nun erst, da die Reaktionen auf die Dekonstruktion bloß noch in einigen deutschen Provinzen hysterisch geblieben sind, ist es eigentlich möglich geworden, diese Bewegung und ihr ursprüngliches Anliegen in den Blick zu bekommen. Dekonstruktion setzte ein als eine Archäologie der Repräsentation, und zwar als eine, welche sich verstand als Teil der üblicherweise mit dem Namen Nietzsches assoziierten Metaphysikkritik. Jacques Derrida entfaltete seine archäologische Zentralthese von der Verabsolutierung des Modells gesprochener Sprache in der Selbstreferenz westlicher Kultur, welche über die Ausblendung der Aspekte von der Äußerlichkeit der Signifikanten zur Metaphysik, das heißt: zum Glauben an die Möglichkeit einer doppelten Präsenz – Selbst-Präsenz –, geführt haben soll, zuerst in seinem Buch *La voix et le phénomène*.

Bemerkenswert war, dass Derrida offenbar diesen archäologischen Befund zum Anlass nahm, eine Form des philosophischen Diskurses zu entwickeln, der sich auf die Möglichkeit solch doppelter Präsenz nicht mehr verließ. Unglücklich war hingegen, das lasse ich mir nicht ausreden, wie Dekonstruktion mit der Verengung von Derridas Thesen durch den Literaturwissenschaftler Paul de Man und begünstigt durch die breite Rezeption von beiden Texten in der amerikanischen Literaturwissenschaft auf den (schon damals trivialen) doppelten Punkt einer Warnung vor Selbst- und Weltpräsenz-Annahmen und auf die (im Ernst wohl kaum aufrechtzuhaltende) Behauptung gedrängt wurde, dass das, was immer wir ›Literatur‹ nennen, ihren Lesern die Einsicht in die Unmöglichkeit von Welt- und Selbstpräsenz auferlegt. Daraus entstand in der Tat eine Art von ästhetischem Idearium, welches so asketisch war, dass es wohl nur Akademiker erfinden und goutieren konnten. In jedem literarischen Text soll man die ›unerfreuliche‹, aber doch, wie de Man in *The Resistance to Theory* sagte, wenigstens ›unwiderlegbare‹ Erfahrung der Unmöglichkeit von Selbstpräsenz und Weltpräsenz machen.

Es musste wie ein akademisch-intellektuelles Himmelfahrtskommando aussehen, gegen das doppelte dekonstruktivistische Präsenzverbot, gegen de Mans Charisma und Derridas Segen, ein Präsenzmotiv hochzuhalten, zu behaupten, es enthalte das Potential zur Entfaltung einer Ästhetik, und sogar zu postulieren, dieses Präsenzmotiv im Textkorpus der Dekonstruktion ausmachen zu können;[1] jedenfalls solange die bloße – ganz unschuldige und unemphatische – Erwähnung von Wörtern wie ›Präsenz‹ oder ›Gegenwärtigkeit‹ einen unweigerlich in das Territorium jenseits intellektueller Respektabilität versetzte. Dennoch lässt sich nicht leugnen,

1 Vgl. David Wellbery, »Die Äußerlichkeit der Schrift«, in: Hans Ulrich Gumbrecht/K. Ludwig Pfeiffer (Hg.), *Schrift*, München 1993; Hans Ulrich Gumbrecht, »Form ohne Materie vs. Form als Ereignis«, in: Henk de Berg/Matthias Prangel (Hg.), *Systemtheorie und Hermeneutik*, Bern 1997.

dass jene ›Äußerlichkeit des Signifikanten‹, die man, wie der junge Derrida erkannte, einklammern muss, um das Hören der eigenen Stimme zu einem Eindruck von Selbstpräsenz hypostasieren zu können, dass jene Äußerlichkeit der Signifikanten eben Präsenz ist; allerdings nicht Präsenz in dem mit Bewusstsein verbundenen Sinn von Selbstgegenwart oder von Sich-eine-Welt-vorstellen-Können, sondern Präsenz im Sinne jeglichen Phänomens, das Raum in Anspruch nimmt, das dem Körper eines Beobachters nah oder fern sein kann und das sich mit den Sinnen wahrnehmen lässt.

Präsenz in diesem Sinn, in einem Sinn, der sich auf die direkteste und einfachste Weise, nämlich über den Aspekt Wahrnehmbarkeit/Wahrnehmung mit der Ästhetik verbinden lässt, hat den frühen Derrida fasziniert, wie sein Essay über Antonin Artauds *Le théâtre de la cruauté* und (indirekt zumindest) seine noch berühmtere Abhandlung über *Freud et la scène de l'écriture* belegen. Eben über Präsenz in diesem Sinn hat Jean-Luc Nancy, ein dekonstruktivistischer Philosoph der zweiten Generation, ganz ohne apologetische Reflexe ein Buch geschrieben, das man als eine Reflexion über Ästhetik (und vielleicht auch als eine Reflexion über das unbenannte Pendant von ›Geschichtlichkeit‹) unter dekonstruktivistischen Prämissen lesen kann.[2] Präsenz, sagt Nancy, sei nie volle Präsenz, immer nur ein Sich-Annähern und Sich-Entziehen von Sein. Und ebendiese beständige Immanenz von Sein mache den Genuss von Präsenz (*jouissance* heißt es natürlich) aus. Doch bislang ist Nancys Buch (bestenfalls!) ein philosophischer Geheimtipp geblieben, vielleicht weil Derrida-Spezialisten sich eben nicht gerne an das unentfaltet gebliebene Motiv von der Äußerlichkeit der Signifikanten erinnern lassen.

»Er war nicht wirklich gut aussehend zu nennen, eher war das Gegenteil der Fall«, schrieb der Dichter Luiz Cernuda in einem 1937 veröffentlichten Nachruf auf seinen Dichter-Freund Federico García Lorca, den ein faschistisches Exekutionskommando im Spanischen Bürgerkrieg hingerichtet hatte,

»aber wenn er am Klavier saß, dann verklärte er sich; seine Gesichtszüge wurden edel und nahmen etwas von jener Leidenschaft an, die er mit dem Instrument, das er so gut beherrschte, seinen Versen und seinen Melodien

2 Jean-Luc Nancy, *The Birth to Presence*, Stanford 1993.

gab, ohne dass er seine Stimme noch nur ein wenig erheben musste. Man konnte ihn nur lieben oder ihn gänzlich überhören, so etwas wie eine mittlere Reaktion war nicht möglich. Das wusste er, und deshalb setzte er sich ans Klavier und rezitierte seine Gedichte, wenn immer er jemanden für sich einnehmen oder gar beeinflussen wollte.«

Was Cernuda bewundernd beschrieb, ist genau jenes Phänomen, auf das sich (nur leicht intellektualisierte) Alltagssprache bezieht, wenn sie sagt, dass »einer Präsenz hat«. Aber kann das wirklich auch jene Präsenz sein, die Jean-Luc Nancy meint und auf die ich als Motiv setze bei der Suche nach der Möglichkeit einer zeitgenössischen Ästhetik? Hieße das nicht, dass man das Ästhetische mit Performanz gleichsetzte, und müsste man, wenn man schon auf Performanz werten will, nicht die Konsequenz in Kauf nehmen, dass eine bloß stille Lektüre von Gedichten Lorcas immer ein defizienter Modus der Rezeption bliebe?

Stille Lektüre ist in unserer Kultur so zentral und genießt ein so hohes Prestige, dass diese Konsequenz zunächst ganz unhaltbar zu sein scheint. Dennoch können wir uns alle an Personen, an akademische Lehrer zum Beispiel, erinnern, die wir besonders eindrucksvoll fanden, ohne dass wir sagen könnten, was an besonders Wichtigem sie je gesagt hätten. Allerdings kann man davon ausgehen, dass, wo immer solche Personen Texte hinterlassen haben, diese Texte einen – wie immer abgeschwächten – Eindruck ihrer Präsenz abstrahlen. Für Federico García Lorca selbst stand es jedenfalls ganz außer Frage, dass sich seine Dichtung erst in der Rezitation erfüllte. In seinen raffiniert mit den Effekten überzogener Naivität spielenden poetologischen Texten (Lorcas Freund Luis Buñuel übrigens fand diesen Gestus ganz unerträglich) unterschied er zwischen drei Arten von Kunst: zwischen der von den Musen, den Engeln und den Kobolden inspirierten Kunst. Die Engel assoziierte Lorca mit Italien und der Gabe außerweltlich wirkender Inspiration. Er platzierte die Musen in Deutschland und charakterisierte die ihnen zugeschriebene Kunst mit etwas mitleidiger Ironie: »Die Muse schreibt vor und inspiriert nur manchmal. Sie hat nicht viel Kraft, weil sie schon weit weg ist und sehr müde (ich habe sie überhaupt nur zweimal gesehen), so dass man ihr ein halbes Marmorherz eingesetzt hat. Die Musen-Dichter hören Stimmen, aber sie wissen nicht, wo diese Stimmen sind.«[3]

3 Übersetzt nach Federico García Lorca, »Juego y teoría del duende« (1933), in: Christopher Maurer (Hg.), *Conferencias II*, Madrid 1984.

Natürlich sind die Musen auch überintellektualisiert, sie »heben den Dichter auf einen Thron aus spitzen Storchenschnäbeln und lassen ihn vergessen, daß Ameisen diesen Thron wegnagen können« – aber die entscheidende Defizienz ist wohl, dass sie sich nicht im Raum orientieren können.

Geradezu das Gegenteil der Musen vergegenwärtigt Lorcas Kobold, genauer: sein *duende*, die Figur eines kleinen Geists aus der spanischen Folklore, der eine Kette mit einer polternden Eisenkugel an seinem Fuß trägt und stets Unruhe verbreitet: »Alle Künste können vom *duende* angeregt werden, aber sein eigentliches Reich, sein Habitat sind die Musik, der Tanz und die Gedichtrezitation. Denn die brauchen den lebendigen Körper eines Interpreten, weil sie Formen sind, die beständig geboren werden und sterben und weil sie aus einer je spezifischen Gegenwärtigkeit erwachsen. Oft geht der *duende* des Musikers auf den *duende* des Interpreten über, und manchmal, wenn der Musiker oder der Dichter keinen *duende* haben, bewirkt der *duende* des Interpreten, was nun wirklich interessant ist, ein Wunder, indem er den Schein – aber wirklich nur den Schein – von einer Urform entstehen lässt. Das gelang zum Beispiel der vom *duende* inspirierten Eleonora Duse, die gescheiterte Theaterstücke aufgriff, um ihnen mit dem, was sie erfand, zum Erfolg zu verhelfen, oder Paganini, der uns, wie Goethe erklärte, ›wunderbare Melodien in wirklich schlechter Musik hören ließ‹.«

Lorcas Metaphern- und Gedankenspiel bringt die Performanzkünste Musik, Tanz und Rezitation (natürlich nennt er an anderer Stelle auch den Stierkampf) zusammen; sein Begriff von Präsenz impliziert – wie der von Jean-Luc Nancy – eine Bewegung der Emergenz und des Vergehens, einen wahrnehmbaren/wahrnehmenden Körper und den Bezug von Bewegung und Körper auf genaue Stellen im Raum und in der Zeit. Und all diese Komponenten verschieben für Lorca die Dimension der ästhetischen Erfahrung – zumindest – in die Nähe der religiösen Erfahrung: »Wo der *duende* erscheint, tritt immer ein radikaler Bruch mit allen vorher vorhandenen Formen ein. Er gibt alten Oberflächen einen Effekt von ganz unerhörter Frische, so als seien sie gerade erst auf wundersame Weise geschaffen worden, er weckt einen beinahe religiösen Enthusiasmus.« Was allerdings die ›beinahe religiöse‹ Komponente in diesem Enthusiasmus sein könnte, klärt Lorca nicht.

Weil die Moderne/Postmoderne-Diskussion die zentralen Probleme der philosophischen Ästhetik aus dem Blick verlor, muss man heute grundlegende Klärungen neu entdecken, die lange vor Beginn jener Debatte formuliert – aber dann kaum weiterverfolgt – worden sind. Ich beziehe mich hier vor allem auf den zweiten Band[4] von Arbeitsergebnissen der Forschungsgruppe Poetik und Hermeneutik und besonders auf die Beiträge von Dieter Henrich: Dieses Buch aus der Vergangenheit verweist unsere Frage nach der Möglichkeit einer Ästhetik heute auf Kunstformen und Denkbewegungen, deren Ursprünge in der Jahrhunderthälfte liegen.

Die größte Stärke von Henrichs Reflexion aus dem Jahr 1964 lag in der Identifikation von solchen Fragen und Denkmustern auf dem Gebiet der philosophischen Ästhetik, die er auszumustern empfahl – und die (kleine) Schockwirkung, die noch heute von einer Lektüre seiner Abhandlung *Kunst und Kunstphilosophie der Gegenwart* ausgeht, kommt primär daher, dass ausgerechnet all diese Fragen innerhalb der Moderne/Postmoderne-Debatte der achtziger Jahre zu verstärkter Aktualität gelangt sind. Im Einzelnen empfahl Henrich erstens: Hegels Prognose vom Ende der Kunstperiode in dezidierten Bezugnahmen auf die jeweilige Gegenwart zu aktualisieren, statt sie in einem belanglosen und potentiell unabschließbaren Hin und Her von Widerstreit und Apologetik zu belassen (solches Hin und Her genau wurde aber angesichts der Nicht-Fortsetzbarkeit der historischen Avantgarden zu einer zentralen Faszination); zweitens: Interpretation von und Reflexion über Kunst nicht zu beschränken auf ihre Deutung als Symptom für den Fortschritts- oder Krisencharakter der eigenen Zeit (kein anderer Rekurs auf Kunst lag den ›Modernen‹ und ›Postmodernen‹ jedoch angesichts ihrer Fixierung auf Diskurse der politischen Legitimation näher); drittens: die Wirkungsmöglichkeiten der Kunst nicht mit denen der Darstellungsfunktion gleichzusetzen (darin erschöpfte sich aber letztlich die Debatte um Begriffe wie Konstruktivismus, Simulation oder Hyperrealität). Gegen solches Verharren auf ererbten Problemstellungen empfahl Henrich eine Konzentration der philosophischen Ästhetik auf die zeitgenössische Kunst unter Einschluss der Erwartung, dass »der Sinn von Kunst zugleich

4 Wolfgang Iser (Hg.), *Poetik und Hermeneutik*, Bd. 2: *Immanente Ästhetik und ästhetische Reflexion. Lyrik als Paradigma der Moderne*, München 1966.

sich verändert. So fordert sie ein Publikum, das solche Veränderung vollzieht.«[5]

Nichts hat das akademische Publikum der letzten Jahrzehnte aber weniger unter Beweis gestellt als die Bereitschaft, diese Veränderungen tatsächlich mit zu vollziehen. Selbst seine eher flexiblen und innovationsbereiten Protagonisten konzentrierten sich bestenfalls auf die je jüngsten Entwicklungen in den kanonisierten Kunstformen – auf die neueste Machart des Romans, den letzten Trend in der Operninszenierung oder (in Fällen besonderen Wagemuts) auf die soeben preisgekrönten Autorenfilme. Den Gedanken aber, dass sich, wie Henrich schrieb, mit dem »Sinn von Kunst« auch der Ort, die Medien und die Modi ästhetischer Erfahrung verschieben könnten, hielt man auf Distanz (wo man ihn nicht – was noch schlimmer ist – zur herablassenden Öffnung auf so genannte Populär- und Trivialkunst verschimmeln ließ).

Etwas abseits von den Festwiesen der Moderne/Postmoderne-Diskussion, etwas isoliert auch von den zünftigen Zentren der Kunst- und Literaturwissenschaften, die ja bis vor wenigen Jahren keinen größeren Ehrgeiz hatten, als ›politisch‹ zu sein, aber auch in sicherer Distanz von jenen Schauplätzen ästhetischer Erfahrung, die sich nicht in akademischer Kanonisierung sonnen können, haben einige hartnäckige Denker versucht, die Fragen nach den Möglichkeiten von Kunst in unserer Gegenwart systematisch – also ohne historisierendes Nachgeben – weiterzuverfolgen. Dabei sind sie erstaunlicherweise (das heißt: obwohl sie ihre Reflexionen je individuell vollzogen und von verschiedenen Ausgangspunkten kamen) zu konvergierenden Begriffskonstellationen gelangt. Einer von diesen zum Durchhalten entschlossenen Denkern ist Karl Heinz Bohrer, der sich wütender als irgendein anderer in Deutschland gegen die Funktionalisierung des Ästhetischen durch heteronome Ansprüche gewandt hat. Ästhetik überhaupt zu denken und sie dann nicht an ethischen Ansprüchen auszurichten: Dieses doppelte Abgehen vom Abgehen hat Bohrer auf Heidegger verwiesen und auf die Möglichkeit, die Leistung des Kunstwerks nicht als ein Darstellungsverhältnis (Repräsentationsverhältnis) zu denken, sondern als Ereignis: »Wofür aber nun optiert (Heideggers) Zuordnung von Wahrheit und Kunst? Damit komme ich zum Begriff

5 Dieter Henrich, »Kunst und Kunstphilosophie der Gegenwart (Überlegungen mit Rücksicht auf Hegel)«, in: Iser (Hg.), *Immanente Ästhetik*, S. 11-32, a. a. O. (Anm. 4).

des ›Ereignisses‹. Wir hatten schon gesagt, dass sich die Wahrheit im Kunstwerk als ein ›Unverborgensein des Seienden‹ ereignet. ›Ereignen‹ heißt nun aber zweierlei: Daß etwas erst im künstlerischen Akt sich als Akt, als Setzung vollziehen muss, das in seinem Ereignischarakter von allen anderen Weisen von Dasein sieh unterscheidet. Zum anderen aber bedeutet ›Ereignis‹, daß damit ein über alle bisherige Erfahrung Transzendierendes sichtbar wird, erscheint.«[6]

Wenn Kunst also, wie Heidegger selbst es in *Der Ursprung des Kunstwerkes* beschreibt, »ein Werden und Geschehen der Wahrheit« sein soll, dann entdecken wir zunächst die Temporalitätskomponente wieder, die uns schon bei Nancy und auch bei García Lorca in den Metaphern von der ›Geburt‹ und vom ›Tod‹ begegnet ist. Bohrer steigert diese Temporalitätskomponente zum Modus des ›absoluten Präsens‹, zu einem Herausgenommensein des Kunstwerks aus dem Zeitkontinuum, zu einem Herausgenommensein, welches schon unabhängig von jeglichen mit ihm verbundenen Wirkungen Ereignishaftigkeit konstituiert. Was dann erscheint, was sichtbar wird im Kunstwerk (und zwar ohne dass dieses Erscheinen auf die Intervention eines Subjekts zurückgehen könnte), das ›entborgene Sein‹, bedarf des Raums, um sich zu artikulieren, aber es bedarf auch der Wahrnehmung durch die menschlichen Sinne – und vielleicht bedarf es sogar ausschließlich (oder wenigstens vor allem) der sinnlichen Wahrnehmung und nicht (oder nur sekundär) der Erfahrung als der Abgleichung des Wahrgenommenen in Konzepten. In der Betonung des Ereignisbegriffes treffen sich Bohrers Reflexion und sein Rekurs auf Heidegger mit Niklas Luhmanns Ästhetik. Der Ereignisbegriff ist bei Luhmann allerdings ganz explizit verbunden mit dem von Bohrer ausgesparten Begriff der Wahrnehmung, den Luhmann absetzt vom Begriff der Beobachtung. Ohne hier all die komplizierten Verästelungen von Luhmanns Theoriegebäude nachzuvollziehen, lässt sich doch betonen, dass Kunst für ihn eine Form von Kommunikation in Gang bringt, in der die von seiner Theorie vorausgesetzte ›Wahrnehmungsunfähigkeit‹ von Kommunikation ›kompensiert‹ oder ›überbrückt‹ werden soll. Kommunikation denkt Luhmann deshalb als wahrnehmungsunfähig, weil sie an Beobachtungen (Erfahrungen) anschließen soll, also an immer schon in Sinn überführte (das heißt:

6 Karl Heinz Bohrer, *Das absolute Präsens. Die Semantik ästhetischer Zeit*, Frankfurt/M. 1994.

an eine ihrer Alternativen bewusste) Wahrnehmung. Wahrnehmung ohne solchen Selbstbezug dagegen, primäre Wahrnehmung sozusagen, ist für Luhmann stets und unvermeidlich eine einmalige Operation. Sie hat Ereignischarakter, weil sie noch nicht durch ein präexistierendes Unterscheidungsschema zu einer Beobachtung, zu Sinn fassonniert und damit wiederholbar geworden ist.

Ästhetiken, welche auf die doppelte Bedeutung von ›Präsenz‹ setzen, auf Präsenz als ekstatisches Zeitverhältnis und auf Präsenz als Nähe (oder relative Ferne) im Raum, auf das Ereignispotential des Kunstwerks und auf das Aufscheinen von Sein im Ereignis des Kunstwerks (statt auf Darstellung als eine Subjektleistung), solche Ästhetiken geben keinen Anlass für Erbaulichkeitshoffnungen, keinen Anlass auch für die Verlängerung der etwas forcierten Ehe zwischen Ästhetik und Ethik, ja sie stellen nicht einmal irgendwelche epistemologisch verwertbaren Einsichten in Aussicht. Weil es zu allem Überfluss nun auch noch nicht ganz einfach ist, sich vorzustellen, wie aus der Form eines Kunstwerks Präsenz, Ereignishaftigkeit und Wahrnehmung freigesetzt werden sollen, kehre ich zu Federico García Lorcas Poetik zurück und zu seiner Gedichtsammlung *Poeta en Nueva York*. Ich tue dies nicht mit der allzu bescheidenen Absicht, etwas nun bereits begrifflich Umrissenes noch einmal zu ›illustrieren‹, sondern eher in der Hoffnung, dass Lorcas Gedichte etwas von den Begriffen bisher bloß Suggeriertes zu anschaulicher Entfaltung bringen können. Vielleicht sogar in einer solchen Weise zu anschaulicher Entfaltung bringen können, dass vorstellbar wird, wie und wo sich eine zeitgemäße Ästhetik bislang nicht zu Kunst kanonisierte Formen von Praxis erschließen und einverleiben mochte.

Der eine Aspekt von Lorcas Poetik, dessen Affinität zu einer heutigen Ästhetik ich noch nicht belegt habe, ist seine laute Betonung der Wahrnehmung und der Sinne. Ausgerechnet in seiner berühmten Góngora-Rede, in der Rede über jenen großen Barockdichter, dessen Welten uns so extrem künstlich erscheinen, macht Lorca deutlich, dass er Wahrnehmung der Welt als das zentrale Fundament von Lyrik ansieht:

»Ein Dichter muss ein Spezialist und Meister in den fünf körperlichen Sinnen sein, und zwar in den fünf körperlichen Sinnen nach der folgenden Ordnung: Sehen, Fühlen, Hören, Riechen und Schmecken. Wer der Herr der schönsten Metaphern sein will, der muss in ihnen allen der Kommunikation die Tore öffnen und oft seine eigenen Empfindungen hintanstellen; er muss das verkleiden, was seine spontane Reaktion wäre. Góngoras Phantasie konnte sich auf seine fünf körperlichen Sinne verlassen. Auf seine fünf körperlichen Sinne, die ihm wie fünf farblose Sklaven blind gehorchten und ihn nie so täuschten, wie sie die anderen Sterblichen täuschen. Sie täuschten ihn nicht! Er spürte mit Gewissheit, dass die von Gottes Hand geschaffene Natur nicht jene Natur war, die im Gedicht leben soll.«[7]

Was Lorca an Góngoras Gedichten bewunderte und zum poetischen Programm ausbaute, hat der große Hispanist Werner Krauss in seinem Essay *García Lorca und die spanische Dichtung* auch als die Stärke von Lorcas eigener Lyrik angesehen: Er habe »das absolute Gehör für die Dinge« gehabt. Für ihn sei »Poesie kein apriorisches Wissen« gewesen, »sondern ein Wissen um apriorisches Sein, das in den Formen der Dichtung zur vollen und dauernden Wirkung durchdringt«.[8] Doch wie kann – jenseits so wohl gerundeter literaturwissenschaftlicher Formeln – eine Dichtung wohl aussehen, die sich an der Wahrnehmung der Sinne ausrichtet und dennoch nicht das primär Wahrgenommene ›darstellt‹? Eine Dichtung auch, in der die Wahrnehmung durch die Sinne dem Wissen um apriorisches Sein zum Durchbruch verhilft, obwohl doch streng genommen die Vermittlung durch die Sinne und der Status des Wissens mit apriorischem Sein nicht zu vereinbaren sind?

Gerade weil es auf diese Frage eine ›Antwort‹ aus strikt philosophischen Konzepten nicht geben kann, ist die Möglichkeit verlockend, Federico García Lorcas Gedichtsammlung *Poeta en Nueva York*, die ich für eines der Meisterwerke in der europäischen und amerikanischen Literatur des 20. Jahrhunderts halte, als lyrisches Äquivalent einer Antwort auf ebendiese Frage zu lesen. Lorca verbrachte die Monate zwischen Juni 1929 und März 1930, schon einunddreißigjährig, als offiziell immatrikulierter Student an der *Columbia University in the City of New York*, auf deren Campus er wohnte, ohne mit nennenswerter Regelmäßigkeit an irgendwelchen Lehrveranstaltungen teilzunehmen. Im Frühjahr 1930 kehrte er über Kuba nach Spanien zurück. Einiges spricht dafür, dass Lorcas Aufbruch in die Vereinigten Staaten zu tun hatte mit dem

7 Federico García Lorca, »La imagen poética de Luis de Góngora«, in: Maurer (Hg.), *Conferencias II.*, a. a. O. (Anm. 3).

8 Werner Krauss, »García Lorca und die spanische Dichtung«, in: ders., *Zur Dichtungsgeschichte der romanischen Völker*, Leipzig 1965, S. 314-344.

für ihn schmerzlichen und wohl auch gesellschaftlich peinlichen Ende seiner Liebesbeziehung zu dem Bildhauer Emilio Aladrén. Was ihn in New York vor allem faszinierte, so viel wird aus seinen Briefen deutlich, war die afroamerikanische Kultur, deren heute als klassisch kanonisierte Jahre sich damals in Harlem, also im Umfeld der *Columbia University*, ihrem Ende näherten. Dennoch hat Lorca in seinen Texten nicht die Stadt New York, ihre Stadtviertel oder deren Bewohner beschrieben. Für das eigenartige Verhältnis Lorcas und seiner Gedichte zu New York ist eine während des Aufenthalts in den Vereinigten Staaten entstandene Zeichnung mit dem Titel *Selbstportrait* aufschlussreich. Im Hintergrund dieses Bildes, einer Landschaft aus Wolkenkratzern, deren Fenster durch Zahlen und Buchstaben angedeutet sind, sieht man eine Gestalt, bestehend aus einem Kopf mit eher männlicher Physiognomie und exuberantem weiblichem Haarschmuck, einem Kopf, welcher nicht von einem Körper, sondern von einem Geflecht aus Nerven getragen wird. Die weit ausgreifenden Nervenenden berühren die verschiedenen Niveaus der Wolkenkratzerarchitektur.

Ich sehe in dieser Zeichnung eine Allegorie von Lorcas Dichtertraum, in seine Texte die unmittelbare Wahrnehmung der Dinge, der Materialitäten der Stadt aufzunehmen – ohne Vermittlung durch Begriffe oder Reflexionen. Das ist wohl der Grund, warum er am Beginn der unter Kennern in den dreißiger Jahren berühmten Vortragsabende, in denen er seine Gedichte mit Klavierbegleitung rezitierte, stets spielerisch seinen Kobold beschwor. Es ging darum, die Hörer auf einen Modus der Rezeption einzustimmen, der eher dem Klang der Stimme und ihrer Wirkung auf die Körper folgte als der Bedeutung der Wörter:

»Ich werde nicht von einer Reise erzählen, sondern meine lyrische Reaktion in aller Ehrlichkeit und Einfachheit wiedergeben … Die beiden Elemente, welche der Reisende in der großen Stadt erfasst, sind die übermenschliche Architektur und der wilde Rhythmus … Bevor ich deshalb so vielen Leuten heute Abend ein paar Gedichte vorlese, müssen wir den *duende* um Hilfe bitten, denn nur so bekommen Sie ohne Einschaltung ihrer Intelligenz oder gar eines kritischen Apparates etwas mit, nur so können wir mit der schwierigen Aufgabe zu Rande kommen, die Metaphern unmittelbar zu erfassen und die rhythmische Struktur meiner Gedichte, so wie sie die Stimme vorgibt.«[9]

9 Text für einen Madrider Vortragsabend im März 1932, der in der zweisprachigen Ausgabe Federico García Lorca, *Poet in New York*, New York 1988 enthalten ist.

Etwas metaphorisch Lorcas Metaphern beschreibend heißt das: Er glaubt an die Möglichkeit, die in unmittelbarer Berührung mit den Dingen der Stadt sich ereignet habenden Wahrnehmungen in seine Texte so zu absorbieren, dass die Texte diese Wahrnehmungseffekte in der Rezitation und im Vernehmen der Rezitation wieder abstrahlen können. Eine solche Form des Erlebens über den rezitierten lyrischen Text müsste implizieren, dass in der Rezitation und in ihrer Rezeption zuvor vollzogene Wahrnehmungen wieder gegenwärtig werden – und wohl mit viel größerer Intensität gegenwärtig werden, als dies in der Erinnerung möglich ist.

Sowohl aus literaturhistorischem als auch aus philosophisch-ästhetischem Blickwinkel ist an Lorcas Versuch bemerkenswert, dass er, anders als viele seiner avantgardistischen Zeitgenossen in Mitteleuropa und Nordamerika, zwar mit dem Prinzip einer (über Begriffe vermittelten) Darstellung, aber nicht mit dem Prinzip des Weltbezugs seiner Texte schlechthin bricht. Man könnte spekulieren, dass der anderweitig in unserem Jahrhundert mit so viel programmatischem Willen gesetzte Schritt in die ›große Abstraktion‹ an den künstlerisch und literarisch produktiven Peripherien der westlichen Kultur ein Tabu blieb – und für diese Ansicht Maler wie Picasso, Dalí oder Botero, literarische Autoren wie Pessoa, Borges, García Márquez oder Soyinka ins Feld führen; aber auch einen Essay, den Lorcas Zeitgenosse, der Philosoph José Ortega y Gasset, im Jahr 1925 unter dem Titel *Die Entmenschlichung in der Kunst* veröffentlichte, um zu warnen vor dem Verlust des Bezugs zwischen der Kunst und dem, was er »die Gestalt« oder »den Umriss des Menschen« nannte. Solche ›Sonderentwicklungen‹ an der Peripherie der westlichen Kultur könnten uns wohl verstehen helfen, warum von dort die ersten Impulse kamen, die in ihre Avantgardismen verrannten Literaturen Europas und Nordamerikas wieder flottzumachen. Aber das ist ja nicht mein Thema.

Vielmehr will ich die Frage weiter verfolgen, wie solch unmittelbares Absorbieren von Wahrnehmungen in Texten möglich sein könnte, ob und wie García Lorca es möglich gemacht hat – und vielleicht auch, wenn wir denn an diese Möglichkeit glauben, ob sie zu tun hat mit Heideggers Konzept eines »Geschehens der Wahrheit im Kunstwerk«, mit Bohrers Begriff der ›Präsenz‹ und mit Luhmanns Interesse an der Komponente der Wahrnehmung in der Kommunikation durch das Medium des Kunstwerks. In dem wohl bekanntesten Text von Lorcas Gedichtsammlung, der *Ode auf den König von Harlem*, erfahre der Leser jedenfalls so gut wie nichts über jene Gegend von New York, die seit dem Jahrhundertbeginn zu einem demographischen Ballungsort der Afroamerikaner geworden war. Es dominieren wie in beinahe allen Gedichten des *Poeta en Nueva York* (aber wohl in besonders hoher Frequenz) Bilder, welche der Rezipient assoziieren kann mit intensiven und manchmal schockierenden Momenten der Wahrnehmung, vor allem der taktilen Wahrnehmung.

Mit einem Löffel
stach er die Augen aus den Krokodilen
und schlug der Affen Arsch.
Mit einem Löffel.

Feuer von je schlief in den Kieseln,
und es vergaßen ganz das Moos der Dörfer
im Rausche des Anis die Käfer.

Und jener Alte da, bedeckt mit Pilzen,
ging, wo die Neger weinten, hin,
wobei des Königs Löffel krachte
und die Zisternenwagen mit verdorbnem Wasser kamen.

Die Rosen flohen an den Rändern
der letzten Biegungen der Luft,
und schamrot von beflecktem Wüten
zerstampften Kinder kleine Eichhörnchen in Krokushaufen.

Man muß die Brücken überschreiten
und zu dem schwarzen Schamgefühl gelangen,
damit der Lungenduft
an unsere Schläfen klopft mit seinem Kleid
aus warmer Ananas.[10]

Zwischen der chirurgischen Schärfe des Löffels, mit dem der König

10 Federico García Lorca, *Werke in drei Bänden*, Bd. 1: *Gedichte*, Frankfurt/M. 1982, S. 200. Ich zitiere nach der Standardübersetzung von Enrique Beck, trotz einiger Skepsis gegenüber seiner Tendenz, in der Wiedergabe auf allzu ›literarische‹ (und teilweise geradezu romantische) Muster der Syntax und des Lexikons zu rekurrieren.

von Harlem den Krokodilen die Augen aussticht, und den harten Kieseln auf der einen Seite und auf der anderen Seite den Affen-Ärschen, dem Moos, den Pilzen, den Lungen, den zerstampften Eichhörnchen und der warmen Ananas entfaltet sich in diesem Text – und all den anderen Texten der Sammlung – ein Netz sinnlicher Assoziationen. An die dominierenden Bilder taktiler Wahrnehmung schließen Evokationen der anderen Sinne an: das Krachen der Löffel und das Klopfen der Schläfen, der Duft der Rosen und der Gestank des verdorbenen Wassers, die Röte des Wütens und die Schwärze der Scham. Solche Komplexität gewinnt dieses Assoziationsnetz, dass es zwar alle Polaritäten extremer Sinnesempfindung enthält, sich aber nicht auf die Gegensätzlichkeit solcher Polaritäten reduzieren lässt: Die Übergänge sind differenziert und fließend.

Jeder Leser erotischer Literatur (aber auch der Literatur des Grauens oder des Ekels) weiß, dass solche Bilder veritable körperliche Reaktionen auslösen können. Wenn man diesen über die Leserimagination beständig weitergegebenen Appell an die Sinne des Lesers als den *Basso continuo* von Lorcas Gedichten identifiziert, dann lässt sich eine Funktion erkennen für ein anderes Verfahren, das Lorca mit dem Begriff des ›poetischen Faktums‹ (›hecho poético‹) umschreibt. Ich habe den Eindruck, dass er beständig bemüht war, auf spezifische Referenzgegenstände zu verweisen, in ihrer zeitlichen und lokalen Individualität sozusagen, auf Referenzgegenstände, die sich wegen ihrer Spezifizität in Begriffen nicht fassen ließen – und ebendeshalb zu ›poetischen Fakten‹ wurden. Wenn man New Yorker Tageszeitungen aus den Monaten von Lorcas Amerikaaufenthalt durchgeht, wird man etwa überrascht von einer Obsession der Journalisten für Krokodile, Alligatoren und andere Reptilien, die täglich aus zoologischen Gärten ausbrachen, in Abwasserkanälen gesichtet wurden oder sich zum Schrecken der Hausbewohner auf Dachgärten sonnten. In derselben Zeit organisierte das Metropolitan Museum eine Ausstellung assyrischer Kunst – und ein »assyrischer Hund« taucht »jaulend« als Teil einer »Landschaft mir zwei Gräbern« in einem von Lorcas Gedichten auf. Auf die Faszination der afrikanischen Kultur und ihrer Masken schließlich hatten am Ende der zwanziger Jahre in New York selbst die Kaufhäuser reagiert, welche Repliken zu Discountpreisen anboten. Masken – aber eben nicht »Masken im Allgemeinen«, sondern, so lese ich, die spezifischen Masken, die Lorca in den Schaufenstern und Museen von New York sah – markieren den Refrain des Gedichts *Tanz des Todes*.

Gräßliche Maske! Seht euch die Maske an!
Wie die von Afrika kommt nach New York!

Die Pfefferbäume sind dahingegangen,
dahin die kleinen Phosphorknospen.
Dahingegangen die Kamele mit zerfetztem Fleisch
und auch des Lichtes Täler, die mit dem Schnabel hob der Schwan.

Es war der trocknen Dinge Augenblick,
der Ähre in dem Auge und der wie flaches Blech gewalzten Katze,
des Eisenrosts der großen Brücken,
des Korkes unabänderlicher Stille.[11]

Natürlich lassen sich diese individualisierten Referenzgegenstände nicht wirklich in den Text hineinholen, natürlich ist Lorca letztlich darauf angewiesen, sie über Begriffe ins Bewusstsein seiner Rezipienten zu rufen. Aber immerhin lässt sich eine Konvergenz annehmen zwischen den vom Text ausgelösten Körperreaktionen und der Assoziation von ›poetischen Fakten‹ mit spezifischen, als individuell erlebten Situationen. Die Angst vor der Schärfe der Krokodilzähne könnte konvergieren mit der Angst, die man bei der Lektüre eines Zeitungsartikels über Alligatoren erlebte; der vom Bild des verfaulten Wassers geweckte Ekel könnte sich vermischen mit dem Ekel, den ein von Abwässern kontaminierter Fluss in der Stadtlandschaft erweckte.

Was sich hingegen tatsächlich und im konkretesten Sinn des Wortes in Gedichte hineinnehmen lässt, sind Rhythmen – und erst die Rezitation des spanischen Originaltexts vermittelt einen adäquaten Eindruck von Lorcas Meisterschaft in der Identifikation und Produktion von Klangmustern. Ich will nicht behaupten, dass Rhythmen im *Poeta en Nueva York* die Semantik ersetzen, dass Rhythmen also eindeutig auf mit ihnen assoziierbare Situationen verweisen – im Gegenteil, eher bin ich überzeugt, dass die Konzentration des Hörers auf Rhythmen abgezogen wird von seiner Konzentration auf Begriffe (und mithin den Modus seiner Reaktion hin zur Evokation körperlicher Wahrnehmung verschiebt).[12] Aber

11 Ebd., S. 207.
12 Vgl. den Aufsatz »Rhythmus und Sinn«, in diesem Band, S. 223-239.

wenn bei der Rezitation eines Texts wie *Mord* (mit dem Untertitel: *Riverside Drive; zwei Stimmen im Morgengrauen*) die Hastigkeit und Lakonik eines Gesprächs zwischen zwei Killern vorstellbar wird, oder in der ersten Strophe von *Landschaft mit zwei Gräbern und einem assyrischen Hund* die Sanftheit des morgendlichen Gesprächs zwischen zwei liebenden Männern, oder auch einfach ein Dreivierteltakt in *Walzer in den Zweigen*, so stellen diese Rhythmen nichts dar. Sie stehen auch nicht für etwas Abwesendes, sondern machen eine der Stimme auferlegte Zeitstruktur im Raum der Rezitation und für die Rezipienten präsent. Intensiver präsent noch als die Dinge aus New York, auf die Lorca verweist, ähnlich präsent wie die bei den Rezipienten evozierten Körpergefühle. Und die auf diese Weise präsent gemachten Gefühle und Rhythmen könnten dann in der Tat die von Lorca erlebten Gefühle und Rhythmen sein, welche seine Texte absorbiert haben, um sie als Gegenwärtigkeit wieder abstrahlen zu können.

Zu *Poeta en Nueva York* gehörten auch Gedichte, welche Aspekte einer mir nicht vertrauten Erotik mit solcher Unmittelbarkeit zeigen, dass ich der Erinnerung kaum trauen will, die mir sagt, dass ich diese Fremdheit vor wenigen Jahren noch restlos überlesen habe. *Kleiner Wiener Walzer,* eines von diesen Gedichten, ist entlang der rhythmischen Struktur des Volkslieds *Cielito lindo* geschrieben, es evoziert natürlich beständig Rezipientenwahrnehmungen, und es scheint auf eine Vielzahl von ›poetischen Fakten‹ aus Federico García Lorcas erotischem Erleben zu verweisen. Aber diese Verfahren, welche konstitutiv sind für die Leistung des poetischen Vergegenwärtigens, sind wohl semantisch zu unspezifisch, um die Unterscheidung von homosexueller und heterosexueller Erotik zu betreffen. Was den *Kleinen Wiener Walzer* zu einem homoerotischen Gedicht macht, sind – viel konventioneller – bestimmte Symbole (wie der mehrfach angerufene Mond), die in Lorcas Zeit jedenfalls homoerotisch kodiert waren, sind bestimmte – starke – Bilder, und sind vor allem Metaphern und Begriffe, die einen Eindruck von Gebrochenheit beschreiben, einen Eindruck von der Unmöglichkeit, eins mit sich selbst sein zu können.

Ay, ay, ay, ay!
Nimm diesen Walzer mit geschlossenem Mund.

Den Walzer, den Walzer, den Walzer
des Ja und des Tods und des Cognacs,
der näßt seine Schleppe im Meer.

Ich liebe dich, liebe dich, lieb dich
mit dem leblosen Buch und dem Lehnstuhl
in dem trübsinnigen Flur,
in der dunkelen Dachstub der Lilie,
in unserem Bette vom Monde
und im Tanz, den die Schildkröte träumt.
    Ay, ay, ay, ay!
Nimm diesen Walzer mit gebogener Taille.

In Wien gibt es einige Spiegel,
drin dein Mund und die Echos spielen.
Es gibt einen Tod für Piano,
der streicht blitzblau an die Knaben.
Um die Dächer herum gibt es Bettler.
Gibt es Tränengirlanden, die frisch sind.
    Ay, ay, ay, ay!
Nimm diesen Walzer, der in meinen Armen dann endet.
[...]

Ich werde in Wien mit dir tanzen
in Maskengewand, das soll haben
den Kopf eines Flusses.
Sieh, was für Ufer von Hyazinthen ich habe!
Ich laß meinen Mund dir dann zwischen den Beinen,
meine Seele in Fotografien und in Lilien,
und ich will in den dunkelen Wellen deines Gangs,
mein Liebling, mein Liebling, dann lassen
Violine und Grab, die Bänder des Walzers.[13]

Federico García Lorcas Leben war für die meiste Zeit ein Leben »mit geschlossenem Mund« und »mit gebrochener Taille«, ein Leben in Träumen, Spiegeln, Echos und Maskengewändern. Das mag – biographisch – die in seinen Gedichten und Dramen so oft mit der größten Leidenschaft durchschlagende Sehnsucht nach dem Einssein mit sich selbst genährt haben. In Lorcas Texten taucht diese Sehnsucht nach dem Einssein auf als eine Sehnsucht nach

13 García Lorca, *Gedichte*, a.a.O., S. 253 f.

dem Tod, die synonym ist zu einer Sehnsucht nach dem Ding-Sein. Nach dem Tod wird der Körper bloß ein Ding sein; das Ding-Sein und der Tod werden Erlösung sein von dem Willen, ein anderer zu werden, und von dem Zwang, als ein anderer zu erscheinen. Innerhalb von *Poeta en Nueva York* ist tatsächlich ein mit dem Wort *Tod* überschriebenes Gedicht der Ort, wo die Sehnsucht nach dem Eins-mit-sich-Sein am direktesten artikuliert wird:

> Welche Mühsal!
> Welche Mühsal des Pferdes, Hund zu sein!
> Welche Mühsal des Hundes, Schwalbe zu sein!
> Welche Mühsal der Schwalbe, Biene zu sein!
> Welche Mühsal der Biene, Pferd zu sein!
> Und das Pferd,
> welch spitzen Pfeil es aus der Rose preßt!,
> welch graue Rose es aus seinen Lefzen hebt!
> [...]
> Und ich, auf den Traufdächern,
> welch Flammenseraph suche ich und bin es!
> Doch der Bogen aus Gips,
> wie groß, wie unsichtbar, wie winzig!,
> ohne Mühsal.[14]

Was in García Lorcas Werk eine historisch spezifische Bedingungskonstellation für die Arbeit am lyrischen Diskurs war, die sich in seinem Lehen traf mit einer besonderen Tonart der erotischen Sehnsucht – etwas doppelt Spezifisches also –, könnte, so meine ich, verweisen auf eine prinzipielle Möglichkeit ästhetischer Erfahrung, welche sich, nachdem sie in der Hektik der Moderne/Postmoderne-Diskussion unbeachtet geblieben war, unserer Lektüre und Reflexion nun wieder anbietet. Mehrere Komponenten dieses Erfahrungsmodus, auf den ich bisher vor allem mit den Begriffen ›Präsenz‹ und ›Wahrnehmung‹ Bezug genommen habe, setzt Martin Heideggers Reflexion über ›Gelassenheit‹ in bündige Beziehung. Eine erste Assoziationsbrücke war hier für mich die Konvergenz zwischen Lorcas ironischer Bezugnahme auf das Wollen (in seinem Gedicht *Tod*) und der folgenden Bestimmung der Gelassenheit in Heideggers einschlägigem Feldweggespräch:

14 Ebd. S. 231.

»Demnach liegt die Gelassenheit, falls man hier von einem Liegen sprechen darf, außerhalb der Unterscheidung von Aktivität und Passivität […] weil die Gelassenheit *nicht* in den Bereich des Willens gehört.«[15] Dieses Einklammern des Willens führt zu einer Einklammerung des Begriffs des Vorstellens, der seinerseits gebunden ist an die Distanz zwischen der Welt als Objekt und einem aus seinem Wollen-Können konstituierten Subjekt: »Die Gelassenheit ist in der Tat das Sichloslassen aus dem transzendentalen Vorstellen und so ein Absehen vom Wollen des Horizontes. Dieses Absehen kommt nicht mehr aus einem Wollen.« Dem doppelten Einklammern des Wollens und des Vorstellens entspricht sowohl die eingangs diskutierte philosophische Tendenz, eine Ästhetik der Repräsentation zu unterlaufen, als auch Lorcas Distanznahme von der Weltdarstellung über Begriffe.

Zu welchem Modus des Erlebens die Gelassenheit aber führt oder, wie Heidegger es wohl eher formuliert hätte, von welcher existentiellen Stimmung die Gelassenheit umgeben ist, das kennzeichnet Heidegger durch einen Begriff, den er mit einem jener unendlich künstlichen, aus seinem Eigentlichkeitsehrgeiz gebotenen Worte als ›Gegnet‹ bezeichnet: »Die Gelassenheit kommt aus der Gegnet, weil sie darin besteht, daß der Mensch der Gegnet gelassen bleibt und zwar durch diese selbst. Er ist ihr in ihrem Wesen gelassen, insofern er der Gegnet ursprünglich gehört. Er gehört ihr, in sofern er der Gegnet anfänglich geeignet ist, und zwar durch die Gegnet selbst.« Die Gegnet ist bestimmt als das, was »das Ding zum Ding bedingt«, und dies scheint zu bedeuten, dass die Gegnet das ist, was den Dingen der Welt erlaubt, nicht mehr ›Objekte‹ in Bezug auf ein ›Subjekt‹ zu sein, und der menschlichen Existenz erlaubt, nicht mehr ›Subjekt‹ in Bezug auf ›Objekte‹ sein zu müssen.

Wenn meine Paraphrasierung richtig liegt, dann ist Heideggers Begriff der Gelassenheit nicht weit entfernt von jenem Begriff der ›Indifferenz von Selbst und Sein‹, den Henrich in seine Reflexion über ästhetische Erfahrung einschloss; dann ist Gelassenheit aber auch nahe dem Begriff der Indifferenz, »ebenso die Selbstlosigkeit des Selbst wie die Selbsthaftigkeit des Seins zu sein«. Kann man also sagen, dass Lorcas Sehnsucht nach dem Tod als Ding-Sein nach einer extremen Variante derselben Indifferenz strebt? Und

15 Martin Heidegger, *Gelassenheit*, Pfullingen 1959.

sollte ebendiese Indifferenz nicht auch die Pointe von Heideggers ›Gegnet‹ sein? Die Dinge in ihrem Ding-Sein, in ihrer Gegenwärtigkeit und in Nähe zu erleben, wäre einerseits ein Modus der Nüchternheit, andererseits und zugleich aber auch Anlass zu geradezu religiösem Enthusiasmus – wobei das Wort ›religiös‹ vorerst bloß verwiese auf ein nicht durch Begriffe vermitteltes Verhältnis zur Welt, ein Verhältnis zur Welt als Real-Präsenz, wo die Welt erscheint und gegenüber unserer Wahrnehmung hervortritt, statt zur Darstellung zu kommen.

Am Ende liegt es nahe zu postulieren, dass einige jener Modi des Erlebens und Erfahrens, die wir ›ästhetisch‹ nennen, zu Real-Präsenz in diesem Sinn, zu Gelassenheit und zum Ding-Sein der Welt führen. Zum Ding-Sein der Welt, welche, eben weil sie unter solchen Bedingungen Ding sein kann, nun im Kunstwerk und in der ästhetischen Erfahrung als Ding aufscheint. Dies ist offenbar das von Heidegger besprochene »Geschehen von Wahrheit« im Kunstwerk. Federico García Lorcas Gedichte suggerieren, dass ein spezifischer Weg, sich auf Gelassenheit einzulassen, in einer intensiven Evokation der Sinne – und über die Sinne: in einer intensiven Evokation des menschlichen Körpers – liegen könnte. Ich behaupte nicht, dass Körperevokation eine notwendige Vorbedingung für Gelassenheit sei, wie ich denn auch nicht postuliere, dass das Kunstwerk sich jedenfalls durch Evokation menschlicher Wahrnehmungsfunktionen ausweisen muss. Aber ich glaube immerhin, dass ›Präsenz‹ und ›Gelassenheit‹ im erklärten Sinn zentrale Konzepte für eine Ästhetik unserer Gegenwart werden sollten, weil sie in Aussicht stellen, Formen der Praxis, des Erfahrens und des Erlebens einzuschließen, die anders – aufgrund mangelnder ›Spiritualität‹ – kaum zu Gegenständen der Ästhetik würden. Das könnte beginnen mit einer Neuthematisierung von Musik als Ton-Kunst, mit einer Thematisierung und Diskussion, die sich gegen jede Semantisierung von Musik sperrte. Und das könnte zum Beispiel enden mit der Entdeckung von Sport (und sogar vom Zuschauersport) als einem Modus ästhetischer Erfahrung.

7
Epiphanien

1.

Als ich vor einigen Jahren gemeinsam mit einem Kollegen aus der Musikwissenschaft den Auftrag bekam, für ungefähr 200 Studienanfänger in Stanford eine Pflichtvorlesung zur Einführung in die Geisteswissenschaften zu halten, entschieden wir uns für die allgemeine Themen- und Aufgabenstellung, unsere künftigen Studenten mit verschiedenen Formen *ästhetischer Erfahrung* zu konfrontieren.[1] Über dreierlei waren wir uns dabei von Beginn an einig: Wir wollten lediglich auf die verschiedenen Arten des Genusses an ›schönen Dingen‹ hinweisen, ohne unseren Studenten ästhetische Erfahrung als Verpflichtung aufzuerlegen (mit anderen Worten: Wir wollten ihnen Gelegenheit geben herauszufinden, ob sie auf das Potential der jeweiligen ästhetischen Erfahrungsformen reagierten, und sie im positiven Fall entdecken lassen, welche Spielart ästhetischer Erfahrung sie bevorzugten). Zweitens hatten wir nicht vor, Werbung für ästhetische Erfahrung zu machen, indem wir etwa behaupteten, ihr komme irgendein spezifischer Wert in der Sphäre alltäglicher Praxis zu. Und schließlich wollten wir den Horizont potentieller Gegenstände für ästhetische Erfahrung über den Kanon traditioneller Formen (wie Literatur, klassische Musik, moderne Kunst) ausweiten. Diese letzte Entscheidung beruhte auf der Überzeugung, dass das Feld, auf dem wir heute *de facto* ästhetische Erfahrungen machen, sich längst verschoben hat gegenüber den Denotationen und Konnotationen, welche der Begriff ›ästhetische Erfahrung‹ immer noch abruft.

Mein erstes Anliegen für diesen Kurs war es, gut genug zu unter-

1 Der Kurs, den Tobias Plebuch und ich schließlich im Herbst der Universitätsjahre 2000/2001 und 2001/2002 hielten, hieß »Things of Beauty«, und die Beispiele für ästhetische Erfahrung, mit denen wir unsere Studenten und uns beschäftigten, waren Mozarts *Don Giovanni*, die Glas- und Stahlarchitektur des *Crystal Palace*, García Lorcas Gedichtsammlung *Poeta en Nueva York*, die Ästhetik des Sports (anhand von Dokumentationsmaterial zu den Olympischen Spielen von 1936) sowie Gemälde von Jackson Pollock und Edward Hopper.

richten, um bei meinen Studenten ein Gefühl für jene besonderen *Augenblicke der Intensität* zu provozieren, an die ich mich selbst mit Begeisterung und zumeist auch mit Nostalgie erinnere – selbst wenn diese Intensität in manchen Fällen schmerzhaft gewesen ist. Ich wollte z. B., dass meine Studenten jene überströmende Süße kennen lernten, die mich manchmal überkommt, wenn eine Mozart-Arie zu polyphonischer Komplexität anwächst und ich glaube, die Töne der Oboe mit meiner Haut zu hören. Ich möchte, dass meine Studenten sich den Moment der Bewunderung (und vielleicht auch der Resignation eines alternden Mannes) vorstellen können, die ich fühle, wenn der Quarterback meiner Lieblingsmannschaft im College Football (*Stanford Cardinal* natürlich) seine perfekt modellierten Arme reckt, um einen Touchdown-Pass zu feiern. Ich möchte, dass einige meiner Studenten jene Depression, vielleicht sogar jene tiefe Erniedrigung durchleiden werden, die ich kenne, seit ich *Pequeño vals vienés*, mein Lieblingsgedicht aus Federico García Lorcas Buch *Poeta en Nueva York*, gelesen habe – ein Gedicht, das seinen Leser intuitiv erleben lässt, wie das Leben eines homosexuellen Mannes in den westlichen Gesellschaften der dreißiger Jahre emotional und sogar körperlich amputiert gewesen sein muss. Meine Studenten sollten wenigstens einen flüchtigen Eindruck von der Illusion tödlicher Macht und Gewalt erhalten, die meinen Körper packt – als wäre ich (ausgerechnet ich!) ein antiker Gott – im Augenblick der *estocada final*, bei dem einen Stierkampf zum Ende bringenden Schwertstoß: Wenn die Klinge des Matadors geräuschlos durch den Körper des Stiers gleitet und die Muskeln des Tiers sich noch einmal zu spannen scheinen, bevor sein massiver Körper zusammenbricht wie ein Haus in einem Erdbeben. Ich möchte, dass meine Studenten das Augenblicksversprechen einer endlos friedlich-ruhigen Welt kennen lernen, das mich manchmal zu umgeben scheint, wenn ich vor einem Bild von Edward Hopper stehe. Ich wünsche, dass sie die Explosion der Geschmacksnuancen erleben können, mit der ein großes Essen beginnt. Und ich will, dass sie das Gefühl kennen lernen, den richtigen Ort für ihren Körper gefunden zu haben, mit dem ein vollkommen gestaltetes Gebäude uns umfasst und willkommen fühlen macht.

In solchen Augenblicken liegt nichts Erbauliches, keine Botschaft, nichts, was wir lernen könnten – und deshalb nenne ich sie ›Augenblicke der Intensität‹. Denn was wir empfinden, ist vermutlich nicht mehr als ein besonders hohes Aktivitätsniveau einiger unserer angeborenen kognitiven, emotionalen und vielleicht sogar physiologischen Vermögen. Was das Besondere an diesen Augenblicken ausmacht, ist wohl quantitativer Natur. Ich möchte das quantitative Konzept ›Intensität‹ verbinden mit der zeitlichen Fragmentierung, die im Wort ›Augenblick‹ anklingt, weil ich – aus zahlreichen und zumeist frustrierenden Momenten des Verlusts und der Trennung – weiß, dass es kein verlässliches Rezept gibt, um solche Augenblicke der Intensität willentlich zu produzieren, und weil wir schon gar nicht die Möglichkeit haben, sie festzuhalten oder auszudehnen. Bevor ich meine Mozart-Lieblingsarie höre, kann ich nicht sicher sein, dass jene Süße meinen Körper erneut erfüllen wird. Es mag geschehen – aber ich weiß und nehme mein Bedauern darüber bereits vorweg, dass es, wenn überhaupt, nur für einen Augenblick geschehen wird.

2.

Wie aber ist es möglich, dass wir uns nach solchen Augenblicken der Intensität sehnen, obwohl sie keine erbaulichen Inhalte oder Effekte zu bieten haben? Warum erinnern wir uns an sie manchmal als glückliche und manchmal als traurige Momente – aber immer mit dem Gefühl von Verlust und Nostalgie? Das ist die *zweite* Frage, mit der ich mich beschäftigen möchte, die Frage nach der *eigentümlichen Attraktivität, die solche Augenblicke für uns bereithalten*, die Frage nach den Ursachen, die uns dazu bringen, nach ästhetischen Erfahrungen zu suchen und Körper und Geist ihrem Potential auszusetzen. Ohne vorerst ins Detail zu gehen, lautet meine Eingangshypothese, dass wir als ›ästhetische Erfahrung‹ bezeichnen, was immer uns Gefühle von Intensität bietet, die wir in unseren jeweiligen historischen und kulturellen Alltagswelten nicht finden. Aus diesem Grund kann ästhetische Erfahrung aus einer historischen oder soziologischen Perspektive tatsächlich als Symptom für vorbewusste Bedürfnisse und Wünsche in bestimmten Gesellschaften genutzt werden.[2] Es liegt mir jedoch fern, die

2 Das ist die zentrale Beobachtung bei Franz Koppe, *Sprache und Bedürfnis. Zur sprachphilosophischen Grundlage der Geisteswissenschaften*, Stuttgart 1977. Ich stimme allerdings nicht mir Koppes Vorschlag überein, dass die hauptsächliche und

Motivationskraft solcher (meist vorbewusster) Wünsche, die uns in Situationen ästhetischer Erfahrung führen kann, gleichzusetzen mit dem Verstehen der treibenden Gründe hinter dieser Motivationskraft. Mit anderen Worten: Ich glaube nicht, dass man derartige Interpretationen oder auch den höheren Grad an Selbstreflexivität, der mit ihr einhergehen mag, als zentralen Teil der ästhetischen Erfahrung ansehen sollte. Aus demselben Grund ziehe ich es vor, von ›Augenblicken der Intensität‹ und von ›ästhetischem Erleben‹ zu sprechen anstatt von ›ästhetischer Erfahrung‹, da in den meisten philosophischen Traditionslinien der Begriff ›Erfahrung‹ mit dem der Interpretation, mit der Dimension der Bedeutungszuschreibung also, verbunden ist. Wenn ich hingegen das Konzept ›Erleben‹ verwende, dann verstehe ich es in unmittelbarer Anbindung an die phänomenologische Tradition, nämlich im Sinne eines Zustands, in dem man auf etwas ausgerichtet ist, in dem man bestimmte Gegenstände des Erlebens fokussiert (Gegenstände, die unter den Bedingungen unserer Kultur besonders intensive Reaktionen auslösen, wenn wir sie ›ästhetisch‹ nennen). ›Erleben‹ setzt einerseits voraus, dass der bloß physiologische Akt der ›Wahrnehmung‹ bereits stattgefunden hat und dass andererseits ›Erfahrung‹, verstanden als Interpretation von Welt, erst noch folgen wird.

Wenn uns nun in Augenblicken ästhetischen Erlebens immer das fasziniert und – ohne dass uns die Gründe dafür deutlich bewusst würden – anzieht, was unsere Alltagswelten nicht bieten können; und wenn wir darüber hinaus annehmen, dass unsere Alltagswelten historisch und kulturell spezifisch sind, dann folgt daraus, dass die Gegenstände ästhetischen Erlebens ebenfalls kulturspezifisch sein müssen. Was die Rezeptionsseite dieser Situation betrifft, so bin ich mir nicht sicher, ob wir auch den Formen ästhetischen Erlebens von Lesern, Betrachtern und Zuhörern, die von jenen historisch spezifischen Gegenständen angezogen werden, eine entsprechende Historizität unterstellen müssen. Ohne zu glauben, dass wir dieses komplexe Problem hier lösen müssen, habe ich den Eindruck, dass solche Formen der Reaktion und Rezeption sich langsamer wandeln – sollten sie sich denn überhaupt wandeln – als die Gegenstände ästhetischen Erlebens. Meine Perspektive legt es jedenfalls nahe, dass unsere Untersuchung ästhetischen Erlebens nicht auf

genuine Funktion ästhetischer Erfahrung in der »Vergegenwärtigung von Bedürfnissituationen« liegen soll.

die Seite des Rezipienten und des geistigen (und vielleicht auch körperlichen) Einsatzes beschränkt bleibt, den er investieren mag. Denn dieser Einsatz und sein Ertrag hängen zumindest teilweise von den Gegenständen der Faszination ab, durch die sie allererst angeregt und ausgelöst werden. Das ist einer der Gründe, warum die Beschäftigung mit diesen Gegenständen für eine Beschreibung ästhetischen Erlebens jedenfalls relevant ist – obwohl das Tempo ihres historischen Wandels es womöglich verhindern wird, dass sie je Bestandteil einer allgemeinen Theorie werden.

3.

Wenn sich ästhetisches Erleben also stets auf Augenblicke der Intensität bezieht, die nicht Teil ihrer jeweiligen Alltagswelten sein können, dann impliziert das, dass sich ästhetisches Erleben notwendig in einem gewissen Abstand zu diesen Alltagswelten vollzieht. Das führt uns zu einer *dritten* Schicht in der Untersuchung ästhetischen Erlebens, nämlich zu dem *Situationsrahmen, in dem es typischerweise stattfindet.* Der Abstand zwischen ästhetischem Erleben und Alltagswelt ist zentraler Bestandteil dieses Situationsrahmens und ein möglicher Bezugspunkt, um die doppelte Isolation zu erklären, die allen Momenten ästhetischer Intensität eignet und die Karl Heinz Bohrer so eindrucksvoll mit den Begriffen ›Plötzlichkeit‹ und ›Abschied‹ beschrieben hat. Einerseits gibt es keinen systematischen, pädagogisch ›sicheren‹ Weg, auf dem man Studenten (und alle anderen Opfer gut gemeinter Lehrbemühungen) zu ästhetischem Erleben hinführen könnte. Andererseits existiert kein vorhersagbarer, offenkundiger oder typischer Ertrag, den ästhetisches Erleben zu unserem Leben in der Alltagswelt hinzufügen würde. Ich möchte für eine allgemeine Beschreibung dieser Situation den Begriff der ›Insularität‹ aufgreifen, wie ihn Michael Bachtin für seine Analyse der Karnevalskultur entwickelt hat. Denn ›Insularität‹ scheint weniger spezifische historische Konnotationen auszulösen als das Konzept der ›ästhetischen Autonomie‹ – das den Abstand vom Alltag immer schon als Zugewinn an Unabhängigkeit für das Subjekt versteht. Ich schlage daher vor, den Namen ›ästhetische Autonomie‹ für diejenigen spezifischen Formen zu reservieren, welche die allgemeine strukturelle Bedingung der Insularität während des

18. und 19. Jahrhunderts entwickelt hat. Damit geht natürlich die Annahme einher, dass die Insularität ästhetischen Erlebens schon lange vor dem 18. Jahrhundert existierte und dass sie überdies einen Ort außerhalb der westlichen Kultur hat.

Eine Implikation der Insularität ästhetischen Erlebens ist – und das scheint auch ein zentraler Punkt in Bohrers Überlegungen zur »ästhetischen Negativität«[3] zu sein – die Inkommensurabilität zwischen ästhetischem Erleben und der institutionellen Verbreitung ethischer Normen. Ethische Normen sind Bestandteil historisch spezifischer Alltagswelten (und das genau sollten sie sein), während wir für ästhetisches Erleben behauptet haben, es beziehe seine Faszination (im wörtlichen Sinne) aus Augenblicken der Intensität, die nicht Teil spezifischer Alltagswelten sein können. Daher lässt sich annehmen, dass die Projektion ethischer Normen auf mögliche Gegenstände ästhetischen Erlebens unweigerlich zur Erosion des Potentials dieser Gegenstände führen wird. Mit anderen Worten: Ästhetische Intensität ethischen Anforderungen anzupassen heißt, sie zu normalisieren und schließlich zu verwässern. Wenn immer ein Kunstwerk vor allem die Funktion in Anspruch zu nehmen scheint, eine moralische Botschaft zu übermitteln oder zu veranschaulichen, dann stellt sich deshalb unweigerlich die Frage, ob es nicht effektiver wäre, derselben moralischen Botschaft in direkteren, schlichteren oder expliziteren Begriffen und Formen Ausdruck zu geben.

4.

Meine *vierte* Reflexion bezieht sich auf eine *bestimmte Einstellung*, von der ich glaube, dass sie regelmäßig mit der Struktur der Insularität einhergeht. Es gibt zwei grundsätzliche Wege, auf denen wir in insuläre Situationen gelangen. Der dramatischere von ihnen ist der Modus der ›auferlegten Relevanz‹.[4] Dabei lenkt uns das plötzli-

3 Vgl. Karl Heinz Bohrers *Stanford Presidential Lecture* von 1998 »Die Negativität des Poetischen und das Positive der Institutionen«, in: *Merkur* 598 (1999), S. 1-14. Allerdings hat Bohrer ethische Normen nie vollständig von ästhetischem Erleben getrennt: vgl. ders., »Das Ethische am Ästhetischen«, in: *Merkur* 620 (2000), S. 1149-1162.

4 Ich übernehme dieses Konzept von Alfred Schütz/Thomas Luckmann, *Strukturen der Lebenswelt*, Neuwied 1975, S. 190-193.

che Erscheinen von Gegenständen der Wahrnehmung von unseren Alltagsroutinen ab und hält uns für eine gewisse Zeit auf Distanz von ihnen. Naturereignisse erfüllen oft diese Funktion: Denken wir an einen Blitz, vor allem den ersten Blitz eines Gewitters, oder an das geradezu aggressive Sonnenlicht, das einen blendet, wenn man von Mitteleuropa kommend in Kalifornien das Flugzeug verlässt. Charles Baudelaires Gedicht *A une passante* inszeniert die auferlegte Relevanz eines weiblichen Körpers, der die Aufmerksamkeit des müßigen Flaneurs erweckt und dann fast überwältigt. Eine derartige Ereignishaftigkeit unterscheidet sich natürlich von einer Seminarsitzung, in der wir versuchen, ästhetisches Erleben zu ermöglichen im vollen Bewusstsein der Tatsache, dass kein pädagogischer Einsatz das tatsächliche Eintreten dieser Erfahrungen jemals zu garantieren vermag. Aber wir können auf die Existenz bestimmter Gegenstände der Erfahrung hinweisen und unsere Studenten einladen, gelassen,[5] das heißt: zugleich offen und konzentriert zu sein, ohne eine derartige Konzentration in der Anspannung einer bewussten Bemühung erstarren zu lassen.

Die beste Beschreibung, die ich für den Augenblick kenne, in dem Gelassenheit in ästhetisches Erleben umschlagen kann, stammt von einem Sportler. Es ist die Antwort, die Pablo Morales, ein doppelter Olympiasieger im Schwimmen, auf die Frage gegeben hat, warum er sich nach seinem Rücktritt vom Wettkampfsport für ein Comeback entschieden hatte, um sich noch einmal für Olympia zu qualifizieren und eine weitere Goldmedaille – acht Jahre nach der ersten – zu gewinnen. Ohne zu zögern, antwortete Morales, er habe diese wahrscheinliche Leistung erbringen können, weil er süchtig gewesen sei nach dem Gefühl, sich »in fokussierter Intensität zu verlieren« (»to be lost in focussed intensity«).[6] Die Wahl des Wortes ›Intensität‹ bestätigt, dass das, was ästhetisches Erleben ausmacht, vor allem quantitativer Natur ist: Außerordentliche Herausforde-

5 Die Anspielung auf Heideggers Begriff von ›Gelassenheit‹ ist beabsichtigt. Während ich hier ›Gelassenheit‹ als Einstellung erwähne, die das Eintreten ästhetischen Erlebens als Augenblick von Intensität befördern kann, werde ich später auf dasselbe Konzept zurückkommen, wenn ich die möglichen Auswirkungen ästhetischen Erlebens zu beschreiben versuche.

6 Vgl. Hans Ulrich Gumbrecht/Ted Leland/Rick Schavone/Jeffrey T. Schnapp, »The Athlete's Body Lost and Found«, Vorwort zu *The Athlete's Body: Stanford Humanities Review* 6.2 (1998), S. VII-XII.

rungen ermöglichen außerordentliche Leistungen unseres Körpers und unseres Geistes. Dass Morales ›sich verlieren‹ wollte, entspricht dem Strukturelement der Insularität, dem Moment des Abstands von der Alltagswelt, welches Bestandteil der Situation ästhetischen Erlebens ist. Schließlich nennt Morales die Intensität, die ihn anzieht, eine ›fokussierte‹ Intensität – was darauf hinzuweisen scheint, dass er tatsächlich ausgerichtet ist auf die erregende Wirkung spezifischer Erlebnis-Gegenstände. Pablo Morales hat natürlich von der besonderen Herausforderung gesprochen, auf Weltklasseniveau an sportlichen Wettkämpfen teilzunehmen. Man mag Vorbehalte dagegen haben, eine derartige Wettkampfsituation unter das Konzept ›ästhetisches Erleben‹ zu subsumieren. Was die Wettkampfsituation jedoch mit ästhetischem Erleben verbindet, ist die Frage, welche allgemeinen Eigenschaften wir an denjenigen Gegenständen des Erlebens identifizieren können, die uns anziehen und uns in einen Zustand versetzen, wo wir uns in fokussierter Intensität verlieren.

5.

Genau das ist unser *fünftes*, das am meisten erwartbare und das entscheidende Thema: *Was fasziniert uns an den Gegenständen ästhetischen Erlebens?* Die zweite Reflexion hat deutlich gemacht, dass hier jede Antwort historisch spezifisch sein muss. Auf der Suche nach einem (mehr oder weniger verborgenen) Objekt der Begierde, das uns dazu motivieren könnte, unsere gegenwärtigen Alltagswelten zu verlassen (was natürlich auch heißt, dass wir nach solchen Alltagsphänomenen und -umständen suchen, von denen wir zu viel haben), ist mir noch kein überzeugenderer Verweis begegnet als jener, den Jean-Luc Nancy auf den ersten Seiten seines Buchs *The Birth to Presence* unterbreitet: Nancy beobachtet, dass heute nichts ermüdender ist als das beständige Erzeugen neuer Bedeutungsnuancen, als die Produktion von »a little more sense«.[7] Was wir in dieser so bedeutungsgesättigten Welt vermissen und aus diesem Grund zum primären Objekt der (nicht vollständig bewussten) Begierde erheben, sind Phänomene und Eindrücke der Präsenz.

Präsenz und Bedeutung stehen immer in einem Spannungsver-

7 Jean-Luc Nancy, *The Birth to Presence*, Stanford 1993, S. 6.

hältnis zueinander. Es ist unmöglich, sie aneinander anzupassen oder in einer phänomenalen Struktur zu vereinigen. Ich habe nun nicht vor, die unterschiedlichen philosophischen Definitionen von ›Bedeutung‹ und/oder ›Sinn‹ (von denen es ohnehin immer schon zu viele gibt) zu vergleichen und im Detail zu diskutieren. Deutlich scheint mir jedoch, dass das, was Bedeutung erzeugt, also das Bewusstsein, eine Wahl getroffen zu haben (bzw. das Wissen um die möglichen Alternativen, die nicht gewählt wurden), ebenjene Dimension des Bewusstseins ist, welche von der körperlichen Präsenz, nach der wir uns sehnen, ausgeschlossen wird – und deshalb nicht ins Spiel kommen kann. Ich erfahre das gleißende Sonnenlicht oder den Blitz nicht zuerst als das *andere* gegenüber einem weniger strahlenden Tag oder gegenüber dem Donner. Typologisch gesprochen beherrscht die Dimension der Bedeutung cartesianische Weltentwürfe, Welten, in denen das Bewusstsein (das Wissen um Alternativen) den Kern der Selbstreferenz des Menschen bildet. Aber ist unsere Sehnsucht nach Präsenz, unser Wunsch danach, berührt zu werden, nicht gerade deshalb so intensiv – weil unsere alltägliche Umwelt so unüberbietbar bewusstseinszentriert ist? Anstatt immer und ohne Ende darüber nachzudenken, wie alles auch ganz anders sein könnte, stoßen wir manchmal auf eine Schicht unseres Daseins, wo wir die Dinge dieser Welt hautnah haben möchten.

Jean-Luc Nancy weist nun aber nicht nur auf jene Schicht des Wunsches nach Präsenz hin, der sich bestimmten Umständen in der heutigen Kultur verdankt. Er betont auch – und das ist der eigentliche Grund, warum er die doppelte Bewegung der ›Geburt‹ und des ›Schwindens‹ der Präsenz betont –, dass diese Präsenzeffekte, die wir erleben können, immer schon von Absenz durchdrungen sind. Wir können Nancys Argument so umformulieren, dass Präsenzeffekte für uns unweigerlich vergänglich, unweigerlich ›*Effekte* von‹ Präsenz sind – weil wir ihnen nur innerhalb einer Kultur begegnen können, die vornehmlich eine Bedeutungskultur ist. Es ist außerordentlich schwierig – wenn nicht unmöglich –, *nicht* zu lesen, *nicht* zu versuchen, jenem Blitz oder jenen gleißenden kalifornischen Sonnenstrahlen Bedeutung zu geben. Vielleicht ist Heidegger aus diesem Grund in seinem *Kunstwerk*-Aufsatz so sehr von der Zweiheit und der Spannung zwischen *Erde* und *Welt* fasziniert. Meine eigene Reaktion auf diese Beobachtungen und zugleich meine Antwort auf die Frage nach den besonderen Eigenschaften, welche die Gegenstände ästhetischen Erlebens ausmachen, ist nun, dass diese Gegenstände durch die Oszillation zwischen Präsenzeffekten und Bedeutungseffekten charakterisiert sind, die sie auslösen. Es mag grundsätzlich richtig sein, dass alle unsere menschlichen Bezugnahmen auf die Dinge dieser Welt immer sowohl bedeutungs- wie präsenzgestützt sein müssen. Dennoch behaupte ich, dass wir unter den heutigen kulturellen Bedingungen einen besonderen Rahmen benötigen (nämlich die Situation der Insularität und die Einstellung ›fokussierter Intensität‹), um dies als produktive Spannung, als Oszillieren zwischen Präsenz und Bedeutung wirklich erleben zu können – anstatt die Präsenzseite schlicht auszuklammern, wie wir es in unserem so sehr cartesianischen Alltagsleben ganz automatisch immer wieder tun. Ich glaube, dass meine These von der Oszillation zwischen Präsenz- und Bedeutungseffekten dem nahekommt, was Hans-Georg Gadamer meinte, als er einmal betonte, Gedichte müssten zusätzlich zu ihrer apophantischen Dimension (also ihrer Angewiesenheit auf Vollzug durch Interpretation) ›Volumen‹ haben, eine Dimension, die nach unserer Stimme verlangt, die ›gesungen‹ werden muss.[8] Schließlich denke ich, dass meine Schlussfolgerung mit der These von Niklas Luhmann zusammengeht, der zufolge das Kunstsystem das einzige soziale System ist, in dem Wahrnehmung (im phänomenologischen Verständnis einer durch die Sinne vermittelten Bezugnahme des Menschen auf die Welt) nicht nur Voraussetzung der Kommunikation ist, sondern überdies (und ebenso wie die Dimension der Bedeutung) Gegenstand der Kommunikation.[9] Luhmann bezeichnet als eine besondere Eigenschaft des Kunstsystems die Simultaneität von Bedeutung und Wahrnehmung, von Bedeutungs- und Präsenzeffekten in der Kommunikation – und wäre dies nicht eine zu stark subjektzentrierte Perspektive, als dass man sie auf Luhmanns Philosophie übertragen könnte, so würde ich die These wagen, dass das, was Luhmann als Besonderheit des Kunstsystems herausgestellt hat, genau das Vermögen ist, Bedeutungs- und Präsenzeffekte simultan zu erleben. Wir erleben diese Simultaneität

8 Hans-Georg Gadamer, *Hermeneutik, Ästhetik, Praktische Philosophie*, Heidelberg 1995.

9 Niklas Luhmann, *Die Kunst der Gesellschaft*, Frankfurt/M. 1995, insbesondere 30f., 41.

jedenfalls immer als Spannung oder als Oszillation. Entscheidend ist dabei, dass die Dimension der Bedeutung in dieser besonderen Konstellation die Dimension der Präsenz nicht ausklammern, nicht zum Verschwinden bringen wird und dass umgekehrt die – uneingeklammerte – körperliche Präsenz der Dinge (eines Texts, einer Stimme, einer Leinwand mit Farben, einer Aufführung) auch nicht die Bedeutungsdimension unterdrücken kann. Aber das Verhältnis zwischen Präsenz- und Bedeutungseffekten ist keine Komplementarität, wo zwei Funktionen, die jeweils im Blick auf die andere Seite zwei verschiedenen Seiten zugesprochen werden, der Koexistenz dieser beiden Seiten die Stabilität eines Strukturzusammenhangs verleihen würde. Stattdessen können wir sagen, dass die Spannung/Oszillation zwischen Präsenz- und Bedeutungseffekten den Gegenstand ästhetischen Erlebens instabil und unruhig macht.

Es gibt in der argentinischen Kultur eine Konvention, die sehr schön veranschaulicht, warum ich dieses nichtkomplementäre Verhältnis zwischen Präsenz- und Bedeutungseffekten betone.[10] Man tanzt in Argentinien nicht auf einen Tango, der mit einem Text vorgetragen wird – obwohl die oft beachtliche literarische Qualität von Tango-Texten seit langem Gegenstand berechtigten kulturellen Nationalstolzes ist. Der Grund für diese Konvention scheint zu sein, dass es innerhalb einer Simultansituation von Bedeutungs- und Präsenzeffekten sehr schwierig wäre, mit dem Körper dem Rhythmus der Musik zu folgen, wenn man gleichzeitig auf den Text zu achten hätte. Eine solche gespaltene Aufmerksamkeit würde es fast unmöglich machen, den Körper in den Takt der Musik – im wörtlichen Sinne – ›fallen zu lassen‹. Das ist aber unerlässlich, wenn man die sehr komplexen Schrittfolgen des Tango ausführen möchte, einer Tanzform, deren weibliche und deren männliche Choreographie niemals vor der tatsächlichen Performanz aufeinander abgestimmt sind. Mit anderen Worten – und das ist ein präzises Beispiel für das, was ich unter der ›Spannung‹ oder ›Oszillation‹ zwischen Präsenz- und Bedeutungseffekten verstehe: Wer die Vielschichtigkeit der Bedeutungsnuancen nachvollziehen möchte, durch die der Text eines Tangos so melancholisch wird, verfehlt den vollen Genuss, der sich aus der Verbindung zwischen den Körpern der Tänzer ergibt. Und da ich keinen ideologischen Grund habe,

10 Vgl. meinen Aufsatz »Die Summen von Argentiniens Leichen«, in: *Merkur* 499 (1990), S. 715-728.

hier einer Dominanz von Präsenzeffekten über Bedeutungseffekte das Wort zu reden, beeile ich mich zu betonen, dass das Gegenteil ebenso wahr ist: Während sie tanzen, vermögen auch die vollkommensten Tango-Darsteller die semantische Komplexität der Tango-Texte nicht zu erfassen.

Wenn ich sage, dass jeder menschliche Kontakt mit den Dingen der Welt sowohl eine Bedeutungs- als auch eine Präsenzkomponente enthält und dass ästhetisches Erleben uns erlaubt, diese beiden Komponenten in ihrer Spannung zu erleben, dann heißt das nicht, dass das relative Gewicht der beiden Komponenten stets ausbalanciert ist. Ich gehe im Gegenteil davon aus, dass es immer ganz spezifische, meist asymmetrische Verteilungen zwischen der Bedeutungs- und der Präsenzkomponente gibt – die sich aus der Materialität (aus der medialen Gestalt) des jeweiligen Gegenstands ästhetischen Erlebens ergeben. So wird beispielsweise die Bedeutungskomponente stets dominieren, wenn wir einen Text lesen – obwohl literarische Lektüre jeweils auch die Präsenz-Dimension des Schriftbilds, des Rhythmus der Sprache und vielleicht sogar des Geruchs von Papier mit ins Spiel bringt. Umgekehrt glaube ich, dass die Dimension der Präsenz immer dominiert, wenn wir Musik hören – und dennoch trifft es zu, dass bestimmte musikalische Strukturen bestimmte semantische Konnotationen hervorrufen können. Wie gering der Anteil einer der beiden Dimensionen unter bestimmten medialen Bedingungen auch immer werden mag: Ästhetisches Erleben wird uns zumindest in der gegenwärtigen westlichen Kultur immer mit der Spannung oder der Oszillation zwischen beidem, Präsenz und Bedeutung, konfrontieren.

Aus diesem Grund kann ein ausschließlich semiotisches Zeichenmodell ästhetischem Erleben auch nie ganz gerecht werden. Wir brauchen dieses semiotische Zeichenmodell auf der einen Seite, um die Bedeutungsdimension beschreiben und analysieren zu können. Aber wir brauchen auf der anderen Seite auch ein anderes Zeichenmodell – etwa die aristotelische Verbindung von ›Substanz‹ und ›Form‹ –, welches uns die Dimension der Präsenz ästhetischen Erlebens erschließt. Und wenn es zutrifft, dass sich diese beiden Dimensionen niemals zu einer stabilen, komplementären Struktur verschränken werden, dann ist es wohl auch analytisch kontraproduktiv, eine Kombination beider zu versuchen oder ein komplexes Meta-Konzept aus der Verbindung von semiotischer und nicht semiotischer Zeichendefinition zu entwerfen. Man könnte dem nun entgegenhalten, dass die Vorstellung einer Kopräsenz zweier Zeichenmodelle, die *nicht* zu einer semantischen Struktur höherer Stufe verbunden werden können, einem Scheitern gleichkomme, einem Scheitern, das obendrein noch eine metaphysische Zweiteilung der Welt perpetuiert. Aus einer bestimmten Perspektive – aus der Perspektive der Hoffnung auf eine wahrhaft neue Epistemologie – habe ich gegen diesen Einwand nichts Grundsätzliches einzuwenden. Nur habe ich meine Antwort auf die Frage, was uns an Situationen ästhetischen Erlebens fasziniert, bloß für einen spezifischen historischen Zeitpunkt geben wollen. Der Wunsch nach Präsenz, den ich ins Spiel gebracht habe, ist im Grunde die Reaktion auf eine historisch spezifische, dominant cartesianische Alltagswelt – die wir zumindest manchmal hinter uns lassen möchten. Und unter diesen Umständen ist es kein Wunder – aber auch kein peinliches Scheitern –, dass gegenwärtig, also in unserer eigenen historischen Situation, das konzeptuelle Handwerkszeug, mit dessen Hilfe wir die Spuren dieses Wunsches nach Präsenz in ihrer bedeutungsgeladenen Umwelt analysieren wollen, sowohl bedeutungs- als auch präsenzorientiert sein muss.

6.

In einem *sechsten* Schritt werde ich nun auf die spezifische Modalität eingehen, durch die uns Augenblicke ästhetischen Erlebens mit der Oszillation zwischen Präsenz- und Bedeutungseffekten konfrontieren. Der Begriff, den ich hierfür verwenden und entfalten möchte, ist der der *Epiphanie*.[11] Darunter verstehe ich nicht wiederum die Simultaneität, Spannung und Oszillation von Bedeutung und Präsenz, sondern vor allem das von Jean-Luc Nancy beschriebene Gefühl, dass wir solche Präsenzeffekte nicht festhalten können, dass sie – und mit ihnen die Simultaneität zwischen Präsenz und Bedeutung – ephemer sind. Genauer möchte ich unter dem Begriff *Epiphanie* drei Aspekte besprechen, welche die Art und Weise prägen, auf die wir mit der Spannung zwischen Präsenz und Bedeutung konfrontiert werden: den Eindruck, dass die Span-

11 Hier kommen meine Überlegungen besonders nahe dem Buch von Martin Seel, *Ästhetik des Erscheinens*, München 2000.

nung zwischen Präsenz und Bedeutung, wenn sie entsteht, aus dem Nichts entsteht; die Annahme, dass dem Entstehen dieser Spannung eine räumliche Dimension zukommt; und die Möglichkeit, die Zeitlichkeit dieser Spannung als ›Ereignis‹ zu beschreiben.

Wenn man, wie wir das hier getan haben, davon ausgeht, dass es kein ästhetisches Erleben ohne Präsenzeffekt geben kann und keinen Präsenzeffekt, ohne dass eine Substanz im Spiel wäre; wenn man des Weiteren annimmt, dass jede Substanz einer Form bedarf, um wahrgenommen zu werden; und wenn man schließlich behauptet, dass der Anteil der Präsenz in der Spannung oder Oszillation, welche ästhetisches Erleben konstituiert, niemals stabil gehalten werden kann – dann folgt aus alledem, dass jeder Gegenstand ästhetischen Erlebens, der uns begegnet und in uns für einen Augenblick jenes Empfinden von Intensität hervorbringt, aus dem Nichts zu entstehen scheint. Denn vor ihm waren seine Substanz und seine Form nicht präsent. Genau auf diesen Punkt weist Heidegger in seinem *Kunstwerk*-Aufsatz hin (und macht dabei eine ontologische Voraussetzung, die ich faszinierend finde, der man aber nicht unbedingt folgen muss, um seiner Beschreibung zuzustimmen): »Dann ist die Kunst ein Werden und Geschehen der Wahrheit. Dann entsteht die Wahrheit aus dem Nichts? In der Tat, wenn mit dem Nichts das bloße Nicht des Seienden gemeint und wenn dabei das Seiende als jenes gewöhnlich Vorhandene vorgestellt ist, was hernach durch das Dastehen des Werks als das nur vermeintlich wahre Seiende an den Tag kommt und erschüttert wird.«[12]

Insofern dem, was hier aus dem Nichts zu entstehen scheint, Substanz und Form zukommt, erfordert sein Erscheinen – oder wie ich es nennen möchte: seine Epiphanie – unweigerlich eine räumliche Dimension (oder zumindest den Eindruck einer solchen). Dies ist ein weiteres Motiv in Heideggers *Kunstwerk*-Aufsatz, das er in der bekannten Passage über den griechischen Tempel vor allem im Hinblick auf den Begriff der ›Erde‹ entwickelt: »Ein Bauwerk, ein griechischer Tempel, bildet nichts ab. Er steht einfach da inmitten des zerklüfteten Felsentales. [...] Das sichere Ragen macht den unsichtbaren Raum der Luft sichtbar. Das Unerschütterte des Werkes steht ab gegen das Wogen der Meerflut und lässt aus seiner Ruhe

12 Martin Heidegger, »Der Ursprung des Kunstwerkes«, in: ders., Gesamtausgabe, hg. v. Hermann Heidegger, Frankfurt 1975-2010, Bd. 5: *Holzwege (1935-1946)*, hg. v. Friedrich-Wilhelm von Herrmann, Frankfurt/M. [6]1980, S. 7-68, hier 9.

deren Toben erscheinen. Der Baum und das Gras, der Adler und der Stier, die Schlange und die Grille gehen erst in ihre abgehobene Gestalt ein und kommen so als das zum Vorschein, was sie sind. Dieses Herauskommen und Aufgehen selbst und im Ganzen nannten die Griechen frühzeitig die *Physis*. Sie lichtet zugleich jenes, worauf und worin der Mensch sein Wohnen gründet. Wir nennen es die Erde.«[13] Wir finden innerhalb der abendländischen Tradition einen besonderen Sinn für diese räumliche Dimension der Epiphanie in Calderóns Theater, insbesondere in der Gattung des *Auto Sacramental*, dessen Aufführung dem Fronleichnamstag vorbehalten war, dem katholischen Feiertag der Eucharistie. Calderóns Regieanweisungen wollen beständig körperliche Formen *entstehen, sich aufrichten* oder *verschwinden* lassen, sie wollen die Körper den Zuschauern *annähern*, um sie dann wieder *zurückweichen* zu lassen. Auf die gleiche Weise scheint auch in den traditionellen Inszenierungsformen des japanischen Theaters, No und Kabuki, die räumliche Dimension der Epiphanie das zentrale Element der Aufführung zu konstituieren. Alle Schauspieler betreten die Bühne über eine Brücke, welche durch den Zuschauerraum hindurchführt, und dieses Betreten der Bühne, das einer komplizierten Choreographie von Schritten nach vorne und zurück folgt, beansprucht oft mehr Zeit (und beschäftigt die Aufmerksamkeit der Zuschauer intensiver) als das eigentliche Spiel der Schauspieler auf der Bühne.

Schließlich gibt es drei Aspekte, unter denen dem Element der Epiphanie während des ästhetischen Erlebens der Status eines Ereignisses zukommt. Erstens wissen wir nie, ob und wann es zu einer solchen Epiphanie kommen wird. Zweitens können wir, wenn sie stattfindet, nicht voraussagen, welche Form sie annehmen und wie intensiv sie sein wird: Es gibt keine zwei identischen Blitze und kein Konzert, das ein und dieselbe Partitur mit dem gleichen Klangvolumen umsetzen würde wie ein anderes. Vor allem aber ist die Epiphanie ästhetischen Erlebens ereignishaft, weil sie in ihrem Entstehen zugleich vergeht. Für das Beispiel der Musik ist das offensichtlich, ja fast schon banal. Ich glaube aber, dass es auch für unsere Lektüre von Literatur und sogar für unsere Reaktion auf Werke der bildenden Kunst gilt. So ist keine einzige Bedeutungssequenz und kein einziger Eindruck von einem rhythmischen

13 Ebd., S. 30 f.

Muster jemals länger präsent, als der unmittelbare Augenblick andauert, in dem sie gelesen bzw. gehört werden – und ganz ähnlich ist die Zeitlichkeit, in der wir den Eindruck haben, dass Gemälde auf uns zukommen und uns ›berühren‹ können. Es gibt vielleicht kein Phänomen, das diese Ereignishaftigkeit ästhetischer Epiphanie besser veranschaulicht als ein schöner Spielzug in einer Mannschaftssportart.[14] Ein schöner Spielzug beim American Football oder Baseball, im Fußball oder Eishockey, ein Spielzug, über dessen Faszinationskraft sich alle Fans einig sind, unabhängig davon, ob er zu Sieg oder Niederlage der eigenen Mannschaft führt, ein solcher Spielzug ist die Epiphanie einer komplexen verkörperten Form. Als Epiphanie ist dieser Spielzug stets ereignishaft: Wir werden niemals vorhersagen können, ob und wann er entstehen wird. Und wenn er entsteht, werden wir nicht wissen, welche Gestalt er haben wird (auch wenn wir retrospektiv in der Lage sein werden, Ähnlichkeiten mit anderen schönen Spielzügen zu entdecken, die wir früher gesehen haben). Der Spielzug vergeht unweigerlich, indem er entsteht. Keine einzelne Fotografie vermag jemals, ihn einzufangen.

7.

Zumindest für einige Leser wird sich meine *siebte* Frage ganz unmittelbar aus dem kurzen Hinweis auf Mannschaftssportarten ergeben: Es ist die Frage, ob ästhetische Epiphanie, wie ich sie bisher zu beschreiben versucht habe, notwendig ein *Element der Gewalt* impliziert. Allen anderen Lesern muss ich diese Frage erläutern, indem ich deutlicher mache, was genau ich unter ›Gewalt‹ verstehe. Meine Frage setzt voraus, dass ich zwei verwandte Begriffe, *Macht* und *Gewalt*, ausgehend von einem Modell der Präsenz definiere: Während *Macht* als das Vermögen zu begreifen ist, Räume mit Körpern zu besetzen oder zu blockieren, verstehe ich unter ›Gewalt‹ die tatsächliche Umsetzung dieses Vermögens, also Macht als Performanz oder Ereignis. Kehren wir zu unserer Diskussion des epiphanienhaften Charakters ästhetischen Erlebens zurück,

14 Vgl. meine Beiträge »On the Beauty of Team Sports«, in: *New Literary History* 30 (1999), S. 351-372 sowie »A forma da violencia. Em louvor da beleza atletica«, in: *Mais!*, Kulturbeilage der *Folha de São Paulo*, 11. März 2001. Dieser Text bildet die Grundlage für mein kleines Buch *Lob des Sports*, Frankfurt/M. 2005.

so können wir im Anschluss an die Beobachtung, dass Epiphanie stets das Aufscheinen einer Substanz voraussetzt – genauer: einer Substanz, die aus dem Nichts zu kommen scheint –, die These aufstellen, dass es keine Epiphanie und folglich kein ästhetisches Erleben ohne ein Moment von Gewalt geben kann. Denn ästhetisches Erleben ist nur möglich, wenn die Substanz einer Epiphanie Raum besetzt.

Aber wird diese Schlussfolgerung nicht unausweichlich den politisch korrekten Einwand provozieren, wir trügen mit einer ›Ästhetisierung der Gewalt‹ zur möglichen Legitimierung der Gewalt bei? Die erste und sehr offensichtliche Antwort auf eine derartige Kritik ist, dass es einen Unterschied macht, ob man Akte der Gewalt als ›schön‹ bezeichnet (was den Tatbestand einer Ästhetisierung der Gewalt wohl erfüllte) oder ob man behauptet, Gewalt sei eine unter einer Vielzahl von Komponenten, die zusammenkommen müssen, um ästhetisches Erleben hervorzubringen. Ich sage also nicht einfach, dass Gewalt an sich stets schön sei. Zudem habe ich auch gleich zu Beginn meiner Argumentation jeden Zusammenhang zwischen ästhetischem Erleben und ethischen Normen ausgeschlossen – weshalb die Unterordnung bestimmter Phänomene unter die Überschrift ›ästhetisches Erleben‹ in keinem Widerspruch zu einer etwaigen negativen Beurteilung derselben Phänomene aus ethischer Perspektive steht. Dem lässt sich hinzufügen, dass wir zumindest eine wichtige Einsicht verfehlen würden, wenn wir bestimmte Phänomene – wie Krieg, die Zerstörung von Gebäuden oder Verkehrsunfälle, wie American Football, Boxen oder das Ritual des Stierkampfes – von vornherein aus dem Gebiet ästhetischen Erlebens ausschlössen, weil sie gewaltsam sind. Was uns die Verbindung ästhetischen Erlebens mit dem Moment der Gewalt einzusehen erlaubt, ist die Untersuchung der Frage, warum solche Phänomene und Ereignisse uns faszinieren können – selbst dann, wenn wir wissen, dass ihre ›Schönheit‹ in einigen Fällen mit der Vernichtung von Leben einhergeht. Natürlich entstand ein Effekt von Erhabenheit in dem Moment, als die Twin Towers am 11. September 2001 in sich zusammenfielen.

Auch bei solchen Formen ästhetischen Erlebens aber, in denen – streng physikalisch gesehen – der Gewalteffekt nur illusionär ist, weil weder Substanzen noch ein dreidimensionaler Raum im Spiel sind (zum Beispiel wenn uns der *Rhythmus* eines Prosatextes, den wir leise lesen, süchtig macht[15]), wissen wir, dass die Wirkung dieser Formen auf uns gewaltsam sein kann, beinahe im Sinne unserer Definition, der zufolge Gewalt als Besetzung und Blockierung unseres Körpers anzusehen ist. Man kann sehr wohl eine Sucht nach bestimmten Textformen (und nicht nur nach ihren semantischen Schichten) entwickeln und unter dieser Sucht leiden; und es gibt bestimmte Gemälde, die einige von uns immer wieder sehen müssen – unabhängig von den Umständen und Kosten, die damit verbunden sind. Schließlich wurde ästhetisches Erleben lange Zeit mit dem willkommenen Risiko assoziiert, zumindest zeitweise die Kontrolle über das eigene Selbst zu verlieren.

8.

Meine *achte* Reflexion gilt ganz und gar diesem Gefühl des Kontrollverlusts. Wenn ästhetisches Erleben nichts Erbauliches an sich hat, keinen positiven Lerninhalt, *welche Wirkung* hat es dann, sich in jener Faszination zu verlieren, die das Oszillieren zwischen Präsenzeffekten und Bedeutungseffekten erwecken kann? Versteht man den Wunsch nach Präsenz als Reaktion auf eine Alltagswelt, die in den letzten Jahrhunderten allzu cartesianisch geworden ist, dann darf man hoffen, dass ästhetisches Erleben uns dabei helfen wird, die räumliche und körperliche Dimension unseres Daseins wiederzuerlangen; dass uns ästhetisches Erleben das Gefühl eines In-der-Welt-Seins wiedergibt, das Gefühl, zur physischen Objektwelt zu gehören. Aber wir sollten sofort hinzufügen, dass dieses Gefühl zumindest in unserem Kulturkreis niemals den Stellenwert einer dauerhaften Rück-Eroberung haben wird. Es mag daher angemessener sein zu sagen, dass ästhetisches Erleben uns davor bewahren kann, die Erinnerung an die körperlich-räumliche Dimension unseres Lebens vollständig zu verlieren.[16] Um noch ein-

15 Zur gewaltsamen Wirkung, die der Rhythmus eines gedruckten Textes auf seine Leser haben kann, vgl. meinen Aufsatz: »Louis-Ferdinand Céline und die Frage, ob literarische Prosa gewaltsam sein kann«, in: Rolf Grimminger (Hg.), *Kunst Macht Gewalt. Der ästhetische Ort der Aggressivität*, München 2000, S. 127-142.

16 Georges Bataille war von diesem Argumentationsgang geradezu besessen: vgl. »L'apprenti sorcier«, in: Denis Hollier (Hg.), *Le Collège de Sociologie* (1937-1979), Paris 1979, S. 36-59, insbesondere 40, 59.

mal eine heideggersche Intuition aufzugreifen: Wir können einen kategorialen Unterschied feststellen zwischen der wiedererlangten Dimension einer Selbstreferenz, die uns Teil der Objektwelt sein lässt, und jener anderen menschlichen Selbstreferenz, welche die westliche Kultur, vor allem die modernen Wissenschaften, ausgeprägt haben: Das ist unsere Selbstreferenz als Zuschauer, die eine Welt von außen betrachten, welche sich selbst als Bild präsentiert.[17]

Einige der Gedichte von Federico García Lorca lassen ihre Leser ahnen, wohin uns das Bewusstsein, Teil der Objektwelt zu sein, führen könnte.[18] So macht sich Lorca etwa in dem Gedicht *Muerte* aus dem Zyklus *Poeta en Nueva York* über all die Menschen (und sogar Tiere) lustig, denen er bei ihren ehrgeizigen Bemühungen zusieht, etwas anderes zu werden, als sie tatsächlich sind. Nur ein Ding (Lorcas Beispiel ist ein Stuck-Bogen), so schreibt er am Ende, ist, was es ist – und das auf eine ganz erfüllte Weise: »Pero el arco de yeso, / qué grande, qué invisible, qué diminuto, / sin esfuerzo!« (»Aber der Stuck-Bogen / wie groß, wie unsichtbar, wie winzig er ist, / ganz ohne Anstrengung!«). Der existentialistische Gedankengang in Lorcas Gedicht ist offensichtlich: Erst der Tod, erst der Augenblick, in dem wir ganz zu Materie werden (und zu nichts als Materie), wird unsere Teilhabe an der Objektwelt vollenden. Erst der Tod wird uns die vollkommene Stille gewähren, nach der wir uns – zumindest manchmal in unserem Leben – sehnen.

Diese Antwort auf die Frage nach der Wirkung ästhetischen Erlebens weist auf etwas hin, was man auch als ein prononciertes Gefühl von Ruhe, Gelöstheit oder Gelassenheit beschreiben kann. Gelassenheit ist ebenso ein Teil der Einstellung, mittels deren wir uns für ästhetische Erfahrungen öffnen, wie sie zu dem existentiellen Zustand gehört, in den uns ästhetisches Erleben versetzen kann. Um einer möglichen Verwechslung dieses existentiellen Zustands mit bestimmten überkomplexen Formen der Selbstreflexivität (denen wir Intellektuelle immer schon allzu begeistert anhängen) vorzubeugen, habe ich mich daran gewöhnt, diese besondere Ruhe mit einer betont umgangssprachlichen englischen Redewendung zu

17 Vgl. Martin Heidegger, »Das Zeitalter des Weltbildes«, in: ders., *Holzwege*, S. 69-504, a. a. O. (Anm. 12).

18 Vgl. meinen Aufsatz: »Präsenz. Gelassenheit. Über Federico García Lorcas *Poeta en Nueva York* und die Schwierigkeit, heute eine Ästhetik zu denken«, in diesem Band, S. 309-331.

charakterisieren: *to be in synch with the things of the world*. Wenn ich sage »mit den Dingen der Welt in Einklang sein«, so hat das nichts mit einem Weltbild perfekter (und vielleicht sogar ewiger) Harmonie zu tun.[19] Der Ausdruck ›im Einklang‹ bezieht sich nicht auf eine ideale Kosmologie, sondern nur auf einen Eindruck, der für unsere heutige Kultur eigentümlich ist, auf den Eindruck nämlich, soeben einen Blick auf das wiedererlangt zu haben, was ›die Dinge der Welt‹ für uns sein könnten. Das mag, von einem existentiellen Blickpunkt aus gesehen, genau das Wesen der Selbst-Entbergung des Seins sein – und zwar das Wesen von Selbst-Entbergung im Allgemeinen und nicht nur das Wesen von Selbst-Entbergung als ästhetischer Epiphanie. Die Dinge der Welt in ihrer vorbegrifflichen Dingheit *zu erleben* (sie also nicht nur *wahrzunehmen*, aber auf der anderen Seite noch nicht zu *erfahren*), das wird in uns das Gefühl für die körperliche und räumliche Dimension des Daseins verstärken.

Selbstentbergung des Seins als ästhetisches Erleben kann sich sowohl im Modus des Schönen wie im Modus des Erhabenen ereignen; sie vermag uns sowohl in den Zustand apollinischer Klarheit wie in den Zustand dionysischen Taumels zu versetzen. Ungeachtet dieser (ansonsten zentralen) Dichotomien der philosophischen Ästhetik glaube ich, dass wir jedes Mal – bewusst oder unwissend – ›Epiphanien‹ meinen, wenn wir, unter den besonderen Bedingungen unserer Kultur, das Wort ›ästhetisch‹ gebrauchen. Wir meinen Epiphanien, die uns zumindest für einen Augenblick davon träumen lassen und vielleicht sogar in die körperliche Erinnerung rufen, wie gut es war und wie gut es wäre, im Einklang mit den Dingen der Welt zu leben, *to live in synch with the things of the world*.

Aus dem amerikanischen Englisch von Nicolas Pethes

19 Ich reagiere hier auf einen Einwand meines Kollegen Hermann Doetsch.

Nachwort

von Jürgen Klein

Dieses Buch präsentiert eine Auswahl von Texten aus dem umfangreichen und weit verzweigten Werk Hans Ulrich Gumbrechts. Ohne sich als Enzyklopädie geisteswissenschaftlicher Problemstellungen zu gerieren, bietet die Sammlung dem Leser philosophische Reflexionen weitreichender Fragen zu den *humanities*, ja zum gesamten Wissenschaftssystem. Aus der veränderten Epistemologie in der »breiter werdenden Gegenwart« begibt sich Hans Ulrich Gumbrechts riskantes Denken[1] auf die Suche nach Problemlösungen für unser heutiges Selbstverständnis, das sich mit unverkennbaren Gedankenabgründen, Desorientierungen und »dead ends« auseinandersetzen muss. Der Autor berührt allgemeine Fragen der Literatur- wie der Geisteswissenschaften auf allen Zeitstufen: Ausgehend von der Jetztzeit geht es um *die* Geschichte und die Geschicht*en* am Ende jeder Teleologie nicht weniger als um Fragen nach den Möglichkeiten des Lebens überhaupt. Zwischen Verstehen, Erlebnis und Orientierung gibt die wieder aufgenommene Frage nach dem Sinn von Sein Impulse für Alternativen zur »Unausweichlichkeit« globalgesellschaftlicher Funktionalisierung des Menschen, die auf szientifisch-technologischen Innovationen und Verfahrensmustern basiert. So wird zum Problem, was Denken und Leben noch heißen kann und wo sich beider Interferenz und Dynamik finden ließen: »Das Eigentliche ist dort zu suchen, wo die wissenschaftliche Interpretation nichts mehr findet.«[2]

Die Problemspannung zwischen Hermeneutik und der von Hans Ulrich Gumbrecht über Jahre konzipierten Philosophie der Präsenz prägt das Buch, das zugleich von einem weiten diachronen und synchronen Ausholen von der Antike bis zur Gegenwart wie von den Geistes- bis zu den Sozial- und Naturwissenschaften Kunde gibt. Gumbrechts Studien halten diese Weite des Horizonts ohne jede Anmaßung der Setzung einer Metaperspektive aufrecht.

1 Vgl. Hans Ulrich Gumbrecht, »Wie deutsch kann die Germanistik sein?«, in: Hartmut Kugler (Hg.), ⟨www.germanistik2001.de⟩: *Vorträge des Erlanger Germanistentags*, Bielefeld 2002, S. 34-37.

2 Martin Heidegger, *Einführung in die Metaphysik*, Tübingen ²1958, S. 124.

Seine Texte zeigen, wie anregend es für unsere Selbstverständigung im Gesamtbereich der Wissenschaften sein kann, wenn die reflektierende Urteilskraft die Oberfläche wie die Tiefe komplexer Gegenstände und Gegenstandsbereiche ausleuchtet.

Die hier versammelten Texte bieten weder die Geschichte des Autors noch skizzieren sie seinen Bildungsroman. Ihre Beschaffenheit ähnelt einem Teppich[3], in dem sich ein Muster abzeichnet. Dieses Muster konfiguriert die ins Räumliche transformierte temporale Abfolge fundamentaler epistemologischer und geschichtstheoretischer Problemkomplexe, die das Zeitliche integrieren, ohne seine Linearität zu strapazieren. Es handelt sich um simultan gesetzte Einsichten, Erkenntnisse, Theoriereflexionen, auch und selbst wenn sie in einer zeitlichen Erstreckung zustande gekommen sind. Vom Leser wäre zu erwarten, dass er Mut zu schnellen Gestaltwechseln zwischen Zeit und Raum beweist, wenn er die Fülle der Aussagen und Anregungen gewinnbringend rezipieren möchte.

Hans Ulrich Gumbrecht hat vor einigen Jahren seine Anfänge auf »eine phänomenologische Fundierung« bezogen, die auf Konzepte von Edmund Husserl, Alfred Schütz sowie dessen Schüler Peter Berger und Thomas Luckmann zurückgeht. Im Engagement für die »sozialhistorische Begriffsgeschichte« sah Gumbrecht als Quelle für die Lösbarkeit ihrer Theorieprobleme die phänomenologische Fundierung an.[4]

Wir haben es in diesem Buch, das Beiträge der Jahre 1984 bis 2004 versammelt, mit eindringlichen Betrachtungen der geistigen, kulturellen und politisch-sozialen Entwicklungen des Westens, ja der Welt zu tun, die zeitlich mit Hans Ulrich Gumbrechts Laufbahn als Theoretiker koinzidieren. Dabei zeigen sich in den Tendenzen der Gegenwart solche Veränderungen, welche die Herausbildung und Formulierung einer Philosophie der Präsenz immer deutlicher plausibilisieren, geht es doch hier um die Relativierung oder *departmentalization* einer auf dem Boden des Posthistoire ins Trudeln geratenen Hermeneutik. Kritik an okzidentalen Denkstrukturen und Erkenntnisverfahren kennzeichnet die in diesem

3 Vgl. Henry James, *The Figure in the Carpet* (1896), in: ders., *Embarrassments*, Rockville 2008, S. 7-39.

4 Hans Ulrich Gumbrecht, *Dimensionen und Grenzen der Begriffsgeschichte*, München 2006, insbesondere S. 21.

Band offerierten Überlegungen, doch aufgrund von Gumbrechts denkerischer Aufmerksamkeit und Offenheit geschieht dies ohne jeden absoluten wie kurzsichtigen Radikalverzicht auf grundlegende Weisheiten der abendländischen Kultur.

Gumbrechts Arbeiten aus den letzten Jahren wie *Die Macht der Philologie*, *Diesseits der Hermeneutik* und *Lob des Sports* stellen unter anderem kritische Rückbezüge auf Jacques Derrida vor, der sich gegen die Stimme richtet zugunsten der Schrift, aber in der *Grammatologie* über die Erstere immerhin sagt: »Die natürliche Schrift ist unmittelbar an die Stimme und den Atem gebunden. Ihr Wesen ist nicht grammatologisch, es ist pneumatologisch. Sie ist hieratisch, ganz nahe der heiligen, inneren Stimme der *Profession de foi*, der Stimme, die man, in sich kehrend, vernimmt: die erfüllte und wahrhafte Präsenz des göttlichen Wortes in der Innerlichkeit unseres Gefühls.«[5]

Während wir diesseits der Hermeneutik auf die Philosophie der Präsenz stoßen, müssten wir jenseits der Hermeneutik der analytischen Philosophie begegnen. Philosophie der Präsenz steht aber von beiden Perspektiven aus betrachtet – von der Hermeneutik wie von der analytischen Philosophie – auf der Seite des *aliter*. Dieses »Andere« weist die Philosophie der Präsenz als ein Denken aus, das der Hermeneutik vorhergeht, sodass sie weder analytisch noch hermeneutisch sein kann; sie müsste eher symbolisch gedacht werden als der Subjekt-Objekt-Spaltung vorausgehend und durch den Bezug auf die Stimme als Signum der Unmittelbarkeit auftretend.[6] Wir haben es demnach bei Hans Ulrich Gumbrecht, der jede *imitatio* oder *aemulatio* überschreitet, mit einem sehr interessanten kreativen und eigenständigen Rückgang auf Heidegger zu tun, mit der Besinnung auf dessen Verständnis von Metaphysik: Heidegger konstituierte seine Ontologie unter der in unserer Zeit paradoxen Voraussetzung ihrer epistemologischen Unmöglichkeit. Das angesprochene Verständnis von Metaphysik – Heidegger sah im Kunstwerk »das Geschehnis der Wahrheit«[7] – wird nunmehr in Verbindung mit Präsenz gesehen und kann damit auch imstande sein, die Betonung der Stimme als Form und Ausdruck körperlich-

5 Jacques Derrida, *Grammatologie* (frz. 1967), Frankfurt/M. 1983, S. 33f.

6 Vgl. ebd., S. 62.

7 Martin Heidegger, *Der Ursprung des Kunstwerks* (1935/36), in: ders., *Holzwege*, Frankfurt/M. [6]1980, S. 57.

geistiger Ganzheit ins Zentrum zu rücken. Folglich setzt sich Hans Ulrich Gumbrecht mit Plausibilität von Derridas Bevorzugung der Schrift ab – ebenso wie von dessen absoluter Geltung der *différance*, die ja verbunden ist mit der Dekonstruktion *aller* metaphysischen Restbestände – nicht nur in den westlichen Diskursen.

Angesichts der negativen Folgelasten des Dilthey-Programms, welches die Etablierung der Geisteswissenschaften um den Preis ihrer Ablösung vom Alltagsleben und der radikalen Trennung von den Naturwissenschaften inauguriert, zielt Hans Ulrich Gumbrechts Philosophie der Präsenz auf einen neuen Anschluss der humanwissenschaftlichen Arbeit an die Beweglichkeit der Bilder, die heute unseren Alltag bestimmen im Unterschied zum Nachlassen der Nachfrage im Blick auf hermeneutische Aktivitäten. Es geht ihm nicht um die Auflösung von Interpretation als grundsätzliches hermeneutisches Verfahren, sondern um die erneute Wahrnehmung des Lebendigen, hatte sich doch das rein Geistige vom Leben abgekoppelt, obwohl der Akzent bei Dilthey lebensphilosophisch deklariert wurde. Wird kulturelle Lebendigkeit als Präsenz gefasst, so lässt sie in ihrer Flexibilität auch Reflexionen zu, welche die Abschottung der Großbereiche der Geistes- und Natur-, aber auch der Sozialwissenschaften relativieren und am Aufbau einer Atmosphäre arbeiten, in der völlig neue Formen der Interaktion entstehen können.

Zwar hat Cicero in seinem *Somnium Scipionis*[8] die Relativierung menschlicher Größe unwiderleglich dargestellt, wenn es um universale Relevanzen von Individuen ging. Solche Infragestellung des Individuellen *sub specie aeternitatis*, wie ruhmreich große Individuen in der Geschichte auch immer beurteilt sein mögen, befreit aber nicht von der Notwendigkeit auf Erden, menschliches Dasein und Tun insgesamt in weiträumigen Sinnrahmen zu fassen. Mit Blick darauf kann im gumbrechtschen Sinne die Emergenz von Präsenzen temporale Glanzlichter ermöglichen, die auch als Impulse zur Auseinandersetzung und zum Verstehen menschlicher Produktionen und Lebensverhältnisse die Trias Vergangenheit, Gegenwart und Zukunft umspannen. Wenn es so ist, dass die Epiphanie der Präsenzen Wissens-, Kultur- und Weisheits*reduktion* durch Erlebnis überflüssig machen kann, dann muss ja nicht immer wieder bei

8 Siehe Cicero, *De re publica* 6, 9-26.

Adam und Eva oder noch »früher«[9] angefangen werden. Es macht nachdenklich, wenn Hans Ulrich Gumbrecht in seiner Philosophie der Präsenz, so auch in *Lob des Sports*,[10] die Schwierigkeit für Menschen bedenkt, nach tiefsten Erlebnissen des *totaliter aliter* wieder in die gewöhnliche, rundum instrumentalisierte Alltagswelt einzutreten, wie er dies angesichts von *Aura und Abfall* großer Sportler eindrucksvoll darlegt. In einem nichttheologischen Zeitalter bleibt die Geste des Ausgreifens zum Numinosen erhalten, selbst wenn die Ontologie als »abgefallen« gilt. Diese Geste, die sich im vom Sportler vollzogenen schönen Spielzug ebenso zeigt wie in der Faszination der Zuschauer, erscheint letztlich als der sprachlose Versuch, auf das *totaliter aliter* in einer Gestalt des »Als-ob« zu zeigen. Insofern relativiert sich in den besonderen Momenten der Präsenz die superkluge, kritisch »coole« Attitüde der Freud-, Vertrauens-, Glücks- und Freundschaftslosigkeit postindustrieller Zeitläufte. Sie basiert auf dem Machbarkeitswahn, den schon Hans Blumenberg mit folgendem Kurzdialog quittierte:

»– Wir müssen doch nicht alles machen, was wir können.
– Nein, wir *müssen* es nicht.
– Aber?
– Aber wir *werden* es machen.
– Und weshalb?
– Weil wir nicht ertragen, wenn der kleinste Zweifel bleibt, *ob* wir es wirklich *können*.«[11]

So lässt sich beispielhaft wahrnehmen, was es heißt, beim Sport auf etwas zu warten, dessen man sich nicht sicher sein kann: auf die vollkommene Form in der Zeit, bei deren Erscheinen die Zeit paradoxerweise stillzustehen scheint. Deutet das nicht doch auf unser Bedürfnis nach der Vorstellung von Ganzheit hin?

Präsenzen, die im Erlebnis aufscheinen, bringen dem westlichen Menschen die Dimension innerer und äußerer Bewegung zurück, die im Chronotop der historischen Zeit verloren gegangen war. Mit

9 Siehe Doris Lessing, *Anweisung für einen Abstieg zur Hölle* (engl. 1971), Frankfurt/M. 1981.

10 Vgl. Hans Ulrich Gumbrecht, *Lob des Sports*, Frankfurt/M. 2005, S. 151-170, insbesondere 151 ff., 169 f.

11 Hans Blumenberg, *Ein mögliches Selbstverständnis*, Ditzingen 1997, S. 29.

ihnen sind keine normativen Einstellungen verbunden, welche die Menschen dazu nötigten, ihre Fähigkeiten der Reflexion und Erkenntnis sowie die des komplexen Handelns zur Disposition zu stellen: Präsenz lässt die Oszillation zwischen Rhythmus und Sinn zu.[12] Nach der italienischen Reise war sich Goethe über eines klar geworden: dass das Leben das Höchste sei, um zur Form des schönen Augenblicks zu kommen, auch wenn eine ganze Gesellschaft von Neid und Missgunst nur so strotzte.[13] Die Haltung innerer und künstlerischer Freiheit war schwer erkämpft. Die unabhängige Selbstheit im Verbund mit der leidenschaftlichen und doch klassisch gezügelten künstlerischen Kreativität als Formgebung in der Zeit hatte ja mit Italien zu tun, aber auch mit Spinoza. Die Präsenz als Leiden an der Individualität in gleichzeitigem Selbsthinweis auf Leben und Schönheit wurde schon auf der Fahrt von Italien nach Weimar imaginiert, aber dann von allen verkannt. Es ist natürlich evident, dass gewaltige Modernisierungsprozesse und Transformationen der Welt in den nahezu zweihundertundzwanzig Jahren nach Goethes Rückkehr aus Italien stattgefunden haben. Allein die medientechnische Revolution hat eine gigantische Dimension erreicht, die Goethe mit dem Begriff des »veloziferischen Zeitalters« kaum hätte abdecken können. Wenn Hans Ulrich Gumbrecht aber in einem Traum Tausende junger Leute in einer Hügellandschaft sitzend gesehen hat, die sich gegenseitig SMS schicken, dabei aber »nie wahrnehmen, wie sie alle zwischen denselben Hügeln sitzen«,[14] so schien dies dem Träumer zunächst an Wahnsinn zu grenzen, da Stimme und Körper sich in diesem Traumszenario völlig voneinander abgespalten hatten. »Warum«, fragt Gumbrecht in seiner jüngsten Publikation, »sollten wir uns denn ungelenk an die Forderungen der Elektronik als dominanter Komponente der neuen Gegenwart anpassen?«[15] Wenn nun aber die mediale akustische, intellektuelle und visuelle Allgegenwart un-

12 Vgl. in diesem Band: Hans Ulrich Gumbrecht, »Rhythmus und Sinn«, S. 223-239.

13 Vgl. nur Norbert Miller, *Der Wanderer. Goethe in Italien*, München 2002, S. 441 ff.

14 Hans Ulrich Gumbrecht, »SMS – Allgegenwart. Kommunizieren im Rhythmus der Götter?«, *Deutschlandradio Kultur*, Sendung *Signale* vom 5. August 2007, Ms. S. 1.

15 Ders., *Unsere breite Gegenwart*, Berlin 2010, S. 18 f.

ter gleichzeitiger Körper-Absenz sich in den hin und her gejagten 160-Zeichen-Botschaften manifestiert, so lässt sich kaum leugnen, dass eine Ästhetik der Präsenz, die, wie Hans Ulrich Gumbrechts Überlegungen zeigen, ganz auf die Wiederkehr des Körpers und der Wahrnehmungen setzt, eine faszinierende Möglichkeit bietet, zwischen den Subjekt- und Präsenzkulturen zu vermitteln. Oszillieren zwischen Präsenz- und Bedeutungseffekten kann glücklicherweise zur Re-Präsentation führen, so dass die Konzentration auf ein Ding und auf ein Ereignis – ein Buch, eine Symphonie, einen Elfmeter oder einen Teller Linsensuppe[16] – wieder menschenmöglich und begehrenswert wird, selbst wenn das Handy in der Hosentasche steckt. So ist es längst an der Zeit, Präsenz höher zu achten als die Vielzahl der Dogmatiken, Doktrinen und die unter dem Vorwand der Naturgesetzlichkeit als Glaubenstexte angepriesenen gesellschaftlichen Großmanipulationen. Es ist angesagt, Präsenz wahrzunehmen und ihrer Bedeutung nachzudenken, in summa: Es ist an der Zeit, Hans Ulrich Gumbrecht zu lesen!

16 Vgl. ders., »SMS«, a.a.O. (Anm. 14), Ms. S. 2.

Drucknachweise

Teil 1: Zeit

Posthistoire Now, in: Hans Ulrich Gumbrecht/Ursula Link-Heer (Hg.), *Epochenschwellen und Epochenstrukturen im Diskurs der Literatur- und Sprachhistorie*, Frankfurt/M. 1985, S. 34-50.

Kaskaden der Modernisierung, in: Johannes Weiss (Hg.), *Intervalle 1: Schriften zur Kulturforschung*, Kassel 1998, S. 15-37.

nachMODERNE ZEITENräume, in: Robert Weimann/Hans Ulrich Gumbrecht (Hg.), *Postmoderne – globale Differenz*, Frankfurt/M. 1991, S. 54-70.

Die Gegenwart wird (immer) breiter, in: *Merkur* 629/630 (2001), S. 769-784.

Teil 2: Die Rahmen der Disziplinen

Literaturgeschichte – Fragment einer geschwundenen Totalität?, in: Lucien Dällenbach/Christiaan L. Hart Nibbrig (Hg.), *Fragment und Totalität*, Frankfurt/M. 1984, S. 30-45.

Die Anfänge der Literaturwissenschaft – und ihr Ende?, englische Fassung: »The Origins of Literary Studies – and Their End?«, in: Jeffrey Schnapp (Hg.), *Disciplining Literature. Stanford Humanities Review* 6.1 (1998), S. 1-10.

Von der Lesbarkeit der Welt zu ihrer Emergenz. Eine Geschichte über den Dualismus zwischen Naturwissenschaften und Geisteswissenschaften – mit zwei eher abrupten Enden, in: *Universitätsschriften der Fakultät für Geistes-, Sozial- und Erziehungswissenschaften. Otto-von-Guericke-Universität Magdeburg*, Magdeburg 2000, S. 22-33.

Die Aufgabe der Geisteswissenschaften heute, englische Fassung: »The Task of the Humanities, Today«, in: Julio Hans Casado Jensen (Hg.), *The Object of the Study in the Humanities. Proceedings from the Seminar at the University of Copenhagen, September 2001*, Copenhagen 2004, S. 13-32.

Teil 3: Suche

Ein Abschiedsgruß an die Interpretation, englische Fassung: »A Farewell to Interpretation«, in: Hans Ulrich Gumbrecht/Karl Ludwig Pfeiffer (Hg.), *Materialities of Communication*, Stanford 1994, S. 389-402.

Das Nicht-Hermeneutische. Skizze einer Genealogie, in: Jörg Huber/Alois Martin Müller (Hg.), *Die Wiederkehr des Anderen* (Interventionen 5), Basel 1996, S. 17-36.

Teil 4: Präsenzen

Zehn kurze Überlegungen zu Institutionen und Re/Präsentation, englische Fassung: »Ten Brief Reflections on Institutions and Re/Presentation«, in: Gert Melville (Hg.), *Institutionalität und Symbolisierung. Verstetigungen kultureller Ordnungsmuster in Vergangenheit und Gegenwart*, Köln 2001, S. 69-75.

Rhythmus und Sinn, in: Hans Ulrich Gumbrecht/Karl Ludwig Pfeiffer (Hg.), *Materialität der Kommunikation*, Frankfurt/M. 1988, S. 714-729.

Wahrnehmung versus Erfahrung oder die schnellen Bilder und ihre Interpretationsresistenz, in: Birgit Recki/Lambert Wiesing (Hg.), *Bild und Reflexion. Paradigmen und Perspektiven gegenwärtiger Ästhetik*, München 1997, S. 160-179.

Die Schönheit des Mannschaftssports: American Football im Stadion und im Fernsehen, in: Gianni Vattimo/Wolfgang Welsch (Hg.), *Medien-Welten/Wirklichkeiten*, München 1998, S. 201-228, englische Fassung, in: *New Literary History* 30 (1999), S. 351-372.

Präsenz-Spuren. Über Gebärden in der Mythographie und die Zeitresistenz des Mythos, in: Udo Friedrich/Bruno Quast (Hg.), *Präsenz des Mythos. Konfigurationen einer Denkform in Mittelalter und Früher Neuzeit*, Berlin 2004, S. 1-15.

Präsenz. Gelassenheit. Über Federico García Lorcas *Poeta en Nueva York* und die Schwierigkeit, heute eine Ästhetik zu denken, in: *Merkur* 594/595 (1998), S. 808-825.

Epiphanien, in: Joachim Küpper/Christoph Menke (Hg.), *Dimensionen ästhetischer Erfahrung*, Frankfurt/M. 2003, S. 203-222.